教育部重大课题攻关项目：中国健康人力资本的测量与预测研究
项目编号：15 JZD028

中国健康人力资本：
测量预测与发展战略

汪　泓 等著

管理
MANAGEMENT

Health Human Capital in China:

Measurement, Prediction and Development Strategy

上海交通大学出版社
SHANGHAI JIAO TONG UNIVERSITY PRESS

内容提要

本书深入论述了健康人力资本的内涵特征与形成机制，构建了中国健康人力资本测量指标体系，运用改进后的收入法、熵值法等方法科学测量和预测了中国健康人力资本总量；运用数据包络法分析了中国健康人力资本投入产出效率，揭示了健康人力资本与经济社会的互动关系；综合运用灰色理论、神经网络和系统动力学三种方法预测了中国健康人力资本演化趋势；比较了经济合作与发展组织国家的健康人力资本质量水平，提出了 2050 年我国建成健康人力资本强国的战略目标、实践路径和行动方案。

图书在版编目（C I P）数据

中国健康人力资本：测量预测与发展战略 / 汪泓等著. —上海：上海交通大学出版社，2022.8
ISBN 978 - 7 - 313 - 27189 - 1

Ⅰ.①中… Ⅱ.①汪… Ⅲ.①健康-人力资本-研究-中国 Ⅳ.①F241

中国版本图书馆 CIP 数据核字（2022）第 135438 号

中国健康人力资本：测量预测与发展战略
ZHONGGUO JIANKANG RENLI ZIBEN：CELIANG YUCE YU FAZHAN ZHANLÜE

....

著　　者：汪　泓　等
出版发行：上海交通大学出版社　　　　　　地　　址：上海市番禺路 951 号
邮政编码：200030　　　　　　　　　　　　电　　话：021 - 64071208
印　　刷：上海盛通时代印刷有限公司　　　经　　销：全国新华书店
开　　本：710mm×1000mm　1/16　　　　　印　　张：26.5
字　　数：534 千字
版　　次：2022 年 8 月第 1 版　　　　　　　印　　次：2022 年 8 月第 1 次印刷
书　　号：ISBN 978 - 7 - 313 - 27189 - 1
定　　价：79.00 元

序

　　健康是幸福的基础。进入新时代我国社会主要矛盾已经转化为人民日益增长的美好生活需要和不平衡不充分的发展之间的矛盾。推进健康中国建设,不仅为解决社会主要矛盾,满足人民最具普遍意义的美好生活需要提供了重要条件,更为实现中国特色社会主义现代化提供了重要支撑。

　　2015 年,党的十八届五中全会明确提出了推进健康中国建设,"健康中国"战略上升为国家战略。2016 年,中共中央、国务院颁布了《"健康中国 2030"规划纲要》。2017 年,党的十九大报告指出,"人民健康是民族昌盛和国家富强的重要标志"。健康是促进人的全面发展的必然要求,是经济社会发展的基础条件。2020年,党的十九届五中全会进一步提出"全面推进健康中国建设",对健康中国战略实施提出了新的更高的要求。

　　在现代经济发展中,健康人力资本是现代经济社会发展的引擎,是经济社会高质量持续发展的重要支撑,健康人力资本成为世界各国竞争的重要战略资源。科学测量和预测健康人力资本,对于推进健康中国战略进程,推动我国经济社会高质量发展,加快实现中华民族的伟大复兴,具有重要理论和实践价值。

　　鉴于此,上海工程技术大学课题组开展了健康人力资本问题的研究。本书是在我主持的 2015 年教育部重大课题攻关项目"中国健康人力资本的测量与预测研究"成果的基础上撰写而成的。全书分为四篇十八章:第一篇"健康人力资本:内涵、特征及形成机制",运用马克思主义政治经济学理论阐释了健康人力资本内涵特征;第二篇"健康人力资本:测量与预测",从健康人力资本投入和产出两个维度,测量和预测了中国健康人力资本的数量和质量;第三篇,"健康人力资本:与经济社会的互动",探究了健康人力资本与经济社会发展之间的互动机理,揭示了健康人力资本发展的演化路径;第四篇,"健康人力资本:2050 中国战略与路径",提出了2050 年我国建设健康人力资本强国的战略目标、实践路径及行动方案。

　　本书是上海工程技术大学课题组全体成员共同努力的成果,按照篇的顺序名单如下:第一篇,张健明、沈勤、沈世勇、张强;第二篇,吴忠、罗娟、李红艳、李含伟、高凯、顾静、沈勤、章瑞;第三篇,史健勇、艾蔚、孟飞、魏晓静、何琦;第四篇,胡斌、罗娟、陈心德、崔开昌、单明霞。

　　健康中国的美好蓝图,凝聚着政府、社会和人民群众的共同理想和期盼。健康人力资本是推进健康中国建设的重要基础,是未来30年我国经济社会高质量发展的动力引擎,是2050年建成中国特色社会主义现代化强国的重要支撑。加快健康中国战略进程,全面提高国民健康水平,不断提升健康人力资本的数量和质量,将为"第二个百年"奋斗目标的实现,为中华民族的伟大复兴打下坚实基础。

汪 泓

2022 年 7 月

于中欧国际工商学院

前　言

没有全民健康,就没有全面小康。健康是人民幸福的基础,也是新时代人民群众的最大需求。人民健康,民族则繁荣兴旺;人民健康,国家则强盛安康!

现代国家的综合竞争力,不仅仅表现为物质资本、技术等传统资源的竞争力,更表现为人力资本的竞争。因而,全民健康质量是综合国力的重要体现,健康人力资本是现代国家经济社会高质量发展的最重要的支撑条件,是世界各国竞争的重要战略资源。

本书聚焦我国健康人力资本测量与预测的相关问题,在系统梳理健康人力资本研究文献基础上,运用马克思主义政治经济学关于资本本质和劳动价值论,深入分析了健康人力资本的内涵特征,揭示了健康人力资本的形成机制。从投入和产出两个维度,构建了我国健康人力资本测量指标体系,运用改进后的收入法、熵值法等方法测量我国健康人力资本数量。运用数据包络法分析了中国健康人力资本投入产出效率,揭示了健康人力资本与经济社会的互动关系。综合运用灰色理论、神经网络和系统动力学三种方法预测了中国健康人力资本演化趋势。比较了OECD国家的健康人力资本质量水平,提出了2050年我国实现健康人力资本强国的战略目标、实践路径和行动方案,为世界人民健康发展贡献中国智慧和中国方案。

健康人力资本是指,由劳动者健康状况决定,投入生产过程中能够带来预期产出效应的劳动力的价值形态。健康人力资本的研究对象是,通过健康投入而获得的劳动者健康的数量和质量提增,表现为生产过程中健康人力资本的增值效应。

健康人力资本的形成依赖特定社会历史条件。健康投入所带来的健康人力资源转化为健康人力资本,离不开特定的社会历史条件。健康人力资本的形成逻辑,是现代社会生产方式对健康人力资本的依赖,以及现代市场经济条件下健康人力资本的价值形态。因此,研究健康人力资本就要从促进经济社会发展视角揭示其内涵特征,揭示健康人力资本形成的经济社会条件。

马克思主义政治经济学为揭示健康人力资本的本质提供了理论依据,为研究健康人力资本提供了理论分析框架。运用马克思主义政治经济学解析健康人力资本,不仅能够揭示健康人力资本的本质,而且有助于我们深刻把握健康人力资本的特征。在资本主义社会历史条件下,健康人力资本作为人力资本的特定形态,具有社会和自然双重属性。从社会属性看,健康人力资本作为可变资本的重要形态,体现了资本对劳动的剥削关系;从自然属性看,健康人力资本作为重要的生产资本,体现了资本的价值增值特性。在社会主义历史条件下,健康人力资本依然具有社会和自然双重属性,社会主义制度将逐步消除健康人力资本的社会属性,即作为资本所具有的剥削本质,社会属性不再是健康人力资本的本质属性。社会主义市场经济条件下,作为重要的生产要素,健康人力资本的自然属性,即价值增值属性依然存在并发挥着重要作用。因此,健康人力资本的投入产出效应对于我国经济社会发展有着极为重要的意义。

健康人力资本是投入生产过程的健康劳动力的数量和质量的价值形态。健康人力资本的形成基于劳动者健康存量和健康投资。健康人力资本的投资是指,为了保持劳动者健康状态,对劳动者进行健康服务的投资,健康人力资本投资有效提增了劳动者的健康数量和质量。因此,健康人力资本投资本质上是劳动力拥有者为获得预期经济收益的生产性投资。健康人力资本的产出表现为健康人力资本的投资效益,体现为劳动者的健康收益,以及由此带来的劳动效率的提高。

健康人力资本投入和产出值,是测量和预测健康人力资本数量和质量的重要依据。然而,健康人力资本的投入和产出的具体形态具有复杂性。由于健康人力资本的投资可以是国家、雇主和劳动者,投资形态是直接作用于劳动者个体健康,这就往往难以区分何为投资现象,何为消费现象,何为生产性价值增值,何为非生产性价值增值。此外,健康人力资本的投资收益具有一定的外部性和时滞性,这就导致了精确测量和预测健康人力资本的投入和产出效应具有较高的难度,选择科学方法测量和预测健康人力资本的投入和产出效应是一项重要理论创新工作。

本书从投入和产出两个维度构建了健康人力资本评价指标体系,建立了测量和预测的科学方法。健康人力资本投入包含生活方式、医疗、保健、环保、教育五个方面;健康人力资本产出包括生理健康、心理健康、社会适应、道德健康、劳动力素质、科技成果、经济、迁移、生活方式、环境十个方面。运用改进后的收入法测量健康人力资本,进而构建健康人力资本指数,综合得出我国健康人力资本发展状态,并与 OECD 国家的健康人力资本指标和相关指数进行比较分析。在质性分析基础上,运用 DEA 数据包络方法判定中国健康人力资本的数量和质量。研究表明,我国健康人力资本呈现"前期平稳,中间增速加大,后期快速提升"的变化趋势,整体上升态势较为明显。国际横向比较看,中国健康人力资本指数目前在 OECD 国家中排在第 19 位,与日本、新西兰等国家排名接近,但健康人力资本质量提增优势明显,发展趋势逐渐增强。

本书运用灰色理论、神经网络和系统动力学等方法,多维度地预测我国健康人力资本发展趋势。研究表明,2019—2050 年我国健康人力资本指数不断提高,综合考虑我国劳动力总量和健康人力资本指数,2019—2050 年非货币化和货币化的我国健康人力资本都将稳步提增。与世界主要发达国家相比,我国健康人力资本在发展趋势上虽然存在一定差距,但是总体处于世界前列,健康人力资本的质量提升潜力具有明显优势,趋势增强。

健康人力资本是经济社会发展的重要基石。本书研究了健康人力资本与经济社会发展之间的互动机理,揭示了健康人力资本发展的演化路径。首先,运用宏观经济增长模型分析了健康人力资本在经济社会发展中的特殊作用,阐释了健康人力资本对经济社会发展的作用机理;其次,变换地运用内含健康人力资本的改进经济增长模型,分析了健康人力资本对其他生产要素的制约关系,阐明了健康人力资本投资与经济社会发展水平的适应性;再次,综合运用计量经济学方法,采取面板协整的方法呈现了不同区域居民收入水平、健康支付结构与健康人力资本之间的协整关系,考察了健康人力资本与经济社会发展两个子系统在时空上的耦合关系;最后,分析了健康人力资本与经济社会发展存在时空上的差异。健康人力资本与经济社会之间的互动关系在不同发展阶段、不同区域存在的差异。两者的关系呈现倒 U 型,即经济社会发展到一定程度后,健康人力资本积累增加对经济社会发展的边际效用趋于下降。基于省域数据的分析显示,健康人力资本与经济社会发展之间还存在东中西三大区域上的空间差异,而在相同时点上,不同省份的健康人力资本与经济社会发展间的关联方式并不相同。研究表明,健康人力资本与经济社会发展之间存在着双向的相互作用、相互促进、相互制约。一方面,健康人力资本不仅作为直接投入要素推动经济社会发展,而且与物质资本、教育人力资本相结合,成为经济社会发展的动力源;另一方面,经济社会发展对健康人力资本产生反向的制约作用。在政府公共投资既定的条件下,需要合理配置健康人力资本、物质资本、教育人力资本。健康人力资本投资受到经济增长水平的制约,社会公平性也对健康人力资本产生重要的影响。健康人力资本与经济社会之间的互动关系在不同发展阶段、不同空间地区存在着差异，健康人力资本积累增加对经济社会发展所产生的边际效用是不同的。

科学测量与预测中国健康资本的数量与质量，以及在比较 OECD 国家健康人力资本水平的基础上，本书提出了建设中国健康人力资本强国的 2050 战略目标，即到 2025 年建成健康人力资本强国。实现战略目标的步骤是，从现在起到 2025 年，在决胜全面小康的背景下，基本建成健康人力资本大国；到 2035 年，在基本实现现代化的背景下迈入健康人力资本强国行列；到 2050 年，在建设社会主义现代化强国的背景下，全面建成健康人力资本强国。

建成健康人力资本强国要构建健康生活、健康医疗、健康保健、健康教育和健康环境"五位一体"的战略方针，本书从国家宏观层面，在体制机制、人口政策、科技创新、信息建设、法制建设和组织实施等六大方面，提出了建设中国健康人力资本强国的战略支持和保障措施。

汪　泓

2022 年 7 月

目　录

第一篇

健康人力资本：
内涵、特征及形成机制

第一章 健康人力资本的当代价值

在现代经济发展中,健康人力资本是现代经济社会发展的引擎,是经济社会高质量发展的基石,是世界各国竞争的重要战略资源。国家全民健康水平是健康人力资本质量提升的前提,提高全民健康水平,增进人民健康福祉,才能不断提升我国健康人力资本的质量。

第一节 健康人力资本研究背景

一、健康是实现人民对美好生活新期盼的重要支撑

进入新时代,随着人民生活水平从小康向富裕过渡,人民群众的健康意识不断增强。追求生活质量、关注健康安全,成为城乡居民普遍的需求。人民群众不仅要求能够获得优良的医疗卫生服务,更希望获得健康保健服务,这必然带来层次更高、覆盖范围更广的全民健康需求。不断完善全面健康服务体系,为人民群众提供全方位全周期健康服务,是满足人民日益增长的美好生活需要,实现高质量发展,创造高品质生活的重要战略任务。

2016 年,我国颁布了《健康中国 2025 规划纲要》,2017 年,党的十九大将"实施健康中国战略"列为国家发展基本方略之一。人民健康事业提升至国家战略地位,实施健康中国战略,从国家层面统筹谋划推进,反映了党和国家对经济社会发展中健康人力资源价值的认识达到了新的高度,体现着党和国家以人民为中心的发展理念和为人民谋幸福,为民族谋复兴的不变初心。

实施健康中国战略,不仅可以满足多层次、多样化、个性化的全民健康需求,满足人民群众对美好生活新期盼,而且也将大幅度地提升我国国民健康整体水平,增加健康人口的总量,提高人口的心理和生理素质,降低医疗总费用和社会成本,推动我国由人力资源大国向人力资源强国转变,为我国经济社会高质量发展提供优质的健康人力资源奠定了坚实基础。

二、全民健康是党中央和国家历来高度重视的民生事业

实施健康中国战略,体现了党和国家坚持以人民为中心的发展理念。中华人民共和国成立 70 年来,特别是改革开放 40 年来,党和国家高度重视人民群众的健康事业,始终不渝地坚持全民健康的工作方针,以持续提高人民群众健康水平为核心,以体制机制改革创新为动力,以普及健康生活、优化健康服务、完善健康保障、建设健康环境、发展健康产业为重点,持续推进健康领域改革发展,不断增加健康投入,把健康支持融入国家政策体系之中,加快转变健康事业发展方式,全方位、全周期维护和保障人民健康,医疗卫生和保健服务体系日益健全,质量不断提升,城乡环境面貌明显改善,全民健身运动蓬勃发展,人民健康水平和身体素质持续提高,健康事业公平性显著改善,全民健康水平大幅提高。2018 年我国人均预期寿命已达 77 岁,总体上达到了中高收入国家平均水平,为全面建成小康社会奠定了重要基础[①]。

然而,在我国现代化进程中,工业化、城镇化、人口老龄化、疾病谱变化、生态环境及传统生活方式,给维护和促进全民健康带来一系列新的挑战。我国健康服务的需求不断增长与供给总体不足之间的矛盾依然突出,健康服务供需不平衡现象依然存在,健康事业发展与经济社会发展之间的协调性还有待增强。因此,推进健康中国战略,从国家战略层面统筹解决全民健康问题,是全面提升中华民族健康素质,实现人民健康与经济社会协调发展,是全面建成小康社会、基本实现社会主义现代化的重要基础,是实现“两个一百年”奋斗目标的重要前提,也是我国积极参与全球健康治理、履行 2030 年可持续发展议程国际承诺的重大举措。

未来 15 年,是推进健康中国建设的重要战略机遇期。经济高质量发展将为维护人民健康奠定了坚实基础,消费结构升级将为发展健康服务业创造广阔空间,科技创新将为提高国民健康水平提供有力支撑,我国健康事业各方面的制度更加成熟更加定型,将为我国全民健康事业的可持续发展提供了制度保障。

三、健康人力资本是实现健康中国战略的重要基础

在现代经济发展中,人力资本是现代经济社会高质量持续发展的重要推动力,更是现代经济社会发展的引擎。人力资本包括劳动者的体力、智力、知识、技能以及劳动态度,人力资本的质量通过人力资本投资形成,通过劳动者体力、智力、知识、技能以及劳动态度呈现出来,并以劳动生产率的提高促进经济社会高质量发展。因此,人力资本投资是实现人力资源强国的必由之路,教育投资与健康投资等关于人力资本的投资对现代经济社会高质量发展具有极为重要的意义。

教育和健康作为人力资本的两个主要组成形式,劳动者的受教育水平和健康

---

① 国家卫生健康委员会.2018 年我国卫生健康事业发展统计公报[OL].http://www.nhc.gov.cn/.

水平体现了人力资本质量,直接反映了人力资本的投入和产出,尤其是健康人力资本的投资,直接和间接地影响教育投资和其他生产性投资的收益率。世界银行在1993年的《世界发展报告》中指出"良好的健康状况可以提高个人的劳动生产率,提高各国的经济增长率"[①]。健康人力资本投资直接影响到劳动者的健康状况,这不仅对微观个体收入影响,而且还将因劳动生产率和消费结构因素影响宏观经济增长。对于个人、家庭而言,健康的重要性毋庸置疑。健康是个人从事劳动,家庭维系幸福的重要前提。对于国家和社会而言,健康人力资本投资使经济社会发展获得优质劳动力,优质的劳动力是国家和民族持续发展的重要基础。虽然我国是一个人口大国,但是我国健康人力资本的数量和质量水平总体上还相对较低,提升健康人力资本的数量和质量,是实现我国由人口大国转变为人力资源强国的关键。

四、健康人力资本是经济高质量发展的重要推动力

现代经济社会发展条件下,健康人力资本与经济社会发展的有着密切关系,健康人力资本的数量和质量对经济社发展水平有着极为重要影响,健康人力资本的数量和质量直接影响经济社会发展的整体水平。劳动者良好的健康状况意味着避免直接医疗支出和间接误工费用带来的经济损失,提高劳动者的实际工作年限,有效提高社会劳动生产率。较少的疾病医疗支出,缓解有限的医疗服务资源的压力。劳动力健康水平低下不仅影响劳动力供给效率,还将给家庭和社会造成直接和间接的经济负担,导致贫困的发生。因此,健康人力资本质量直接影响个人与家庭生活质量。同时,健康人力资本投资和劳动者健康改善还将带动健康产业和健康服务业发展。

健康是劳动力存在的基础,身心健康并且受过良好教育的劳动者是经济社会发展最重要的人力资源。健康人力资本数量和质量水平的高低,直接影响经济社会发展质量。提升健康人力资本质量必将提高总体人力资本质量,改善劳动力人口的健康,延长预期寿命,可提高人力资本对于经济发展的贡献度,为经济增长提供更加持久的动力。健康人力资本投入产出是最具经济效应的,健康人力资本投资的产出是高效的,它将从整体上改善劳动者健康状况。加大健康人力资本的投资,完善劳动者的健康保障体系,解除劳动者的健康之忧,有利于推动供给侧结构性改革,释放健康投资和消费需求,拉动增长、扩大就业,这无疑将为我国经济社会持续协调发展注入新动力。因此,必须将提升我国健康人力资本的数量和质量放到重要位置,健康人力资本的投资不仅有助于推动我国经济社会高质量发展,也是实现我国"两个一百年"奋斗目标的重要保障。

目前,我国经济进入新常态,在宏观经济的影响下,中国"人口红利"逐渐消失,"健康红利"将为经济社会发展提供更强的动力。健康人力资本的投资不仅可以带

---

① 世界银行.1993年世界发展报告:投资于健康[M].北京:中国财政经济出版社,1993.

动健康经济发展,促进经济社会高质量发展,而且,还可以通过保护劳动力健康,带来预期寿命延长,促进经济社会福利增长。除此而外,健康经济发展也有助于降低人口老龄化对劳动力结构的负面影响,体现公平性的健康人力资本投入还有助于缩小地区间、人群间差异,推动实现经济社会协调,使得我国能够更好地利用经济发展的战略机遇期。

近年来,我国对健康人力资本的投入增长趋缓,这一点已经反映在我国卫生总费用增速减缓方面。然而,人民群众健康水平改善的需求却更高了。预计,2020年我国居民人均预期寿命还将增加 1 岁,孕产妇、婴儿和五岁以下儿童死亡率将进一步降低,这意味着,我们需要在现有全民医疗保健服务资源基础上,调整医疗卫生保健服务体系结构,合理安排资源布局,优化服务质量和效率,使医疗卫生保健服务资源投入获得更大的健康收益。因此,我国要持续加大健康人力资本的投入,要以继续扩大卫生总费用总量为重点,优化支出结构,促进健康产业和服务业发展,满足人民群众基本医疗卫生服务需求,满足多种健康服务需求。通过提增全民健康总水平,健康人力资本的数量和质量,促进劳动力健康状况持续改善①。

五、健康人力资本投入受到世界各国政府的普遍重视

当前,世界发达国家普遍重视健康人力资本的投入,推动健康人力资本数量和质量的不断提升。发达国家围绕健康人力资本,纷纷改进卫生服务体系的结构,提高健康服务体系运行绩效,以及健康服务资源的使用效率,以期以最少的投入获得最大的健康人力资本产出效应。例如,多数国家都加强了基本医疗卫生服务供给,提高基层社区全科医生的服务能力,改善其待遇和工作环境,推动全科医生人力资源的合理配置,强化了基层社区公共健康和医疗卫生服务。在医疗服务方面引入按病种分组的付费模式,避免患者使用过多的住院服务资源,通过经济手段激励全社会增强健康保健意识。又如,一些国家加强了健康保健和疾病预防工作,推动卫生系统与社会其他领域的沟通与交流,推动健康融入教育、住房、环境、就业、养老等社会政策等。上述这些措施不断提高了健康服务资源投入和产出的绩效,促进了健康人力资本数量和质量持续提升。

综上所述,实施健康中国战略,是党和国家对人民群众基本健康权的郑重承诺,是满足全体人民健康服务需求,提增健康人力资本数量和质量,促进经济社会高质量发展的重要战略举措。目前,推进全民健康水平的提高,提增健康人力资本数量和质量,需要进一步深化健康服务体系改革,强基层、建机制,优化健康服务资源的配置和利用,提高健康人力资本投入产出效率,获得最大的健康人力资本投资收益。实现上述目标,需要树立全民健康理念,促进健康与其他公共领域的政策协调,共同构建全民健康服务政策体系,推动我国健康人力资本数量和质量提升。

---

① 肖月.健康中国与宏观经济发展[N].中国人口报,2016－02－15.

第二节　健康人力资本研究对象

一、研究视角

人力资本是世界各国经济社会发展的核心要素。随着人力资本理论研究的不断深化，健康人力资本逐步成为国内外学界的研究视域。1960年，美国学者舒尔茨提出：人力资本是人们在自己身上投资所获得的，能够增加个人未来的收入，促进国民经济增长形成的体力、健康、经验、知识和能力。舒尔茨认为，劳动者身上所具有的上述质的方面的特征是通过教育、医疗保健、劳动者的迁移、移民、信息获得这五条途径形成的。他进一步指出：通过教育，可以提高劳动者的工作能力，技术水平，从而增加个人收入并推动经济增长，而改善医疗保健则能提高劳动者的身体素质，减少疾病、死亡，增强或延长劳动者的工作能力和精力，上述二者都是人力资本形成的重要途径[①]。

依据舒尔茨观点，人力资本作为重要的生产要素包括了两个相互联系的方面：第一，教育人力资本，人类通过教育投资形成的劳动者在智力技能方面的提高，进而提高劳动者的劳动生产率；第二，健康人力资本，人类通过健康投资形成的生理和心理方面素质的提高，进而提高劳动者工作年限，降低医疗支出的社会成本，促进全社会的劳动生产率的提高。据此，可以得出以下结论，任何一个社会人力资本的投入，都包含着教育投入和健康投入，两者缺一不可。一个健康状况不佳或缺乏教育（包括知识教育和技能训练）的劳动者不可能成为人力资本，更不可能在生产过程中作为资本投入形成产出。因此，考量人力资本不能脱离健康和教育两个方面。

然而，健康人力资本和教育人力资本虽然都是人力资本的不可或缺的组成部分，但是由于教育人力资本投入具有明显的直观效应，教育人力资本受到人们普遍的重视。在工业化时代，教育人力资本投入能够带来显现产出效应，劳动者生产知识和劳动技能的掌握程度，直接影响劳动生产效率。教育所带来的劳动者素质和能力的提升，以及由此带来的直接的经济产出效应也被社会普遍接受，教育人力资本投资对于经济增长的重大意义和贡献已经得到普遍认同。因此，在理论上教育人力资本的研究更深入，在实践中社会对教育人力资本的投入更为重视，以教育人力资本为核心的人力资本理论更为成熟。

与教育人力资本相反，健康人力资本的投资无法形成直接的、显现的、直观的产出效益，劳动者先天的健康素质的个体差异，健康人力资本投资的产出效应因人

---

①　Theodore. W. Schultz. Investment in Human Capital[J]. The American Economic Review，1961，51(01)：1-17.

而异。在实践中,人们对健康作为人力资本的价值认识相对不足,医疗保健仅仅被看作个体或社会福利的表征。在理论上,学界对于健康人力资本的经济学意义同样认识不足,健康人力资本的理论研究相对薄弱。

然而,健康是劳动者作为生产要素的基本前提,如果失去了健康,劳动者即便掌握了劳动知识和技能,也难以进入生产过程发挥作用。与教育人力资本投资相比,健康人力资本投资具有更为基础的价值。教育人力资本投资如果没有健康人力资本投资作基础和保障,劳动者失去了健康,教育人力资本投资显然难以发挥应有的效益。

从已有的研究看,人们对于健康作为一种人力资本及其经济学意义的认识,是基于对健康的认识而不断深化的。早在1909年,费雪(Fisher)在给美国国会提交的国家健康报告中就提出了健康是一种财富形式。他分析了因健康引起的社会损失:其一,过早死亡而带来的未来收益减少;其二,因疾病造成有效工作时间损失;其三,因疾病支出治疗费用形成的社会成本。美国学者德尼森具体测算了健康因素对美国经济发展的影响,他提出如果在1960—1970年间死亡率下降10个百分点,则在规模收益不变的情形下,美国经济增长率能提高0.02个百分点[①]。

上述研究初步认识到了健康的经济学意义,但研究视域仅仅限于劳动者的身心健康对宏观经济的影响,没有认识到健康人力资本是人力资本的基础,没有深刻认识到健康作为一种人力资本对提高生产力、促进经济发展的重要价值。

劳动者的健康状况直接影响着个体和社会获得收入的能力,那么个体和社会就有了投资健康的动机。健康人力资本存量是因个体和社会投资而获得的增量,劳动者的人力资本存量主要由健康、知识、技能和工作经验等要素构成,这些要素的增进都会提高社会的劳动生产率,即提高或改善个人获得各类收入的能力,但是其中健康存量,决定着劳动者生产过程中的投入时间,劳动者在生产过程中的投入时间决定着作为生产要素的人力资本数量和质量。

因此,深入分析健康人力资本对经济社会的影响,探索健康人力资本与经济社会高质量发展的互动机理,阐释健康人力资本投资的直接和间接效应,构建健康人力资本投入和产出模型、健康人力资本与经济社会互动关系的分析模型等,是健康人力资本研究重要领域。

二、研究对象

基于上述分析,健康人力资本的研究对象可以理解为,因健康投入而获得的劳动者的健康状况改善,表现为生产过程中因劳动者健康改善而带来健康投入的增值效应。关于健康人力资本的研究对象可以从以下几个方面展开进一步讨论。

第一,健康人力资本的载体是进入生产过程的劳动者,是社会生产过程中活的

---

① 杜本峰.健康—人力资本—经济效应[J].经济问题,2005(3):74-76.

要素。研究健康人力资本，就是要探究健康投入对进入生产过程的劳动者的健康状况影响，进而对经济发展的影响，阐明健康人力资本投资的产出效应。研究健康人力资本，首先要把人力资本与物质资本区别开来，也就是要把劳动者和劳动资料区别开来。现实中，人们往往注重物质资本，并将其看作是主要的生产要素。在生产过程中物质资本表现为机器、厂房、设备等固定资产和原料、辅助材料，以及技术、信息等无形资产，物质资本的投入往往有着明确投资预期。然而，人力资本在生产过程中则往往表现为劳动者知识教育和技能训练水平，劳动者生理和心理健康状况等要素。由教育和健康决定的人力资本，虽然在生产过程也存在明显的收益预期，但是由于个体劳动者之间存在巨大差异，收益预期难以精确测量，尤其是健康因素因每个个体天赋存量差异，无论是从宏观还是从微观，健康人力资本投入与产出效应测量难度更大。所以，人力资本与物质资本虽然都是重要的生产要素，但是两者之间存在较大的异质性，因此，把握人力资本和物质资本的异质性，是研究健康人力资本的重要前提。

第二，健康人力资本投资的直接效应是劳动者的生理和心理健康。虽然，健康人力资本投资的根本目的是提高劳动者的生产效率，然而，在人们通常的认知中，资本投资总是与生产活动联系在一起，投资的目的是产生直接或间接的经济效益，否则现实的投资就毫无意义。换句话说，离开了生产、经营、劳动等实物经济的环节，都不能称之为"资本投资"。

然而，健康人力资本的投资形式具有复杂性，产出具有滞后性。不仅健康人力资本投资与收益是不同步的，而且健康人力资本投资往往难以区分何为投资现象，何为消费现象。同时，人力资本投资要素具有多样性，不仅物化劳动可以作为投资要素，活劳动也是重要的投资要素，尤其是健康人力资本投资有时伴随的并不一定是生产性产出，健康投资不仅体现在生产性劳动领域，而且大量存在于生产性劳动之外领域。因此，将健康人力资本投资从消费中区分开来，加以精确测量，并确定健康人力资本投资对生产收入即"利润"所作出的贡献，这些无论在理论分析上还是在实际操作中都有很大困难，这也是健康人力资本研究相对薄弱的重要原因[1]。

第三，健康人力资本投资收益通过劳动者的健康收益获得体现。从经济学视角看，健康人力资本投资收益是健康人力资本研究的重要问题，因为任何投资都要考虑投资回报问题。然而，传统的投资回报分析，总是基于投入产出比的核算，物质资本的投入产出比可以通过直接的货币价值加以计算，但是对于健康人力资本投资的投入产出比，传统的分析方法却难以有效精确核算，一方面，因为健康人力资本投资的产出，是个体和社会健康要素总投入的产出，不仅个体和社会投入的各个健康要素之间难以清晰地界定，而且，健康人力资本投资的产出效应，不只是体现为生产性产出，还包含了非生产性产出。另一方面，健康人力资本投资使得个体

---

①　侯风云.论人力资本概念[J].山东大学学报(哲学社会科学版),2000(11):108-111.

在增加了生产性产出的同时,也带来了个人在家庭劳动中的价值水平的提高,使得被投资人有了足够的精力照看子女,提升了子女的营养状况或者教育水平等等,健康人力资本投资收益具有一定的外部性和时滞性,带来了生产性和非生产性的健康人力资本价值增值,这些增值往往难以通过有效的计算,获得精确的投入产出比,因此,要在肯定健康人力资本投资存在产出效应前提下,研究测量健康人力资本投入产出的科学方法具有重要理论价值。

第三节　健康人力资本的认知维度

国内外学者研究健康人力资本,有着多个认知维度。从理论上看,分别有从经济学、社会学、管理学的维度加以研究,从实践上看,有从委托代理、公司治理等角度展开研究。由于认知角度不同,导致学界和企业界对健康人力资本的认识存在一些分歧。归纳起来,目前关于健康人力资本有四种较为典型的认识维度。

一、健康人力资本的人力观

从人力资本的视角认识健康人力资本,是当下健康人力资本的重要认识视角。舒尔茨指出,人的知识、能力、健康等人力资本的提高对经济增长的贡献远比物质、劳动力数量的增加重要得多。这就是说,包括健康人力资本在内的人力资本不仅是重要的资本形态,而且是人类最重要的资本价值[1]。伍中信等认为,人力资本是进入生产过程的劳动者所具有知识、技能和体力(健康状况)等质量因素的总和,健康人力资源是人力资本的基础,但健康人力资源不一定就是人力资本,人力资源是一个数量概念,而人力资本是一个质量概念,这一观点虽然分析了人力资源和人力资本的区别,指出健康资源是人力资本的基础,但是毫无疑问的说明了健康要素是人力资本的基础性要素[2]。申丽萍等认为,人力资本是凝结于劳动者身上的知识、技能及其表现出来的能力,人力资本表现的知识和技能,都必须以健康为基础,失去健康,劳动者进入生产过程,人力资本增值无从谈起,人力难以成为资本。因此,劳动者的健康状况,是人力资本最重要的表现形态[3]。

二、健康人力资本的形成观

从健康人力资本形成的角度,认识健康人力资本是一个认知视角。贝克尔指出,人力资本是通过对人力投资形成的资本。据此一些学者认为,人力资本是指人们在职业教育培训、健康等方面的投资所形成的资本,投资成本中既有教育培训、

①　付一辉.人力资本概念研究[J].财会月刊,2007(3):5-6.
②　伍中信,张荣武.人力资本观念变革与财务理论体系创新[J].财贸研究,2005(2):91-96.
③　申丽萍,王跃.大型国有企业的核心竞争力与企业的人力资本管理[J].经济师,2004(6):173-174.

健康保健等直接费用支出，也有因接受教育和健康保健而产生的机会成本。卿涛等认为，人力资本与人力资源最大的不同之处在于，人力资本是经过投资开发后形成的。企业的人力资本是指企业人力资源投资形成的、体现在企业员工身上的知识和技能，突出表现为核心员工的洞察力与执行力。人力资本是企业生产能力的静态反映，是企业和员工共同开发的结果[①]。从人力资本的形成观看，人力资本不是人所拥有的知识和技能，而是形成这些知识和技能的教育培训的直接成本和间接成本（机会成本）的总和。这样人力资本就可以以历史成本为基础进行计量，通过会计核算对企业人力资本信息进行定量反映，为企业管理当局及利益相关者的决策提供参考。据此，健康人力资本可以理解为是形成劳动者生理和心理健康投入的直接成本和间接成本（机会成本）的总和。因此，健康人力资本的研究视域，应当聚焦于健康投入的直接成本和间接成本（机会成本），以及投入产出效应。

健康人力资本形成观的学术贡献在于，指出了健康人力资本与健康人力资源之间的本质区别，健康人力资本是经过投资开发后形成的，健康人力资源的投入成本构成健康人力资源价值的基础，健康人力资源的投入成本和健康人力资源的价值并不是同一概念。但是，健康人力资本形成观，忽略了健康人力资本的主动性和异质性特点。事实上，由于人的禀赋不同，加上个体的主动性差异，在相同资本投入情况下，作为健康人力资本载体的劳动者之间的水平差异很大。因此，健康人力资本的形成观，不仅要认识健康是人力资本的重要基础，健康投入是必要的，是人力资本投资的重要方面，而且要认识健康人力资本是通过健康投资所形成的资本形态。研究健康人力资本，应当深入分析健康人力资源资本化的特殊形成方式和路径。

三、健康人力资本的价值观

健康人力资本的价值观，是健康人力资本研究的重要视域。健康人力资本是生产过程中劳动者所承载的、通过健康投资形成的、能带来未来收益的一种价值。健康人力资本的价值观认为，健康人力资本是一种能够带来价值增值的价值，毫无疑问这种价值认知源于马克思的资本价值观，即资本是能够带来剩余价值的价值。由此不难看出，健康人力资本是健康投资所形成的，能够给社会生产带来价值增值的一种价值形态。当然，由于健康的承载者是劳动者个体，所以劳动者的健康并不等于健康人力资本，健康人力资源要转化为资本，必须将健康人力资源作为生产要素，与物质资源相结合产生剩余价值，健康人力资源才转变为健康人力资本。也就是说，只有能够带来价值增值的健康人力资源才能称之为健康人力资本。

基于上述分析，可以从价值论的视角界定健康人力资本，健康人力资本是健康人力资本所有者的投入的有助于健康的各类要素，是为保持劳动者健康，并据以获

---

① 卿涛,郭志刚.论人力资本管理与企业核心竞争力[J].经济体制改革,2003(6):62-65.

取经济收益的投入总和。健康人力资本必须投入到生产过程中并与物质资本相结合，才能实现价值增值。因此，健康人力资本价值论关注的重点不是人的健康资源投入的实体要素，而是健康投入实体要素的价值，以及价值投入所带来的增值，因为资本的本质在于价值增值。在这里劳动者的生理和心理健康状况等只是健康人力资本的表现形式或载体。从这个意义上说，健康人力资本是一种高度抽象的资本。健康人力资本的价值含量，要通过所能创造的价值量来衡量，而不是健康投入成本。健康人力资本保值增值的基本内涵是价值创造能力的保持和提高[①]。

四、健康人力资本形成逻辑

健康人力资本的形成逻辑，是健康人力资本的重要认识视角。从健康人力资本的逻辑结构上看，健康人力资本包括了资本形态、投入形态与产出形态，健康人力资本的增值效应等要素。健康人力资本的认知、概念的逻辑结构是理论研究的出发点，因此，从健康人力资本概念形成逻辑的视角，有助于深刻把握健康人力资本的本质特征。

第一，健康人力资本具有独特的形成逻辑。健康人力资本形成逻辑是健康人力资本理论研究起点。健康人力资本不同于物质资本、也不同于一般意义上的人力资本，健康人力资本决定了健康人力资本理论研究在研究对象、研究任务、研究方法上具有独特性，健康人力资本涉及复杂的理论和实践问题，其内涵必然是丰富的，外延必然是宽泛的。

第二，健康人力资本理论研究和实践探索应当是健康人力资本内在逻辑结构的展开。健康人力资本内涵和外延，体现了该理论领域中普遍的、必然的联系，体现了健康人力资本理论体系的本质特征，是健康人力资本理论逻辑结构的基本内涵。

第三，健康人力资本形成逻辑，是依赖特定社会历史条件的，离开了特定的社会历史条件，健康人力资源不会成为健康人力资本，健康投入所带来的健康人力资源不会转化为健康人力资本。因此，健康人力资本形成逻辑与现代社会生产方式相关联，与现代市场经济紧密相关。在现代市场经济条件下，经济发展离不开市场机制的作用，经济运行活动都是为市场机制充分而有效地运作开创必要条件。健康人力资本研究无疑要围绕如何有效促进经济发展核心问题展开，这也是健康人力资本概念形成的内在要义。

基于上述健康人力资本理论概念形成逻辑的分析，我们可以进一步分析健康人力资本概念内在逻辑。

第一，健康人力资本概念具有经济和社会双重内涵。健康人力资本概念包含了经济内涵，也就是说，只有投入生产活动中的健康人力资源才能称之为健康人力

---

① 付一辉.人力资本概念研究［J］.财会月刊,2007(3):5-6.

资本；健康人力资本还反映了其社会属性，健康人力资本是凝聚在劳动者身上的心理和生理等健康要素的价值，其价值载体表现为社会与个人的健康投入。社会和个人通过健康投资，发挥健康人力资本的价值创造潜力。健康人力资本价值保值增值状态，要受到宏观经济环境、市场环境、劳动所在企业内部环境等因素的影响。

第二，健康人力资本概念蕴含着资本运动过程的价值逻辑。将健康人力资本内涵界定为因健康投入，劳动者提升了价值创造能力，实现了价值创造。从这个意义上讲，健康人力资本概念内涵包含着价值形成逻辑，因为，健康人力资本概念内涵的特殊性，健康人力资本的价值形成，既不同于物质资本价值形成，也不同于一般的人力资本价值形成。

第三，健康人力资本概念包含着劳动者的生理和心理等健康要素的价值内涵。健康人力资本概念价值内涵，表现为劳动者在生产过程中的精神面貌，以及可能投入的时间和精力，健康人力资本概念蕴含着劳动者的潜在的价值创造能力。据此，健康人力资本概念所包含的价值是能够带来价值增值的价值，也就是说它不仅仅是指劳动者健康投入要素的价值。

第四，健康人力资本概念包含凝聚于生产过程中劳动者健康的价值。劳动者生理和心理健康的形成是需要投资的，劳动者健康投资的数额与其资本化数额并不完全相等。在现代市场经济条件下，劳动力具有商品属性，劳动者的健康状态也是这类商品的重要属性，其健康人力资本的生产成本只是一种个别价值，劳动者健康属性个别价值要转化为社会价值，离不开一定的市场条件。健康人力资本只有通过成功交换其价值才能实现。

综上所述，健康人力资本的认识视域是多重的，由此获得的启迪是，从多维度认知健康人力资本，全面系统地把握健康人力资本内涵及特征，是健康人力资本的理论研究的重要路径和方法。

第四节　健康人力资本研究的战略意义

党的十九大提出中国特色社会主义进入了新时代，习近平总书记提出新时代要坚持以人民为中心的发展理念。我国实施健康中国战略，为满足人民健康需求奠定了坚实基础。2016 年，在全国健康与卫生工作会议上，习近平总书记强调指出"没有全民健康，就没有全面小康"。健康"不仅是身体的强健，而且是生理和心理，以及整体社会福祉的完美状态"。

健康是幸福的基础，健康已经成为新时代人民群众的最大需求。全民健康既是我国新时代发展目标，也是实现发展目标的重要手段。研究健康人力资本在于把握健康人力资本的内涵特征、演化规律，提升我国健康人力资本数量和质量，推动我国经济社会高质量持续发展。

一、研究健康人力资本是实现新时代战略目标需要

（一）健康是新时代社会主要矛盾的集中体现

中国特色社会主义进入新时代，我国社会的主要矛盾已经转化为人民日益增长的美好生活需要和不平衡不充分的发展之间的矛盾。改革开放以来，我国经济持续四十年高速增长，经济总体规模位居世界第二，人民群众物质文化生活需要不断得到满足，人民群众生活水平大幅提高。然而，工业化、城镇化推进中的粗放式发展，影响了人民群众赖以生存的健康环境；人口老龄化和疾病谱变化，催生了新的健康需求，我国健康服务供给的不充分，不同区域和人群之间健康资源占有的不平衡的矛盾依然突出，直接影响着人民群众的幸福生活质量。新的历史条件下，人民群众对健康需求的愿望比任何时候都要强烈，满足人民群众健康需求，成为新时代中国特色社会主义社会主要矛盾的表现之一。

（二）健康是新时代人民幸福的基础条件

人民幸福是中国共产党的奋斗目标，健康是幸福的基础。在革命年代，毛泽东提出了"全心全意为人民服务"的思想，为人民服务成为中国共产党的宗旨。改革开放初期，党和国家致力于解决人民的温饱问题，致力于改善人民生活水平，大幅度改善和提高了人民群众的生活质量和健康水平。进入新时代，随着我国经济持续增长和人民群众生活水平持续提高，健康成为富起来的中国人的第一需求。习近平总书记指出要"不忘初心、牢记使命"，而中国共产党人的初心和使命就是为中国人民谋幸福，为中华民族谋复兴。为人民群众谋幸福，就是要满足人民群众两个层面的现实需求：一个是职业发展需求，让每一个劳动者都能够在相应的职业岗位上实现自我价值；另一个则是健康生活需求，让每一个人能够健康地活着，健康又是幸福的基础条件，有了身心健康才谈得上生活幸福美满。所以，全民健康是中国共产党坚持初心和履行使命的充分体现。

（三）全民健康是全面小康社会的必然要求

党的十九大报告指出，让贫困人口和贫困地区同全国一道进入全面小康社会是中国共产党的庄重承诺。摆脱贫困除了消除物质资本匮缺的短板，更为重要的是解决健康人力资本不足的问题。提增贫困地区的健康人力资本数量和质量，不仅可以有效降低劳动者维持健康状态的医疗成本，而且能够有效增强劳动者为获得生活资料参与劳动的能力。因此，提升全民健康水平，解决因病返贫、因病致贫的扶贫困境，对于贫困地区摆脱贫困状态，跳出贫困陷阱，实现全面小康意义十分重大，可以说没有全民健康就没有全面小康。实施健康中国战略，就要紧紧抓住新时代人民群众的最根本需求，着力于为人民群众提供全过程全方位全周期的健康服务，提增健康人力资本的数量和质量，为实现全面小康社会创造积极条件。

（四）人民健康是实现中国梦的重要支撑

新时代中国共产党提出了实现"两个一百年"的奋斗目标，党的十九大提出了

2035 年基本实现社会主义现代化,2050 年实现社会主义现代化强国的发展战略。习近平总书记指出:人民健康是民族昌盛和国家富强的重要标志。全民健康状态是一个国家的经济社会发展水平的最为直接的反映之一,没有全民健康,也就没有高质量健康人力资源,经济社会发展就缺乏了高素质劳动力的支撑。实现中华民族伟大复兴的中国梦,建成社会主义现代化强国的重要标志就要使全民健康指标进入到高收入国家行列,使全民健康水平处于世界前列。

全民健康离不开坚定地实施健康中国战略。实施健康中国战略就是要从满足人民群众健康需求出发,普及全民健康生活方式,完善全民健康制度体系,提供高质量的健康服务,提高健康保障水平,放大优质健康资源的辐射作用,为加快国家富强,民族昌盛的步伐,实现中华民族伟大复兴的中国梦奠定坚实基础。

二、健康人力资本是新时代的战略资源

(一) 健康人力资本是解决新时代社会矛盾的必然要求

当前,我国人民群众对于健康生活的需要与健康服务、健康资源、健康产业方面的供给不平衡不充分之间的矛盾还比较突出。矛盾制约瓶颈主要体现在以下几个方面:

第一,城乡之间、区域之间、人群之间健康素养的不均衡。当前,中国城乡之间、区域之间、人群之间生活水平不同,受教育程度不同,健康理念的认知能力也不尽相同,形成了不同的地区、不同的人群,健康生活方式的层次差异。诸多不健康的生活方式严重影响着人民群众的健康,许多地区由于缺乏健康教育、健康知识普及程度低,以及不健康的生活方式,形成了一系列的重大疾病风险和慢性病风险。

第二,城乡之间、区域之间、人群之间健康资源配置不均衡。我国健康服务资源配置不均衡,影响着全民健康的质量水平。我国优质的医疗保健服务资源多数集中在东部沿海地区和一些特大城市,而中西部地区,尤其是农村地区卫生保健服务资源相对匮乏。此外,影响全面健康的公共体育资源也存在着空间资源分配不均的矛盾,不仅城乡之间、区域之间公共体育资源配置存在着不均衡,而且在阶层与人群之间也存在着公共体育资源配置不均衡的现象。由于受教育程度对个体健康有重要影响,教育资源不均衡也在一定程度上影响着健康服务资源非均衡性。此外,区域经济发展水平不同也导致不同地区人群营养摄入水平的差异,生态资源、水资源、森林覆盖率、环境污染等也会影响着健康状况的不均衡。

第三,城乡之间、区域之间、人群之间健康投入的不均衡。健康投入包括卫生保健投入、教育投入、体育投入、环境保护投入等方面。健康投入与经济发展水平之间有着高相关性,经济发展水平会影响到健康投入水平。由于我国区域经济发展的不平衡,导致了不同地区之间、城乡之间经济发展水平差异。一方面,经济发展水平较高的地区有较多的财力物力用于健康投入,经济发展水平相对较低的地区因财力限制,健康投入相对较少;另一方面,由于健康投入差异,进一步影响着区

域经济的发展,加剧了地区之间、城乡之间经济发展的不平衡。此外,由于产业集聚、教育资源、公共卫生资源的集聚所形成的虹吸效应,使得私人资本、政府资本更多地在经济发达地区集聚,向更加富有者倾斜,也将进一步加剧健康投入不平衡。

第四,城乡之间、区域之间、人群之间健康服务的不均衡。当前我国健康服务整体水平不高,不仅地区之间由于健康资源分配不均导致健康服务可及性存在着不均衡,即使在同一个地区,不同人群之间所能够获得的健康服务也往往存在差别,如随着家庭医生制度的推进与实施,由于地方政府推进的力度和效果不同,家庭医生覆盖居民的数量不同,家庭医生之间服务能力的不平衡,造成了家庭医生服务供给存在着不均衡。

综上所述,健康素养、健康资源、健康投入、健康服务之间存在的空间差异、地区与城乡差异,乃至人群差异,影响着不同区域之间健康人力资本价值存量和增量的差异,这种差异是新时代社会主要矛盾的突出表现之一。在未来的 30 年,我国要持续实现经济社会高质量发展,就要消除健康资源配置的"马太效应"。

(二)健康人力资本是新时代经济社会高质量发展客观要求

当前,我国已经开始全面实施健康中国战略,提增健康人力资本数量和质量不仅是实现经济社会高质量发展的客观要求,更是实现经济社会高质量发展的重要条件。

第一,提增健康人力资本是经济社会高质量发展的核心环节。进入新时代,我国的经济社会发展跃上了一个新的发展台阶,我国经济社会发展由粗放型向集约型转变,由追求数量向追求质量转变,经济社会发展由高速增长向高质量转变。经济社会高质量发展,需要大批高素质的人力资源支撑,高质量的人力资源,尤其是健康人力资源成为我国经济社会高质量发展的重要基础条件。因此,推动经济社会高质量发展要坚持健康优先发展战略,扭转重物轻人的发展模式。这就要求贯彻以人民健康为中心的思想,要落实和推进健康中国战略,把人民健康融入所有政策设计和政策实施中去,形成人民共建共享的全民健康工作方针,进而推动健康保健从"治已病"向"治未病"转变,进一步完善全过程全方位的健康政策体系。将全民健康指标纳入各级政府考核,激励各级政府改变治理方式,形成全民健康保障的新的激励机制,完善多元治理体制机制,形成新时代健康治理的新格局。

第二,满足人民群众强烈的健康需求是经济社会发展的重要驱动力。进入新时代,要满足人民群众不断增长的健康服务需求,就要大力发展健康事业和产业,做到全过程、全方位、全周期满足人民群众的健康需要。全民健康是提增健康人力资本数量和质量的重要基础,提增健康人力资本数量和质量是满足人民群众健康需求的关键环节。人民群众的健康需求派生出了生态环境需求、食品安全需求、卫生服务需求、医疗保障需求、体育设施需求等。要抓住不同区域之间、城乡之间、人群之间在健康素养、健康资源、健康投入、健康服务等方面发展不充分不平衡的特点,分析我国不同地区、不同人群之间健康需求结构,精准识别健康需求层次与结构,从制度需求、产业需求、居民需求三个层面把握人民群众健康需求,推动全民健康水平提高,促进健康人力资本数量和质量提增。

第三,推动健康服务资源的均等化是经济社会发展的重要条件。完善各级政府健康公共资源的配置体系,按照公共健康服务均等化的理念配置资源。当前,要加快推进健康资源投入的区域均等、人群均等、城乡均等问题,解决我国经济社会发展中健康资源投入的城乡之间、区域之间、人群之间不均衡的问题,实现健康资源的有效供给。同时,要加快推进健康服务产业新业态,推动养老、医疗、餐饮、健身、旅游、休闲等资源的深入融合,培育多元化的市场主体,优化健康产业市场环境,打造具有区域特色、城乡特色的健康产业项目,进而保证不同区域、城乡之间,不同群体的人民群众都能够享受到充分而优质高效的健康服务,进而为我国经济社会高质量发展提供必要的社会基础条件。

第二章　健康人力资本的内涵阐释

　　科学界定健康人力资本,需要区分几个容易混淆的概念:人力资本、教育人力资本、健康人力资本、健康的人力资本。

　　人力资本是指存在于人体之中的具有经济价值的知识、技能和体力因素。但是必须明确的是,人体之中的知识、技能和体力因素只有投入在生产过程中才会呈现经济价值,或者说才能形成价值增值。从这个意义上讲,人力资源和人力资本是不同的概念,人力资源作为必要的生产要素,相对应的是物质资源。人力资本不仅是生产要素,而且是生产过程中的人力资源的价值形态,是能够带来价值增值的价值,与其相对应的是物质资本。资源强调的是生产要素,资本强调的是价值形态,资源转化为资本是在特定的生产方式条件下实现的。

　　就人力资源而言,人体之中的知识、技能和体力因素也就是劳动者所具有的劳动技能和健康因素,这些因素的形成是基于投入所获得的。从这个意义上说,人力资本投入应当包括劳动者掌握知识和技能的资源投入和保持劳动者健康的资源投入。

　　就人力资本而言,人力资本、教育人力资本和健康人力资本具有不同的内涵。人力资本可分为教育人力资本和健康人力资本两种形态。我们可以将劳动者掌握知识和技能资源的投入称之为教育人力资本,将保持劳动者健康的资源投入称之为健康人力资本。教育人力资本是指由于教育投资所带来的人力资本价值增值,健康人力资本则是指由于健康或者健康投资所形成的人力资本价值增值。

　　把握健康人力资本,需要辨析健康人力资本和健康的人力资本内涵差异。我们可以对健康的人力资本做一个划分,相对于健康的人力资本,就是不健康的人力资本。反之,除了不健康的人力资本,剩下的就是健康的人力资本。那么,什么又是不健康的人力资本呢? 简言之就是人力资本中,由于健康因素导致了人力资本价值损失的部分。所以,不能简单地理解健康人力资本就是健康的人力资本,健康人力资本是指生产过程中劳动者原有的健康存量,以及维持劳动者健康的投入,劳动者健康存量和健康投入带来增量,可以理解为劳动者健康总投入,这种健康总投入形成了劳动者健康状况,以及由此带来投入产出效益。所以,健康人力资本应当理解为基于健康总投入而形成的人力资本价值。

第一节　人类健康及对健康的认知

一、健康概念由来

"健康"一词，英文为"health"，最早源于公元 1000 年英国盎格鲁萨克逊族的词汇，其主要含义是指"安全的、完美的、结实的"，或者说是描述人"身体"的状态。在古代，受科学技术水平的限制，人类对自身生理和心理的认识局限于迷信，并不知道健康的意义。至 19 世纪末，随着科学技术的发展，人类逐渐开始认识到，人类健康状况是微生物、人体和环境（自然环境）三者之间的一种平衡状态。至 20 世纪初，随着生理学、医学、生物学等领域的不断发展，人类开始从遗传、生理、心理、环境等因素多方面认识健康[①]。

1946 年，在纽约召开的国际会议上，通过了《世界卫生组织》宪章，该宪章将健康定义为"健康不仅仅是没有疾病和衰弱的状态，而是一种在身体上、精神上和社会上的完满状态"，从身体、精神和社会三个维度界定人类健康。1968 年，世界卫生组织进一步明确指出，健康即是"身体精神良好，具有社会幸福感"。1978 年，世界卫生组织在《阿拉木图宣言》中提出："健康不仅是疾病与体弱的匿迹，而且是身心健康、社会幸福的完美状态。"1986 年，《渥太华健康促进宪章》（1986 年世界第一届健康促进大会宣言）中，世界卫生组织又提出健康新定义："一个人在躯体健康、心理健康、社会适应良好、道德健康四个方面皆健全才算健康。"至此，健康已由最初的无伤、无病、无残发展到健康的四维观，人类不断赋予健康新的内涵，人类关于健康的认识逐渐深化[②]。"健康"概念的演变也体现在联合国颁布的权威文件中。《世界卫生组织组织法》（1946 年）指出：健康不仅为疾病或羸弱之消除，而是体格、精神与社会之完满健康状态。

综上所述，人类关于健康的认识是不断深化的，从最初的消除疾病，到现代包括身心健康、社会幸福的总体状态。所以，健康可以理解为是一种积极的生活状态，包括了心理、生理、社会适应性和良好的道德伦理，健康是在人类学习、工作、娱乐等日常生活中创造并享有的，健康不仅是人类的目标，也是人类生存发展的重要资源。

---

① 曾晓进.健康内涵的文化学诠释[J].当代体育科技，2013(10)：145 - 146.

② ［日本］岛内宪夫.世界卫生组织关于"健康促进"的渥太华宪章[J].张麓曾，译.中国健康教育，1990(5)：35 - 37.

二、健康认知视域

人类关于健康认知的不断深化,是基于以人为本的理念。人本思想的核心就是尊重人和推崇人,弘扬生命的意义和主体独立自觉的价值。西方文艺复兴时期的启蒙运动更是把人本主义思想提到了空前的高度,成为社会文明进步的标志,一种社会主流价值取向。马克思主义理论深刻揭示了人的本质,从人的解放视角出发,提出了"人的全面自由发展"的命题。以人为本是也是中国古代思想家的重要理念。人本思想是中国古代儒家思想的精髓,人本思想可以追溯到孔孟,"仁者爱人,民为贵,君为轻,社稷次之"。在当代中国,中国共产党提出的以人民为中心的发展理念,是以人为本思想的集中表现,中国的发展从根本上说是要为人民谋幸福[①]。

在以人为本的发展理念下,健康成为社会和个人必须面对的问题,社会若能为人们创造健康的工作环境和良好的人际关系,解决劳动者健康方面的隐患,不仅会给劳动者带来良好收益,而且将促进经济社会发展。如果忽视劳动者健康,必然会增加经济社会发展的成本,也将影响个体的生存质量。因此,随着经济社会的发展,健康成为经济社会发展的基础,如何有效配置健康资源,提高健康资源利用效率,是人类必须面对的一个重要问题。

健康是人的自然属性之一,关注健康就是尊重人的生存和发展。从社会与个体的关系看,健康是一种动态平衡状态。从广义上讲,健康是包括经济、社会、环境等在内的各种因素的一种动态平衡;从狭义上讲,健康是指个体或群体生理和心理的各个方面的动态平衡。

首先,健康是一种身体状态。现代医学经历了三个阶段:临床医学、预防医学与社会医学。在临床医学阶段,对疾病本身的关注远远超出了对病人的关注,病人被视为某种病体而被科、属、种等医学语言所覆盖;在预防医学阶段,人们逐渐认识到,对于疾病的治疗仅仅是疾病发作的应急措施,远远实现不了对疾病的控制和发病率的下降,要达到这个目的,就要研究疾病的发生发展的规律,找到切实有效的防控措施,并由此拉开了公共卫生运动的大幕;随着后工业化社会的来临,医学随之进入社会医学时期,除了对传统致病因素的关注,个体行为、社会环境等与疾病之间的关系也受到重视,同时对疾病的应对也应当更多地从医疗走向预防以及行为干预。可以说,对"疾病"的认识过程同时也是一个对"健康"的认识过程,在不同的医学发展乃至社会发展阶段,"健康"的概念也随之不断地发生变化[②]。

由此可见,健康是一个动态的概念,健康与疾病同处在一条轴线上,在健康与疾病之间不存在明确的界限,在特定条件下,健康与疾病共存。医学界把健康称为

---

① 杜本峰.健康—人力资本—经济效应[J].经济问题,2005(3):74-76.
② 李洁.从"规训"到"自觉":"治理术"转变视角下的社区卫生服务发展[J].湖北民族学院学报(哲学社会科学版),2017(6):25-30.

第一状态,把疾病称为第二状态,把介于所谓的健康和所谓的疾病之间的灰色状态称为亚健康,也可称之为亚临床,即第三状态。处于这一状态的人,机体虽无明确的疾病,但却呈现活力下降,反应性差减,适应能力减弱,主要在肌肉、胃肠道、心脑血管、精神等方面产生症状①。

其次,健康是一种精神状态。美国心理学家马丁·塞利格曼(Martin E. P. Seligman)于1998年发起的积极心理学运动认为,传统心理学和医学一样,把健康定义为没有疾病和虚弱的状态,过于消极,不能突出健康积极性。他指出了心理学的三大使命:治疗人的精神和心理疾病;帮助普通人生活得更充实幸福;发现并培养具有非凡能力的人②。心理学应该研究人的各种积极力量和精神,要用一种更为积极的方式表述健康和健康个人与健康组织的属性。

Riff & Singer(1998)是给予健康更积极定义的先驱,他们的积极定义打破了传统的医学模型。他们提出构成健康的三条原则:首先,健康是一种对美好生活意义的心理定位,而不是一个单纯而严格的医学问题;其次,健康包括心理(精神)健康和身体健康,更重要的是它们如何相互作用和相互影响;再次,健康是个多维、动态的过程,而不是一个离散的终极状态③。

曾晓进(2013)认为,健康有三个层次:①健康的核心层次,即第一层次是指健康的精神层面的东西,其主要包括正确的世界观、价值观、人生观及健康观,具体体现为具有健康四维观中道德健康、心理健康、社会适应健康等方面的思想、理念和精神内核,它对人们的健康思想、健康行为和健康参与等起正确支配和制约的决定作用。②健康的中间层次,即第二层次指的是促进健康的理论层面的东西。其主要包括促进身体、心理、精神,以及道德健康的知识、技能、技巧、方法以及良好的生活方式,自我保健的意识能力等;具有能与人相处,适应社会,正确看待分析各种社会现象,区分善、恶、美、丑,明辨是非、曲直的能力,即达到身体健康、心理健康、道德健康、社会适应良好的各种理论知识、方法、技术、技巧和能力。③健康的外层次,即第三层次是指在正确的世界观、人生观、价值观、健康观的指导下,在健康促进及增进健康的各种理论知识、方法、技术、技巧和能力的指导支配下表现出来的一切具体的健康参与、健康促进和健康行为方式或状态④。

再次,健康是一种社会状态。美国社会学家塔尔科特·帕森斯(Talcott Parsons)从社会学的角度对健康的定义进行了开拓性研究,他以个人参与复杂社会体系的本质为基础,提出:"健康可以解释为已社会化的个人完成角色和任务的能力处于最适当的状态。"其最突出的特点是将个人能对社会起最佳作用的能力,视为健康的标准,健康的欠缺状态减弱了个人完成角色和任务的能力。美国健康

①　朱广家.健康内涵初探[J].江苏卫生保健,2002(1):1.

②　黄志邦.情志相胜疗法与积极心理治疗法的比较[J].中国中医药现代远程教育,2009,7(4):84-85.

③　Riff. C. D. Singer B. Ironias de la condición humana: bienestar y salud en el camino a la mortalidad[J]. Ursula M Staudinger, 2007:págs. 367-388.

④　曾晓进.健康内涵的文化学诠释[J].当代体育科技,2013,3(10):145-146.

社会学家 F.D.沃林斯基认为，"健康不仅仅是没有疾病，而是身体上、心理上和社会适应上的完好状态。"这一定义突破了健康的传统医学模式，拓展了健康的认识空间，更加注重个体在现实社会中存在状态或生存质量的整体性综合评价。[①]

《阿拉木图宣言》(1978)指出：达到尽可能高的健康水平是世界范围的一项最重要的社会性目标，人民健康水平是社会制度的试金石。政府对其人民的健康负有责任，而这只能在具备充分的卫生及社会性措施的条件时才能实现。《阿德莱德宣言》(1988 年世界第二届健康促进大会宣言)强调健康是最根本的社会目标，同时指出健康既是基本人权也是正当的社会投资，作为平等社会的发展目标，要实现健康为人人，健康需要人人都参与。每个人不仅要珍惜和不断促进自身健康，还要对他人、群体乃至社会的健康承担义务。《松兹瓦尔宣言》(1991 年世界第三届健康促进大会宣言)指出，必须要尊重他人的健康权利，因为健康不仅是个人生活、家庭幸福和社会生产的保证，还关系到全社会的精神面貌和民族素质的提高。贫穷是健康的最大威胁。贫穷扼杀了人们的志向和抱负以及对美好将来的憧憬，而有缺陷的政治体制更限制了人们自我发展的空间。人们不应过早地去世，而应精神饱满、精力充沛地活着，丰硕度岁月，泰然增年华，安详辞人间[②]。

三、健康概念阐释

关于健康概念的阐释，国内外学界有着诸多的看法。我国《辞海》对"健康"概念作如下表述："人体各器官系统发育良好、功能正常、体质健壮、精力充沛并具有良好劳动效能的状态。通常用人体测量、体格检查和各种生理指标米衡量。"这一概念阐释提出了"劳动效能"，这种提法相对于"健康就是没有病"要更为完善，但仍然是把人作为生物有机体来对待，而未把人当作社会人来对待。

张铁民(1992)在综合 WHO 的健康概念内涵基础上，提出："健康是人类的基本需要，是躯体的、心理的、环境的和行为的互相适应和协调的良好状态。"这个定义通俗易懂，基本上符合我国的国情，但是对身体健康、心理健康和社会健康三大方面的含义强调不够[③]。

1996 年，我国全国卫生工作会议对健康概念作出了解释：健康是人类生存发展的基础，是评价一个国家经济发展与社会进步的重要标志，是社会主义物质文明与精神文明建设的重要内容，是维护公民基本权利、实现国富民强的重要保证。

穆俊武(1998)从时空概念的视角阐释了健康内涵，他提出的健康定义则是："在时间、空间、身体、精神、行为方面都尽可能达到良好状态。"一方面在时间概念上，个人或社会发展的不同时期对健康不能用同一标准来衡量，不能把健康看作是静止不变的东西，应理解为不断变化着的概念。新的健康概念强调时间的重要性，

---

①　F.D.沃林斯基.健康社会学[M].孙牧虹，译.北京：社会科学文献出版社，1992.
②　朱广家.健康内涵初探[J].江苏卫生保健，2002(1)：1.
③　张铁民.论健康[J].中国健康教育，1992(12)：20-24+31.

即健康概念的相对性。另一方面在空间概念上，不同地区、不同国家的人，有着各不相同的健康概念和健康标准。这并不意味着没有一个可供人们遵循的健康概念，应分为地区、国家的不同，尽可能达到各自的良好状态。通俗来讲，即是人们对保健的需求在发达国家和不发达国家不同[①]。

第二节　健康人力资本概念的形成

一、健康人力资本概念的提出

对人力资本概念的界定与基本特征认识，是健康人力资本理论体系的逻辑起点。2016 年中国政府颁布了《健康中国 2030 规划纲要》（以下简称《纲要》）。《纲要》提出健康是促进人的全面发展的必然要求，是经济社会发展的基础条件，也是广大人民群众的共同追求。《纲要》虽然没有明确界定健康人力资本概念，但是不仅说明了作为健康的人自身健康的需求，而且说明作为社会整体的人的健康水平提高对于经济社会发展的重要性，强调了全民健康的经济社会价值。

经济社会发展离不开人、财、物的投入，其中，最为能动的生产要素是人。马克思说，人是劳动要素中最为能动的要素。而健康人力资本是创造劳动价值的重要条件，维持劳动者的健康需要一定的投入，比如医疗保健的投入，这种投入有利于维持健康或修复因为健康不佳导致的劳动率的降低，进而带来人力资本的增值。

关于健康作为人力资本的重要形态，国内外学者都有相关的研究。早在 1909 年，美国经济学家欧文·费雪（Fisher）提交给国会的《国家健康报告》中就提出，从广义的角度看待健康首先是一个财富的形式。在报告中，欧文·费雪界定了疾病所带来的损失包括：①因为早亡而丧失的未来收益的净现值；②因为疾病而丧失的工作时间；③花费在治疗上的成本。欧文·费雪估计美国的健康资本存量在 1900 年为 2500 亿美元，大大超过了其他形式的财富数量。丹尼逊（Denison）研究了健康人力资本对美国经济的影响，提出在规模收益不变的假设下，估算出如果死亡率在 1960—1970 年期间下降 10 个百分点，则美国经济增长率可以提高 0.02 个百分点[②]。

正式将健康作为人力资本提出的是美国经济学家米西肯（Mushkin）。沿着丹尼逊（Denison）的思路，他计算出了美国在 1900—1960 年期间由于人口死亡率的下降带来的经济收益约为 8200 亿美元，从而归纳出了由于疾病对人力资本和劳动生产率造成损失的"3D"框架（Death, Disability, Debility）[③]。

①　穆俊武.最新健康概念[J].中国社会医学,1988(06):24-26.
②　王晶,王小万.健康资本:人力资本理论的新拓展[J].中国卫生经济,2008(5):44-46.
③　高梦滔.美国健康经济学研究的发展[J].经济学动态,2002(8):61-64.

综上所述,学界研究把人口健康作为重要生产要素,考察人口健康要素与经济增长的关系。研究显示,当死亡率下降的时期,经济增长率提高,健康存量的变化对于经济增长有着正相关。上述研究为健康人力资本概念阐释奠定了学理基础。

二、健康人力资本概念演化

1960 年代初期,肯尼斯·阿罗(K. Ennethj. A. Rrow)发表的经典论文《不确定性和福利经济学》标志着健康经济学的确立。阿罗从福利经济学的角度讨论了医疗市场的特殊性,涉及道德风险、信息不对称和逆向选择等在此后健康经济学研究领域至关重要的问题。他发现健康状况和医疗市场产出结果的不确定性是研究医疗部门的关键,并且建立了风险规避条件下的最优保险政策的理论模型。此后,健康经济学的研究大致分为两个方向:一是医疗市场研究;二是健康人力资本研究[①]。

而人力资本框架下的健康人力资本研究则始于美国经济学家西奥多·舒尔茨(Theodore W. Schultz,1961)所提出的人力资本理论,并随着人力资本理论的发展而逐步发展起来的。舒尔茨认为,一个国家最主要的财富是人,而人的质量和数量的不同是导致国家产出差异的主要因素,他首次明确提出投资人力资本的观点,从而开创了人力资本理论的研究。在他看来,人力资本是不同于物质资本的另一种资本形式,它是包含了教育、健康和移民等方面投资所形成的资本。1960 年,舒尔茨就在《人力资本投资》中阐述人力资本的概念中,提出健康投入包括影响个体的预期寿命、活力和生命力的所有支出。他还指出,健康人力资本是初始健康状态的一种延伸,"每个人的健康状况是一种资本储备,即健康资本,它主要通过健康服务来发挥作用",通过遗传获得的初始健康存量,随着年龄增长而折旧(存在倒 U 关系),同时也由健康投资而增加。

正式将健康和教育并列为人力资本的两大主要组成部分的是美国经济学家米西肯(1962)。他阐述了健康和教育的互动关系,以及作为人力资本的健康的内涵和外延,提出健康是不同于教育的另一种人力资本形式,强调了健康人力资本的投资视角。他还估算出美国在 1900 年到 1962 年期间由于人口死亡率下降带来的收益为 8200 亿美元。

加里·贝克尔(Gary S.Becker,1964)和 Fuchs(1966)同样认为健康是人力资本存量的一部分。从他们的研究中可以看出,发生疾病之前提前预防可以降低疾病发生的概率以及死亡率,减少医疗费用的开支以及疾病死亡带来的损失,进而促进社会经济的发展。可惜的是,随后兴起的对人力资本的研究却一直以教育人力资本为主。西奥多·舒尔茨(1971)对人力资本的投资研究中,仅对教育所形成的人力资本进行了估算,测算美国正规教育对经济增长的贡献。

---

① 吕娜.健康人力资本与经济增长[D].武汉:武汉大学,2011.

首次将健康纳入人力资本理论分析框架的经济学家是美国的桑福德·格罗斯曼(Sanford J. Grossman,1972)。他在加里·贝克尔（1965）的基础上,将家庭生产函数扩展成健康生产函数并成功引入健康的效用函数分析,建立了消费者行为的人力资本模型,由此开创了健康人力资本需求理论。在他的模型中,消费者对健康人力资本存在消费需求动机和投资需求动机,即健康既是消费品能带来效用,也能作为投资品投入生产从而决定收入和健康水平。他建立的健康生产函数用来衡量健康产出和医疗服务投入的差距,投入要素包括医疗保障服务、生活方式、时间、教育等产出,是用以进行市场活动的健康劳动时间衡量。因此,他得出医疗服务需求仅是健康的派生需求的结论,从而为美国医疗保障制度的改革提供理论支持。此后部分学者受桑福德·格罗斯曼的健康生产函数的启发研究影响健康产出的因素。这是在肯定健康对个人福利或财富有积极影响的基础上进一步对健康人力资本研究的延伸。

桑福德·格罗斯曼提出了个人健康与医疗服务需求的理论模型(Grossman 模型),学界称这种来自健康投资的健康人力资本为格罗斯曼型健康人力资本。桑福德·格罗斯曼认为,我们每一个人在出生时都通过遗传因素获得一笔初始的健康存量,这种与生俱来的存量随着年龄的增长而折旧,但也能随着人们对健康的投资而增加。Lucas(1988)构建了专业化人力资本积累的内生经济增长模型,人力资本的代理变量只有教育人力资本。早期的人力资本研究弱化甚至忽视健康人力资本,研究健康人力资本的数据多采用宏观数据而缺乏微观个人数据,究其原因,很可能是早期的数据统计中衡量健康人力资本的变量难以准确识别和测度[①]。

关于健康人力资本概念,目前被学界普遍接受的是西奥多·舒尔茨(1990)的界定,健康人力资本是初始健康状态的一种延伸,"每个人的健康状况是一种资本储备,即健康资本,它主要通过健康服务来发挥作用",西奥多·舒尔茨认为,通过遗传获得的初始健康存量,随着年龄增长而折旧(存在倒 U 关系),同时也由健康投资而增加。

西奥多·舒尔茨认为,人力资本是通过投资形成的体现在劳动者身上的体力、智力、知识、技能和劳动态度。我们称之为消费的东西,就是对人力资本的投资。直接用于教育、健康以及为了取得良好的就业机会。教育人力资本投资对于经济增长的重大意义和贡献已经得到学者与实践家的普遍认同,作为教育人力资本投资获益基础的健康人力资本投资研究虽然也有众多的学者在进行研究,但是还没有得到足够的重视。而教育投资固然重要,可是如果没有健康投资作为基础和保证也无法发挥作用,因此,加强健康人力资本投资的研究应该是更为重要的。

健康人力资本投资一般是指通过对医疗、卫生、营养、保健等项服务进行投资来恢复维持或改善提高人的健康水平,进而提高人的生产能力。健康人力资本投

---

① 吕娜.健康人力资本与经济增长[D].武汉:武汉大学,2011.

资是其他各种人力资本投资的重要前提和基础。健康人力资本投资能够减少劳动者"生病"时间和延长生命提供更多的工作时间。劳动者更健康的身体和旺盛的精力使得每个工时的产出增长,增加了向其他形式人力资本投资的经济刺激。健康人力资本投资还产生正向的外部效应,进行健康投资的直接收益是获得健康,界定何为健康是研究健康人力资本投资、促进健康正向效应发挥的基础。

发展经济学认为健康和教育是发展的基本目标,同时也是发展追求的重要结果。健康是生产力增长的先决条件,教育的成功有赖于健康,教育和卫生是发展和增长的重要因素,作为投入和产出的双重角色,在经济发展中被赋予了核心地位。"健康是人们身体、心情和精神方面都自觉良好、活力充沛的一种状态"(鲍尔,1930);"健康不仅是疾病或羸弱的消除,更是体格、精神与社会和谐的完全健康状态"(国际卫生会议,1946);"健康不仅是没有疾病,而且是一种个体在躯体上、精神上、社会上的完全安宁状态"(WTO 宪章,1948);"一个人只有在身体健康、心理健康、社会适应性良好和道德等四个方面都健全,才算完全健康的人"(WTO,1990);"个体只有在身体、情绪、智力、精神和社会等五个方面都健康才称得上真正的健康,或称之为完美状态"(美国国家健康中心)。综合研究者个人和权威机构有关健康的概念界定,健康应该是生理、心理、道德与社会和谐统一的状态,而健康水平除受代际遗传影响外,主要是通过健康人力资本投资获得,健康是教育和其他人力资本发挥作用的基础。

据此,我们可以将健康投资理解为,指通过对医疗、卫生、营养、保健等项服务进行投资来恢复、维持或改善提高人的健康状况,进而提高劳动者的生产能力。进行健康投资的直接收益是获得健康,健康投资导致劳动者生命的延长和提供更多的工作时间,更健康的身体和旺盛的精力使得每个工时的产出增长,显然,健康投资是人力资本投资的重要前提和基础。

第三节　健康人力资本概念的界定

一、健康人力资本认知视域

关于健康人力资本内涵的研究,最早起于美国。美国关于健康人力资本的研究是在健康经济学的分析框架下展开的。从健康人力资本理论发展沿革看,国内外学界关于健康人力资本的研究主要聚焦于健康人力资本对经济社会发展的影响,即研究其产出效益。但是,其中对健康人力资本内涵的分析与界定比较零散,不够深入。本课题需要对健康人力资本的内涵进行深入分析。

就资本形态而言,健康人力资本强调由劳动者健康所带来的人力资本价值增值。一方面,具有一定劳动能力的人口,无论是否进行投资,都具有了一定的潜在健康人力资本存量,如果把这种潜在健康人力资本存量用在生产上,那么就意味着健康人力资本价值实现,意味着健康人力资本增值。如果这种健康人力资本存量没有在生产中进行转化,那么就意味着价值消耗,在产出没有改变的前提下,健康人力资本自身的价值变少。另一方面,如果生产过程中为了维持和改善劳动者健康状态,为健康投资,进而提高了劳动效率,形成价值增值。健康投资投入的时间越多、花费越大,意味着所需要的健康人力资本投入量就越大。

但是,健康人力资本投资却不能简单等同于健康投资,健康投资无论是个人、企业还是政府,只要没有投入生产过程并形成新的价值增值,则不能称之为健康人力资本投资。许多非劳动人口为了获得健康,花费了大量的财力和时间,但是却并没有参与劳动生产活动中去,没有产生新的劳动价值增值,则可以认定为是健康消费行为,而不是健康投资行为。

然而,实践中,我们却难以把健康投资和健康消费严格地区分开来。首先,从时间维度看,健康人力资本投资增值具有较长的时滞性,健康恢复后的劳动力可以在康复后立刻投入劳动中形成价值增值,也可以在健康修复后的某一段时间后再从事劳动,实现价值增值。

其次,从空间维度看,健康投资增值具有空间上的不确定性。健康人力资本投入,表现为劳动者健康的改善,但是获得健康改善的劳动者不仅可以在本企业内发挥劳动价值,也可以在其他企业增加收益,还可以因健康改善,带来家庭生产产出的增加。同样,家庭内部用于修复人力资本的健康投资,也可能让劳动者在企业内发挥作用,为企业创造劳动价值,形成价值增值。

再次,从投资收益看,健康人力资本投资具有收益的不稳定性。健康人力资本投资的收益不仅取决于健康状况改善的程度,更取决于各种外部变量的影响,所以收益状况很难测算。一般而言,劳动者增加了健康投资,提升健康状况能够带来健康人力资本投资的回报,但是由于劳动者个体健康存量、生产条件和环境等的差异,都将导致投资收益的不稳定性。

最后,从收益视角看,健康人力资本投资具有测算的复杂性。就教育投资和健康投资而言。教育人力资本投入的增加有利于改善劳动者技能,提高劳动效率,带来劳动价值的增值,投入产出相对容易测量。但是,健康人力资本的投入增加,投入和产出都非常复杂,哪些属于健康人力资本投入,哪些属于健康消费投入往往难以测量。

从资本的角度界定健康人力资本需要明确以下几个方面:第一,健康人力资本概念是人力资本概念下的一个子概念。美国著名经济学家费希尔认为任何可以带来收入的财产都是资本,劳动作为生产的投入要素和其他资本一样能够带来收入,具有劳动能力的人拥有了人力资本的必要条件。在人的能力中,健康和知识是个人创造价值、带来收入的基础,同时也是人力资本的两个构成要素。所以,人力资本包含着健康人力资本和教育人力资本两大部分。如果说教育投入可以提升劳动者劳动力供给的质量,获得人力资本投资的增值,那么健康投入可以增加劳动者用以投入生产的数量和质量,提升了劳动者的人力资本存量。我们可以独立分析健康与教育对人力资本的影响,也可以整合分析人力资本中的健康、教育因素,以及对人力资本投资与收益的影响。

第二,健康人力资本概念可以从微观和宏观两个维度分析。从微观个体视角看,健康人力资本是个体在身体、情绪、智力、精神和社会等五个方面的健康状况。从宏观视角看,健康人力资本是一个国家或地区国民在身体、情绪、智力、精神和社会等五方面总体健康状态。从个体而言,健康人力资本存量的多少,可以通过年龄、身体等方面健康状况,通过健康指数测定的方法观察出来;如果把一个国家或者地区内社会总体的健康水平进行加总,则可以得出一个区域的总体健康人力资本状况。需要特别指出的是,宏观层面健康人力资本,不是简单数量关系加总,更为重要的是健康人力资本的结构和资源配置状况,如果两个相同区域人力资本的数量相同,健康状况也相差不大,那么影响一定范围内的健康人力资本状态的是经济社会制度等因素。

第三,健康人力资本投资效应可以从微观和宏观两个视域展开。健康人力资本投资从宏观的视域分析,即健康人力资本投资对经济增长的影响;从微观视域分析,即健康人力资本对劳动生产力、个人效用的影响。现代社会,健康人力资本成为内生经济增长动力。在物质资本投资推动经济增长变得越来越困难、人口老龄化愈加严重的背景下,提升健康人力资本的质量、增加健康人力资本的存量、优化健康人力资本的配置结构,应是当代经济学研究重要的理论命题。

第四,健康人力资本具有双重属性。一是投资属性,良好的健康状态能够带来健康人力资本增值,所以,提高健康状况,可以增加健康人力资本存量,带来资本增值,提高投资人的收益。二是消费属性,要维持健康状态,必然要占用一定的资源、进行一定的资本消耗。无论是投资还是消费,对于微观主体而言,都可以增加其效用状况,但是,个人要想在健康人力资本的投资和消费中获得最大化,既需要劳动者在工作和闲暇之间做出必要的取舍,也需要劳动者树立正确的人生态度和健康的生活方式。

第五,健康人力资本可以由遗传获得,但是随着人生理衰老而降低,同时随着健康投入,健康人力资本价值含量也会增长。与其他物质资本一样,健康人力资本也存在着贬值的风险,甚至健康人力资本的贬值速度要高于大多数其他资本。微观主体的劳动者,即使身体健壮、精神良好,但是,如果不能及时投入生产中去,那么,几十年后,也会因为身体能力,丧失了创造劳动的能力。遗传因素是健康人力资本的重要因素之一。

第六,健康人力资本作为一种资本形态,必须通过市场交换、投入生产过程才会发挥产出效益。健康人力资本产权界定有利于提高健康人力资本投资的效率。明晰的产权界定能够让健康人力资本权利的所有者,具有改变健康人力资本存量的动力。因此,健康人力资本的投入环境,将影响其产出效益。

第七,健康人力资本能否真正获得产出,还取决于是否有合适的社会环境和社会结构。健康人力资本投资有效地转化为产出,有利的社会环境和社会结构,可以让健康人力资本发挥出大的效能,获得巨大的产出;不利的社会环境和社会结构,可以让健康人力资本大大浪费,无法转换出产出、创造出价值。所以健康人力资本不仅是一个静态的概念,还是一个基于需求和配置的动态概念。一个国家或者地区考虑如何获得经济增长时,必须从健康人力资本的结构和社会环境入手,综合进行考察。

第八,健康人力资本与教育人力资本之间有着互动关系。健康人力资本和教育人力资本是人力资本不可分割的两个方面,失去健康和知识技能的劳动力,都不能够成为人力资本,阐述健康人力资本只是讨论人力资本的一个侧面,劳动者的受教育状况,直接影响健康人力资本状况,健康人力资本状况也反映了教育状况,健康人力资本的微观特征与宏观特征是不同的。已有大量的研究表明,教育人力资本离开了健康基础,教育投入就难以产生效益。教育作为重要的人力资本投资对个人收入和经济增长有重要贡献,而健康对个人收入和经济增长的作用路径是通过影响教育收益率实现的。健康水平与状态直接或间接影响教育人力资本投资的收益率,这为健康人力资本投资研究奠定了现实的基础。显然,健康人力资本是更为基础性的人力资本,健康的身体是人力资本的载体和基础。

二、健康人力资本概念定义

基于上述研究,课题组对健康人力资本作出以下界定:由劳动者健康状况决定,投入生产过程中能够带来预期产出效应的劳动力的价值形态。

上述定义有三个核心要素:第一,健康人力资本一定要投入生产过程,只有在生产过程中才能形成资本产出,否则难以认定资本;第二,健康人力资本能够带来产出效应价值,资本是能够带来价值的价值;第三,健康人力资本是由健康状况决定的劳动力价值形态。

健康人力资本的价值形态,体现为投入生产的活劳动数量和质量。数量是指单位时间和空间内投入生产过程的劳动力数量;质量是指单位时间和空间内投入生产过程的劳动力的体力和智力水平。

健康和知识是劳动者在生产过程中创造价值、获得收入的基础,同时也是人力资本的两个构成要素。劳动力的健康水平和劳动技能水平,决定了生产过程中人力资本的价值含量。与教育人力资本相比,健康人力资本具有以下特点:

第一,健康人力资本是存量和增量的统一。健康人力资本既体现了由遗传和前期投入所形成的健康存量,又体现了生产过程中个体、雇主和政府对劳动者健康的投入所形成的健康增量,体现了劳动者的健康总体水平。劳动者较高的健康人力资本数量和治理,表现为更长的生命周期和更多的健康时间及较少的医疗支出,以及更高的劳动效率。

第二,健康人力资本投资具有较强的时间性。健康人力资本与先天素质有关,每个个体通过遗传都可获得一定的初始健康存量,成长过程中通过后天的健康投资获得一定的增量。个体随着年龄的增长,健康投资的资本储备随着时间的流逝而贬值,个体的健康人力资本存量与年龄呈现一种倒"U"形关系,即劳动者年龄越大,健康存量越少,因此需要持续的健康人力资本投入,通过不断加大劳动者健康的增量,恢复和维持劳动者健康水平。

第三章 健康人力资本的学理基础

健康人力资本是从西方主流经济学的人力资本理论演化而来,健康和教育是构成人力资本的两个重要组成部分。厘清健康人力资本与教育人力资本的区别与联系是把握健康人力资本的前提。马克思主义政治经济学是揭示健康人力资本本质特征和时代特征的理论基础。

第一节 经典的人力资本理论

一、人力资本思想提出

关于人力资本的思想,最早可追溯到古希腊思想家柏拉图的著作,他在著名的《理想国》中论述了教育和训练的经济价值[①]。古希腊思想家亚里士多德也认识到教育的经济作用以及一个国家维持教育以确保公共福利的重要性。重农主义的代表人物、经济学家魁克最早对人的素质进行了研究,他认为人是构成财富的第一因素,"构成国家财富的是人"[②]。英国古典经济学的创始人威廉·配第最早提出和论证了劳动决定价值的思想,奠定了劳动价值论的基础,并提出"土地是财富之母,劳动是财富之父",进而认为由于人的素质不同,所以才使劳动能力有所不同。[③]

英国古典经济学家亚当·斯密第一个将人力视为资本,他不仅肯定了劳动创造价值,而且论证了劳动在生产要素中的特殊地位。亚当·斯密提出劳动技巧的熟练程度和判断能力的强弱影响人的劳动能力与水平,而提高劳动技巧和判断能力的水平,必须要经过教育培训,教育培训则需要投入时间成本和学费成本,这可以被看作人力资本投资的思想萌芽。亚当·斯密认为经济增长主要表现为社会财

---

① 萨拜因,邓正来.柏拉图:《理想国》[J].河北法学,2007,25(12):18 - 29.

② 颜一.亚里士多德选集——政治学卷[M].北京:中国人民大学出版社,1999.

③ 陈多长.土地税收理论发展:从威廉·配第到费尔德斯坦[J].哈尔滨工业大学学报(社会科学版),2002,4(3):27 - 30.

富的增长,社会财富增长取决于两个前提条件:一是专业分工促使劳动生产率的提高,分工越细人们劳动效率越高,二是劳动者数量的增加和质量的提高①。古典经济学家大卫·李嘉图继承并发展了亚当·斯密的劳动价值学说,坚持了劳动时间决定商品价值量。他把人的劳动分为直接劳动和间接劳动,直接劳动是指投在直接生产过程中的劳动,它创造商品的价值;间接劳动则指间接投在所需生产资料上的物化劳动,它不创造价值,只是把原有的价值转移到商品中去。

大卫·李嘉图指出机器和自然物不能创造价值,只有人的劳动才是价值的唯一源泉。穆勒也继承了亚当·斯密的思想,他提出劳动者的技能与知识是对劳动生产率产生重要影响的因素,他强调取得能力应当与机器、工具一样被视为国民财富的一部分,并且进一步指出教育支出将会带来更大的国民财富②。法国经济学家萨伊认为,花费在教育与培训方面的费用总和称为"积累资本",受过教育培训的人的工作报酬,不仅包括劳动的一般工资,而且还应包括培训时所付出的资本的利息,因为教育培训支出是资本。特别是他提出的科学知识是生产力的一部分的思想,无疑是非常重要的划时代的理论贡献。19世纪末英国著名新古典经济学家阿尔弗雷德·马歇尔(Alfred Marshall)也提出知识和组织是资本的重要组成部分,是最有力的生产力。在进一步的研究中,他指出知识和组织是一个独立的生产要素,并认为教育投资对经济增长起重要作用。③

综上所述,古典经济学家关于劳动者知识和能力提升,以及教育投入属于资本投入、教育投入将带来社会财富的思想,为人力资本理论形成奠定了思想基础。当然,古典经济学家关于人力资本的思想萌芽仅仅局限于劳动者教育的投入,并没有认识到劳动技能和能力的一个重要基础是劳动者的健康,身心健康是劳动者获得劳动技能和能力并发挥作用的前提和基础。

在现代,随着现代经济学家关于人力资本的研究的不断深入,人们对人力资本认识也不断深化。欧文·费雪(Irving Fisher)在1906年发表的《资本的性质与收入》一文中首次提出人力资本的概念。此后,西奥多·舒尔茨对人力资本作出了被学界广泛接受的典型的定义。他认为,人力资本是凝聚在人身上的知识、技能和熟练程度等,这些人力资本是通过教育、职业训练、医疗保健、迁移等人力投资而获得的④。西奥多·舒尔茨对人力资本的最大贡献在于,第一次系统提出了人力资本理论,并使其成为经济学一门新的学科分支。西奥多·舒尔茨还进一步研究了人力资本形成方式与途径,并对教育投资的收益率以及教育对经济增长的贡献做了定量研究。加里·贝克尔(Gary S.Becker)弥补了舒尔茨只分析教育对经济增长的宏观作用的缺陷,系统进行了微观分析,研究了人力资本与个人收入分配的关

①　付春光.亚当·斯密工资理论研究[J].人力资源管理,2012(12):190-198.
②　潘志强,陈银娥.关于斯密与李嘉图劳动价值论的比较分析[J].经济评论,2006(01):18-22.
③　[英]马歇尔.经济学原理:上卷[M].北京:商务印书馆,2011.
④　舒尔茨.对人进行投资[M].北京:首都经济贸易大学出版社,2002.

系①。爱德华·丹尼森修正了舒尔茨关于教育对美国经济增长贡献率看法，他将经济增长的余数分解为规模经济效应、资源配置和组织管理改善、知识应用上的延时效应以及资本和劳动力质量本身的提高等等，从而论证了1929至1957年间美国的经济增长中教育的贡献率②。雅各布·明赛尔首次将人力资本投资与收入分配联系起来，并给出了完整的人力资本收益模型，从而开创了人力资本研究的另一分支，同时他还研究了在职培训对人力资本形成的贡献③。

从人力资本理论形成和演化的历史看，可将人力资本概念界定为：人力资本是指特定行为主体为增加未来效用或实现价值增值，通过投资活动而获得的、具有异质性和边际收益递增性、依附于人身上的知识、技术、信息、健康、道德、信誉和社会关系的总和。

综上，可以得出人力资本的两个基本特征：一方面，人力资本具有依附性。人力资本是与劳动者密切联系，体现人力资本的知识、技术、信息、健康、道德、信誉和社会关系等，离不开劳动者本身。另一方面，人力资本具有价值性。人力资本的价值必须进入市场才能实现。人力资本作为生产要素，只有进入市场进行交易，其价值才能体现出来。

20世纪60年代，西奥多·舒尔茨发表了题为"人力资本投资"的主题演说，标志着人力资本理论的诞生。该理论的出现某种程度上纠正了以往主流经济学的一些片面的观点，人力资本理论获得了快速的传播，在很多方面都开辟了新的研究领域，为西方新古典经济学的发展注入了新的活力。

20世纪80年代，西方人力资本理论传入我国，国内许多学者围绕"人力资本价值""人力资本产权"等问题展开了较为深入研究。然而，由于西方经济学与马克思主义政治经济学关于"人力"属性认识存在较大差异，所以引发了国内学界关于"人力资本"相关问题的广泛争论。讨论的焦点在于西方经济学与马克思主义政治经济学关于资本主义条件下"人力"属性认识的分歧。西方经济学认为，资本主义条件下的"人力"可以视为劳动者所有的一种特殊的资本，即人力资本，从而劳动者也是人力资本的所有者。马克思主义政治经济学认为，资本主义条件下的"人力"即"劳动力"是劳动者所有的、却又不得不拿来出卖的一种特殊商品，"人力"不可能成为劳动者的资本，劳动者不是人力资本的所有者。由于上述认知分歧，国内学界关于"人力"能否成为劳动者所有的资本这个问题上，存在截然相反的两种观点。一是劳动者是人力资本的所有者，另一是劳动者不是人力资本的所有者，这种对同一研究对象产生截然不同的看法，根源于西方经济学和马克思主义政治经济学两大理论体系在观点、立场到方法等方面存在的重大差异。

然而，我们认为国内学界的上述争论存在着认识上的误区。就西方经济学的

---

① 贝克尔.人类行为的经济分析[M].上海：上海三联书店，1995.
② 宁先圣.论人力资本理论的演进及当代进展[J].社会科学辑刊，2006(03)：39-42.
③ 明塞尔.人力资本研究[M].北京：中国经济出版社，2001.

理论体系本身而言，"人力"作为一种重要的生产要素，由于其价值增值属性，所以将"人力"列为"资本"，这在理论上和逻辑上应当是成立的，并且从市场经济发展的视角看，人力资本理论具有一定的合理性和进步性。那么我们怎样理解马克思主义政治经济学关于"人力"属性的认识呢？我们认为"人力"作为劳动者拥有的自然力量，具有自然属性，在进入劳动力市场之前，劳动者身上的这种自然力量并不是"资本"，就如同"货币"本身不是资本一样，只有当货币能够带来增值时，才具有资本的属性和特征。马克思主义政治经济学理论并没有否定资本主义条件下"人力"的自然属性，而只是指出了"人力"在自然属性基础上获得资本属性的社会条件。因此，在社会主义条件下，由于商品经济和市场经济的存在，作为生产要素的"人力"，其资本属性依然存在。当然，我们在借鉴西方人力资本理论时，应当看到中国特色社会主义市场经济与西方资本主义市场经济不同，这决定了马克思主义政治经济学关于人力资本的解读不同于西方经济学。

二、人力资本理论形成

关于人力或劳动力研究，西方经济学的主流——新古典派长期以来一直是将其看作与资本并列的生产要素之一。工业化的进程推动着机器在生产中的广泛使用，由于工业化早期机器生产降低了对劳动者技能的要求，甚至还有去技能化的倾向，这就使得新古典经济学长期满足于把劳动力视为同质的生产要素，只注重劳动力使用的量上的考察，而不关注劳动力在质上的差异。然而，随着生产中劳动力使用要求不断提高，针对劳动力的资源投入逐步增多，如教育、培训和健康保健等，劳动力质上的差异开始凸显。于是部分新古典经济学家开始用劳动力的差异解释经济增长和收入分配等重大经济问题。为了能在稀缺资源配置的统一研究框架下考察资源对人力的投资以及比较人力投资和物力投资的回报，进而产生了将人力视为资本的技术需要。而新古典经济学家对资本的认识也早已为这种需要打下了基础[①]。

新古典经济学把资本视为一种生产要素，不考虑它和劳动力之间既相互依赖而又相互对立的社会关系，而只考虑二者之间存在的技术关系。资本特征之一是生产性。新古典经济学家认为，资本就是生产出来的生产工具。劳动力毫无疑问也是生产性的，而且随着人们为获取更多知识和技能等劳动能力所作的投资日益增多，在新古典经济学家看来，劳动能力本身也可以类比为是由于投资而生产出来的一种特殊生产工具。资本的又一特征是预见性。新古典经济学特别强调资本的未来收益性，而对劳动力投资的动机正是未来能取得更高的收入。因而劳动者拥有的通过投资而来的各种技能就与其他资产一样，都形成了对未来收入的预期，这正是将人力视为资本的正当性理由之一。

---

① 韩英.基于马克思经济学的人力资本理论批判[J].改革与战略，2018(5):17-25.

马歇尔出于对传统的尊重及基于传统表述,没有将人力纳入资本的范畴,但是事实上新古典学派的理论已经具备了概括人力资本概念的条件。此后,西奥多·舒尔茨等人最终确立了人力资本的概念,学界认为的重大理论"突破",只是捅破最后一层窗户纸而已。从思想的逻辑看,新古典经济学家提出人力资本概念是不可避免的,也是顺理成章的。尽管有人把人力资本概念的提出视为自"凯恩斯革命"以来经济理论的又一最重要的丰富与发展,但是事实上,人力资本理论远不能称之为一场革命,因为它完全是在新古典理论的框架下展开研究的,无非是把过去对物的研究转向了现在对人的研究①。

综上所述,人力资本理论是建立在新古典经济学的两大基本原理之上,其一是个人选择理论,即人力资本投资取决于个人(或者他的父母)在从事物质资本投资和从事人力投资,以提高个人的生产能力以致增加将来收入之间所作的选择,合理的选择是让人力资本投资的边际收益率等于资金的机会成本;其二是边际生产力理论,即人力资本投资能够提高个人将来的生产能力,个人未来能获得更高的工资水平就是因为其未来拥有的更高的"边际生产力"。因此,在西方主流经济学视野中,舒尔茨等人将"人力"称为资本,只不过是在生产函数中增加了一种过去没有考虑到的新的生产要素而已。人力资本概念的提出将新古典经济学对于物质资本的分析工具扩展应用到对劳动者人力的分析上。至此,作为一个基本解释层次的劳动的概念已经消失了,并被并入了资本的概念中,人力资本和物力资本之间的区别纯粹是一种形式上的区别。

当然,这种理论上的扩展,掩盖了资本主义条件下资本与劳动的对立关系。西方主流经济学家也并非都赞同人力资本理论的观点,比如,哈里·沙菲尔认为,把资本概念普遍地用于人是得不偿失的:其一,"对人的投资"与对非人力资本的投资是有本质区别的,由于人的需求的复杂性,为提高人的能力而花的费用并非都指望获得一笔货币收益;其二,很难区分消费支出与人力资本投资支出,即使能够划分清楚,也无法说明人的收入当中哪一部分是来自对人的哪一项投资;其三,即使都可以分开,以此作为公共政策制定的依据也极不明确。也有很多学者对"人力资本"无法纳入投资—收益函数、人的知识和技能并非是一个单纯的投资问题以及人力资本计量模型存在诸多缺陷等问题提出了各种批评。然而,这些批评只是说明人力资本理论还有进一步的工作要做,比如更好地用模型做分析,更精确地测定相关的变量等。在是否可以把人力视为资本这一根本问题上正统经济学家们集体噤声,这就充分说明至少在取消劳动和资本之间本质差异这一点上人力资本理论所做的努力看起来是成功的。

---

① 王海杰.西方人力资本理论的误区[J].政治经济学评论,2006(2):143-153.

第二节　健康与人力资本

一、健康的人力资本属性

通过对"健康"以及"人力资本"概念的梳理,可以得出,健康是人力资本重要组成部分。每个人通过遗传都获得一笔初始健康存量,这种与生俱来的存量随着年龄渐长而折旧,但也能由于健康投资而增加。因此,人口健康是可以视作一种资本的储备,这在经济学上被称为"健康资本储备"或者"健康资本存量"[1]。

欧文·费雪提交给国会的《国家健康报告》中提出,从广义的角度看待健康首先是一个财富的形式。在报告中,欧文·费雪界定了疾病所带来的损失包括:①因为早亡而丧失的未来收益的净现值;②因为疾病而丧失的工作时间;③花费在治疗上的成本。舒尔茨所提出的人力资本理论中,一个国家最主要的财富是人,而人的质量和数量的不同是导致国家产出差异的主要因素,他首次明确提出投资人力资本的观点,从而开创了人力资本理论的研究。在他看来,人力资本是不同于物质资本的另一种资本形式,它是包含了教育、健康和移民等方面投资所形成的资本。贝克尔(1964)同样认为健康是人力资本存量的一部分。他们在研究中认为,发生疾病之前提前预防可以降低疾病发生的概率以及死亡率,减少医疗费用的开支以及疾病死亡带来的损失,进而促进社会经济的发展。米西肯(Mushkin,1962)正式将健康作为人力资本构成重要组成部分,在1962年"健康作为一种投资"一文中,他在一开始就提到人力资本的理论正在构建之中,并且将"教育与健康"并列为人力资本框架下的孪生概念[2]。

二、健康的投资收益属性

人们认识到健康投资能够带来收益,是基于对健康与经济增长之间的关系认识的深化。第二次世界大战后,伴随经济的复苏和繁荣、国家间的竞争出现以及经济全球化的进程开始和加速,世界各国都开始重视健康问题。20世纪80年代以后,特别是进入2000年以来,越来越多的学者开始研究健康与经济增长之间的关系。

丹尼逊(Denison)研究了健康对美国经济的影响,在其研究中他提出在规模收益不变的假设下,估算出如果死亡率在1960—1970年期间下降10个百分点,则美国经济增长率可以提高0.02个百分点。穆斯肯(Muysken,1999)通过将健康积累

---

① Grossman, Michael. On the concept of health capital and the demand for health[J]. Journal of Political Economy, 1972,80(2): 223 - 255.

② Mushkin S J. Health as an investment[J]. Journal of Political Economy, 1962(70):129 - 157.

方程引入拉姆齐模型中,同样分析了健康人力资本对经济增长的宏观作用,并考察了经济的动态均衡增长路径,得出了更丰富的结论①。

佐恩和穆斯肯(Zon & Muysken,2001)随后又将健康同时引入生产函数和效用函数建立一个扩展的卢卡斯(Lucas)内生增长模型,从而展开对健康人力资本与经济增长关系的详细讨论,最后得出结论:一方面健康投资的增长会通过生产函数正向作用于经济;另一方面因为健康投资提高了消费者的效用,会在经济增长过程中不断增加,当投资量达到一定水平时,就会反向作用于经济。

还有很多学者从实证方面研究健康人力资本和经济增长的关系,他们的研究大致上可以分为两类:第一类是宏观数据研究,如梅耶(Mayer,2001)利用时间序列数据验证了健康可以通过延长居民寿命而间接发挥经济效应;第二类是微观数据研究,如斯特劳斯和托马斯(Strauss & Thomas,1997)利用身高作为健康指标与个人的工资收入进行回归,发现身高对工资收入的影响是显著的,身高对收入的贡献度为 0.03②。

第三节　健康与教育:人力资本两重形态

人力资本是"体现于人身体上的知识、能力和健康"(舒尔茨,1962),人力资本的投资主要通过普通教育、职业培训、医疗保健和就业迁移四种形式来完成。然而,已有的研究大都集中在教育投资方面,形成了以教育为中心的人力资本投资理论,对健康投资的研究却鲜有涉及。这一方面是由于关于医疗、保健、闲暇、锻炼的健康投资的统计资料不健全,另一方面则与健康本身的不确定性和难于测量等特性有关。但是,已有的研究已充分表明,健康作为人力资本投资的一种形式,对提高生产力、促进经济发展具有重要作用。课题组将健康与教育两种人力资本投资形式加以对比,为健康投资的研究提供依据。

一、健康与教育

国内外已有诸多研究探讨教育与健康间的关系。桑福德·格罗斯曼(1972)提出的健康需求模型是关于教育与健康关系的最早理论论述。该模型认为,个体生产自身的健康人力资本除受到时间和在市场购买的如医疗服务、食品等生产要素的约束外,健康生产函数也受到特定环境变量的影响,其中最重要的因素就是个体的受教育程度。这些变量可以视为无形的生产技术影响健康生产过程的效率,并

———————

①　Mitchell W, Muysken J, Welters R. Search behaviour and the casualties of the (dual) labour market [C]. University of Newcastle, Centre of Full Employment and Equity, 2005.

②　Mayer, Uwe F, Simonett, et al. A numerical scheme for axisymmetric solutions of curvature driven free boundary problems, with applications to the Willmore flow[J]. Interfaces & Free Boundaries, 2001, 4 (1):89-109.

最终影响个体的健康水平。

赵忠(2006)使用 CHNS 数据,以中国农村人口为样本,基于 Grossman 健康需求模型探究了健康的影响因素,结果发现教育对健康有显著正向作用。此外,年龄、性别、居住地等都是影响健康状况的重要因素。教育对健康的影响还体现在多个方面。James(2015)指出,教育可能影响个体体质、血压、健康行为,而这些因素将改善个体在劳动力市场的地位。赵忠和侯振刚(2005)用 Grossman 模型从人力资本角度分析了中国城镇居民的健康需求,他们进一步结合 CHNS 数据库 2000年的数据进行实证检验发现,教育对健康的影响存在性别差异,女性受教育程度对健康有显著正的影响,而男性受教育程度对健康的影响则不显著。胡安宁(2014)结合 CGSS 数据库 2010 年的全国数据考察了教育对健康的影响,研究发现,教育对健康的正向影响在城乡之间存在差异。

国内外关于个体教育和健康人力资本因果关系的研究中,虽绝大多数研究支持了两者间具有正向关系的结论,但也有部分研究得出了不同结论,即便采用相同方法的研究也可能因样本不同而结论不同。在考察教育对健康的影响时,为准确估计教育对健康的影响,就应当排除遗漏变量、测量误差、反向因果等内生性问题的干扰。桑福德·格罗斯曼(2008)曾指出,某些"遗漏的第三变量"可能导致教育和健康在同方向上变化。对衡量教育水平的代理变量选取不当同样可能产生测量误差,从而不能客观反映教育和健康之间的关系。例如 Mocan & Altindag(2014)结合实证研究指出,以考试成绩衡量的认知水平并不是解释教育对健康行为影响的重要因素。此外,Eide & Showalter(2011)也指出,在考察教育对健康的影响时,应当规避二者之间互为因果的内生性问题。

1962 年美国实施的佩里计划(Perry Preschool Program)是较为著名的用随机实验方法探讨教育对个体健康影响的研究。该研究将 123 名同等智力水平的 3 至4 岁儿童随机分为两组。对实验组儿童进行学前教育和家访,而对照组没有进行这些干预,研究发现,实验组儿童在中年时期表现出更好的健康状况和生活习惯,从而证实了幼儿教育对个体后天发展具有长远影响。Muney(2005)使用 1915—1939 年美国义务教育法和童工法实施作为受教育年限的工具变量研究了教育对自杀率的影响,研究结果表明,多接受一年教育可以使个体未来十年间自杀概率下降 3~6 个百分点。Huang(2015)以我国 1986 年义务教育法作为工具变量,使用混合数据证实了个体受教育年限对健康水平间具有显著正向作用。Alsan & Cutler(2013)使用乌干达的数据,以家庭到中学的距离作为初中入学率的工具变量,发现初中入学率的提升可以显著降低女孩未来患性传播疾病的概率。程令国等(2014)使用我国老年人数据,用代理变量方法消除遗漏变量问题研究了教育对健康的影响及其内在机制,研究发现教育程度显著提高了中国老年人的健康水平和存活率。Behrman 等(2015)使用中国双胞胎调查数据,采用双胞胎实验方法消除无法观测因素的影响,研究发现教育程度的增加能显著提高个体精神健康状况和自评健康状况,降低长期疾病的发生率①。

课题组研究表明,健康与教育作为人力资本投资的两种形式有其共同的特点,具体而言,体现在以下四个方面:

(1)从健康与教育的投资主体来看,个体或家庭在健康与教育上的投入具有双重属性,既是消费行为,也是投资行为。何为消费,何为投资?《经济学大辞典》上解释,"通常所说的消费,是指个人消费","是指人们消耗各种物质资料和精神产品以满足个人生活需要"。《新帕尔格雷夫经济学大辞典》将投资定义为"资本形成——或创造用于生产的资源"。个体或家庭在健康与教育上的投入是人类自身生产的过程,是把人作为"手段"意义上的对象所进行的投资活动,同时也是以满足人们物质文化需要为"目的"的消费活动。这就是说,任何以个人自身为对象的活动,都既有当前消费的目的意义,又有为将来获益的手段意义。

从个体或家庭的健康投入来看,它有纯消费的一面,如一日三餐、生病就医,它满足了人们当前的直接欲望和生活需要;它也有纯投资的一面,健康投资的成本如卫生保健,增加营养,它可以提高人们的健康质量,从而有更多的时间工作,从而获得更多收益。桑福德·格罗斯曼(1972)认为健康投资可以获得两种收益,一种是生理、心理、精神上的满足的"消费性收益",一种是劳动能力和经济收入增加的"投资性收益"。把健康视为一种资本品,拥有健康的成本就可以视为资本收益率与贬值率之和,而任何投资的边际效率都是递减的,从而随着一个人年龄的增长,贬值率提高,健康投资成本不断提高。

据此,我们可以把健康投资定义为对医疗、保健、闲暇、锻炼等项服务进行投资,以恢复、维持、改善和提高人的体力和精力,保持健康水平,并可为投资者带来预期经济收益的生产性投资。

(2)健康与教育两种投资都会产生正的外部效应,都涉及公共领域,从而会产生个体或家庭之外的雇主或政府的第三方投资问题。从教育投资来看,它不仅给受教育者个人及家庭带来直接的货币收入的增加及消费能力、理财能力、健康保护能力等的提高而增加的收益,也会带来企业效益的提高、国民素质的提高、国民收入的增加等一系列社会经济收益,从而其投资主体就涉及了个人、家庭、企业及政府。对于健康投资来说,它一方面给个人带来可见的效用及经济利益;另一方面,疾病减少、卫生环境改善又可以使整个社会健康水平提高国民收入增加。因而,各国的医疗卫生保健体系一般都相应包括对已经出现的各种人体疾病治疗,以使人体恢复健康状态的临床医疗和保证整体人群健康水平不断提高、公共卫生环境不断改善的卫生防疫服务和管理工作的公共卫生维护两大子系统。据此,健康与教育投资的主体由个人、家庭、企业、社会及政府共同组成。

(3)从健康与教育的投资成本来看,两种投资的投资成本都由直接成本、机会

① 李振宇,张昭.教育对个体健康人力资本的影响——以义务教育法实施为工具变量[J].教育与经济,2017(3):61-67.

成本和利息成本组成。从教育投资来看,直接成本包括学费、书费、住宿费、交通费及其他比不投资高出的任何费用(如额外的伙食费、住宿费,但不包括即使不接受教育也会发生的日常生活费用);机会成本是指一个人因接受教育而放弃的劳动收入,而且这一部分占总成本的相当大的比重(舒尔茨,1964);利息成本则是指因教育投资的收益需要在一段时间之后才能获得而带来的利息损失。相应地,对于健康投资,直接成本是指卫生、医疗、保健服务等支出和购买营养品、健身器材、租用健身运动场地的支出;机会成本则指因为锻炼而放弃其他额外工作的收入或其他闲暇时间等;利息成本就是指因以上健康投资而放弃的利息收入了。

(4)从健康与教育的从投资收益来看,健康投资与教育投资都具有投资风险和收益的不确定性,而且每个人投资收益的差别与各人的能力、意志等个人特性有关。从教育资本投资来看,除了学费、书费及接受教育所放弃收入的机会成本等物质资本投入之外,个人对于学习的精力的投入也是不同的,即使这些投入都相同,个人的智力、意志力等因素也会对投资的收益产生巨大的影响。而对于健康资本投资来说,投资的收益既取决于后天通过医疗、保健和增进健康的休闲、锻炼等方式的投资,也取决于先天继承的健康资本存储的最初质量。先人健康资本存量较低的人就需要后天较大的健康投资的补充,而各人不同的生理特征又会使相同的投资产生不同的收益[1]。

综上可以看出,教育不仅是增加个体知识与技能人力资本的手段,也是提高个体健康人力资本的一个重要手段,具有一举多得的功能。目前在我国很多农村地区特别是农村落后地区,教育水平和教育质量不高,必然影响未来劳动力的健康人力资源质量。因此,加强教育投入,提高落后地区的教育质量是提升我国健康人力资本的一种有效手段,这对于满足我国经济社会高质量发展所需要的健康人力资本具有非常重要的战略意义。

二、健康与教育的互动关系

健康投资与教育投资是两种相互关联的人力资本投资,在很大程度上它们预示了整个社会的经济福利和个人的相对福利。国内外学者在这方面进行了一系列理论与实证的探索。

拉蒂·拉姆和西奥多·舒尔茨(1979)认为,健康状况的改善会刺激人们获得更多的人力资本,即刺激人们接受更多的学校教育和获得更多的职业经验,以作为未来收入的投资;并且刺激父母们更多地投资于其子女的人力资本。这是因为,通过改善健康可延长平均预期寿命,从而延长职业生涯,降低教育投资的折旧率,使这些投资能在更长的时期内获得不断增长的未来收益,提高其回报率;而寿命的延长和更加充沛的精神和体力,再加上增加收入的可能性的加强,使劳动者愿意更多

---

① 徐倩,谢勇.健康与教育:人力资本投资的比较研究[J].市场与人口分析,2004(1).

地投资于自身的教育培训和技能训练,带来工作数量和质量的提高。对于学龄前人口来说,进入学校学习的必要前提是具有良好的身体条件,因病而缺课、退学将造成教育投资效率的降低和平均教育成本的上升,而对于少年儿童的健康投资将大大促进身体智力发育、提高学习能力及教育投资的效率与收益。然而,由于只有相对很少一部分儿童及青少年有伤残等疾病的经历,很难找到健康不良对学校教育影响的有力证据。研究表明身体健康状况不良最终会限制教育的取得和工作中的培训及工资的上涨。劳动力市场中,伤残等疾病会直接带来工作努力的减少、技能贬值和在职培训的受限。

贝克尔的时间分配理论及其后人的研究,较好地解释了健康投资与教育投资作为人力资本投资两种形式的选择问题。贝克尔认为家庭不仅是从市场上购买商品与劳务的消费者,也是健康、声望等非市场商品的积极生产者。家庭综合运用市场商品与劳务、家庭成员的时间、教育及其他"环境"变量生产出非市场商品,并在一生中各时期决策分配消费、人力资本投资及劳动力参与。贝克尔的学生 Michael 则第一次正式提出了效用最大化模型,把健康视为产出,使健康投资在家庭生产框架中发展起来,扩展了时间分配理论。比如,Fuchs(1982)认为,选择接受高水平教育的人倾向于为了未来收益而延迟当前的娱乐、休闲,甚至出现危及健康的嗜好,这与进行不成比例的大量预防性保健一样。

对于教育与健康投入与产出的关系,健康经济学家们存在两种不同的观点,至今仍争论颇多。桑福德·格罗斯曼(1972)认为,教育水平高的人是更有效的健康水平生产者,因为他们知道如何保持健康,如何使用药品等市场消费投入和时间来生产健康,从而会从事更多的健康保存行为;也就是说,教育通过提高用来发展和保持个人健康投入品的生产率,直接影响健康。在一定的资本成本下,教育水平高的人就可获得较高的健康存量。大多经济学家则认为教育水平与健康状况相关仅仅是因为他们都与一个或更多的其他因素相关,教育通过改变个人的时间偏好间接影响健康。

从实证研究的结果来看,结论也是不一致的。Zhu et al.(1996)的研究表明,美国高中毕业生的吸烟比率比其他教育水平的人低,但是教育水平与吸烟的关系又是非线性的,受 9~12 年教育的人吸烟的比率比受教育年限更高或更低的人都高。Winklebyetal(1990)的研究表明,美国妇女中,胆固醇水平在教育水平低的人群中则比高的人群高。Turner(1995)的研究表明,从心理健康状况来看,失业会导致大学毕业生产生比其他人群更大的失望与身体健康状况的下降。

Herrnsterin 与 Murray(1994)曾提出用 IQ 所衡量的人们的智力水平是决定人们财富的最重要的因素,成为人力资本理论的一大挑战与补充。智力作为人身健康的一部分,除了先天健康因素之外,与人们的健康投资,尤其是儿童、青少年时期的营养健康投资都关系重大。可见,营养与健康的投入会直接或间接地带来劳动生产率的提高和收入的增加,收入的增加又会使可以用于营养健康的投入提高,从而使劳动生产率与收入的进一步提高成为可能。

　　健康投资与教育投资作为人力资本投资的两种形式对劳动力市场也存在影响。许多学者都从不同角度对健康投资对劳动力市场表现的影响进行过分析,基本结论是越健康的人参与劳动市场的概率越大,获得就业机会的概率越大,工资水平越高,工作时间越长。然而,教育投资与健康投资是人力资本投资中两种相互关联的投入,缺乏其中任一方,另一方的投入都必然是边际收益递减,并带来收益率的下降。另外,当社会经济发展到一定水平,高等教育成为人们成本—收益分析后的选择时,教育收益的质量则很大程度上与智力相连了。

三、健康投资与教育投资

　　健康与教育两种人力资本投资存在差异。虽然健康与教育作为人力资本投资的两种形式具有种种联系与共同之处,但是这两个领域的研究却一直被高度分开。除了人口统计学家和社会学家之外,教育一般在劳动经济学家和教育专家的研究之列,而健康经济学和健康服务的研究则多由经济学家、社会学家、公共保健医生、老年医学专家和一些其他专家进行。Hunt-McCool(1998)认为,这是因为这两者还具有很多不同之处,健康投资比教育投资有更大的不确定性、信息不对称和测量困难问题。

　　健康投资的不确定性。早在1963年,阿罗就在经典论文《不确定性与卫生保健的福利经济学》中强调了人本身健康状态的不确定性、疾病发生的不确定性及医疗市场的需求与产出的不确定性,并在不确定性的假设前提下分析了道德风险、第三方支付和逆向选择行为对于医疗保险市场的影响,建立了最优保险政策的理论模型。正是由于健康投资主要受人的生理机制的约束,在人们生病需要医疗的情况下,如果支付能力允许,求生的欲望使人们必然进行健康投资;而当人们的基本生活得到满足后,又会自然而然地考虑到自身的保健、休闲投资等问题。与此相比,教育投资,尤其是初等教育投资则往往与一国的教育制度相关联,不确定性明显小多了。

　　健康市场具有比教育市场更大的信息不对称问题。这里我们讨论的健康市场包括由医生或医疗机构(供给者)与病人(消费者)组成的医疗市场和由保险公司或政府(供给者)与个人组成的保险市场。在医疗市场中,病人与医生之间存在严重的信息不对称问题,在医生对病人做检查之前,病人往往比医生更了解自己的身体健康状况,并有加重报告自己病情的心理倾向;而在检查之后,由于医生对治疗的知识远远超过病人对疾病的了解,可以引导病人对医疗服务和保健药品的投资,甚至发生供给方引致需求,医生偏离其代理责任,不是为病人而是为他们自己的利益来提供保健服务的现象的情况。为消除这一信息不对称带来的种种弊端,医疗市场中往往出现第三方——政府,来切断医疗服务供给者的收入与其提供的服务之间的直接联系,改变医疗供给者的激励机制;并采取医生准入制度、卫生监督、道德标准与威胁等手段限制提供者偏离他们的代理责任。在保险市场上，保险购买者则比保险公司更加清楚自己的身体健康状况和长期习惯，从而高风险消费者相对于他们愿意给付的保费，享受了过度保险，而低风险消费者则相应具有保险不足的问题，并宁愿选择自保。从而在投保人群中，不健康的人的比例提高，保险市场的功能大大受限，成为"劣币驱逐良币"的逆向选择的原因正是在于投保的自愿性，实行强制投保就可以消除这一市场失灵，这也是为何许多国家政府强制性地规定雇主为其雇员投保的原因。政府的强制规定与保险公司的市场运作相结合就可以有效克服纯粹市场运作存在的弊端。

关于健康测量困难问题。对于教育水平往往用受教育年限来衡量，而健康水平则很难找到有效的正面度量指标。传统上，人们往往使用死亡率、发病率等负面度量指标及采用人口统计学方法计算出的给定年龄的预期寿命。虽然这些指标简单、清晰，但它们并不能反映所有健康状况，因为大量的疾病或不健康情况并不致命。近年来，有学者建立了自评健康水平、精神状态及其他自评的健康指标。但是，不管是投入还是产出，掺杂主观评定因素的自评健康指标总是不太可靠。关于健康投资收益的测量是研究遇到的又一难题，这也是成本收益分析在健康领域受限的原因之一。对于教育投资的收益，学界一般采用不同受教育年限者的货币收入来度量，但对于健康投资的收益，因很难说明哪些收入的变化来源于健康投资的不同，并且经常会包括评价人生命的经济价值的需要，故而难以度量。

关于人生命的经济价值，国内外不少学者都对此进行过研究，但从整体上来讲，仍未形成系统的理论，并分散于人寿保险经济学、安全经济学、医学经济学、灾害经济学、环境经济学、社会保障经济学等学科之中。此外，教育投资主要提高劳动者的质量，而健康投资不仅能提高劳动者的质量，还会增加劳动者的数量，也是两者的重要区别。

综上可见，作为人力资本投资的两种主要形式——健康与教育，既有共同之处也有各自不同的特性。从对于健康人力资本投资形式的研究来看，我们可以充分借鉴教育这一人力资本投资形式的研究思路与一些方法，使健康投资的研究更加深入。

第四节　马克思主义政治经济学视域下的健康人力资本

马克思主义政治经济学是健康人力资本研究的指导思想，也是健康人力资本研究的理论分析框架。依据马克思主义政治经济学解析健康人力资本，不仅能够揭示其本质特征，而且有助于我们把握其时代特征。国内一些学者将人力资本理论、教育人力资本理论、健康人力资本理论归结为西方资产阶级的经济学学说，他们运用马克思主义政治经济学批判西方经济学,对人力资本理论予以全盘否定。[①]显然,这没有从整体上把握马克思主义政治经济学,在理论上具有一定的片面性。本课题组认为,马克思主义政治经济学对资本主义历史条件下资本本质的揭示,将资本划分为可变资本和不变资本,以及提出的劳动价值论和剩余价值理论,以历史唯物主义世界观和方法论,从资本所反映的社会关系角度分析了资本的社会本质。在此基础上,揭示了资本主义生产关系的剥削实质。然而,马克思主义政治经济学并没有否认资本的特定历史条件下作为资本"一般特征"的自然存在,马克思主义政治经济学批判了古典政治经济学混淆资本的社会属性与自然属性,用资本的自然属性掩盖资本的社会属性,并不能因此得出,马克思主义政治经济学分析了资本的社会属性,否定了资本的自然属性。事实上,离开了资本的自然属性,资本的社会属性也就失去了载体。在马克思主义政治经济学视域下,既要看到资本的社会关系属性,揭示资本的剥削实质,又要看到资本作为生产要素的自然属性,资本投资的增值价值。

所以,在社会主义市场经济条件下,马克思主义政治经济学揭示的资本的双重属性依然存在。社会主义制度能够有效地遏制和逐步消除由资本主义条件下,资本社会属性所形成的剥削关系,但是,在社会主义市场经济条件下,资本的社会属性逐步转化为生产者之间平等的交换关系,而作为重要的生产要素的资本的自然属性,依然是价值增值载体,发挥重要作用。也就是说,社会主义市场经济条件下,要充分发挥资本作为生产要素的价值增值载体作用。从这个意义上讲,社会主义历史条件下,作为生产要素的人力资本,以及构成人力资本的两个核心要素,教育人力资本和健康人力资本"一般特征"的自然属性依然发挥着重要作用,只不过在社会主义历史条件下,健康人力资本的价值增值不再体现劳动剥削关系。因此,我们要从整体上把握马克思主义的政治经济学,运用马克思主义政治经济学理论分析社会主义市场经济条件下,资本的运行逻辑,才能科学揭示健康人力资本内涵特征。

一、资本本质视域下的健康人力资本

关于资本本质的理论分析,马克思主义政治经济学在批判古典经济学基础上,从资本的社会关系属性深刻揭示了资本本质,马克思主义政治经济学的资本本质理论,为科学阐释社会主义市场经济条件下健康人力资本,提供了分析视角和理论工具。

在资本本质问题上,马克思主义政治经济学与西方经济学区的别在于,西方经济学强调了资本的物性、生产性或者收益性,即资本的自然属性,忽视了资本的社会属性,而马克思主义政治经济学的资本本质理论,则从资本的社会属性出发,揭

[①]　韩英.基于马克思经济学的人力资本理论批判[J].改革与战略,2018(5):17-25.

示了资本自然属性掩盖下的社会剥削关系。如果说西方经济学只是从资本的单一客体角度阐释资本特征,而马克思主义政治经济学则从人与物主客体关系、人与人的多主体关系中揭示资本本质。因此,马克思主义政治经济学对于资本的认识与西方经济学的认识视角是不同的,西方经济学对资本的认识还停留在物本身或物物关系上,马克思对资本的认识已经深入到物背后的人人关系上。

基于此,国内有学者认为马克思主义政治经济学否认了资本的物性、生产性或收益性,即资本的自然属性。他们认为,在马克思主义政治经济学理论体系中"人力"绝不可能成为资本。也就是说资本只具有关系属性,不具有物的属性,只具有社会属性,不具有自然属性,显然,这是对马克思主义政治经济学的片面解读。

马克思主义政治经济学对资本本质的揭示采用了全新的分析视角。马克思主义政治经济学关于资本的认识与西方经济学认识的区别在于,马克思主义政治经济学是基于多主体,至少是双主体之间的多方面互动关系揭示资本本质,西方经济学则是基于单一客体,即资本的自然属性特性的分析。然而,马克思主义政治经济学并没有否认资本的自然属性,只是强调了资本的本质是由它的社会属性决定的,离开了资本的社会属性,即资本形成的社会条件,资本的生产性或者收益性就难以实现。反之,离开了资本的自然属性,资本的社会属性也就失去了"物"的载体。

首先,资本本质上虽然是由社会关系决定的,但是资本的载体必然是自然存在物。作为资本主义条件下的生产要素,资本生产性和收益性的实现,必然要依附于某一自然存在的载体,资本不可能是一种纯粹的关系。劳动力作为生产要素在一定的社会条件下,可以成为资本的载体,这也是西方经济学家提出人力资本的立论基础。当然,我们同时也应该看到,资本作为一种社会关系显然不是从来就有的。资本出现的历史前提是雇佣劳动关系的存在,也即劳动力成为商品。资本家手中的货币只有购买到劳动力商品之后才能转化为资本,在这里劳动力就成为资本家手中的资本。换言之,没有与劳动力商品的交换关系就没有资本,劳动力商品卖给资本家之后,工人得到了劳动力商品的价值,资本家得到了劳动力的使用价值。在这个过程中,劳动力的使用价值就转化为了资本家拥有的资本,此时,劳动力的作为资本的自然属性,即生产性或者收益性就获得了体现。在这里,劳动力转化为资本的实现条件和劳动力资本的自然属性是两个不同的概念。混淆这两个不同的概念既不利于把握资本逻辑的内在本质,也不利于把握资本逻辑的外在特征。

其次,对于劳动者而言,资本不是一种独立存在,但是对于资本家而言资本却是一种现实存在。资本家购买劳动力的目的是要实现价值增值,而要想取得剩余价值就必须依赖于生产过程中对劳动力的使用能创出大于劳动力自身价值的价值。由于工人的劳动力已经作为商品卖给资本家了,因此生产过程中劳动力的使用,进而劳动创造出来的全部价值包括剩余价值就都与工人无关而全部归资本家所有了。此时,劳动力的使用价值显然是资本家所拥有的现实的资本。虽然剩余价值在这种情况下表现为了资本家拥有资本的附属物,而不是工人劳动的产物,但是不可否认的是剩余价值也是工人劳动创造的。因此,资本是无论如何不可能离开工人的劳动而实现自我增值的,实质上资本价值增值的秘密正是源于资本所有者对工人劳动的占有。也即剩余价值是工人生产的,应该归工人所有却被资本家凭借生产资料所有权而强占的东西。资本的存在离不开其所有者对他人劳动的剥削关系,但是剥削关系的实现也离不开劳动力资本的现实存在。在现实生产过程中,劳动力是作为活劳动存在的,其他生存要素是作为物化劳动存在的,如果劳动力不能成为资本,那么资本也就不存在了,这显然不符合逻辑的。

再次,资本存在的形态并不固定,只要资本存在的社会条件还在,资本就会存在,甚至以各种形态存在,比如现代条件下的信息、网络关系等。资本不在乎自己采取什么形态,而且它要保持作为资本的资格就必须不断地变换自己的形态。具体来讲,产业资本必须在运动中相继采取货币资本、生产资本和商品资本的形态,只有在不断的循环过程中才能不断地实现价值的增值。在现代社会条件下,资本依然是存在的。第一,在全球范围内资本的存在条件并没有消失,在我国社会主义初级阶段的历史条件下,社会主义市场经济发展不可能消除资本,资本的逻辑依然发挥着作用,制约资本的负面效应和消除资本的存在是两个不同概念。第二,现代社会劳动力依然是重要的生产要素,劳动力作为资本的重要形态和载体依然存在并发挥作用。

国内有学者认为,由于资本不属于劳动者所有,所以劳动力不是资本,这显然混淆了劳动力作为资本的社会属性和自然属性。劳动者拥有的是劳动能力,资本家购买到的是劳动力的使用价值,劳动力作为资本当然属于资本家所有,显然不属于劳动者所有,这就等于货币所有者并不等于资本所有者,马克思主义政治经济学揭示了资本形成的社会历史条件,并不否认特定历史条件下资本自然属性本身,只要社会条件存在,劳动力作为资本属性依然存在。

那么,我们怎么理解马克思在《资本论》第二卷中所说的:“劳动力根本不是资本,工人不是资本家……”的论述? 工人当然不拥有资本! 对工人而言,劳动能力当然不是资本,但是对资本家而言,工人的劳动能力就是资本。从这个角度看,马克思的上述论述是从劳动者的视角,强调了劳动力社会属性,强调了劳动力的本质特征。但是,从资本家的视角看,劳动力的使用价值,即劳动力的自然属性无疑是资本家手中的资本。资本在生产资本这个形态上是可以以人力的方式存在的,即当工人的劳动力卖给资本家以后,劳动力就成了资本家生产资本的一部分。但是工人的劳动力在出卖之前只是商品,出卖之后虽然被并入了生产资本当中,只能是资本家的资本,而不是工人的资本。更重要的是,工人的劳动力必须投入生产,必须作为资本家“生产资本的一个器官”,唯有如此,工人劳动力的潜在能力才能体现,工人才能继续生存下去。如果工人不能与资本家形成雇佣与被雇佣的关系,不管工人接受过多少教育,拥有多少“人力资本”,都一样没有用武之地,劳动力难以产生价值增值。所以,工人的劳动力相对工人而言绝不是资本,相当于对资本家而言,进入生产过程的劳动力显然是资本,马克思讲的劳动力不是资本,是从工人的角度讲的,也是从资本的社会关系视角讲的。

综上所述,从马克思主义政治经济学把资本理解为一种关系,一种雇佣工人和资本家之间的阶级关系的观点来看,劳动力和资本分别由分处于这种关系两头的所有者掌握。因此,劳动力和资本本身就是互相对立、互相否定,同时也是互为条件的,一方绝不可能成为另一方。如果简单地把劳动力说成资本或者简单地否认劳动力的资本属性,那么资本的概念和资本形成关系的本身就被消灭了,与此同时马克思对资本主义社会全部深刻的揭露和科学的洞见也就被消解了。

基于上述分析,劳动力既然是资本形态,形成劳动力的两个重要因素,教育和健康无疑是资本重要载体。现代社会历史条件下,健康人力资本的增值效应日益凸显,运用马克思主义政治经济学分析健康人力资本社会属性和自然属性,即看到健康人力资本在不同的社会历史条件下,社会属性和自然属性是不同的。在资本主义历史条件下,健康人力资本的社会属性体现为资本所有者和劳动者之间的剥削关系,健康人力资本的自然属性是社会属性,即剥削关系的实现条件,是价值增值的物质载体。但是在社会主义历史条件下,健康人力资本的社会属性则体现为生产者之间的交换关系,健康人力资本的自然属性是这种交换关系的实现条件。因此,社会主义市场经济条件下,健康人力资本社会属性和自然属性是推动经济健康发展重要条件。

二、资本划分视域下的健康人力资本

马克思主义政治经济学将资本划分为了不变资本和可变资本,深刻揭示了剩余价值的来源。马克思并没有否认资本家个购买到的劳动力是资本,恰恰相反,马克思将资本家购买到的劳动力划分为可变资本。在马克思的政治经济学中,生产资料被称为不变资本,即不创造剩余价值,不发生价值增值的资本;劳动力被称为可变资本,产生剩余价值。

毫无疑问,马克思主义政治经济学将资本划分可变资本和不变资本,其依据是资本的社会属性,也就是说马克思是从社会关系视角划分不变资本和可变资本的。马克思区分可变资本和不变资本的目的不是要说明劳动力是否可以成为资本,而是为了揭示剩余价值的来源是可变资本(V),而不是全部资本(C+V)。但是,这里马克思恰恰肯定了劳动力是资本的重要形态,虽然这种形态的存在是在一定的社会历史条件下才能实现。

马克思主义政治经济学将资本划分为可变资本和不变资本,在深刻揭示了剩余价值的来源的同时,确认了资本主义历史条件下,劳动力具有可变资本属性。现实中,资本家为了提高劳动者的劳动技能和劳动强度,一定程度上也会对劳动者的教育和健康进行投资,劳动者自身也会对健康进行投资,这些投资都将转换为劳动力的资本的价值形态。从这个意义上讲,可变资本和不变资本划分一定程度上,使得我们更加清晰地认识到资本家对工人的教育投资和健康投资对于增加可变资本的质量，以及资本家榨取剩余价值的意义。或者说，在资本主义社会中企业的健康福利投资具有劳动力资本属性，是资本家剥削工人的手段之一。

马克思在《1857—1858年经济学手稿》中曾强调"资本一般"是每一种资本之所以成为资本的"共有规定"。虽然马克思没有明确指出资本的这种"共有规定"究竟是什么，但是联系马克思在其他地方对资本一般、特殊和个别的讨论，这种规定就是资本的自然属性或者"增值性"。从这个意义上讲，健康人力资本对于资本家而言具有增值性，健康人力资本的投资无疑有助于提高健康人力资本价值含量。

三、劳动价值论视域下的健康人力资本

马克思政治经济学的劳动价值论蕴含着有着丰富的人力资本思想。马克思政治经济学的劳动价值论确立了劳动力在财富创造中的特殊地位，即社会财富由工人的劳动创造！马克思的劳动价值论将劳动划分为具体劳动和抽象劳动，抽象劳动是劳动的社会属性，具体劳动是劳动的自然属性。劳动双重属性中，社会属性是劳动的本质属性。劳动力是劳动者的智力和体力的综合。按照马克思政治经济学的劳动价值论，劳动力资本和生产资料资本（物化劳动）共同作为生产要素，其中活劳动创造价值，因此，人力资本是劳动创造价值的关键要素。

马克思政治经济学的劳动价值论在批判了西方经济学中将人力资本和物力资本混为一谈，揭示西方经济学将人力、物力、地力三种资本共同创造价值虚伪性质同时，肯定了劳动创造价值、劳动力资本（人力资本）是价值增值的核心要素。马克思强调了劳动力是"人的体力和智力的总和"，当劳动者的智力和体力成为生产要素时，马克思所说的劳动力也是既有其自然属性的一方面，更有其社会属性的一方面，劳动力社会属性（社会关系）和自然属性（劳动者智力和体力）的关系是显而易见的，当劳动力进入市场交易成功，成为资本家的生产要素时，劳动力就成为资本家拥有的人力资本，具体而言，教育和健康的存量和增量，表现为资本家拥有人力资本质量，由此带来的价值增值，就是人力资本价值增值。

马克思在《1857—1858年经济学手稿》中分析"固定资本的发展是资本主义生产发展的标志"时，有一段话中提到"知识和技能的积累，社会智慧的一般生产力的积累，就同劳动相对立而被吸收到资本当中，从而表现为资本的属性，更明确些说，表现为固定资本的属性，只要固定资本是作为真正的生产资料而加入生产过程"。马克思关于"知识和技能的积累表现为固定资本的属性"的论述进一步确证了人力资本是资本重要形态。

虽然，马克思在这里强调的是在资本主义雇佣关系下，劳动者的知识和技能被并入到与劳动相对立的资本的力量当中，作为资本家手中的资本，在生产过程中表现出固定资本的属性。但是这并没有否认劳动力的智力和体力具有资本属性。尽管这种属性与劳动相对立，是劳动的异化形态。也就是说，劳动资料转变为机器体

系后，活劳动开始被物化劳动占有和支配。在这种情况下，一切科学技术的发展，包括工人知识和技能的增加都作为对工人而言异己的力量而表现为资本的生产力，劳动也从对资本的形式隶属演变为对资本的实际隶属。由此可见，具有固定资本属性的知识和技能归根结底也还是在生产过程中作为资本家的资本被当作剥削劳动和占有剩余劳动的手段。

从马克思主义政治经济学的视域分析健康人力资本，可为建立健康人力资本理论提供价值分析基础，一方面劳动力转换为健康人力资本是由于市场经济普遍存在的作用；另一方面，在社会主义市场经济条件下，劳动力作为生产要素，同样具有人力资本属性，人力资本的社会属性和自然属性依然存在。

社会主义制度的本质是让劳动者从无产者变成有产者，劳动者不仅要拥有生产资料，还要成为自己劳动力的主人。但是在社会主义初级阶段，社会主义市场经济条件下，多种经济成分并存，劳动力的资本属性在不同的经济体中其特征有一定的差异性，但是人力资本的价值增值性恰恰是所有经济体所要追求的。

因此，我们不应当用马克思主义政治经济学的劳动价值论全盘否定西方经济学中人力资本理论，而应该在坚持马克思主义政治经济学劳动价值论的基础上，批判吸收西方经济学中人力资本理论的合理成分，承认劳动力的价值增值性。也就是说，我们要在坚持马克思的劳动价值论基础上对人力资本理论批判性确认。

在20世纪90年代，我国理论界爆发了一场影响力颇大的所谓"资本雇佣劳动"还是"劳动雇佣资本"的争论。争论的背景是西方企业制度在演变过程中，经理阶层兴起并逐步成为企业的主导者开始有权参与企业剩余的分配，以及员工持股计划等的出现让分享制公司成为与传统支薪制公司相竞争的新的企业组织形式。争论始于周其仁在1996年的一篇文章中提到，人力资本作为天然的个人私产使得人力资本的产权权利一旦受损，其经济利用价值就立即贬损或荡然无存。因此，对人力资本所有者的激励是现代企业理论的核心。

张维迎反对周其仁把人力资本所有者放在比非人力资本所有者更重要的位置，他认为非人力资本相对于人力资本更具专用性，且人力资本不能承担风险。张维迎的观点很快遭到了国内一位马克思主义学者的反驳，而这位学者的反驳就体现出试图将西方经济学范式和马克思经济学范式相融合的特点。该学者一方面并不反对人力资本的概念，并指出非人力资本表现形式的多样性和证券化趋势使其与企业的关系弱化和间接化，而人力资本具有专用性（社会分工造成）和群体性（社会协作要求）的特点使得人力资本所有者才是企业风险的真正承担者；另一方面又从马克思的劳动价值论出发，认为人力资本所有者才是企业财富的真正创造者，并以此作为人力资本所有者对企业剩余的分享以及最终"劳动占有资本"的企业制度将替代"资本雇佣劳动"的企业制度的根本原因。

但是，既然财富都是由劳动者创造的，那么为什么过去一直都是资本雇佣劳动而非劳动雇佣资本呢？对此赞同"劳动雇佣资本"的学者给出的解释是，其一，过去的资本家既有钱又有才,造成了一个笼统的"资本"概念。对于第一点,一个资本家既有钱又有才而他自己又亲自从事生产活动,可以说他用自己的资本来雇佣自己的劳动,也可以说是他用自己的劳动来雇佣自己的资本。但问题的关键是,他作为资本家只雇佣他自己显然是不行的,他一定要能够雇佣到别的工人。那么别的工人是因为他的"钱"还是因为他的"才"而受雇于他呢? 答案是显然的。对于第二点,从新古典经济学的逻辑来看,一种生产要素如果更稀缺的话,只能表明它将得到更高的报酬。因此,即使资本真的稀缺,也并不能作为生产过程中"资本雇佣劳动"的依据。

工人虽然在过去和将来都是自己人力的所有者,都是财富的创造者,但只要不占有生产资料,就只能被资本家雇佣。换言之,只要资本关系存在,资本雇佣劳动就是天经地义的,要想废除这种企业制度,就要废除资本主义的生产资料私有制。

综上,通过我们对一些马克思主义学者在人力资本理论问题认识的梳理和批判,可以看到健康人力资本理论迅速流行是有其深刻原因的,这不是一种偶然,而是社会主义市场经济发展的必然。在社会主义初级阶段我们接受市场经济确实意味着要承认资本的存在,而且我们不仅要承认它的存在,还要利用它追求增值的特性来加快我们的经济发展,通过大量的资本积累去扩大生产,增加就业和繁荣社会经济文化生活。

当然,我们要发挥社会主义制度的优越性,限制资本运行过程中必然会产生的一些弊端,比如生产过剩危机、生态危机,特别是贫富分化等。但是,必须强调的是,在社会主义初级阶段劳动力作为资本形态的存在是有其必然性的,虽然资本的社会关系在社会主义制度下发生了一些变化,但是资本的社会关系属性并未完全消失。接受健康人力资本概念,并不就意味着我们放弃从社会关系的角度来考察资本,社会主义历史条件下的资本逻辑,应当与资本主义条件下的资本不同,但是也不能因此简单否定资本,以及人力资本、教育人力资本和健康人力资本的存在。

第五节　健康人力资本的特征

一、健康人力资本的价值形态

（一）健康人力资本的价值特征

健康人力资本的投资收益表现为价值增值。然而,健康人力资本的价值增值效应具有不同于一般资本投资的特征,具体而言表现在六个方面:

其一,健康人力资本作为一种生产要素而存在于人体内,具有一定的经济价值,可以为投资者当下和未来带来一定量的收益。作为生产要素,与物质资本一样,从形式上来看,都是为了追求产出最大化;从内容上来说,都是为了实现载体收益的最大化,具有"物"的属性。然而,并且每一个个体的健康状态具有异质性,这对健康人力资本投资收益都会产生影响。因此,健康人力资本具有不同于物质资本的基本特征质性。

其二,健康人力资本与劳动者有不可分离性。健康人力资本是指依附于劳动者、在劳动者身上所体现出来的诸如生理健康、精神状态等要素的具有增值性的价值存量。通过投资所形成的健康人力资本表现为劳动者的劳动能力,这种由劳动者健康带来的劳动能力,其他群体或个体无法替代。所以,劳动者是健康人力资本的载体,健康人力资本的每一个组成要素等都无法独立于劳动者之外,均依附于劳动者而存在。

其三,从健康人力资本的价值形成过程看,健康人力资本是通过对劳动者的健康投资形成的。这些健康投资包括,劳动者的闲暇休息时间、医疗保健服务、迁移费用、体育锻炼、健康和道德教育等方面的投入所形成的"资本",主要用于增加劳动者的健康素质,提高劳动者的劳动能力。由于健康隐含于劳动者人体之内,只有通过活动才能表现出来。劳动者如果不参与生产活动,只是一个纯粹的消费者,健康人力资本价值量则无法体现。

其四,从健康人力资本的价值增值贡献度看,健康等人力资本投资对经济增长的贡献要比物质资本投资的贡献高得多。劳动创造价值,健康人力资本投资针对的是活劳动,物资资本投资针对的是物化劳动,健康人力资本投资不仅能够延长劳动者的劳动时间,而且能够提高劳动者的劳动效率,同时,与教育人力资本相比,健康人力资本具有更为基础的作用,因此,健康人力资本投资也能够间接地提高劳动者的劳动技能。

其五,从健康人力资本的价值增值效应看,健康人力资本具有边际收益递增性的特性。健康人力资本形成之后可以使拥有者本人通过对已有健康投入,健康人力资本存量逐步积累,资本的"质"不断提高,价值提升,个人由此获得更高收入,也可以极大地提高各种生产要素使用效率。相反,物质资本会则随着不断使用而产生消耗,久而久之将会产生自然磨损,直到消失。所以,健康人力资本投资不仅能补偿所消耗的价值,也能获得一定量的价值增值,从而使健康人力资本的投资收益持续增长。从个体视角看,健康人力资本是依附于劳动者个体的健康价值存量以及各种社会关系的综合,是一种能够给劳动者带来持久性收入的劳动能力。一般而言,健康人力资本投资越大,产出效应越大,边际收益呈现递增趋势,而物质资本投资则与之相反,具有边际收益递减趋势。此外,与教育人力资本相比,健康人力资本的价值增值效应更为明显。

其六,从健康人力资本的投资收益的特征看,由于受到各种因素影响,健康人力资本的价值存量始终处于不间断的变动状态之中。健康人力资本存量水平或价值既可能增加或上升,也可能消耗或降低。由于个体年龄、健康状况、知识水平等条件不同,以及个人的思想、情绪、情感等的易变性,还有自身刻苦努力、积极实践、潜心钻研、具有创造性,因此一般来说,随着个体健康知识的不断应用、健康保健的持续更新,健康人力资本会不断升值。并且健康人力资本价值的增长是一个较为长期的过程,可能需要几十年。这种过程的长期性必然会造成投资和收益之间的时间间隔相应增长,使其价值具有不确定性。此外,作为健康人力资本载体的劳动者具有鲜明的生命周期特征。健康人力资本的有效期限大概在 40 年左右,随着时间的推移,健康人力资本将会逐渐减少直至消失。这种健康人力资本投资在时效在时间上的限制,是由劳动者的生命周期特点决定的。一方面,健康人力资本形成需要健康投入,形成一定健康人力资本存量的过程,需要适时开发、再造与补充;另一方面,生命历程的不同时期,已经形成的健康人力资本结构肯定会有一定程度的变化,不同方面也会表现出最佳表现期。就社会来说,时效性是指健康人力资本使用的实效性,也就是说健康人力资本只有在一定条件下才能创造出特有价值,做出特有贡献。

(二)健康人力资本与经济增长关系

关于健康人力资本与经济增长的关系,国内外学者有着广泛的研究。已有的研究成果表明,健康投资与经济增长是有明显的正相关的。据世界银行测算,过去的 40 年中,世界经济增长的 8%～10%源于健康的人群,而亚洲经济腾飞的 30%～40%也源于健康人群。健康人力资本对 GDP 的影响也是正相关的,有研究将多种指标复合为一个健康性人力资本变量,考察其对经济的影响,研究表明预期寿命每延长 1 岁,GDP 增长率相应提高 1.06%～1.22%,健康指数对经济增长的弹性约为 0.08。经济史上一些国家巨大的经济腾飞都是以公共卫生、疾病控制和改善营养摄入等方面的重大突破为后盾。

以亚洲的经济强国日本为例,早在 1954 年,日本先通过立法推行学生营养午餐加奶计划,即在学生午餐中另外提供 200 毫升的牛奶。Barro 根据 1960—1990 年 100 个国家组成的面板数据进行回归分析,结果表明初期预期寿命从 50 岁上升到 70 岁会带来人均 GDP 每年 1.4%的增长率,健康的改善可以解释经济增长的 30%～40%,从长期看健康的改善并非经济增长的副产品,而是推动了经济增长。

但是,桑福德·格罗斯曼(1972)的研究认为,健康投入不只是一种人力资本投资,也是个人生活中一种必需的服务型消费。因此,健康投资和健康人力资本存量将会在经济增长过程中不断提高,有可能挤占物质资本投资额妨碍经济的持续增长,在短期内,经济增长率同健康投资增长率存在正相关,而从长期来看,由于健康投资在经济增长过程中总是具有不断增长的趋势。因此,健康投资对经济也存在有一定的抑制作用。

然而,良好的健康状况可以延长人们的寿命,寿命的延长可以降低健康人力资本的折旧率、增加健康人力资本的收益率,从而使劳动生产率的提高和经济的增长成为可能。良好的健康状况可以增加人们的受教育机会,较高的健康水平能大大提高人们的教育人力资本,较高的教育人力资本又能够促进经济的发展。对于个人和家庭来说,疾病带来的直接后果就是医疗费用负担。增加医疗费用,预防疾病的发生,增加人们的健康人力资本水平,可以节约大量的医疗成本,从而可将其投资于其他方面,以加快经济的发展。增加医疗费用,减少医疗成本,既能减少个人的家庭经济负担,又能减少因病致贫、因病返贫的恶性循环的发生,从而能将有限的资源用于其他投资,以提高资源的利用效率促进经济增长。因此,健康人力资本引起的这种正效应是可能抵消其对物质资本的挤出效应的。

(三) 健康人力资本的个体收益效应

健康人力资本对经济增长的正效应表现在健康对个人收入增长的影响,刘国恩利用 CHNS 数据,测度以家庭为基础的个人收入生产函数,得出三个结论[①]:

第一,个体健康是决定个体家庭人均收入的重要因素。农村人口健康经济回报相对来说比城市人口的更大,女性比男性的健康经济回报更大。健康对个人收入增长的决定效应对农村人口更加显著,因为农民收入更依赖个人体力和身体状况。CHNS 样本中的人们的健康状况分为良好、一般、很好和不好 4 种,根据健康状况与个人收入曲线,在各个时期,个人收入都是随着健康状况的提高而增长的,也就是说,越健康的人能创造更高的收入。

第二,利用 OLS 模型,将个人健康状况当作外生变量,并假设不受到收入的反馈影响,得出结论:健康的边际收入生产率随健康状况的提高而提高。在对男女的性别差所进行的健康经济收益调查中,发现女性的健康边际收益达到基本收入的 30%,在农村占的比例更高。这说明女性生病对于家庭生产活动比男性生病更加影响家庭的收入。

第三,健康与贫困互为因果,形成恶性循环,这种由于健康水平低下造成健康人力资本投资不足而产生的贫困即为"健康贫困"。"健康贫困"是一种机会的丧失和能力的被剥夺,即由于经济发展水平低下、支付能力不足所导致的参与医疗保障、卫生保健和享受基本公共卫生服务的机会丧失以及由此所造成健康水平下降导致的参与经济活动能力的被剥夺,从而带来收入的减少和贫困的发生或加剧。

二、健康人力资本的宏观特征

当代社会,知识经济与信息化发展对知识技术等智力因素的要求越来越突出,人力资本也逐渐取代土地资本等传统生产要素成为经济增长的动力与源泉,尤其是健康人力资源数量和质量日益成为世界各国的核心竞争力。从宏观视角看,健康人力资源是指一个国家或地区内人口总量中所蕴含的劳动者健康状况的综合,健康人力资源经过合理开发有效配置后转为健康人力资本。健康人力资本投资能够给为国家带来巨大的投资收益。

在一个国家或地区整体人口中,既包含了劳动力人口也包含着非劳动力人口,

---

① 刘国恩.中国的健康人力资本与收入增长[J].经济学(季刊),2004(04):101 - 118.

老年人的健康状况会影响到年轻人的医疗水平,不同人群之间的健康状况也不尽相同。从宏观上把握健康人力资本投入产出,就要从整体上分析一个国家和地区的健康服务、健康保障、健康环境、健康产业的发展状态,进而把握健康人力资本基本特征。一般而言,健康人力资本的数量和质量是由全人口健康状况决定的,全人口健康状况是健康人力资本的综合体现,全人口健康状况越高,健康人力资本健康存量越多,可供用于生产的健康人力资本投入量就越多,经济增长水平就越高;反之,全人口健康状况越低,健康人力资本健康存量就少,可供用于生产投入的健康人力资本量就越少,经济增长水平就越低。因此,提升全体国民的健康素质,才能提升健康人力资本存量。

提升全民健康关键在于提高全民健康意识,提高全民卫生服务质量和水平。也就是说要为全体人民提供全方位、全过程、全周期的医疗卫生保健服务。做到这一点,不仅要考量健康投资数量和质量,而且要考量健康投资的方向与结构。提升全民健康的一个关键环节是健康资源获得的公平性问题。实际上,宏观上的健康投入并不是人均使用健康费用的加总。同样的健康投入,人民享受的公平性不同,对于整体健康水平的影响不同。在健康资源的整体投入水平固定,全民获得卫生资源越公平,全社会产生的健康人力资本的健康存量就越多;全民获得健康资源的公平性越差,则全社会产生的健康人力资本健康存量就越少。

健康人力资本的投资和物质资本的投资一样具有一定的规模生产边界,要提升总体的健康人力资本健康存量,除了提高健康人力资本的总体投入,更需要完善健康投资结构、提高健康资源的可及性。

健康预防和健康环境是影响全民健康的又一关键因素。健康预防强化和健康环境营造是最为经济、效用最高的健康投资,防患于未然,饮食结构、营养结构、生活方式、生活理念等方面直接影响着全民的健康状况,推行健康文明的生活方式,营造绿色安全的健康环境,减少疾病发生风险,降低健康投资社会成本。值得指出的是,从宏观角度而言,随着人口老龄化趋势,社会整体健康状况发生变化,健康维护的成本越来越高,使得健康人力资本的存量发生减少。同时,人口老龄化直接影响健康人力资源转换为健康人力资本,由于只有投入到生产过程的劳动者才能称之为健康人力资本,即使健康人力资源数量较大,但是实际投入到劳动中的健康劳动者很少,也不能算是健康人力资本存量很大。所以,即使全社会的总人口不发生变化,但是随着人口老龄化的来临,健康人力资本的数量减少,也会影响到宏观经济的增长,因此,随着人口预期寿命的延长,进一步促进老年健康人力资源转换为健康人力资本具有重要意义。

三、健康人力资本的微观特征

从微观个体的角度看,健康人力资本直接表现为存在于劳动者个体之中,能够带来经济收益的身体健康状态。劳动者的健康通过遗传进行代际间的储量传递所获得的健康资本存量,在个体成长过程中通过营养、保健等形式得到积累,进入生产过程的劳动者随着年龄增加,健康存量不断折旧,同时也通过投资维持和增加健康存量,最后随着生命的消失而消亡。据此,可以获得健康人力资本的微观特征:

其一,健康人力资本是与劳动者不可分割个体健康的存量。宏观视域的健康人力资本,离不开整个每一个劳动者个体健康状况,每个个体健康的存量就越多,宏观上可供用于投资的健康人力资本就多。

其二,健康人力资本存在于特定劳动者个体之中。与物质资本不同,健康人力资本除了受到健康存量的影响,还受到所依附的人对于健康状况的主观感知,工作愿望,以及外围环境等因素。这些是激发健康人力资本存量,实现健康人力资本价值发挥和投资增值的重要因素。

其三,健康人力资本具有未来收益性。健康人力资本可以在即期工作中的人产生价值增值,更为重要的是健康人力资本具有未来的收益性,即对于健康的投资,可能不能在短期内收到应有的效果,需要在未来较长时间内释放期投资收益。有些健康投资甚至要在整个生命周期内逐步获得收益。当然,健康投入可以是一劳永逸的,也可能是持续不断的,更多的可能是间歇性的。

其四,健康人力资本的存量主要指人的生理、心理、社会交往、道德水平等素质。健康人力资本的存量维护具有一定的持续性。健康人力资本需要不断地进行健康维护,才能保持健康人力资本存量不降低,营养的摄入、精神愉悦的支出是健康人力资本健康维护必不可少的支出。如果离开了健康的维护,健康人力资本的存量就会下降,甚至消失。随着年龄的增长,微观主体的健康人力资本的存量也会慢慢降低,直至消失。

健康人力资本与教育人力资本相比,体现出以下微观上的差异:

其一,个体的健康状况随着劳动者年龄的增长。如果不增加健康投入,是会快速衰减的,即便增加投入,衰减趋势也是不可逆的,而劳动者接受教育所形成的知识和劳动技能,除非生产方式发生变化并不会随着时间的推移而衰减,这就是说教育人力资本一旦形成不会发生变化。

其二,劳动者健康状态是多维度的。在不同的维度上,个体健康的差别非常大,而教育人力资本则不同,个体在接受教育中虽然有接受能力的差异,但是远远没有个体健康状况表现出来的如此大的个体异质性。

其三,劳动者个体健康状况的测量比较困难。除非劳动者存在明显的疾病状态,否则难以精确测量劳动者的健康程度,在很多情况下,个体健康度量误差较大。

其四,健康人力资本的投入产出的不确定性。健康的测量不确定性导致了健康人力资本的投入产出不确定性。而健康不仅包含了身体健康,也包括了心理健康、精神状况等,这些都影响到健康人力资本产出状况,甚至不同微观主体对于健康的理解也不同,有些微观主体在健康状况、亚健康状况甚至生病的状况下,还在坚持从事劳动,那么,这类微观主体发挥的健康人力资本的产出较高;有些微观主体,对于健康的敏感性较高,身体微恙、情绪变化等可能就中断劳动,进行健康维护,这类微观主体健康人力资本发挥的资本产出就低。即使如此还不能简单认为前面一类微观主体的健康人力资本总体产出率就高,因为还涉及微观主体持续投入的能力和可能性。

四、健康人力资本的区域特征

健康人力资本的投入与产出受区域经济社会发展水平的影响。一般而言,经济社会发展水平较高的地区,健康人力资本投入也相对较大,而经济社会发展水平较低的地区,健康人力资本投入相对较小。由于现代社会人力资本,尤其是健康人力资本影响着经济社会发展总体质量和水平,健康人力资本投入的差异,必然影响到其产出,经济社会发展质量和水平一定程度上反映了健康人力资本的产出效应。

据此,由于经济社会发展水平存在着区域差异,健康人力资本投入和产出状态不同,健康人力资本也必然呈现区域性特征。我们可以通过特定区域的医疗保健投入、生活质量水平等指标,考量健康人力资本的区域差异性,同样,我们也可以通过健康人力资本的区域差异性特征,分析经济社会发展质量和水平的区域差异。在此基础上,我们可以进一步深入分析健康人力资本与经济社会的互动关系。

由于健康人力资本与区域经济社会发展之间存在高相关性,健康人力资本投入和产出水平直接影响区域经济社会发展质量和水平。这种差异形成双向作用关系,即健康人力资本质量越差,经济社会发展水平越低,经济社会发展水平越低,健康人力资本质量越差。由于我国依然存在着经济社会发展水平的区域差异,经济社会发展的区域差异直接导致了健康人力资本数量和质量的区域差异。

当前,我国经济社会发展水平区域差异表现为地域空间的差异,典型的表现是东部发达地区、中部欠发达地区、西部不发达地区之间存在区域差异,经济社会发展水平的由东向西的递减,导致健康人力资本质量和水平梯次递减。同样,我们也可以通过测量区域健康人力资本质量和水平,从一个侧面反映区域经济社会发展水平。我国经济社会发展水平区域差异,还表现为城乡之间的区域差异。目前,我国城乡二元结构尚未完全消除,城市健康人力资本质量和水平远高于农村,这也在一定程度上影响着我国农业农村现代化进程。

总体上看,我国健康人力资本的区域分布必然处于不均衡状态,影响着我国经济社会的高质量发展。当前,在中国经济社会发展中健康人力资本已成为经济社会增长的主要驱动力之一,健康人力资本已经成为提升经济社会发展质量的重要支撑,推动健康人力资本投入产出的区域均衡成为推动我国经济社会高质量发展的重要举措。

五、健康人力资本的演化特征

健康人力资本与经济社会发展水平之间的作用关系,不是简单的线性互动关系，两者的相互作用还受到人口结构、教育水平、产业结构等多重因素影响，所以需要对健康人力资本的区域特征做具体分析。研究表明，健康人力资本投入和产出效应与区域经济社会发展阶段有着较高的相关性，经济社会发展不同阶段，健康人力资本投入和产出边际效用不同。

从宏观视角看，健康人力资本的演化特征主要通过一个国家在不同历史时期健康人力资本的价值形态和价值含量的差异性特征。也就是说，健康人力资本质量水平变化，可以通过时间轴阐释其演化特征。

在传统农业和工业变化早期社会中，健康人力资本主要通过体力的支出强度提现出来，而工业化中后期，健康人资本的中所包含的心理健康、社会交往因素，以及社会适应性要素将不断提出，人们的生理健康意识不断加强，医疗技术发展导致生理健康投入比重相对减少，而心理健康、社会交往等方面的健康投入的比重不断增加。不同经济发展时期加快人力资本的投入特征不同，体现出加快人力资本形态的时间特征。

然而，不同区域健康人力资本与经济社会发展水平之间，在发展阶段上存在着非线性的作用关系，在经济社会发展不同阶段，健康人力资本与经济社会发展互动关系呈现阶段性特征，具体分析不同阶段特征具有重要的理论和实践价值。

从个体微观视角看，健康人力资本的演化特征主要通过个体发展期提现出不同的特征，个体为成年时期，健康投入主要为健康人力资本进行积累，个体在成年期主要为健康人力资本进行保值，个体在晚年期主要是要保持健康人力资本持续性，个体每一个时期健康人力资本投入和产出结构是不同的，体现出健康人力资本的价值形态特征。

从人的生命周期看，健康人力资本与劳动者个体发展之间也存在阶段性差异，在劳动者不同的年龄段，由于健康人力资本存量和增量具有不同阶段性特征，健康人力资本投入和产出就具有不同的效应，例如，不同年龄段的劳动者等量的健康人力资本投入，其产出效应有着较大的差距。分析不同生命阶段的健康人力资本演化特征具有重要理论和实践价值。

第四章 健康人力资本的形成机制

健康人力资本的形成,不仅需要具备特定的社会历史条件,而且受到各种经济社会因素影响。多维度考察健康人力资本形成的条件和影响因素,探讨健康人力资本的测量方法,从国际视角比较健康人力资本发展水平,才能深入揭示健康人力资本的形成机制。

第一节 健康人力资本的形成条件

一、经济条件

健康人力资本的形成需要具备一系列经济社会条件,其中,经济条件是健康人力资本形成的基础性条件。

人力资本是与物力资本相对的一个概念。健康人力资本与教育人力资本共同构成了人力资本。然而,早期经济学理论仅仅把人当作依附于固定资本的一部分,而不是独立的资本要素。这与当时整个社会的生产方式有很大关系。工业革命以后,机器大工业成为资本主义生产的主要方式,机器、厂房、土地等物力资本成为推动经济增长的主要动力,资本家拥有大量土地、机器等固定资本,这些资本在生产中起主导作用,企业扩张也是以这些资本的投入为基础,于是人们更愿意投资物力资本。而劳动力仅仅是作为生产流水线上的一个螺丝钉来发挥作用,主要表现为体力和简单的操作。

现代社会,这一趋势发生了显著变化,人力资本成为经济社会发展最为重要的驱动力。虽然经济学家们早就知道人力资本是国民财富的重要部分,但是他们只是把劳动者看作为普通的劳动力,没有将劳动者的劳动能力当作某种类型的资本。随着劳动力越来越成为经济增长的主要驱动力,劳动经济发展的贡献越来越大了,现在人类的生产能力远远大于其余各种形式的生产能力的总和。

事实上,早在 17 世纪,亚当·斯密就把劳动者能力算作资本的一部分。在他看来,劳动者的能力虽然不同于机器、厂房、土地等实物资本,但仍然属于人的财产的一部分,仍然发挥着和实物资本同等的作用。劳动者的能力对于他个人自然是财产的一部分,对于他所属的社会,也是财产的一部分。工人增进的熟练程度,节省机器和工具,同样可以被看作是社会固定资本。亚当·斯密看到劳动者的才能可以创造财富,不过,这种才能本身并不能独立发挥资本的功能,而是必须依附于固定资本。此时,人还仅仅被当作劳动力,而不是资本。亚当·斯密用一个别针工场生产为例,分析了人力如何通过特定的数量和组合产生巨大的效率,或劳动力,进而影响整个国民生产总值,劳动生产力上最大的增进,以及运用劳动时所表现的更大的熟练、技巧和判断力,似乎都是分工的结果①。

随着新技术革命的到来,人的知识、技能和健康与固定资本具有了同样的独立产权,它们共同对社会总资本发挥重要作用。健康人力资本在生产过程中也是以独立的形态存在,在生产经营者看来产生价值的资本不仅来自现金、土地、机器等有形资本,更来自教育、健康等这些附着在人身且属于企业的无形资本。因为,企业优秀的员工能创造更大的价值。当代社会,由于健康人力资本具有明显的可投资性以及产出效应,劳动者的健康被看作重要的人力资本,而不再被当作一种依附于固定资本的价值形式,而是具有独立投入产出功能的资本。虽然作为健康人力资本的每个个体都是有差异的,但正是这些差异决定了其增值能力。

综上所述,随着经济社会发展,健康人力资本成为独立的价值形态,在现代生产活动中发挥着重要作用,但是应当看到健康人力资本是在一定经济社会条件下,才能成为独立的资本形态,离开了特定的经济社会条件,健康只是一种人力资源,健康人力资源是无法获得资本形态的。现代社会,健康人力资本受到人们的高度重视。然而,健康人力资本的数量和质量提升,取决于一定的经济条件,一方面只有投入生产过程的健康人力资源才能转换为健康人力资本,另一方面提增健康人力资本质量需要不断加大投入,尤其是现代社会影响健康人力资本的医疗保健和健康服务需要大量的投入,这对经济发展水平有着较高的要求。从现实看,健康人力资本的投入需要离不开特定市场经济条件,更离不开社会和个体经济条件的支撑。

二、社会条件

健康人力资本与人类社会发展是密切联系的。健康的劳动力只有在一定的社会历史条件下,才有可能成为资本形态,分析健康人力资本的形成的社会条件,是把握健康人力资本的本质的重要前提之一。

健康人力资本的形成条件之一,是人们对健康的不断投资,健康投资预计未来都会获得一定收益,之所以称这种投资为健康人力资本,是由于它已经成为人力资

---

① 程晓.人力资本与人的发展[J].哲学研究,2017(2):20-26.

本的一个部分，又因为它可以带来未来的满足或者收入，所以将其称为健康人力资本。

健康投资成为人力资本一定程度上改变了劳动者的地位。在劳动价值理论中，劳动者是被资本家剥削的对象，资本为了缓和与劳动的矛盾冲突，保持周转顺畅，通过健康投资来增加劳动者的"健康福利"，例如在工资之外，增加劳动者的休息时间、医疗保健服务等"健康福利"。然而，这些"健康福利"本质上属于健康投资，这类投资的目的是获得预期的价值增值。

健康人力资本价值形态是由社会生产关系决定的。马克思主义认为在机器大工业生产条件下，劳动对资本从属关系的转变：劳动对资本的这种形式上的从属，又让位于劳动对资本的实际上的从属。随着生产的扩大和技术进步，劳动对资本的从属也日渐加深。在健康人力资本的生产条件下，劳动者生理心理健康等身体附属物都具有了资本属性，但这并没有改变劳动者对资本的从属地位。健康人力资本被作为一种资本被使用，意味着人的工作时间和休闲时间的界限消失了。马克思在论述机器和人的关系时，描述了人从属于资本的趋势。机器最大限度地增加了劳动时间，这在提高劳动生产率的同时也将人的一切时间转变为资本增值，缩短劳动时间的最有力的手段，竟变为把工人及其家属的全部生活时间转化为受资本支配的增值资本价值的劳动时间的最可靠的手段。资本增值方式的改变只是在更广泛的程度上让劳动从属于资本。在这种情况下，健康投资是将劳动者的健康等身体的全部能力都剥离出来交给资本家。

马克思虽然是以资本主义社会为例揭示劳动对资本的从属关系。但是，劳动对资本的从属关系没有因为生产条件而改变，社会生产关系才是劳动从属于资本的问题关键。马克思分析了劳动者与资本之间的双重关系：一方面，资本主义生产使劳动者淹没在机器中，成为机器的附属品、巨大的自然力、社会的群众性劳动都体现在机器体系中，并同机器体系一道构成主人的权力。机器，以及其代表的资本成为一切人类活动的主人，它规划着人的生产和日常。另一方面，劳动者并不是完全被动地听命于资本，他们的活动真实地影响甚至决定着资本的运行方式。大规模的机器生产培养了工人的组织纪律性和普遍联合的可能性。生产者也改变着，他炼出新的品质，通过生产而发展和改造着自身，造成新的力量和新的观念，造成新的交往方式，新的需要和新的语言，被塑造出的工人不是完全服从资本的指令，他们也创造出社会运行的特有结构和运行方式[①]。

健康劳动力作为资本发挥作用，只有在特定生产关系中才会实现。只要资本主义生产关系存在，劳动者就仍然从属于资本。在这种关系下，劳动者的健康只能在资本的规划下运行，很难根据自己的真实需要而发展。健康人力资本将劳动者的健康纳入自己统治的同时，也为人健康发展创造了条件。然而，作为健康人力资

---

① 程晓.人力资本与人的发展[J].哲学研究，2017(2)：20－26.

本的健康、道德、社会交往等不是完全由资本控制,而是由主体间的互动和情感交流控制。这一方面为劳动者超越资本控制创造了可能;另一方面也为人们的健康发展提供了条件。因此不能只看到健康人力资本在经济增长中的作用而盲目滥用,将人的一切日常生活都资本化,使人丧失了休闲,也不能只看到健康人力资本对人的支配,不加选择地排斥它。健康人力资本对人的健康发展的意义在于,它能够创造出超越资本统治的劳动主体,所以在发展健康人力资本时应创造出符合更高社会形态要求的劳动者和生产条件。

显然,社会生产关系决定了健康人力资本价值形态。在社会主义历史条件下,劳动与资本的对立正在初步消除,但是社会主义初级阶段尚不具备消除这种对立社会条件,社会主义市场经济运行中,健康人力作为"资本"的条件依然存在,健康人力资本在经济社会发展中依然将发挥中重要作用。

三、个体条件

健康人力资本形成的个体条件,是指健康存在个体之中,作为一种存量,同时在个体成长过程中不断的健康投入获得增量,同时也在生产过程消耗。健康人力资本包括了家庭养育、个体发展、体育锻炼、休闲娱乐、医疗保健等方面的投资和需求。西方经济学理论中的劳动力供给曲线向后弯曲的现象,很好地解释了作为生产过程中劳动者的健康需求。一般商品供给量是随着价格升高不断上升的,但劳动力商品的供给量却是在价格达到一定点时,发生不断减少现象。这说明在收入达到一定程度后,劳动者更愿意且更有能力摆脱资本的规划,增加更多休闲时间。

资本主义生产方式的改变塑造了超越资本控制的劳动者。现代社会简单的物质生产已经不能满足资本的需求,日常生活中一切非物质活动都被纳入资本的体系,例如有关信息内容的生产活动,在工业和服务部门中,劳动技术越来越转变为智能技术,又如,有关文化内容的生产活动,这些活动不具有工厂式的统一标准,而是有特定的艺术、时尚、品位等标准。这些非物质的生产塑造了多样的信息、知识、文化、情感,进而形成了多元化的劳动者。劳动者的全面身体素质的提高驱使他们对工厂式的生产方式进行反思,年轻人拒绝工厂社会式的令人窒息的重复,发明了新形式的流动、弹性和新的生活方式。从资本角度来看,这些非物质活动都是资本增值的方法。信息、知识、文化、情感等非物质产品的生产开拓了资本增值的空间。这些非物质生产活动离不开健康人力资本投资,这客观上扩大了劳动者的健康需求。健康人力资本投资的内容变化,形成超越资本控制的表达方式。在健康人力资本生产中,劳动者不再是单向服从资本指令的客体,而成为具有充分想象力、创造力的劳动主体。

从宏观经济的表现来看,健康人力资本的积累决定了劳动生产效率。在其他因素为常数时,劳动生产率的变量,随着健康人力资本的变化而变化。决定企业生产力的不再是劳动者组装零配件的效率,而是劳动者的学习能力、沟通技能、健康管理能力的程度。劳动者全面素质的提高意味着教育和健康人力资本投资既是资本增值的方式,又是劳动者自由发展的途径。劳动者不再是被机器聚合起来的劳动力组合,而是成为有自我意识、有创新力的独立主体。劳动者开始反思资本逻辑的合理性,积极地表达自己的意见,创造出超越资本管理的组织方式。

第二节 健康人力资本的影响因素

进入 21 世纪以来,人们更多地关注影响人类健康的各类因素。影响健康的因素是指人们出生、成长、生活、工作过程中所面临的各类影响健康的因素,其中影响健康人力资本的因素包括了社会、经济、文化、科技、生态、制度六大因素。

一、社会因素

世界银行在 1993 年的《世界发展报告》中指出"良好的健康状况可以提高个人的劳动生产率,提高各国的经济增长率"。健康状况和健康投资不仅影响微观个体收入,还会影响宏观经济增长。在进行健康投资之前,需要综合考察各种影响健康人力资本的社会因素[①]。

社会结构是影响健康人力资本的重要因素之一。通过文献研究,发现研究社会地位差异同健康人力资本之间的关系主要形成两种观点:第一,是社会因果论,强调个体的社会结构状况对其健康水平起决定作用,个体健康状况随社会经济地位高低变化,突出社会结构因素对个人健康水平的影响。健康风险行为和其他心理因素是联结社会地位和健康结果之间的直接因素,它们扎根于社会分层系统中。健康风险行为在人群中不是偶尔盛行的,也不是凭空发生,它们是在强大的社会影响作用下发生的。比如,低收入的邻居更有可能喝更多的啤酒,更少的机会去体育锻炼,吃更少的有营养的食物。第二,是健康选择论,认为健康状况是个人社会结构地位的筛选机制之一,健康状况越好的人获得越高社会地位的可能性越大,从而产生了个体社会地位的不平等。学界对社会地位与健康不平等关系的实证研究基本都是在对上述两种观点进行检验。

生活方式是影响健康人力资本的重要社会因素之一。社会生活方式对健康人力资本的影响,大致可分为三种作用机制:生活方式、社会心理、社区邻里环境。这三种机制不仅单独发生作用,而且可以交互作用以共同影响。

第一,生活方式。社会地位通过影响生活方式如睡眠、吸烟、饮酒、体育锻炼等因素,促使健康结果产生差异。如果排除生活方式因素,由社会地位不平等所造成的健康不平等程度会明显降低。Katja(2012)等对芬兰城市样本研究发现,社会地

---

① 许金红.社会经济地位与健康的关系研究[D].深圳:深圳大学,2015.

位与肥胖、超重有关的生活方式之间的关系强于其他方面的关系。社会因素与饮食、静坐的相关性高于与其他生活方式的相关性，但是影响结果在发达国家与发展中国家样本中呈现出差异。在发达国家，社会地位低的群体更容易出现超重或者肥胖的结果，社会地位低的人更倾向于消费少量的膳食纤维、水果和蔬菜，社会地位越高的人往往更注重消费健康的饮食，摄入更多的蔬菜和水果，更经常锻炼身体。Dinsa(2012)等的研究进一步说明，随着经济的发展，与生活方式的关系也将不断变化。在较低收入国家，社会经济地位越高，肥胖发生率越高，但是在中等收入国家，这一模式有所改变。社会经济地位越高的男性肥胖发生率越高，但是女性肥胖发生率越低。Pampel等(2011)的研究指出，在中等收入以上国家，教育引发的烟草消费不平等比起低收入国家更严重。为什么发达国家和发展中国家的结果呈现不同。Makela(2011)对芬兰成人样本的研究揭示，在与饮酒有关的死亡中，低社会地位群体与其相关性更显著。从消费总量看，社会经济地位较高的群体似乎消费了更多的酒精，但是其中轻度饮酒，或者对身体有益的饮酒更多，而在社会经济地位较低的群体中，酗酒行为更严重。Bonevski(2014)等对澳大利亚新南威尔士45岁以上群体的研究认为社会地位较高的男性更容易有酗酒倾向，而饮酒与吸烟在社会地位较低的女性群体中也更容易产生累加作用。王甫勤(2012)通过分析相关生活方式，发现生活方式对国民健康水平有直接影响，同时，社会结构在一定程度上塑形和固化人们的生活方式。黄洁萍、尹秋菊(2013)用结构方程模型和CHNS数据考察了社会地位、吸烟、饮酒、体育锻炼与城镇职工健康的关系，认为我国城镇居民的社会地位并不通过体育锻炼影响健康。

第二，社会心理。将社会心理机制作为社会与健康人力资本关系的中介变量研究出现在20世纪90年代，到了21世纪研究开始增多。社会心理因素在不同社会阶层群体中的分布是迥异的，所以一定程度上造成了健康的不平等。Nabi(2008)的研究认为社会地位通过社会心理机制正向影响健康。与社会地位更高的群体相比，低群体更易产生负面情绪与情绪紊乱，因为他们各方面资源都比较欠缺，所以更易陷入沮丧的情绪中，而一旦他们陷入沮丧等情境时，他们原有的社会资源就会变得更加缺乏，这更加阻止了他们摆脱不利的环境，因此会陷入更加糟糕的状态中。Wilkinson(1996)认为人们常常喜欢与高于自己的人做生活和福利等方面的对比，而这种对比很可能给更低的群体带来"匮乏感"，形成负面情绪，积累心理压力，并随时间的推移很可能导致心血管及抑郁症等生理心理疾病。Kawachi(1999)在社会分布与人们的心理和健康平等之间又加进了一个"社会资本"内容。日益增大的国民收入差距容易损害已有的社会资本，社会公共物品的投资也会受到影响而减少，破坏社会凝聚力，进而形成人口健康日益不平等的局面①。

在社会支持与社会阻止上，Mirowsky(2000)的研究认为社会地位不同，可获

---

① 许金红.社会经济地位与健康的关系研究[D].深圳：深圳大学，2015.

得的支持与阻止也不同,低社会经济地位群体较少的社会支持与较大的社会疏离增加了个体患病的可能性。值得关注的另外一方面的研究是,社会地位通过社会心理机制影响健康会持续到整个成年期。低收入家庭往往会带给下一代一些不利于社会心理成长的因素,比如家庭关系冷漠、家庭暴力等,而儿童和青少年时期的这些影响会持续到未来的一生,对未来的情绪控制与压力等承受能力产生影响。这些情绪又会进而影响个体的社会经济地位,因此社会经济地位也可以通过社会心理机制影响到个体的健康,且在代际之间流动。

第三,邻里环境交互。Warr(2009)等的研究认为邻里之间的不良行为影响了人的健康,这些不良行为包括酗酒、吸食毒品、危险驾驶行为、不安全感、噪声、种族主义等,而这些行为是与社会经济地位相关的。但是社区邻里环境对健康的影响有多大并没有太多的讨论。基于伊利诺伊州样本的检验显示,邻里社会经济地位对健康的影响相比于个体经济地位的影响要小,但确实存在。另外一些研究检验了生活方式与社区邻里环境的关系,认为社区邻里环境直接影响人的生活方式,影响体育活动的时间,尤其对于饮食的影响,这导致超重与肥胖的发生率升高。Mohnen(2012)基于荷兰全国抽样调查数据的检验显示,SES 较高的人更可能拥有良好的社区环境资本,使之能参与更多的体育锻炼,吸烟的可能性更小,这些行为直接有利于健康的获得。而物质资本与社会心理因素同样会影响到人的生活方式,比如心理压力较大往往吸烟与饮酒的频率更高[①]。

二、经济因素

(一) 收入因素

劳动者个体收入对于健康人力资本投入具有重要影响,个体收入水平越高,健康意识较强,健康投入也较大,相对而言健康状况也较好。

健康人力资本是通过投资形成的体现在劳动者身上的健康状态。一般而言,劳动者收入水平越高,受教育水平、社会地位、生活条件越好,个体可以用于健康投资的资源越多,所享受的医疗卫生保健服务条件也越好。而且,个体收入越高,用于投入下一代的健康服务资源也越多,健康的代际传递效率更高,所以劳动者个体收入越高,个体的健康人力资本投入也越大,健康状态越好,劳动时间更长,效率更高,收入也相应更高。所以,劳动者个体收入与健康人力资本之间呈现正向的双向互动关系[②]。

个体收入通过与物质相关的因素影响健康。比如医疗服务的可及性、医疗服务的质量以及暴露于有害工作与生活环境等。Lynch 等(2000)认为,商品价格受平均收入影响,因此,个体收入直接决定着健康产品或服务的可及程度,个体收入越低,对这些医疗资源尤其是稀缺资源的可及度愈低。同时人们对健康产品和服

①　许金红.社会经济地位与健康的关系研究[D].深圳:深圳大学,2015.
②　许金红.社会经济地位与健康的关系研究[D].深圳:深圳大学,2015.

务的享有程度,受社会经济地位不平等的影响。

Asgeirsdottir 等(2013)对欧共体国家进行了收入与健康的研究,在整个欧共体国家中,普遍存在有利于高收入人群的健康不公平现象,但是表现出的强度并不相同,他们由此推断这与相应的社会制度有关。除此之外,社会经济地位较低群体由于物质缺乏,也更易暴露于空气与水污染、噪声、毒素等不利环境中,这些都会对健康产生影响。但是另外一些研究却得出收入与健康的关系不具有统计显著性。物质机制的作用到底影响有多大,至今仍没有统一的定论,自从 Lynch(2000)等提出经济地位主要通过物质机制作用于健康以来,反对的声音就没有停止过,反对者认为纵观全球,无论发展中国家还是发达国家,无论采取什么样的医疗社会政策,似乎经济地位引发的不平等都有加剧的趋势,因此这种加剧趋势应该有物质以外的中介因素。

我国学者对经济地位与健康人力资本的研究大多集中于该领域。齐良书(2006)对收入、收入不平等与健康人力资本关系的考察结论为:收入是影响健康人力资本的重要因素之一,解决问题的关键在于加强对社会经济地位较低者的医疗保障。毛毅(2011)研究教育与健康的关系得出二者正相关的结论,但是存在倒 U 形结构,即临界点以下教育程度对健康的影响较显著,临界点以上变得并不显著。

当然,考量劳动者个体收入对于健康人力资本的影响,还应当看到,劳动者的健康状态包括了生理健康、心理健康、道德水平和社会交往等方面的,劳动者收入状况影响健康人力资本主要表现在生理方面,在心理、道德水平和社会交往方面货币投资并没有直接的明显的效果。甚至劳动者高收入或许是通过压缩休息时间,增加劳动强度获得的,某种程度上讲是通过健康透支获得的收入,这就很难说劳动者收入与健康人力资本呈正相关的互动关系。因此,健康人力资本的投资不能简单地理解为货币投资,应该多维度地客观具体地考量影响健康的收入因素。

(二) 投资因素

健康投资是指通过对医疗、卫生、营养、保健等项服务进行投资来恢复维持或改善提高人的健康水平,进而提高人的生产能力。健康投资是人力资本投资的重要前提和基础。健康投资能够使"生病"时间的减少和生命的延长能提供更多的工作时间,更健康的身体和旺盛的精力使得每个工时的产出增长,增加了人力资本投资的经济刺激。健康人力资本投资还产生正向的外部效应。

健康投资作为一项重要的人力资本投资,是指一定时期用于预防和治疗人体病变,维护和保持人们身心健康所花费的所有支出。从形式上看,包括货币资本投入,如花费在预防和治疗人体病变而支付的医药、医疗器械、医疗设备设施、医务人员服务报酬方面的直接费用,也包括为用于公共卫生、地方性染病的防治,以及卫生检疫和卫生宣传方面的间接费用,又包括时间资本投入,如人们花费在体育锻炼方面的支出,上述投资都可以为人们带来预期的长久的经济收益。

健康投资能使劳动者具有较高的生产效率动者经常参加体育锻炼,可以有效地预防和减少各种常见疾病和职业病,减少病假率,并使其自身拥有强壮的体力和充沛的精力,从而高效率地完成工作,并有效地提高生产效率和创造出更高的劳动价值。劳动者参加经常性的体育活动,不仅会带来直接生产效率的提高,从长远经营战略来看,它还可以增强集体观念和组织纪律性,增强团结和凝聚力,有利于更好地协调配合和管理效率的提高,这对提高生产效率同样具有积极作用。健康方面的投资是一种具有较高回报率和普遍经济收益的生产性投资。

美国斯坦福大学的特漫教授在追踪观察美国数十个天才儿童时,发现他们比同龄人优秀的一个原因是他们经常参加体育锻炼。英国埃克塞特大学卫生教育系安杰拉·鲍尔丁对 1 400 名中学生的调查研究发现,每周锻炼三至四次的学生,他们脑部供氧足,容易接受新信息,记忆力好,因此课堂上能更加集中注意力,考试成绩也较好。相反,如果身体素质差,体弱多病,一方面会减少上课出勤率,甚至是丧失学习知识的机会,另一方面也会降低因病缺课所造成的教育投资效率。所以说,人们加强体育锻炼,为拥有较好的学习能力打下坚实的身体基础,教育投资效率就会大幅度提高,自身的人力资本存量会大大增加,自身的素质也会相应地得到提高[①]。

健康投资使人具有更多的时间和能力利用其他资本争取收益。在现代社会中,人的生活节奏越来越快,人们越来越珍惜时间,"时间就是金钱",时间变成一切活动成本的最大构成成分。体育运动可以促进人体正常生长发育和体格健壮,增强体质,提高身体的基本活动能力,还可以提高人体的免疫力,减少、推迟或避免各种病症的发生,从而相对延长人的寿命。当人们延长了平均预期寿命,有了较充分的时间,有了更加充沛的精力和体力,不论何种投资,都可以在更长的时期内获得不断增长的未来收益,也就是说,投资的回报率提高而折旧降低,再加上增加人的因素,这就会促使人们更多地利用其他资本要素争取更大的收益。

健康投资使人具有更大的财力(因减少医疗费用)用于其他方面的投资。据国家统计局 1995 年对 53 大中城市 9 100 户居民家庭抽样调查显示,53 个大中城市人均消费支出 4 602 元,其中文化体育费支出为人均 190 元,而人均医疗保健支出增幅较高,人均支出 130 元,这说明人们的体质较差,生病的次数较多,强身健体活动太少,这就导致医疗费用大幅增加。如果居民加强了体育锻炼的意识,在休闲时间去进行健身活动,保持良好的健康状态,医疗保健支出的费用就会大大下降,人们可以利用这部分被节省下来的费用去看电影、听音乐,或者读书看报,增加个人的文化修养,发展自身的素质[②]。

总之在进行人力资本投资时,不可忽视健康投资,它也对经济增长起着有力的推动作用,也是健康人力资本形成的重要途径。

---

① 傅玲,白文飞.健康——不可忽视的人力资本投资[J].首都体育学院学报,2002(3):27-28.
② 傅玲,白文飞.健康——不可忽视的人力资本投资[J].首都体育学院学报,2002(3):27-28.

三、文化因素

文化是人类社会特有的现象。世界卫生组织在第六次报告中指出:一旦人们的生活水平超过起码的需求,有条件决定生活资料的使用方式,文化因素对健康的作用就越来越重要了。文化无处不在,影响着人们的思维和行为,影响着健康。

从社会文化视角考量健康的影响因素,文化的中心意思是表征不同历史的人类群体的生活方式、工具、符号、习俗和信仰等。Singer(1988)指出,一种文化是由习俗、传统、理想与价值观念组成的相关网络。文化有广义和狭义之分,广义的文化是指社会物质财富和精神财富的总和;狭义的文化即观念形态的文化,包括思想意识、道德规范、宗教信仰、哲学、艺术、习俗习惯等所构成的领域。文化因素对健康的影响常持续于生命的整个过程,甚至几代人或更长时间[①]。哲学、教育、道德、风俗习惯、宗教信仰等文化现象对健康的影响不是仅仅限于个人,而是整个人群,它的广泛程度要大于生物、自然因素。健康人力资本是在特定的文化情境中的互动过程,文化具有表征、构建、指导和情绪唤起功能,必然会在健康人力资本过程中发挥重要作用和影响。

第一,文化的表征功能。文化的表征功能指文化使文化群体像社会组织那样运作,使身处其中的个体能够认识和表征外部世界并与群体成员之间进行信息交流。人们使用具体的文化符号来进行互动,只有先理解符号所代表的文化,才能理解符号所代表的心理问题的意义。儒家文化强调天、地、人、己(甚至包括鬼神、魂魄等)四纬同构,即"天人合一",在心身关系上体现为"身心一体"或"形神合一"。而且心身问题只是这四纬同构的宇宙整体中的一部分。这种整体思维方式对中国人表征健康问题产生了很大影响。浸濡在儒家文化里的中国人自然而然地用儒家文化符号来表征其健康过程,所以中国人的心身是一个无法截然分离的统一体。也因为如此,中国人常把健康问题诉诸生理、心理问题,近几年将道德、社会参与等纳入健康考虑的范畴。这对认知健康人力资本的外在特征有重要影响。

第二,文化的构建功能。人们利用文化的符号系统将世界描述给自己和他人以及进行彼此之间的相互交流,所以构建了文化实体。一个文化实体在某种程度上是由社会一致性构建出来的事物;由此可以说是文化意义体系即文化实体构建了个体意识中的事物,否则这一事物就不会在个体的观念层次上存在,这就是文化的构建功能。如儒家文化作为中国社会最庞大的文化实体,它提供的立身处世的理论和规范同样为中国人的健康构建提供材料和依据。儒家文化虽然没有构建出具体的健康问题分类体系,却建构了以伦理纲常为核心的价值观念体系;构建了"仁、义、礼、智、信"的行为准则;构建了"圣人""君子"的理想人格,也建构了"小人"

---

① 王净.试论文化与健康问题[J].中国卫生事业管理,2006(12):744 - 747.

人格。这些对我们理解健康人力资本具有重大启迪价值①。

第三,文化的指导功能。不同的群体在其特定的社会历史发展过程中创造出不同的文化实体,这些文化实体又成为文化意义体系的一部分,对浸濡其中的人们产生影响并且指导着他们的行为,这就是文化的指导功能。例如人们对待患者的态度和行为反过来又影响患者的就医态度和行为。可见文化指导着社会情境中健康服务者、被服务者和其他人的态度和行为。儒家文化意义体系是中国社会历史发展过程中构建的文化实体,它影响并指导着中国健康服务者和被服务者及周围人的观念、态度和行为。中国的健康人力资本培育实践不可能脱离其自身的文化过程和背景,只有了解健康人力资本问题产生的文化情境才能够做出恰当的判断和评价,制定出对症方案,实施有效干预②。

第四,文化的唤起功能。唤起功能指文化实体不仅指导着个体的行为,并且会唤起个体的某种情绪。在中国社会中,"金榜题名时""洞房花烛夜""他乡遇故知"被认为是人生的三大乐事,它反映了儒家文化价值体系中对功名、家庭、人际关系的重视;同时唤起人们追求功名利禄、渴望美好家庭、建立良好人际关系的情感。儒家文化意义体系规定着中国人应该怎样去感觉、怎样来表达,因为它限定了中国社会中特定情境的意义和价值,同时提供了中国人生活中最具有情感意义的时刻,并唤起人们的某种情绪。近年来各个人群对健康的重视,已经成为中华民族文化的重要组成部分,这也深深地影响了每个个体对健康的认知。

四、科技因素

人类科学技术发展状态直接决定了健康人力资本的数量和质量,一方面科学技术直接影响到人类健康水平,科学技术带来了劳动力强度降低、社会生活质量提高、医疗条件的改善,人力预期寿命延长,不断提高人类的健康数量和质量,提增了健康人力资本的质量;另一方面科学技术进步提增了人力资本投资效应,教育和健康人力资本的投入产出效益不断扩大。

科学技术对健康人力资本质量的影响。科学技术的进步对健康人力资本质量的影响可以从两个方面考量。第一,科学技术进步将极大改善全社会的医疗服务条件,提高全体社会成员的健康水平,进而提增现实的和潜在的健康人力资本质量;第二,科学技术进步将极大地降低生产过程中的劳动强度,进而降低因劳动强度过大而形成的健康人力资本质量下降。

科学技术对健康人力资本投资效应影响。科学技术的进步对健康人力资本投资效率的影响可以从两个方面考量。第一,科学技术进步将极大提高劳动者的劳

① 罗鸣春,黄希庭,苏丹.儒家文化对当前中国心理健康服务实践的影响[J].心理科学进展,2010(9):1481－1488.

② 罗鸣春,黄希庭,苏丹.儒家文化对当前中国心理健康服务实践的影响[J].心理科学进展,2010(9):1481－1488.

动效率,进而有利于促进全社会对健康人力资本的投入;第二,科学技术进步将极大提增健康人力资本投资产出效应。

当代人工智能技术推动着极大提增健康人力资本的数量和质量。人工智能的发展能够极大地将劳动从机器的禁锢中解放出来,使得劳动的创造价值和审美价值得到进一步彰显,这对于劳动者的健康无疑产生重要的影响。

五、生态因素

生态环境是影响健康人力资本的重要因素之一。生态环境状况直接影响人类的健康水平。人类生产过程中的生态环境直接影响健康状况。在生态环境中空气、土壤、水是对健康影响最大的环境因素,然而,工业化进程中环境破坏最为严重的恰恰是空气、土壤、水环境,导致人类生存环境的恶化。所以,当前环境对健康人力资本的影响是最大的。

生态环境影响健康人力资本数量和质量。生态环境优劣直接影响全体社会成员的总体健康水平,必然导致劳动者健康质量水平的下降,影响生产过程中健康人力资本的数量和质量。

生态环境影响健康人力资本投入。生态环境优劣直接影响健康人力资本的投入。生态环境治理需要大量的资金投入,这就将对健康人力资本投入产生挤出效应,所以,保护生态环境不仅可以提高劳动者健康水平,而且可以提增健康人力资本质量,以及健康人力资本投资效应。

生态环境影响健康人力资本产出。良好的生态环境将极大降低健康人力资本投入,提高健康人力资本产出,也就是说,同样的健康人力资本投入,在不同的生态环境条件下,产出效应不同,优良的生态环境与健康人力资本投入产出效应成正比。

六、制度因素

健康人力资本的数量和质量不仅有其自身的增长规律,而且制度也是一个重要的影响力量,如计划生育政策、社会保障制度、就业制度、教育体制等。

历史上中外学者从不同角度给制度定义出不同的答案。《韦伯特字典》以及《美国文化遗产大字典》里给出的解释是:"制度就是行为规范",这有些类似"X就是Y"的解释。在《辞海》里,制度的第一含义是指要求成员共同遵守的、按统一程序办事的规程。在中文里它的含义可以归纳为:以法令为主要表现形式的规则和以财产权让渡为内容的规定。

新制度经济学家诺思曾认为:"制度是一个社会的游戏规则,更规范地说,它们是决定人们的相互关系的系列约束。制度是由非正式约束(道德的约束、禁忌、习惯、传统和行为准则)和正式的法规(宪法、法令、产权)组成的。"①

舒尔茨认为,制度定义为管束人们行为的一系列规则,这个关于制度的定义被以后研究制度的学者所接受。作为人类给自己施加的约束的制度本身,如果不经过它们对生活在一定环境中的人类行为的作用,是无法实现各种经济目标的。也就是说,制度和经济增长与发展之间并非直接的对应关系,只有通过对人的目标和行为的影响,制度才能施展它的功能。经济增长和发展是资本与劳动投入、技术创新和技术进步的结果,而资本和劳动投入、技术创新和技术进步又是人类行为的结果。有什么样的制度,便有什么样的人类行为,而有什么样的人类行为,便有什么样的经济绩效。制度是经济发展的关键因素,因为它们管制个人的社会行为,虽然有时这种管制可能是低效甚至负效应的。正因为制度对人们的行为具有约束作用,而人又是人力资本的载体,因此,不同制度环境将会对健康人力资本在经济增长中发挥作用产生不同的影响。

马克思认为,人的能力本身就是真正的社会财富和最大的生产力,制度是生产关系的总和或组织形式。因此可以说健康人力资本提供了制度变迁的根本力量。人本身是他自己的物质生产的基础,也是他进行的其他各种生产的基础。因此,所有对人这个市场主体发生的影响的情况,都会在或大或小的程度上改变人的各种职能和活动。在这个意义上,确实可以证明,所有人的关系和职能,不管他们以什么方式或从什么地方表现出来,都会影响物质生产,并对物质生产发生或大或小的决定的作用。这说明人作为主体是社会的人,既与一定的物质生产力相联系,又与一定的生产关系相联系,制度对经济增长的推动作用必须通过人作为主体,尤其是劳动者作为生产力发展的主体对经济增长的作用来实现。马克思还重视制度对劳动力的反作用,认为在劳动力促进经济增长的过程中需要适宜的制度安排与之相适应,制度和制度创新具有相对独立性,对人具有重要的能动作用,当一种生产关系不适应生产力的性质和状况时,只有通过制度创新才能保障劳动力作用的发挥和实现,激励和推动劳动力去促进生产力的发展。

依据制度变迁理论,人的经济价值的提高是经济增长的结果,它会带来对不同制度的需求。也正是这种人的经济价值的不断提高,引起了现有制度在执行其经济功能时出现非均衡,在重新趋向均衡的过程中,制度发生了滞后变迁。在由人的价值提高所诱致的制度变迁的模型中,主要包括三个方面:①制度是对劳动力的市场价格提高的反应;②制度是对健康人力资本投资率报酬提高的反应;③制度是对消费者可支配收入增加的反应。舒尔茨认为激励是经济增长的结果,那么随着人的价值的提高,足以激励以上三种变化(劳动力价值提高)的制度安排就会出现,从而促进经济增长。

综上所述,健康人力资本受到社会制度直接和间接影响。一方面,健康人力资

①　[美]诺思.制度、制度变迁与经济绩效[M].上海:上海人民出版社,2008.

本受到先天及后天因素影响。首先,初始健康存量作为健康人力资本的一部分,是与生俱来的。每个人从出生的那一刻开始就已经通过遗传获得健康财富。这笔健康财富受到父母双方及先天基因的影响,个人无法改变。然而,个体年龄大小与初始健康存量是成反比的,个人的身体健康状况会因年龄的增加、疾病的增多而产生折旧、逐步减少。因此,后天的健康投资(主要指政府、社会、个人在医疗、卫生、保健等方面的费用投入)可以在一定程度上缓解或抵消年龄增长带来的初始健康存量减少,提高个人的健康人力资本存量水平。这就是说,社会的生育制度、家庭儿童的福利制度、社会公共医疗服务等都影响着劳动者健康的初始存量。另一方面,健康人力资本投资的长期性。随着劳动者年龄的增长,健康人力资本会随着时光的流逝而贬值。因此,无论是对政府、社会或是个人而言,健康人力资本的投资都是长期性的。对政府和社会来说,公共卫生领域制度将影响劳动者的健康,政府对于健康的投资具有非排他性和放大功能,是造福国计民生的大事,也可以提高公共卫生服务的水平和效率,改善国民身体素质,从而直接或间接促进国民经济的增长。由于身体健康不可能一蹴而就,所以健康投资必然具有长期性,因此健康投资必须建立国家保障制度。

第三节　健康人力资本测量方法

一、健康人力资本的测量

健康人力资本水平测量是将健康人力资本价值形态进行量化测度过程,即依据一定的规则,根据被测对象的性质或特征,用数字来反映劳动者的健康状态及投入产出效应。

健康人力资本的测量是以劳动者的健康状况的测量为基础的。关于健康测量的发展,是从对死亡和疾病的负向测量逐步扩大到以健康为中心的正向测量;从对生物学因素的测量扩大到对心理、行为因素和生活因素的综合测量。单一指标是群体健康评价指标(如死亡率、发病率、患病率、死因构成比等)在个体健康评价指标(如心率、血压、肺活量等生理、生化指标)以及在这些健康测量指标基础上演变的指标。综合指标是通过某种方法或法则将多个单一指标结合起来所产生的一个新指标。其特点是将反映健康状况的多方面资料概括起来,用一个数值来表示,以提供对个体或群体健康状况的多维测量和简单评价。长期以来人们一直在努力探索评价人群综合健康状况的方法和指标,在过去的十几年中,在人群综合健康评价的发展、计算和应用方面取得了很大的进展,三维结构的确定概括了健康的轮廓和描述框架,如何将健康的多维内涵转化成定量的可操作化内容,并用一个综合性的衡量指标表达出来,以便进行不同人群间的比较,近几年成为研究的热点和重点。

学术界通常从主观评价和客观指标两个方面对市民健康状况进行度量。

客观健康指标主要有包括因病损失工作时间、因子分析、身体指标等。因病损失工作时间是最早应用的客观健康指标之一。Schultz P 和 Tansel(1997)、张车伟(2003)等依据无病即是健康原则进行健康测量，其优点在于损失工作时间这个数据的易获得性，并且较为直观地反映被调查者的健康状况。其局限性在于数据是否准确依赖于被调查者的记忆准确性，且距离调查时间越远，数据的准确性越低。另外，个体对于疾病的抵抗程度不同，可能造成相同疾病对不同个体的影响不同，无法准确反映健康状况。

ADL(日常活动量表)属于早期学者研究健康问题采用的指标。通过询问工作、生活或者日常体力劳动中的问题，由被调查者根据自身情况进行回答，根据被调查者的答案判断其是否存在各种工作或者生活障碍。

因子分析(主成分分析)也是研究人员经常使用的指标之一。通过因子分析的方法提取健康因子构建客观健康指标，更加全面地反映了个体健康状况，且包含了未患病调查者的健康状况。其不足之处也显而易见，通过因子分析法提取的健康因子随着数据的改变而发生变化，导致不同个体或者群体之间无法比较。

主观健康指标主要是劳动者自评健康状况，这是一种心理上的健康自我定位，是个人根据自身健康状况和未来需要自身健康处于某个层次，再加上与周围人的总体比较之后得出的主观评价。尽管是个体对自我的一种认知，但一定程度上反映了个体的健康状况，常常能在进行专业检测之前感知到自身的健康问题。相对于其他客观指标，主观健康指标的数据较易获取，并且获取这些数据的成本较低，另外与专业仪器检测出的身体状况常常有较高的关联性。但是由于是个体对自身健康的整体判断，往往依赖个体的健康素养和对周围人群健康状况的对比。

本书关于健康人力资本的测量是通过建立劳动者健康评价指标，建立健康测量指标体系，运用多种定量分析方法构建测量模型，对健康人力资本的投入和产出进行精确测量。

二、健康人力资本的投入

分析健康人力资本投资，需要阐释健康人力资本投入的特征。实质上，这些投入所形成的特殊资源具有以下特点：第一，这些"劳动"不是人们为了维持基本生存和生活条件而必须付出的劳动，它们是延伸于居民必要劳动之上的其他劳动。第二，这种劳动弹性较大，灵活性较强，对劳动质的要求和量的付出主要掌握在劳动者自己手中。第三，盈利的目的较突出，对这种劳动的投资，为的是获得更高的预期收益。第四，这类劳动随着科学技术的飞速发展和由此引起的社会分工的深化，体现了社会化、专业化生产对劳动力质量的严格要求。因此形成这类劳动的投资已不再是简单的劳动力再生产费用所能完成的，对人本身进行的投入是不是一种投资，不能仅从直观感受上下结论。

由于影响健康的因素会直接影响到健康投资的因素，并且影响到人们的健康状况，从而影响到健康投资的状况，具体包括：营养摄入、医疗保健、体育健身、旅游休闲、社会交往等。

（一）营养摄入——健康人力资本的持续投入

Leiben-stein(1957)提出效率工资理论，他认为，与营养不良的人相比，那些摄入了更多热量（卡路里）的劳动者有更高的生产率。Strauss(1986)用消费品价格、家庭特征变量、农场资产等作为工具变量处理营养摄入的内生性问题，用塞拉利昂的数据证实了营养摄入与家庭农场劳动生产率之间显著的正向关系。Duncan & Strauss(1997)用大米、小麦、豆类、水果、蔬菜等的地区价格指数作为工具变量对巴西劳动者营养和健康状况与其工资的关系进行了研究。他发现，身高对工资有显著的影响。身体质量指数（body mass index，BMI）对受教育程度较低的男性的工资有显著影响；人均热量和蛋白质摄入对工人工资具有正向作用；营养结构的改善对工资具有重要影响。Croppenstedt & Muller（2000）用样本选择（sample selection)模型对埃塞俄比亚农民的研究表明，体重身高比（weight-for-height，WFH）、身体质量指数和身高对工资具有显著的正向影响，营养投资的回报是非常高的。Schultz(2002)用食品价格和父母受教育程度作为工具变量估计发现，身高对工资具有显著的正向影响。

在关于营养和健康与劳动生产率关系的研究中，衡量营养和健康的指标通常包括这样几类：①营养摄入，如热能的摄取等；②体质特征，如身高、体重和体质指数；③疾病；④自我评价的身体状况；⑤日常活动能力指数。总体来看，已有的研究常常只涉及上述诸多方面的一个或几个，尚没有见到同时拥有上述营养和健康所有方面的研究成果。张车伟(2003)的研究清楚地揭示，在中国的贫困地区，营养和健康确实是制约农民收入增加的重要因素。在乡村医疗体系逐渐瓦解，而新的医疗服务体系尚未建立的情况下，贫困地区的健康状况可能是这些地方部分人无法摆脱贫困的根本原因。可以看出，营养摄入影响了健康人力资本的存量，从而影响到了经济的增长和产出状况。

（二）医疗保健——健康人力资本的维护和修复

医疗保健等健康投资虽然在投入期内尚处于非生产性状态，但这种投资可以在以后形成更大的生产力，而且投资者都希望能在未来一定时期产生预期的收益（当然，与其他形式投资相比，对人的投入不仅仅以经济利益为最终或唯一的目的），因此在资本主义经济中非常注重在有形资本——建筑、设备和存货方面的企业投资。但是政府、非营利公共团体、家庭也进行投资，它不但包括有形资本，而且包括无形资本的获得。

医疗保健支出反映了劳动者将其收入分配于医疗卫生服务的多少，即劳动者健康投资的多少。在目前劳动者的基本医疗需求尚未得到有效满足的情况下，医疗保健支出的增加可以从一个侧面反映出医疗卫生服务利用率的提高、劳动者健康投资的增加和健康水平的提高。但是考虑到医疗保健支出的增加可以由两方面的因素引起,一是医疗保健购买量的增加,二是医疗保健价格水平的增加,因此在进行医疗保健支出的纵向比较时,应当剔除价格变动因素的影响,以实际支出水平作为比较依据,这样才能真实客观地反映出由医疗保健购买量增加所引致的健康投资的增加量。

(三)体育健身——维持健康人力的基础条件

无论是"体育"方面的"全民健身""增强体质",或是卫生方面的"健康生活方式""适量运动"和"适度锻炼",都是为了提高健康素质或健康水平,切实改善人民的生活质量和生命质量,都是为了一个目标:健康。健康的生活方式是维持健康身体的基础性条件。健康的生活方式是人们根据自己的生活机会中可供挑选的方案所选择的健康相关行为的一些集合模式。"对许多人来说,健康生活方式包括如何选择膳食;采取什么样的锻炼和娱乐形式;怎样保持个人卫生;如何应对意外风险;如何对待紧张、吸烟、酗酒和药物滥用问题;以及是否进行身体检查等。"适量运动是健康生活方式的基石之一。2003年12月,世界卫生组织提出一项有关饮食、运动和健康的全球战略,"在运动方面,建议人们在一生中坚持锻炼,因为运动是消耗能量的关键和保持正常体重的基础。具体建议是每天至少进行30分钟的适度运动,这能预防心血管疾病和糖尿病,使肌肉更结实并提高身体的灵活性。"而国家在体育方面的投资也具有双重属性,即营利性与非营利性。一方面,国家投入体育运动方面的设施、服装等涉及的健康产品,虽然,这些生产性投资由于其体育商品内容构成的特殊性也要讲究社会效益,但由于健康投资以产业化的形式参与社会运行,所以其投资的主要目的在于获取最高的货币收益率。另一方面,还有不以直接的商业利润为目的的健康人力资本投资,例如国家通过对体育的投资,为改善人民的素质和提高劳动生产率输入新的动力,而个人为了健康付费接受和参与体育锻炼,使得体育锻炼者将健康作为一种人力资本形态,投入到物质生产过程之后才能创造价值,获得经济回报,或者日常生活表现出来的履行人们享受生活、创造生活职责的能力,具有隐性的生产性投资的特点。

(四)旅游休闲——改善了人力资本的精神健康状况

"休闲"很难定义,在跨社会或跨文化的情况下也很难确切地翻译。但它通常和一些名词,如玩耍、娱乐、艺术、文化、运动、节日、庆祝活动、健康、体能、旅游等概念联系在一起。法国社会学家 Dumazedier 指出:休闲是一种活动,"除工作、家庭和社会应尽义务之外的个人可以随心所欲支配时间内从事的创造活动"。美国休闲学者和理论家 Kelly 认为,休闲"不能用时间上的形式或位置区分开来,而且从体验角度看,休闲是一种精神状况,存在于个人的意识之中"。人们正逐步意识到改善人类生活环境是一种明智的投资。社区建设中,便利的"休闲"设施及其他资源不但促进了社区的发展,而且促进了经济增长。一次郊游,或者远足,可以让人们从紧张的工作、生活中释放出来,以健康的精神面貌投入到生产性或者非生产性的劳动中。在泰勒的科学管理年代,管理者把劳动者看作为生产的工具,或者一个环节,不太注重人的休闲、娱乐等精神层面的健康需求,但是,随着社会的发展、研究的深入,人们越来越发现,旅游休闲可以改变和提高人们的生活质量,产生积极的劳动效率。越来越多的国家也逐渐意识到帮助民众寻求多姿多彩生活的必要。如今,一周五天工作制已经成为一种标准,政府已经认识到需要颁布政策来引导人们正确地休闲,促进人类的健康、幸福和欢乐。毫无疑问,"休闲""旅游"等新的生活方式,已经成为当今社会的一股新生力量,例如新时代邮轮旅游已经成为新的生活方式。从个人、社区到国家都在寻求"健康"的生活方式。休闲体验、环境和由此带来的益处将对此产生重要影响。休闲、旅游有能力通过文化认同、扩大选择权以及维持经济的持续增长改变个人、社区和国家。毫无疑问,旅游或者休闲对改善人类生存状况和提高个人的健康水平功不可没[①]。

三、健康人力资本的产出

健康人力资本作为资本投入的产出,即健康人力资本能够带来预期效用,这是健康本身能够成为进行人力资本投资的目的。Grossman(1972)是首次将健康纳入人力资本理论的分析框架的经济学家。在他的模型中,消费者对健康资本存在消费需求动机和投资需求动机,即健康既是消费品能带来效用,也能作为投资品投入生产从而决定收入和健康水平。他建立的健康生产函数用来衡量健康产出和医疗服务投入的差距,其投入要素包括医疗保障服务、生活方式、时间、教育等,产出是用以进行市场活动的健康劳动时间衡量。

健康人力资本产出具有边际效应倾向。健康人力资本的产出水平和健康人力资本的投资水平之间的关系受到经济社会条件的制约。决定健康人力资本产出效率的一个重要方面是健康投资对生产的作用能力。Zon 和 Muysken(2001,2003)得出一致的研究结论:首先,健康人力资本会随着收入水平不断提高;其次,更重要的是,由于维持一个更高的健康水平需要更高的健康投资,在产出一定的情况下,更高的健康投资可能会减少物质资本投资。因此,如果健康投资对生产能力的提高没有起到足够大的作用,那么,健康人力资本的增加可能会不利于经济增长。

从宏观上看,健康人力资本的投资产出具有溢出效应,健康不仅能够带来个体的身心愉悦,也能够带来很多直接和间接的溢出效应,因此健康本身就成为所追求的目标之一。健康中国即是健康人力资本所追求目标。这是衡量一个社会进步、经济发展、政府治理能力的综合指标,健康中国即是在全面小康社会的状态下,中国健康人力资本所要达到的状态。习近平指出要加快推进健康中国建设,努力全方位、全周期保障人民健康,为实现"两个一百年"奋斗目标、实现中华民族伟大复兴的中国梦打下坚实健康基础。健康间接的溢出效应主要表现在其对个体社会融

---

① 侯风云.论人力资本概念[J].山东大学学报(哲学社会科学版),2000(6):108－111.

合、社会资本、社会网络、社会认同的积极影响上，也表现在它是国家和社会进行管理和治理的一个重要方面，能够极大地促进社会和谐。

从微观角度看，健康人力资本投资产出效应体现为对个人的影响。健康通过直接影响个人工作效率，健康人力资本投资与收入增长存在着不可忽视的关系，一直是国外健康经济学研究的重要内容。摩根等(1962)从不同角度对健康投资对个人在劳动力市场上表现的影响进行过分析，他们一致认为健康状况是影响劳动力参与、每年工作时数等的重要因素。

从精神层面看，健康人力资本的产出效应表现为：人的心理健康、良好的心态、信仰的确立。在我国社会主义历史条件下，社会主义核心价值观，即富强、民主、文明、和谐，自由、平等、公正、法治，爱国、敬业、诚信、友善。无论是国家层面，还是社会层面或个人层面，人的精神追求将帮助每一个个体获得精神健康。

四、健康人力资本的水平

健康人力资本的水平是指健康人力资本投入所产生的实际状态。把握健康人力资本的水平是提增健康人力资本数量和质量的关键环节。

2015年，党第十八届五中全会明确提出了推进健康中国建设，"健康中国"战略上升为国家战略。2016年，国务院印发了《健康中国2030规划纲要》，标志着"健康中国"战略在国家层面开始正式实施。然而，我们缺乏系统科学的健康水平测量标准和测量体系，这在一定程度上制约着健康中国战略的推进。为此，加快构建健康水平测量标准和测量体系，是落实国家《健康中国2030规划纲要》的重要举措。

构建人力资本水平测量体系，将为制定健康战略提供科学依据。实现人群健康、环境健康和社会健康，健康理念深入人心，建成全方位、全周期维护和保障人民健康的城市服务体系。构建健康人力资本水平测量标准和测量体系，可较为客观、精准地把握健康发展状态，为健康战略目标和行动方案提供科学依据。

构建健康人力资本水平测量体系，可为完善健康服务体系，尤其是完善基层社区的健康服务体系提供科学依据。在科学测量健康水平的基础上，可从需求侧和供给侧两个方面调整和完善目前健康服务体系，精准地把握健康服务需求，提高健康服务供给的有效性。

构建健康人力资本水平测量体系，可以引导确立现代健康理念，增强保护城市环境的自觉意识，选择和推广科学绿色的生活方式，进而应对现代城市发展进程中的疾病谱、生态环境、生活方式不断变化的挑战。

构建健康人力资本水平测量体系首先要确立现代健康理念。传统的健康观念局限于人的生理和心理方面，即躯体健康和心理健康。现代健康理念基于"系统思维"，立足于影响人们健康的经济社会等因素。早在1948年，世界卫生组织在其宪章中就把健康定义为："健康不仅仅是没有疾病和衰弱的状态，而是一种在身体上、精神上和社会上的完满状态。"这一定义从身体、精神和社会三个维度界定健康。1989 年，世界卫生组织又提出新的健康定义："一个人在躯体健康、心理健康、社会适应良好、道德健康四个方面皆健全才算健康。"

据此可知，传统的健康理念是一种狭义的健康，现代健康理念指的是广义的健康。广义的健康是一种动态平衡状态。健康不仅包括个体的生理和心理状态，而且包括经济、产业、环境等在内的各种因素的一种动态平衡。健康作为一种动态平衡状态，是指健康是一种身体状态。健康与疾病同处在一个轴线上，在健康与疾病之间不存在明确的界限，在特定条件下，健康与疾病共存。医学界把健康称为第一状态，把疾病称为第二状态，把介于所谓的健康和所谓的疾病之间的灰色状态称为亚健康，也可称之为亚临床，即第三状态。健康作为一种动态平衡状态，还是指健康是一种精神状态。健康是一种对美好生活意义的心理定位，而不是一个单纯而严格的医学问题，健康包括心理（精神）健康和身体健康，更重要的是它们如何相互作用和相互影响，健康是个多维、动态的过程，而不是一个离散的终极状态。健康作为一种动态平衡状态，也指健康是一种社会状态。1988 年，世界第二届健康促进大会宣言提出，健康是最根本的社会目标，健康既是基本人权也是正当的社会投资，作为平等社会的发展目标，要实现健康为人人，需要人人都参与，每个人不仅要珍惜和不断促进自身健康，还要对他人、群体乃至社会的健康承担义务。

健康人力资本水平测量标准和测量体系，需要建立在全方位、全周期维护和保障人民健康的城市服务体系基础之上。现代健康理念和健康城市建设目标，应当融入所有公共政策、生态环境保护和城市基础设施建设。建构市民健康水平测量指标，要从身心状况、生活方式、社会适应和生态环境四个维度展开，而不是仅仅局限于建设疾病预防体系和提升医疗保障水平。

因此，构建科学的健康人力资本水平测量体系要从以下几个方面展开：

第一，推动树立建立健康人力资本理念。树立现代健康人力资本理念，是构建健康水平测量体系重要前提。树立现代健康人力资本理念，就是要从传统的狭义健康观念转向现代广义的健康观念，从单纯提高医疗服务水平，拓展到转变生活方式、建设绿色生态、增强社会适应，树立健康意识。因此，要加大现代健康理念的宣传教育，要通过各种渠道宣传和传播现代健康理念，组织开展现代健康教育，要将健康教育推广到基础教育、基层社区，覆盖到每一位市民。

第二，建立健康人力资本水平测量评价指标。组织开展健康人力资本水平测量评价指标研究。要设立研究专项，成立专门研究机构。健康水平测量评价指标一旦确立，不仅可作为测量全民健康状况，更重要的是可通过广泛宣传教育，使全体市民家喻户晓，发挥健康水平测量评价指标的教育引导作用，提高现代健康意识，促进自觉地选择健康生活方式。

第三，建立健康人力资本水平测量评价制度。建立由政府相关职能部门牵头，社会协同参与的市民健康水平测量评价工作小组，定期开展全市市民健康水平测评。要公布全市及各个城区健康水平测量评价结果,并将健康水平测量评价结果纳入市区两级政府年度考核之中,形成推动健康战略的激励机制。同时,要建立健康水平测量评价的保障机制,建立健康水平测量评价的社会支持系统。

第四,加快建设统一健康服务信息平台。统一健康服务信息平台是建立健康人力资本水平测量评价体系的重要组成部分。统一健康服务信息平台建设,涉及民政、医药卫生、社保、公安等多个部门,为有效提高社区健康服务的工作效率、整合健康服务资源,需要打通各条线和各条块之间的信息壁垒,形成以民政为主要信息窗口,各部门通力配合,信息共享的机制,实现信息的无障碍传递、汇总、实时链接,切实提高健康服务信息采集效率和信息平台的运作效率。管理平台化是未来管理的大势所趋,也是提升管理质量的必要之举。要加快建立自下而上统一的信息平台,鼓励基层机构通过自主或与市场相结合的方式建立基层健康服务信息平台,同时推进整合基层信息资源,实现各层级平台良好对接。较高层级健康服务平台负责大数据的汇总,基层健康服务信息平台负责社区健康服务资源调度、服务供给和消费匹配、流程监管等具体操作和数据产出的健康服务信息网络,不同层面的信息服务平台各有侧重,资源共享,也为公众查询服务提供便利,实现真正意义上的"智慧健康"。

第五,建设一支健康服务管理专业化队伍。健康水平测量评价是一项专业化的工作,这项工作应当纳入健康服务体系建设之中,应当与市健康服务管理专业化队伍建设有机集合起来。建立科学合理的城市健康服务人员职业资格认证和职业培训体系,全面提高健康服务人员的职业化、专业化水平。加强对健康服务管理人员的培训和教育,拓展视野,加强专业技能培训,学习使用新思维、新技术、新媒体,研究制定健康服务人员的薪酬管理制度,合理制定社区健康服务人员的分级薪酬水平,确保健康服务人员队伍的稳定性。研究制定健康服务人员鼓励政策。加强市区两级市民健康水平测量的监督和管理,使健康水平测量评估更精确、更科学。可以吸纳优秀的专业社会工作者从事市民健康测量评估的工作,以科学、专业、高效的方式提高市民健康测量评估绩效。

第六,建立健康人力资本水平测量统一评估体系。健康人力资本水平测量统一评估体系,是健康人力资本水平测量评估的重要基础。需求反馈机制能有效保证健康服务相关信息及时得到反映。上海可以将市民健康水平测量评估体系与城市健康需求统一评估体系结合起来建设。

第七,推动社会力量参与健康人力资本水平测量评价。社会力量参与健康水平测量评估,是提高健康水平测量有效性重要途径。积极引导社会力量有效介入城市健康服务,充分利用社会力量的专业优质资源以及整合资源的优势,推进城市健康服务优质化。要建立良好的社会激励机制,鼓励社会力量参与城市健康服务供给,参与健康水平测量评估。要发展和培育一批专业化水平较高的健康水平测量评估的社会组织,有效承接政府委托的劳动者健康水平测量评价项目。要通过政府购买服务的方式,发展和培育提供健康服务的专业化社会组织。

第八,积极开展健康人力资本水平测量的国际合作和交流。健康人力资本水平测量评估,是一项创新性的工作,应通过广泛的国际合作和交流,汲取国际先进城市的健康水平测量方法,尤其要对标国际上著名的全球城市,如美国纽约、英国伦敦、日本东京等,全面了解这些全球城市的城市健康服务体系和市民健康测量标准。同时,要依据世界卫生组织提出的最新标准,作为上海健康城市建设的标杆,建立系统科学的现代城市市民健康水平测量评价体系。

第四节　国际比较视域下的健康人力资本

一、比较对象选择

研究健康人力资本需要建立纵向和横向的比较坐标,才能科学把握国家和区域的健康人力资本数量和质量。本研究立足中国健康人力资本,以经济合作与发展组织(简称经合组织,OECD)国家为比较选择对象,考察中国健康人力资本所达到的实际水平。

OECD 的使命是推动改善世界经济与社会民生的政策。OECD 提供了一个平台,政府可以借此平台展开合作,分享经验并寻求共同问题的解决方案,分析并比较数据以预测未来趋势。与此同时,关注直接影响普通人生活的各种问题,比如税收缴纳和社会保障金、休闲时间等等。比较不同国家的学校制度如何使该国的年轻人应对现代生活,以及不同国家的养老金制度如何照顾该国的老年人。

经济合作与发展组织是由 38 个市场经济国家组成的政府间国际经济组织,旨在共同应对全球化带来的经济、社会和政府治理等方面的挑战,并把握全球化带来的机遇。包括美、德、法、日等 30 多个发达国家在内的经济合作与发展组织成立于1961 年,定期公布经济、金融、教育、卫生等各项指标,可以准确反映各国经济社会发展状况。

OECD 的核心价值是客观性。OECD 作出的分析和建议是独立的,而且是以证据为基础的。同时,定期出版展望、年度综述和比较统计资料,如 OECD 经济展望(OECD Economic Outlook),评估成员国和主要非成员经济体的经济前景;OECD 概况(OECD Factbook),是经济与政策问题研究人员的重要参考工具;OECD 经济调查(OECD Economic Surveys),提供单独的国家分析和政策建议;力争增长(Going for Growth),提供比较指标和国家业绩评价。通过这些统计资料和报告,可以全面、准确地了解和反映 OECD 各国健康人力资本基本状况。

二、OECD 国家健康人力资本状态

人口:2013 年 OECD 国家出生人口平均预期寿命为 80.5 岁,较 1970 年增加

了 10 岁,女性寿命仍比男性长,但差距已从 7 岁缩小至 5 岁。其中,排名最高的是日本,为 83.5 岁,其次是瑞士和西班牙,位列后三位的是斯洛伐克、匈牙利和墨西哥,墨西哥人口平均预期寿命比日本小 9 岁。

美国人口平均预期寿命为 78.8 岁,在 OECD 国家中排名靠后。同时,美国人均健康支出是 OECD 国家平均值的 2.5 倍。美国人口平均寿命下降的主要因素包括公共健康部门薄弱、数百万人口没有医疗保险、收入不平衡、毒品滥用、肥胖、交通事故以及谋杀等,其中美国吸烟、肥胖及饮酒等数据排名在 34 个参评国家中垫底。

据预测,到 2020 年,美国和英国 60 岁到 64 岁的人口将超过 20 岁到 24 岁的人口。加拿大和法国分别在 2015 年和 2010 年就会出现上述情况。而德国、意大利、日本等国已开始出现这种情况。老龄化导致与人口相关的社会支出占 GDP 的比重从 2000 年的 19% 上升到 2015 年的 26%,其中老龄人口的养老金支出和医疗卫生支出各占一半。

医疗:医疗卫生支出的增长继续高于经济增速,OECD 多数国家支出占 GDP 的比例都提高了近一倍。在这些国家中,美国继续遥遥领先成为最大支出国。其后依次为瑞士、法国、德国、比利时、奥地利、葡萄牙、希腊、加拿大和澳大利亚。卫生保健需求的增长,意味着各国政府要么必须增加税收或社保开支,削减其他领域的支出,要么必须让人们拿出更多的钱。在英国,仅有 13% 的医疗支出由人们直接支付,而希腊和墨西哥的比例分别为 57% 和 51%。在美国,全部支出的一半来自个人支付(占总额的 13%)或私人医疗保险。其他直接支付比例较低的国家包括北欧各国和卢森堡。

2009—2011 年,受经济危机影响,OECD 三分之一成员国的医疗卫生财政支出减少,与危机前政府医疗卫生支出增长形成鲜明对比。2009—2011 年 OECD 成员国中,有 11 个国家人均医疗卫生支出减少,希腊和爱尔兰分别减少 11.1% 和 6.6%。其他国家人均支出增速显著减缓,加拿大和美国分别仅增长 0.8% 和 1.3%。韩国医疗卫生支出 2009 年后每年增速维持在 6% 水平,较之前亦有所放缓。只有以色列和日本医疗卫生支出增速较上个 10 年有明显提高。2011 年,OECD 四分之三成员国在预防项目上的支出较 2010 年减少,低于 2008 年支出的二分之一。医疗卫生财政支出减少的长期负面效果远超出短期为财政预算带来的益处,尤其在某些低收入国家,人们可能放弃治疗某些慢性疾病,或减少对一些必需药物的消费,对社会医疗卫生和经济发展带来极大负面影响。

教育:OECD 国家劳动力人口受教育情况。1997 年近 37% 的成人没有受过高中段教育,而 2007 年没有受过高中段教育的人口比重下降了 7 个百分点(30%);1997 年只有 20% 的人受高等教育,这个比例在之后的几年以平均每年4.5% 的速度增长。20～29 岁劳动力人口入学率显著上升①。

OECD 国家获得大学学位的成年人所占比例，2010 年突破 30％，加拿大为 51％，是全球大学学历占人口比例最高的国家。不过，这类国家接受高等教育人群比例的提高相对较难。发达国家一度拥有数量最多的受教育良好人群，虽然这些国家的高等教育人群比例稳步增长，但相对于发展中国家的增幅较慢。自 1997 年以来，美国年增幅只有 1％，而同期波兰年增 7.2％。对教育投入最高的国家大部分都是接受高等教育人数最多的国家。高等教育普及率最高的国家，对大学教育的投入占国民生产总值的比例最高，美国和加拿大投入的比例分列第一和第三。教育支出与一国寻求大学教育的人口有明显的关系。高教普及率较高的国家，个人的教育支出相较于政府部门更高，有不成比例的教育支出来自个人。OECD 成员国的平均个人教育支出比重为 16％。美国 28％的教育支出来自个人，韩国则超过 40％。

经济：世界最富有的 OECD 成员国的经济总量占全球经济的比重，从 2000 年的 60％，降至 2010 年的 51％，到 2030 年预计降至 43％，这将是具有历史意义的全球经济结构性的变化②。

三、比较视域下中国健康人力资本

与 OECD 国家相比，中国健康人力资本所处水平虽然有一定差距，但是正在逐步递增，且增速较快。改革开放以来，中国持续加强健康和教育投入，人口总体素质不断提高，创新能力显著提升，为经济的高速增长提供了有力支撑。目前，新增劳动力平均受教育年限高于世界平均水平，主要健康指标处于发展中国家前列，科技人力资源总量位居世界第一。但是，在适应新常态、加快实施创新发展战略的背景下，现有的健康和教育人力资源在结构分布、市场匹配、创新能力、创新贡献力等方面还存在较大差距，提升健康人力资本的任务十分紧迫。

从人口方面来看，2018 年我国人口平均预期寿命达到 77 岁，比 2010 年的 74.83 岁提高 2.17 岁。人口平均预期寿命不断提高的过程中，女性提高速度快于男性，并且两者之差也进一步扩大，这与世界其他国家平均预期寿命的变化规律是一致的。我国人口平均预期寿命不仅明显高于中等收入国家及地区，也大大高于世界平均水平。从提高幅度看，我国人口平均预期寿命增幅高于世界平均水平。

从医疗方面来看，2018 年中国卫生总费用达 57 998.3 亿元。2018 年中国卫生总费用占 GDP 的 6.4％。其中：政府卫生支出 16 390.7 亿元（占 28.3％）；社会卫生支出 24 944.7 亿元（占 43.0％）；个人卫生支出 16 662.9 亿元（占 28.7％）。人均卫生总费用 4 148.1 元，卫生总费用占 GDP 百分比为 6.4％。2018 年全国医疗卫生机构总诊疗人次达 83.1 亿人次，比上年增加 1.3 亿人次（增长 1.6％）。2018 年居

①　徐敏娟.OECD 国家主要教育指标分析[J].当代教育科学，2011(3)：41－44.
②　全球受教育程度最高的 10 个国家[OL].http://www.360doc.co.

民到医疗卫生机构平均就诊 6.0 次。卫生人员总数也在稳步上升。2018 年末，全国卫生人员总数达 1 230.0 万人，比上年增加 55.1 万人（增长 4.7%）[①]。

从教育方面来看，2018 年全国教育经费总投入为 46 143.00 亿元，比上年的 42 562.01 亿元增长 8.41%，占 GDP 比例为 4.11%。全国共有义务教育阶段学校 21.38 万所，招生 3 469.89 万人，在校生 1.50 亿人，专任教师 973.09 万人。全国高中阶段教育共有学校 2.43 万所，比上年减少 298 所，下降 1.21%；招生 1 349.76 万人，比上年减少 32.73 万人，下降 2.37%；在校学生 3 934.67 万人，比上年减少 36.32 万人，下降 0.91%。高中阶段毛入学率 88.8%，比上年提高 0.5 个百分点。全国各类高等教育在学总规模达到 3 833 万人，高等教育毛入学率达到 48.1%。全国共有普通高等学校 2 663 所（含独立学院 265 所），比上年增加 32 所，增长 1.22%。其中，本科院校 1 245 所，比上年增加 2 所；高职（专科）院校 1 418 所，比上年增加 30 所。全国共有成人高等学校 277 所，比上年减少 5 所；研究生培养机构 815 个，其中，普通高校 580 个，科研机构 235 个。普通高等学校校均规模 10 605 人，其中，本科院校 14 896 人，高职（专科）院校 6 837 人[②]。

虽然我国教育发展总体水平得到极大提高，但是现有的教育模式仍然以获取知识为主，强调创新思维和动手能力的素质教育模式没有从根本上建立起来，教育与科技、经济发展严重脱节，导致人才创新意识不强，创业创新能力总体偏低。按照世界经济论坛《2014—2015 年度全球竞争力报告》排名，中国总体竞争力指数位于世界第 28 位，但教育指数排名靠后，其中"高等教育及培训"指数列第 65 位。相对于提高经费投入、扩大发展规模、改善办学条件等方面，推进教育内涵式发展、加快创新型人才培养的任务仍然十分艰巨。

比较视域下中国健康人力资本发展态势。人口红利逐步减弱，健康和教育人力资本红利亟待提升。中国健康人力资本发展趋势面临的一个基本背景是人口结构的转变和人口红利的减弱。改革开放以来，人口结构的转变使得人口抚养比下降 1/3，由此带来的人口红利有力地支撑了中国经济 30 多年的高速增长，对人均 GDP 增长的贡献达 1/4 以上。2003 年以来，我国 15～19 岁劳动年龄人口年增长量开始下降。2012 年，15～59 岁劳动年龄人口比重首次下降，劳动力数量转向有限剩余。但近年来劳动力成本的增长速度明显快于劳动生产率的增长，导致单位劳动力成本快速上涨。

上述变化表明，中国正在经历两个重要的转折点，第一个是劳动力无限供给特征开始消失的刘易斯拐点；第二个是以人口抚养比的不降反升为标志的人口红利消失的转折点。和世界几个主要国家相比，劳动年龄人口规模变化拐点显著。随着人口结构转变的完成，劳动力成本进入周期性上升的阶段。以资源要素和物质

---

① 2018 年我国卫生健康事业发展统计公报［OL］.国家卫生健康委员会官网，http://www.nhc.gov.cn/.

② 2018 年全国教育事业发展统计公报［OL］.中华人民共和国教育部官网，http://www.moe.gov.cn/.

资本大规模投入的传统发展方式将难以为继,必须把人力资源开发和人力资本投资作为战略重点,从依靠"人口红利"转向提升"人力资本红利",以应对人口结构变化对经济社会发展带来的挑战,支撑经济结构的战略性转变。

当今世界,各国政府都把健康和教育人力资本开发作为增强综合国力和国际竞争力的首选战略,作为社会经济可持续发展的关键支持系统。OECD 国家经验表明,健康和教育人力资本开发程度是决定一个国家实现成功飞跃的最主要动因。赶超国往往通过优先开发健康和教育人力资本,缩小同先进国家人力资本的差距,从而实现对先进国家的经济追赶。从中国国情与所处的国际地位看,国际竞争力在世界上处于较低水平。在自然资源、物质资源和人力资源三大战略资源中,只有健康和教育人力资源具有潜在的比较优势。只有把健康和教育人力资本作为第一资源,进一步加大健康和教育人力资本投入和开发,才能将这一潜在的优势转化为现实的比较优势。

第二篇

健康人力资本：
测量与预测

第五章 健康人力资本指标体系研究

自 20 世纪中后期以来,越来越多经济学相关学者开始对人力资本进行研究,使之成为经济学的一门独立分支。在这期间,对人力资本理论贡献比较杰出的经济学家分别是"人力资本之父"舒尔茨(Schultz)和首个提出健康人力资本概念的格罗斯曼(Grossman)。舒尔茨首次明确了人力资本的含义,而格罗斯曼首先研究了个人通过健康投资获得健康水平的经济机制。这些经济学家都将资本的概念从有形的货币、物质扩展到了人的健康和才干,充分肯定了从产品经济向知识经济转型的发展趋势[①]。本研究定义的健康人力资本的概念提出了"投入到生产过程中能够带来产出效应",即健康人力资本既要考虑投入,又要计量产出效应,因此,可以从投入和产出两个角度来分析健康人力资本的指标[②],因此本部分从健康人力资本投入和产出两个角度,提出研究健康人力资本的指标体系。

第一节 健康人力资本相关理论

一、格罗斯曼的健康人力资本理论

作为人力资本的一种不可或缺的形式,健康的重要性毋庸置疑[③]。健康人力资本区别于人力资本的核心在于健康。从个人和家庭的角度来讲,健康是个人日常工作、学习等经济活动的基础;而对于国家经济来说,良好的健康人力资本积累是国家经济增长的必要条件(封岩、柴志宏,2016)[④]。格罗斯曼早在 1972 年就将健康纳入人力资本理论框架中,并概括了健康对生产效益的影响。从这个意义上说,教育和健康都对形成人力资本具有重要的作用。这在经济学中开辟了一条新的道

---

① 栾斯乔.健康人力资本代际传递对收入流动性影响的研究[D].合肥:安徽财经大学,2018.
② 汪泓,张健明,吴忠,李红艳.健康人力资本指标体系研究[J].上海管理科学,39(4):30-34.
③ 栾斯乔.健康人力资本代际传递对收入流动性影响的研究[D].合肥:安徽财经大学,2018.
④ 封岩,柴志宏.健康人力资本对经济增长的影响[J].经济与管理研究,2016(2):21-27+123.

路,为政府制定健康等有关人力资本的发展规划提供了理论依据①。

二、健康需求理论

格罗斯曼最具开创性的研究是将健康看作是一种既能带来效用的消费品、又能带来收入的投资品,从而合理地将其引入效用函数中,并通过最大化个体一生效用得到了经典的健康生产函数。该健康生产函数表明,生活方式、卫生保健等是影响健康形成的重要因素②。之后,经济学家将健康形成的范围逐渐扩展到环境等领域中(Cropper,1981;Gerking,1986)。因此,健康需求理论主要包括:首先,消费者需要的是健康,因此,医疗卫生是消费者投资健康过程中的一种必然需求。其次,健康具有双重属性。一方面,健康是一种消费品,人自出生之后的生命历程中,健康会有波动;另一方面,健康也是一种投资品,为了保持良好的状况,健康的投资是必然条件之一。再次,消费者为了获取更多的收入,提高个人的总效用,会主动增加健康资本投资来生产健康。最后,消费者的收入越高,保持健康的回报率也越高,最终的最优健康存量也将增加。

三、健康效用理论

健康效用反映的是人们对特定健康状态的偏好程度。健康效用值通常定义为0到1区间,1代表完全健康,0代表死亡,0到1之间的数值均是在以完全健康和死亡为参照下测得的人们对健康的偏好程度。通常健康效用值越高,表明健康人力资本越好。健康效用值的测定可以通过时间权衡法或生命质量量表等方法得到③。本研究中,健康效用值的测量根据 WTO 的健康定义,即身体健康、心理健康、社会适应性良好和道德健康等四个维度对健康状态进行分类。

通过以上的健康人力资本理论分析可以发现,健康的定义不再只是局限于身体健康,还逐渐延伸到心理健康、社会适应和道德健康等的内容,涵盖健康人力资本的内容也有了更广泛的因素,例如生活方式、环境保护等。因此,健康人力资本的研究需要拓展到价值产生和效应出现两方面,价值的产生需要健康人力资本的投入,效用的出现取决于健康人力资本的产出。据此,健康人力资本的投入产出指标体系在其中起着重要作用。

第二节　指标体系构建原则

健康人力资本指标的选取直接关系到测算和预测结果的可靠性和精确性,因

①　栾斯乔.健康人力资本代际传递对收入流动性影响的研究[D].合肥:安徽财经大学,2018.
②　黄文斌.环境污染与公共服务对居民健康的影响分析[D].深圳:深圳大学,2017.
③　吴琪,苗瑞,宋雨沁,程元杰,江志斌.面向分级诊疗的医疗资源配置决策研究[J].工业工程与管理,2018(3):150-156.

此在构建健康人力资本指标体系时,既需要遵循一般指标体系建立的原则,又有自己本身的原则。

一、科学性原则

科学性要求选取的各项指标能够充分地反映健康人力资本的变化规律。选择的指标要求概念明确,能够通过统计、测算等方式得出明确结论的定量或定性指标。科学性原则是构建指标体系的首要原则[①]。

二、系统性原则

健康人力资本的指标体系,是由健康、教育、社会、经济等子系统构成的,并且它们之间是相互联系、相互作用、相互制约的具有一定的结构和特点功能的复杂系统。健康人力资本的研究,需要分层次构建各子系统的评价指标,然后进行综合测量。

三、代表性原则

指标的选取并非越多越好和面面俱到,所选取的指标应具有代表性,不同的指标在健康人力资本测量中都发挥不同的作用,每个指标都必须能够独立反映研究健康人力资本的某方面特征,尽量避免信息之间的重复和交叉。

四、可操作性原则

选取的指标应尽量能够定量化,便于计算和分析。同时,在选取健康人力资本相关指标时,需要考虑收集到的数据资料的真实性和可靠性,也要考虑获取到数据的难易程度。对于不够权威且不易获取的那些指标需要尽量规避,确保最终所选指标的可操作性[②]。

第三节　健康人力资本的投入指标体系

健康投入可以理解为:因恢复和发展人群健康而消耗的资源,是用于维持和保护个体和群体健康状态、预防和治疗人体疾病方面所支付的货币投入和时间投入的总和。因此,以下从人力资本的健康投入考察健康人力资本的健康水平(见表5-1)。

[①] 韩尚信.基于 PSR—改进 TOPSIS 模型安徽省资源环境承载力及影响因素耦合协调度研究[D].合肥:合肥工业大学,2018.
[②] 韩尚信.基于 PSR—改进 TOPSIS 模型安徽省资源环境承载力及影响因素耦合协调度研究[D].合肥:合肥工业大学,2018.

表 5 - 1　健康人力资本的投入指标体系

一级指标	二级指标
医疗卫生投入	全国卫生总费用(亿元)
	医生人数
	床位数(张)
	卫生机构数(个)
保健投入	城乡居民人均每日营养素摄入量
	人均体育场地(平方米)
	保健品消费(亿元)
	健康意识
	体检人数(人次)
	7 岁以下儿童保健管理率
生活方式投入	旅游人数(亿人次)
	平均睡眠时间
	人均体育场地
教育投入	教育经费投入
	受教育年限(年)
	高等教育人数(万人)
	普通高等学校数(所)
	普通高等学校专任教师数(万人)
环境投入	废水治理投入
	废气治理投入
	固体废弃物处置投入
	垃圾处理投入
	森林覆盖率
	环境污染治理投资占 GDP 的比重%

　　《"健康中国 2030"规划纲要》要求健全政府健康领域相关投入机制,调整优化财政支出结构,加大健康领域投入力度。从我国实践来看,健康人力资本的投入指标主要分为医疗卫生、保健、生活方式、教育、环境五大部分。从近年来的健康人力资本投入情况来看,无论投入规模和投入结构上都趋于合理化,但与我国经济社会发展的要求还存在着一定的改善空间。

一、医疗卫生投入

劳动者健康水平的提高离不开政府对健康人力资本的投资。我国的医疗卫生资源状况越好,人力资本的健康就越能够受到保障。医疗卫生投入可以从全国卫生总费用、医生人数、床位数、卫生机构数等指标反映出来。

近年来,随着社会经济的不断发展,我国的卫生资源也逐步增加,卫生费用增加明显。医生人数、床位数、卫生机构数均呈增长趋势,医疗卫生费用支出不断增加,医疗卫生投入力度较大。

(一) 全国卫生总费用

国家对卫生支出的总费用在逐年提升,根据《中国卫生和计划生育统计年鉴》,卫生总费用占 GDP 的比重由 2004 年的 4.74％提升至 2017 年的 6.36％,见附表 1。社会卫生支出也逐步增加,个人卫生支出相应逐年减少,城乡人均卫生费用逐年增加。

世界银行发布的人均医疗卫生支出数据,美国已经达到 9 000 美元的水平,亚洲国家日本处在 4 000 美元的水平,相较之下中国的人均医疗卫生费用还未达到 1 000 美元,见附图 1。而从 OECD 35 个国家 2016 年人均医疗费用来看,35 个 OECD 国家年均医疗费用也已经达到了 4 000 美元/人。

(二) 医生人数

根据统计局数据,我国每万人拥有的医护人员数在逐年增加,每万人拥有卫生技术人员数由 2010 年 587.6 人增长到 2017 年的 898.8 人,每万人拥有的执业(助理)医师数由 2010 年的 241.3 人增加为 2017 年的 339 人,每万人拥有注册护士数由 2010 年的 204.8 人增加为 2017 年的 380.4 人,见附表 2、附表 3。可以反映出我国在健康投入方面的力度逐年增大,医护人员的从业数量也在逐年增多。

(三) 床位数

医疗机构床位数呈现递增趋势,也存在城乡间的不均衡性。2016 年医疗卫生机构床位数总量为 741 万张,其中 365.49 万张属于城市医疗卫生机构,375.54 万张属于农村医疗卫生机构。农村医疗机构床位总量虽多于城市,但每万人医疗机构床位数却远低于城市的水平。例如 2016 年城市每万人医疗机构床位数为 84.12 张,但农村每万人医疗机构床位数 39.09 张。但从历史数据看,国家对于农村医疗机构的扶持力度也在增大,乡镇卫生院床位数从 2012 年的 109.92 张上升到 2017 年的 125 张,见附表 4、附表 5。

(四) 卫生机构数

卫生机构中大部分呈逐年递增之势,《2018 年我国卫生健康事业发展统计公报》显示,2017 年医疗卫生机构总数 986 649 人,较 2005 年增长率为 10.59％。其中增长最多的属于医院,2017 年各级各类医院总数 31 056 个,较 2005 年增长率为 39.78％;基层医疗卫生机构总量大,但增幅不如医院明显,2016 年基层医疗机构总数是 926 518 个,较 2005 年增长率为 8.31%。为了更有效地利用医疗资源,在各类医院配置时,数量最多的是综合性医院,专科医院次之,中医医院最少;基层医疗机构中村卫生室数发挥着攻坚力量,数量最为庞大,2016 年村卫生室达 638 763 个。专业公共卫生机构数总体上呈现上涨趋势,由 2005 年的 11 177 个上涨到 2016 年的 24 866 个,见附表 6。

二、保健投入

保健不仅作为提高劳动力健康的目的,而且也是人力资本投资的重要方面。保健方面的投入主要分为营养素摄入、人均体育场地、保健品消费、居民健康素养和体检、保健管理等方面。

(一)城乡居民人均每日营养素摄入

居民的营养数据可以反映一个国家或地区经济与社会发展、卫生保健和人口健康状况,对于制定国家公共卫生政策及疾控策略具有较强的指导意义。

城乡居民人均每日营养素摄入量是在推荐的每日膳食营养摄入量基础上发展起来的一组平均膳食营养素摄入量的参考值。2002 年,中国第一次进行了居民营养和健康状况调查,将营养与健康指标有机结合。随着我国经济社会发展和卫生服务水平的不断提高,居民健康状况和营养水平不断改善,但人口老龄化、城镇化、工业化进程加快以及不健康生活方式等因素也影响着人们的健康状况。

根据《中国居民营养与慢性病状况报告(2015 年)》显示:我国居民蛋白质、碳水化合物、脂肪三大营养素得到满足。2012 年全国居民每人每天平均能量摄入量 9 092kJ,摄入较为充足。每人每天平均蛋白质摄入量为 65g,达到推荐标准,优质蛋白质比重有所增加。能量和蛋白质的摄入充足是我国居民营养不良率持续降低的一个主要原因。每人每天平均碳水化合物摄入量为 301g,脂肪摄入量 80g,与 2002 年及 1992 年数据相比,碳水化合物供能比有所下降,脂肪供能比上升。主要原因在于我国居民膳食中谷类食物消费呈下降趋势,食用油摄入量增加,动物性食物,特别是脂肪含量较高的猪肉摄入量增加。

营养不良状况得到改善。2012 年全国 18 岁及以上居民营养不良率为 6.0%,比 2002 年降低 2.5%。多数群体营养不良率有所降低,然而农村 60 岁及以上老年人的营养不良率为 8.1%,需要引起关注。

膳食结构有所变化。与 2002 年相比,居民粮谷类食物摄入量保持稳定,水果、蔬菜摄入量,豆类和奶类消费略有下降,均低于推荐量。钙、维生素 A、维生素 D 等部分营养素缺乏依然存在。脂肪摄入量和烹调用盐高于《中国居民膳食指南》的推荐标准,平均膳食脂肪供能比为 32.9%(推荐为 25%～30%);我国居民平均每天烹调用盐为 10.5g(推荐为 6g)。

(二)人均体育场地

体育场地是供人们体育运动或体育比赛使用的设施的统称,包括全封闭的体育馆与露天或设有顶棚的体育场。体育场地的推进和建设，将有助于发挥体育在健康中国建设中的潜在功能，全民健身与全民健康的联系以构建公共体育服务为基础，以此带来全民健身计划的扩大效应，构建有益身心健康的物质环境与健康素养导向形成的文化环境，将进一步满足人民群众对于高品质生活的实际需求。

根据《中国群众体育发展报告（2018）》，截至 2017 年底，我国体育场地已超过 195.7 万个，人均体育场地面积达到 1.66 平方米，全国全民健身站点达到每万人 3 个。全国各级各层行政区划已经普遍建有体育场地，配有体育健身设施。

当前我国群众体育发展仍存在地域的不平衡，西部总体落后于东部与中部，城乡间的差距也依然存在。此外体育健身参与人群也不平衡，群众体育的多元功能和综合价值没有得到充分体现，全民健身公共服务体系尚需完善。

（三）保健品消费

世界卫生组织将保健品分为机能型、机能因子型、营养型和强化型四类。在保健品市场，根据消费者需求的不同划分，将保健品产品被分为体重管理、运动营养、维生素和膳食补充剂。

随着人民生活水平提高以及健康素养水平的提升，健康消费需求持续增长，多元化、多层次健康消费需求不断增长，用于保健、疗养、健身等方面支出增长较快，对于定期健康体检、健康辅导咨询、体育健身以及健康休闲旅游等新兴健康服务需求快速增加，健康消费需求已由疾病治疗向疾病预防、健康保健、身心提升需求转变，健康消费结构不断优化升级。

营养保健食品供给和需求不断增加，2011—2017 年，我国营养保健食品行业市场规模处于不断上升趋势。2017 年，保健品市场规模首次超过 3 000 亿元，达到 3 008.27 亿元，按这样的发展趋势，到 2018 年，中国营养保健品行业市场规模将超过 3 300 亿元，见附图 2。

从人均保健食品消费金额来看，行业规模有望进一步增大。2009—2017 年，中国人均保健食品消费金额呈不断上升趋势，2017 年达到 211 元，按这样的发展趋势，到 2018 年，中国人均保健食品消费金额将达到 232 元，见附图 3。

国际发展经验显示，当人均 GDP 超过 6 000 元时，进入典型的消费升级周期，非生活必需品消费将成为主流。近年来，我国人民生活水平不断提高，国民购买力快速增长，人均医疗保健支出也随之增长。我国居民收入的提升为保健品产业发展奠定了购买力基础。据统计，保健品行业平均年增长率为 10%～15%，销售额从 2 600 亿元增加到 4 000 亿元。

（四）健康意识

健康意识具体指公民的健康素养，是对大健康所持的立场、观点和态度的总和，其涵盖以人民健康为中心安康幸福生活的所有维度。"大健康"改革的泛起必然面临多样化健康思潮的价值判断，需要不断提升居民健康文化认知层次，进行健康意识培养，弘扬积极健康的价值观念，提高价值共识和价值观自信。目前我国居民的健康素养水平稳步提升,从 2008 年的 6.48% 提高到 2015 年的 10.25%。

《中共中央、国务院关于卫生改革与发展的决定》指出:"健康教育是公民素质教育的重要内容,要十分重视健康教育,提高广大人民群众的健康意识和自我保健能力。"按照《"健康中国 2030"规划纲要》的要求,要进一步提升公民的健康意识,我国居民的健康素养水平 2020 年要达到 20%,2030 年要达到 30%。

老百姓关于科普方面的知识需求,健康类科普信息是排在第一位的。在国家层面,通过项目与活动来推动。同时,卫计部门不断完善健康促进、健康教育的工作服务体系,也在推动专业机构、医疗卫生人员加大科普力度,同时也和媒体开展广泛合作,包括在控烟方面、健康生活方式方面,都和媒体开展广泛的合作,也动员全社会都加入推动健康素养提高的活动中来。这是一个非常复杂的健康工程,需要共同努力来完成任务。相信只有把公民健康素养提升了,才能建立一个和社会主义现代化国家相适应的健康国家。

（五）体检人数

定期体检是预防和控制慢性病的有效手段,在身体没有出现不适或临床症状前,就应该定期进行全面体格检查,其目的是及早发现异常体征,将疾病消灭于萌芽时期。随着居民健康意识的增强,到医院体检的人数和占比也得到了提高。

2012 年,我国健康体检人数为 3.67 亿人次,2018 年已经达到 5.75 亿人次,体检覆盖率从近 30% 上升到 45%,见附图 4。

从体检覆盖率角度,我国体检普及率明显低于发达国家,德国的健康体检覆盖率达到 97%,见附图 5。在我国工业较发达的江浙沪、珠三角等区域,由于企事业单位的团检客户较多,体检覆盖率较高。而在全国大部分地区,团检覆盖面较低。随着团检覆盖面的增加和个检意识增强,体检覆盖率还存在提升空间,见附图 6。

（六）7 岁以下儿童保健管理率

儿童保健系统管理就是儿童从出生到 6 岁定期进行健康检查,对儿童发育情况及常见病进行系统的监测和治疗,简称"4∶2∶1 管理",即一周岁以内每三个月进行一次体格检查,一至三周岁每半年进行一次体格检查,三至七周岁每年进行一次体格检查。在新生儿成活率这个指标的基础上,进一步检测 7 周岁以下儿童生长发育和健康状况的动态变化,进行科学的分析,从而提高婴幼儿的健康水平,这方面的投入对于增强国民健康有着重要意义。我国 7 岁以下儿童保健管理率呈现逐年递增趋势,由 2005 年的 74.8% 增长至 2012 年的 88.9%,见附图 7。

三、生活方式

健康意识水平的提高往往会改变居民的生活方式,这主要体现为居民参加体育锻炼、休闲的时间增加,用于体育锻炼设施的投入也增加。而增加公共体育锻炼设施投入的责任往往是由政府承担的。

（一）旅游人数

随着闲暇时间的增加,居民用于外出旅游的时间也相应地增加。我国出现了国内和国外旅游人次的双提高。根据前瞻产业研究院发布的《2018—2023年中国旅游行业市场前瞻与投资战略规划分析报告》监测数据显示,从国内旅游的人次来看,从2000年的7.4亿人次增加到2017年的50.01亿人次,提高了5.8倍。国内旅游人均花费也从2010年的598.2元增长到2017年的913元,见附表7、附图8。

2017年我国出入境旅游总人数达到2.7亿人次,同比增长3.7%,其中,入境旅游人数13 948万人次,出境旅游人数为13 051万人次,均比上年同期有所增长。从在线预订数据看,2017年出境游人均旅游费用达到5 800元,同比增长7%。人均花费最高的十大城市分别是北京、上海、苏州、温州、沈阳、长春、大连、青岛、贵阳、济南。北京以6 817元位居第一。

(二)平均睡眠时间

根据《2013—2017年喜临门中国睡眠指数》数据显示,2013年以来,国人睡眠指数稳中有升。2017年睡眠指数得分为74.2分,五年来中国人睡眠指数得分第一次超过70分,与五年前相比,睡眠指数增长了将近10分,见附表8、附表9。

睡眠指数在不同职业群体中存在差别,其中值得关注的是,创业人群整体的睡眠情况不容乐观。2017年创业人群的睡眠指数得分是70.8分,比同期普通公众的得分低了近4分。创业者的年龄与睡眠指数得分呈正相关,30岁以下的人群甚至不足70分。创业者在睡眠时长、入睡时间等各项具体睡眠指标上,得分均低于普通人群,普遍存在"睡得晚""睡得少"和"睡得不规律"的问题。大部分创业者在最长一次连续不眠时间上,平均值约为29个小时,其中约一成的创业人群更是高达48小时连续无眠。

(三)人均体育场地面积

我国体育系统的财政投入主要包括国家财政拨款以及体育系统非财政收入。中央政府和地方政府都逐渐增加了对公共体育设施的投入,为城市居民和农村居民参加体育锻炼提供基本的设施保障。

根据《中国群众体育发展报告(2018)》数据,截至2017年底,我国人均体育场地面积达到1.66平方米,体育场地已超过195.7万个,全国各市、县、街道(乡镇)、社区(行政村)已经普遍配有体育健身设施,建有体育场地。全国全民健身站点已达到每万人3个。全国正式登记的体育社会组织数量年均增长10.86%,各级各类体育协会数量大幅增加。

国家发改委、体育总局印发的《"十三五"公共体育普及工程实施方案》提出,到2020年,我国人均体育场地面积达到1.8平方米。

中央财政下达2018年公共体育场馆向社会免费或低收费开放补助资金9.3亿元,统筹用于大型体育场馆向社会免费或低收费开展基本公共体育服务项目所需支出。类似的补助自2014年以来已连续4年持续下发,但在补贴范围、补贴标准、场馆运营等方面仍存不尽如人意之处。相较于美国人均体育场地面积16平方米、日本的19平方米,我国目前只有人均1.66平方米,可供锻炼的体育场地严重不足。

四、教育投入

许多经济增长理论都强调了教育的作用,如 Mankiw、Romer 和 Weil(1992)、Kyriacou(1991)等学者的实证研究,采用了教育指标来度量人力资本,并发现教育跟经济增长呈正相关关系。

但不能把人力资本狭义地等同于教育,忽略了健康也是形成人力资本的一个关键因素,从而低估人力资本对增长的影响。教育投入、健康投入作为一个整体,共同引起人力资本的变化,进而引起经济产出。教育投入可以通过教育经费、受教育年限、高等教育人数、万人专业技术、教育设施、教育行业从业人员等指标反映。近年来,我国教育投入逐渐上涨,教育经费投入力度不断增大,受教育人数和平均受教育年限增大,教育设施不断增多,从业人数相应有所增加。

(一)教育经费

1992 年以来,我国教育经费投入力度不断增加,教育经费不断上涨,据《2018年教育行业蓝皮书》显示,2017 年,全国教育经费总投入 42 557 亿元,较 2016 年增长 9.43%。其中,国家财政性教育经费 34 204 亿元,较上年增长 8.94%,见附图 9。

在全国教育经费总投入中,全国学前教育经费总投入增长最快,高职高专紧随其后。普惠性幼儿园和职业教育等领域的投入有所增加。中产阶级家长为了保证子女待在现有的社会阶层里不滑坡,会在子女的教育投入上不断加码,见附表 10。

(二)受教育年限

人口受教育程度是人口的一个重要特征,是反映人口素质的一项重要内容。平均受教育年限是反映人口素质的重要指标之一,指 6 岁及以上人口平均接受教育的年数。

人均受教育年限逐渐增长,相对而言男性人均受教育年限要长于女性。2002年全体居民人均受教育年限为 7.73 年,到 2017 年人均受教育年限增大到 9.02 年,十五年间上涨了 1.29 年。男性人均受教育年限要高于女性,但十年间女性人均受教育年限增长要快于男性,男女之间受教育年限的差距在缩小。可见随着经济社会发展、教育文化及观念的改变,女性逐渐得到了更多的教育机会,见附表 11。

(三)高等教育人数

进入 21 世纪以来,随着高校扩招,我国高等教育人数迅速增长,根据《中国高等教育质量报告》(见附图 10、附表 12),2015 年中国大学生在校人数已经达到全世界第一,高等教育人数达到 5 233.11 万人。中华人民共和国成立的 1949 年,全国有大学生 11.7 万;决定改革开放的 1978 年,全国有 86.7 万大学生。与新中国成立时相比,高等教育的规模增长超过 310 倍,位居世界第一。

2002 年,我国接受高等教育人数总数突破一千万,十年后每年接受高等教育人数突破一千万,2017 年全国教育事业发展统计公报显示,全国各类高等教育在学人数达到 3 779 万人,高等教育毛入学率已经达到 45.7%。由此可见高等教育的普及程度在逐渐扩大。

(四)普通高等学校数

教育机构数随着社会发展和教育计划呈现阶段性特征,并非持续增长,以学前教育学校为例,2000 年开始总数有所下降,十年间始终不高于 14 万所,2008 年开始逐渐增多。随着全面二孩政策的推广落实,2014 年学前教育学校突破 20 万所,并实现持续增长。

根据教育部发布的 2018 年全国教育事业发展统计公报显示(见附图 11、附表 13),2017 年,全国共有普通高等学校 2 631 所(含独立学院 265 所),比 2016 年增长 1.35%。其中,本科院校 1 243 所,高职(专科)院校 1 388 所。普通高等学校在学规模方面,校均规模为 10 430 人,其中,本科学校 14 639 人,高职(专科)学校6 662人。

(五)专任教师数

专任教师是指具有教师资格、专门从事教学工作的人员,专任教师人数总数呈现逐年递增之势,这一趋势也侧面反映出教育投入力度的增长。特别是普通高等学校专任教师数、普通中学专任教师数自 1996 年以来始终持续增长,与我国高等教育投入增大也能相互印证,见附表 14。

五、环境投入

随着经济增长的高速发展,环境污染和环境质量恶化成为社会公众最为关注的社会问题。从环境污染源来看,现行的环境质量恶化主要是粗放型的经济发展方式和不良生活方式造成的。但是,环境污染治理的途径是多样的,减少市场产出和企业产量并不是环境污染治理的唯一途径。加强环境污染治理的基本途径就是加大环保投入。Joshua Graff Zivin 和 Matthew Neidell(2013)通过空气污染程度与环境污染指数衡量健康人力资本。祁毓、卢洪友、张宁川(2015)通过环境污染对健康产生负面影响研究人力资本的质量。随着经济的不断发展,环境污染越来越得到居民的关注,环境的好坏将会影响健康,因此采用这类指标来体现人力资本的健康具有一定的现实意义。我国在环保治理的投入领域主要包括废水处理、废气处理、固体废物处理、生活垃圾处置、森林覆盖等五大方面。这些投入为劳动者的健康环境奠定了坚实的基础。

(一)废水治理投入

企业生产活动规模的扩大和家庭生活方式的多元化增加了对水资源的需求量。但是,受制于气候等自然因素和人类行为的影响,我国出现了水资源短缺的问题。无论是在水资源总量,还是人均水资源量方面,我国在进入 2000 年之后都出现了波动和反复的现象,整体上并未出现增加的趋势。但是,废水排放总量却出现了稳定的增加趋势,以每年约 3%~4% 的速度持续增加,从 2005 年的 524.5 亿吨增至 2015 年的 735.3 亿吨,见附图 12。

但在这种情势下,我国在废水方面的投入却满足不了现实的需求。在工业废水治理方面,尽管在 2001 年至 2011 年的十年间工业废水设施运行费用整体上是增加的(见附图 13),从 195.8 亿元增至 732.1 亿元,但从 2011 年开始,对工业废水运用费用的投入却出现了下降,至 2015 年虽然有所上升,但远没有达到 2011 年的投入水平,更与废水排放总量的持续增加形成了较大的剪刀差。

预计我国"十三五"期间的废水治理投入(含治理投资和运行费用)将达到 13 922亿元。其中,2020 年农村污水处理率提高 30%。

(二) 废气治理投入

空气污染已经成为一个严峻的问题,这直接导致呼吸性传染病的增加,严重的会导致肺癌。曾经有专家做过调查,在空气污染严重的城市,儿童肺功能异常的危险增高 30%～70%。

空气污染的一个主要来源是工业废气排放。由于我国正处于从粗放型经济向集约型经济的转型过渡期,工业废气排放总量并没有出现明显的减缓,而是以约年度 5%的增速提高,已经从 2000 年 138 145 亿立方米增至 2015 年的 685 190 亿立方米,只是从 2015 年开始,出现了放缓的趋势,见附图 14。

另外在二氧化硫、氮氧化物、烟(粉)尘排放方面,工业排放是其主要的部分,在经济转型加速的情况下,二氧化硫排放总量在 2011 年开始出现了减少的趋势,而氮氧化物排放总量一直处于下降状态。但是,烟(粉)尘排放总量一直在增加,直至 2015 年才出现下降的趋势,然而来源于生活的烟(粉)尘排放却处于高速的增加,已经从 2011 年的 114.8 万吨增加至 2015 年的 249.7 万吨,增幅高达 150%。

为了治理工业废气,国家一方面积极推动产业结构调整,关停并转对环境造成严重影响的中小企业,另一方面加大废气治理设施和运行费用的投入。在工业废气治理设施投入上,已经从 2000 年的 145 534 套增加至 2015 年的 290 886 套,增加了一倍。相应的是,治理设施运行的年度费用投入也从 2000 年的 93.7 亿元增加至 1 866.0 亿元,见附表 15。

(三) 固体废弃物处置投入

近 10 年来,我国工业固体废弃物投入的规模以 10 万亿元到 30 万亿元的发展速度快速进行。相比较处于成熟期的发达市场经济国家,我国固体废物利用处置产业处于快速增长初期。例如,德国工业固体废弃物的处理率在 66%左右,而我国则在 20%左右,工业固体废弃物发展空间相当大。从日本 1970 年开始以来的发展实践来看,固体废物作为可利用资源进行管理,废物管理应当由安全处置向废物经济转变。而整个管理机制由政府主导、经济调节,充分发挥市场机制。这是 2000 年以来日本固体废物处置的重要经验。

然而,我国现阶段对固体废物的产量和处置成本高居不下,固体废物处理成本占工业企业运行成本的 8%～10%。而对工业固体废物的综合利用率也存在很大的改进空间。在这种情况下，政府部门加大了对工业固体废物处置和综合利用的投入，通过产业结构调整和对僵尸企业的处理减少工业固体废物的产生和排放，同时通过市场化的手段激励企业和第三方治理机构综合利用工业固体废物，实现生产者责任、经济调节手段、资源循环倒逼机制，见附表 16。

（四）垃圾处理投入

在当今中国，垃圾问题已经成为社会发展中与居民生活息息相关且不可回避的议题。生活垃圾清运、生活垃圾无害化处理是对环境投入的重要方面，特别是城市中，居民区大部分建制镇的生活垃圾分类处理、回收利用率有待提高。从 2001 年开始，我国城市生活垃圾无害化处理得到了快速的发展，处理率已经从 58.2% 提高至 2016 年的 96.6%。城市生活垃圾清运量也快速增加，从 2001 年的 13 470 万吨增加至 2016 年的 21 501 万吨，见附表 17。

根据《"十三五"全国城镇生活垃圾无害化处理设施建设规划》，"十三五"期间全国城镇生活垃圾无害化处理设施建设总投资约 2 518.4 亿元。其中，无害化处理设施建设投资 1 699.3 亿元，收运转运体系建设投资 257.8 亿元，餐厨垃圾专项工程投资 183.5 亿元，存量整治工程投资 241.4 亿元，垃圾分类示范工程投资 94.1 亿元，监管体系建设投资 42.3 亿元。

城市生活垃圾是由日常生活消费产生的，中国的人均消费仍处于上升期，未来垃圾量还是会上升，大中城市生活垃圾产生量的问题更为严重。随着垃圾填埋能力接近饱和，传统的垃圾处理模式已经明显不能适应现阶段我国的社会需求，在这样的背景下，上海于 2019 年 7 月率先实施了垃圾分类，通过源头分类进行更加科学的垃圾处理。

（五）森林覆盖率

森林具有保持水土、涵养水源、净化水质、调节气候等多种功能，在保护淡水安全、生态安全、维护人类生存发展中的作用不可替代。

我国森林覆盖率已经从 2000 年的 16.55% 提高至 2016 年的 21.93%，森林总面积已达到 2.58 亿公顷。但远低于全球 31% 的平均水平，与日本 68.5%、美国 33.2%、德国 31.8% 相比存在着很大的提升空间。另一方面，我国人均森林面积仅为世界人均水平的 1/4，我国总体上森林总量不足、质量不高的状况仍然存在。

近年来，中央政府和地方政府加大了对林业建设资金的投入。"十一五"期间，中央政府投入林业建设资金达 2 979 亿元，比"十五"期间增加了 80%。"十二五"期间，中央政府林业总投入是"十一五"期间的 1.7 倍，已经高达 4 948 亿元。党的十八大以来，全国完成造林 5.08 亿亩。根据《国家林业发展"十三五"规划》的目标要求，到"十三五"末，力争森林覆盖率提高到 23.04%，森林蓄积量增加到 165 亿立方米以上，森林生态服务价值达到 15 万亿元，森林植被碳储量达到 95 亿吨。在这种情势下，加大相关财政资金投入，以保障森林覆盖率的实现成为重要的手段。

（六）环境污染治理投资占 GDP 比重

整体而言，我国对环境污染治理的投入是持续稳定增加的，见附表 18，中央政府和地方政府都加大了环境保护的力度和强度,通过增加投资为社会公众营造一个良好、舒适的自然社会环境,从而减少疾病的产生及其不必要医疗支出,将经济资源配置到生产性的创造财富的领域内。

第四节　健康人力资本产出(测量)指标

一、健康的测量指标

健康作为人力资本的一种重要形式,越来越成为国家经济增长与经济水平差异的重要因素[1]。进行健康投资的直接收益是获得健康,界定何为健康是研究健康人力资本投资、促进健康正向效应发挥的基础[2]。"健康是人们身体、心情和精神方面都自觉良好、活力充沛的一种状态"(鲍尔,1930);"健康不仅是疾病或羸弱的消除,更是体格、精神与社会和谐的完全健康状态"(国际卫生会议,1946);"健康不仅是没有疾病,而且是一种个体在躯体上、精神上、社会上的完全安宁状态"(WTO,1948);"一个人只有在身体健康、心理健康、社会适应性良好和道德等四个方面都健全,才算完全健康的人"(WTO,1990);"个体只有在身体、情绪、智力、精神和社会等五个方面都健康才称得上真正的健康,或称之为完美状态"(美国国家健康中心)。以下从人力资本的健康产出考察健康人力资本的健康水平(见表5-2)。

表5-2　健康人力资本的产出指标体系

一级指标	二级指标
	期望寿命
	孕产妇死亡率
生理健康	居民两周就诊率
	慢性病患病率
	住院率
	精神疾病发病率
心理健康	自杀率
	医生人数

健康产出

---

① 张婷.政府健康投入与居民健康效用关系研究——经济学分析方法的应用[J].陕西行政学院学报,2016(1):111-115.

② 汪泓,张建明,吴忠,李红艳.健康人力资本指标体系研究[J].上海管理科学,2017,39(04):30-34.

（续表）

一级指标		二级指标
健康产出	社会适应	工作满意度
		城市基本公共服务满意度
		人际交往满意度
	道德	犯罪率
		中国信用小康指数
教育产出	劳动力素质	从事教育工作人员比例
		万人拥有专业技术人员数
		36～55 岁从业人员比例
		人均受教育年限
		在校大学生数
	科技成果	万人拥有科技项目数
		万人拥有新产品开发项目数
		万人拥有发明专利数
社会经济产出	经济	人均可支配收入
		劳动生产率
	迁移	人均居住面积
		客运量
	生活方式	吸烟率
		城乡居民人均周锻炼次数
		成人肥胖率
	环境	空气达标率
		绿化覆盖率
		水(环境)功能区达标率

（一）生理健康

生理健康就是人体生理上的健康状态。对于人力资本的生理健康可定义为："能够精力旺盛地、敏捷地、不感觉过分疲劳地从事日常活动,保持乐观、蓬勃向上以及具有应激能力。"(见表 5-3)

表 5 - 3　人力资本的健康水平产出指标体系(生理健康)

二级指标	三级指标	指标解释
生理健康	期望寿命	假若当前的分年龄死亡率保持不变,同一时期出生的人预期能继续生存的平均年数
	孕产妇死亡率	从妊娠开始到产后 42 天内,因各种原因(除意外事故外)造成的孕产妇死亡均计在内
	居民两周就诊率	两周就诊率=调查居民中两周内就诊人次数/调查总人数之比(百分率或千分率)
	慢性病患病率	按人数计算的慢性病患病率,是指调查前半年内慢性病患病人数与调查人数之比
	住院率	调查前一年内居民因病住院人次数与调查人口数之比

1. 期望寿命

期望寿命(life expectancy)是指假设当前的分年龄死亡率不变的情况下,同一时期出生的人预期能够继续生存的平均年数,是人口健康与生活质量中的一个重要指标。预期寿命是根据死亡率估计出的人口平均寿命期望值。

我国人口的期望寿命在这 50 年间得到了巨大的提高,我国人口期望寿命提高最多的两个阶段是 1949 年前到 1957 年间和 1957 年到 1973 年间。前一个阶段提升了 22 岁,是一个巨大的进步,由于战争大大缩短了 1949 年前人口的平均寿命,同时医疗卫生事业还未起步;而到了 1957 年,国家经济发展起步,各项事业逐步走入正轨,人民生活水平提高,健康水平也获得了长足的发展。后一个阶段人口期望寿命提升了大约 8 岁,至此之后期望寿命跨入了 60 多岁。到了 2000 年全国第五次人口普查,期望寿命已经达到了 71.4 岁,2005 年达到 73 岁,比世界人口平均期望寿命 65.4 岁高 7.6 岁,对于我们这样一个有 14 亿人口的发展中国家是了不起的成就。

时隔 60 多年,我国社会经济生活已发生了巨大变化,人民的健康水平日益提高,人口的平均预期寿命已由新中国成立初的 37 岁提高到 2017 年的 76.7 岁,见附表 19。

2. 孕产妇死亡率

孕产妇死亡率、儿童死亡率和人均期望寿命是国际社会评价国家和地区发展的重要指标。是指从妊娠开始到产后 42 天内,因各种原因(除意外事故外)造成的孕产妇死亡均计在内。由于其比例较小,因而分母多以万或十万计。即每万例活产或每十万例活产中孕产妇的死亡数为孕产妇死亡率。改善孕产妇健康是 2000 年联合国千年峰会时国际社会通过的 8 个千年发展目标之一。第 5 个千年发展目标是实现从 1990—2015 年孕产妇死亡率下降 3/4。按照联合国千年发展目标,在

1990 年的基础上(88.9/10 万)下降 3/4 计算,到 2015 年,我国的孕产妇死亡率降至 22.2/10 万。而 2017 年全国孕产妇死亡率已经降到 19.6/10 万,婴儿死亡率、5 岁以下儿童死亡率分别为 6.8‰和 9.1‰。

世界卫生组织 2015 年发布的报告显示,发展中国家平均孕产妇死亡率为 239/10 万,而发达国家则为 12/10 万。中国孕产妇死亡率已经处在发展中国家前列并接近发达国家水平,见附表 20。

3. 居民两周就诊率

两周就诊率公式:两周就诊率＝调查居民中两周内就诊人次数/调查总人数(百分率或千分率)。两周就诊率意义是由于回顾性调查不可避免地存在回忆偏倚,为了减少这种偏倚,世界各国普遍采用抽样调查前两周内的就诊的人次乘以 26.06,再乘以总体是调查样本量的倍数,估算一定区域内全年各种不适、患病、伤害和中毒的实际就诊的人次数,以反映居民的卫生服务需求,见附表 21。

4. 慢性病患病率

慢性病患病率一般有两种定义:一是按人数计算的慢性病患病率,是指调查前半年内慢性病患病人数与调查人数之比;二是按例数计算的慢性病患病率,是指调查前半年内慢性病患病例数(含一人多次得病)与调查人数之比。

我国居民慢性病高发病率年龄组在 45 岁以上的中老年人,发病率占到整个群体发病率的 90％以上,而 65 岁以上的老年人高居 2015 年首位,其发病率为 645.4‰;仅次于它的为 55～64 岁和 45～54 岁两个年龄组的群体,他们的发病率分别为 419.0‰和 259.5‰,见附图 15。

我国居民所患疾病类别中,循环系统疾病遥遥居上,患病率高达 85.5‰,占所患疾病的 50％以上。而循环系统疾病中,高血压、心脏病、脑血管病疾病占据着主要位置,患病率分别达到 54.9‰、17.7‰和 9.7‰;居第二位的则是肌肉骨骼和结缔组织疾病,患病率为 31.0‰,其中类风湿性关节炎发病率为 10.2‰,占肌肉骨骼和结缔组织疾病的三分之一;消化系统疾病中急性胃炎和肝硬化为主要疾病,发病率均为 10.7‰;呼吸系统疾病中老慢支为主要疾病,发病率为 6.9‰;内分泌、营养、代谢和免疫疾病中最主要的是糖尿病,它的患病率达到 10.7‰,占到这一系统疾病的 83％。由此可见,高血压、心脏病、脑血管疾病和糖尿病是我国居民慢性病患病率居于前四位的疾病,见附图 16。

慢性病的患病率上升与人口、经济、社会、环境、行为等因素密切相关。一方面,随着人均预期寿命的增长,我国老年人口基数不断增加,慢性病患者群体也在不断扩大;另一方面,城乡居民健康意识提高及公共卫生、医疗服务水平逐步提升,慢性病患者的生存期也在不断延长。随着国家社会经济条件和医疗卫生水平的发展,国民生活水平提高和寿命延长,慢性病患病率上升是必然结果。

5. 居民住院率

居民住院率是指调查前一年内居民因病住院人次数与调查人口数之比。

随着经济社会的发展和城乡居民医保制度的建立健全,居民医疗服务利用持续增加。《2018 年我国卫生健康事业发展统计公报》数据显示:2017 年,全国住院总量比 2016 年增加 1 708 万人,增长 7.5%。2017 年,全国年住院率 17.6%,较 2016 年增长 1.1%,见附表 22。

(二) 心理健康

对于人力资本的心理健康概念可定义为:个体的心理活动处于正常状态下,即认知正常、情感协调、意志健全、个性完整和适应良好,能够充分发挥自身的最大潜能,以适应生活、学习、工作和社会环境的发展与变化的需要[①]。

1. 精神疾病发病率

随着人们工作节奏加快、生活压力不断加大,我国精神疾病发病率不断攀升。按照世界卫生组织公布的《国际疾病和健康相关问题分类第 10 版》(ICD－10),精神障碍分为 10 大类,72 小类,有近 400 种。诸如常见的老年痴呆、妄想症、抑郁症、躁狂症、焦虑症、失眠症、智力低下、儿童孤独症、自闭症、强迫症等,这些都属于精神疾病。据报道,我国精神疾病发病率已高达 17.5%,其中重性精神障碍发病率高达 1%。

《2017 中国城镇居民心理健康白皮书》通过对全国约 112 万人的心理健康分析,显示中国城镇居民心理健康状况不容乐观,目前 73.6% 的人处于心理亚健康状态,存在不同程度心理问题的人占 16.1%,心理健康的群体仅占到总数的 10.3%。心理健康状态与躯体生理健康状态密切相关,躯体健康状况越差,心理问题发生率越高;甲状腺结节、乳腺良性病变、子宫肌瘤、肥胖和失眠等亚健康人群的心理健康状况较差,心理亚健康比例为 54.7%～64.7%,心理问题发生率为 24.3～37.3%;另外,肿瘤、脑梗、心梗、糖尿病、高血压、冠心病等慢性病人群心理问题伴发率极高,且抑郁、焦虑问题突出,慢性病人群中有一半(50.1%)的人存在不同程度的心理问题倾向,心理健康的仅有 5.1%。所有数据提示心理健康管理具有重要的医学意义与医疗价值。

国民心理健康水平随着年龄变化表现出特定的波动。总体表现为年龄越大,心理健康状况越好。专家深入分析发现,日常认知功能的下降是高龄老年人心理健康指数下降的主要原因。

影响各种人群心理健康的主要因素不同。影响青少年心理健康的主要因素有亲子关系质量、家庭结构和学校教育质量。对成年人来讲,经济收入、职业类型、休闲方式等则是影响心理健康的主要因素。影响老年人心理健康的主要因素包括身体健康、医疗与居住保障、婚姻状况等。

2. 自杀率

尽管中国死亡率统计数据不尽相同,但中国自杀率逐年下降呈明显趋势。根

---

① 汪泓,张建明,吴忠,李红艳.健康人力资本指标体系研究[J].上海管理科学,2017,39(04):30－34.

据《经济学人》2014年的数据披露，近年来，中国自杀率已跌至世界最低行列。

2015年，中国的自杀率是8.5/10万人，相比2000年降低了27%。中国的自杀率问题，有"女性明显高于男性，农村明显高于城市"的特征。中国女性自杀率是9.5/10万人，明显高于男性(7.7/10万人)。全球男女自杀率之比是1∶7，说明男性自杀者比例高于女性，但在中国，男女之比是0.8，说明女性自杀概率更高。

在这样的结果数据下，如果农村妇女的自杀率降低，会显著影响整体自杀率水平。1995至1999年间，每10万人中，年均约有35.2名农村女性(15至34岁)自杀。而2011年，该数字减少为每10万人中只有3人，降幅超过90%。

同样令人关注的是高龄群体。中国70岁以上人群自杀率高达51.5/10万人，这个数据在30～49岁年龄组是5.1/10万人。导致自杀的危险因素有很多，例如容易获得自杀工具、人际关系不好、经济状况不好、慢性疼痛等，见附图17。

（三）社会适应

社会适应能力是指人们进行社会参与时的完好状态。即：每个人的能力应在社会系统内得到充分发挥。作为健康人应有效地扮演与其身份相适应的角色，并执行相关的任务，发挥有效的功能。人的行为与有关的社会、道德规范相一致。

1. 工作满意度

一般意义上的工作满意度，通常是指某个人在组织内进行工作的过程中，对工作本身及其有关方面(包括工作环境、工作状态、工作方式、工作压力、挑战性、工作中的人际关系等等)有良性感受的心理状态[1]。中国白领满意度指数调查中，工作满意度涉及薪酬、福利、培训与学习、职位晋升和人际关系五个方面，其中满意度指数按照从1到5打分，分数越高表示满意度越高。

从不同城市白领工作满意度来看，长春(3.57%)、大连(3.32%)、福州(3.30%)等二线城市和长沙(3.58%)、成都(3.31%)等新一线城市白领的工作满意度较高。在一线城市中，深圳的白领对工作的满意度垫底(2.63%)。一线城市虽然代表着更多的工作机会和更高的薪酬，但同时也伴随着高竞争和高压力，所以工作满意度会随之降低，见附表23、附图18。

本次调研发现，商业服务行业内白领的工作满意度最高，为3.40。而工作满意度较低的是汽车/生产/加工/制造行业内的白领，满意度指数为2.67。根据2018年第三季度《中国就业市场景气报告》数据显示，就业形势较差的行业以制造业和重工业为主，随着新经济和人工智能的发展，传统的第二产业如果不紧跟时代趋势，转变粗放型的发展方式和雇佣理念，白领工作满意度低也不可避免。

2. 城市基本公共服务满意度

《中国城市基本公共服务力评价2017》从公共交通、公共安全、公共住房、基础教育、社保就业、医疗卫生、城市环境、文化体育、公职服务等九个方面，对全国38

---

① 王建新，杨生动.影响农村教师工作满意度的因素分析[J].课程教育研究，2019(19):185.

个主要城市的基本公共服务力进行全面评价和深入研究。根据调查结果的数据分析显示,2017 年的公共服务满意度较 2016 年有所上升,九项指标中,公共安全的满意度得分最高,为 68.07 分。其次是社会保障和就业,得分为 64.9 分,基础教育得分略有下降,见附表 24。

蓝皮书通过 GDP 对基本公共服务满意度杠杆指数、城市公共服务满意度上升指数、公共服务满意度要素发展指数等评价工具,对 38 个城市的基本公共服务满意度进行了详细评价。城市基本公共服务的满意度,与当地政府重视程度、投入规模、服务质量和效率有关。从发展指数、杠杆指数和总排名上升幅度等角度,对在基本公共服务满意度调查中表现优秀的个别城市进行深入分析,以期通过深入研究和经验总结,为其他城市基本公共服务的建设提供榜样和建设蓝本。2017 年,排名前十的分别是厦门、珠海、大连、青岛、济南、西宁、拉萨、宁波、长沙、长春,其中得分最高的城市为厦门,分数为 73.93。

3. 人际交往满意度

人际关系是个体社会适应过程中情境的重要部分。人际关系差,必然导致社会适应不良。根据 2017 年白领工作满意度指数显示,白领感受工作满意度最高的是人际关系方面,达 3.14。新一代职场人更能够理性看待工作中的人际关系,这也是白领对工作中的人际关系比较满意的原因。

近年来雇员在雇佣关系中的主体性与重要性日益提高,价值观趋同、雇佣关系亲密、赋权结构凸显的职场"社群时代"已经到来。因此,雇佣关系中的人际关系,以及雇主企业内部的人际关系将得到很大幅度提升,成为白领对于人际关系高度满意的重要支撑,见附图 19。

(四)道德健康

道德健康的内容是指不能损坏他人的利益来满足自己的需要,能按照社会认可的行为道德来约束自己及支配自己的思维和行动,具有辨别真伪、善恶、荣辱的是非观念和能力。

1. 犯罪率

本课题将犯罪率作为反映道德健康的反向指标,指一定时空范围内犯罪者与人口总数对比计算的比率,犯罪率通常以每十万人口的犯罪数量表示。

我国犯罪的绝对数额从 1978 年的 50 多万起到 1990 年达到了 200 万起,而 2001 年更是突破 400 万起,2005 年犯罪总数为 468 万多起,是 1978 年犯罪总数的 8.7 倍。犯罪总量在 28 年间年均增长约 8.4%,而犯罪率在此间年均增长了约 7.1%。根据法治蓝皮书《中国法治发展报告》数据,2009 年,中国犯罪数量更是打破了 2000 年以来一直保持的平稳态势,出现大幅增长。2017 年中国的暴力恐怖犯罪明显下降,危害食品药品安全、危害生产安全的犯罪稳中有降,未成年人犯罪和传统暴力犯罪继续呈下降趋势。但与国家大力反腐紧密相关的是,职务犯罪案件上升趋势明显,传销犯罪十分猖獗。

在国际视野下,中国的犯罪率(数值为一年中每 10 万人口中所发生的刑事犯罪案件)只有 360,这个数值只有美国的 5%、丹麦的 3.8%、芬兰的 3.5%、新西兰的 3.25%、瑞典的 3%。比中国还要低的国家只有巴基斯坦、印尼、巴拉圭、也门、阿塞拜疆、巴布亚新几内亚、乌干达和斯里兰卡等几个国家。

2. 中国信用小康指数

中国信用小康指数通过政府公信力、人际信用、企业信用三项指标进行测评。根据调查显示,2005—2018 年度三项指标均在不断提高,2018 年度政府公信力指数为 89.2,为三项中最高;人际信用指数为 78.3,企业信用指数为 79.7。在往年的"最受公众关注的信用领域"排行榜上,人际信用的排名都位于企业信用之前,而这一次,企业信用的排位不仅超越了人际信用,而且是历年来排名最高的一次,位居第二,见附表 25。

2018 中国信用小康指数调查结果显示,本年度中国信用小康指数为 83.1 分,比上年增长了 5.3 分,虽然有所进步,但在企业信用、人际信用等方面,仍有提高空间。

"2018 中国信用小康指数"之"中国营商环境满意度大调查"还发布了"公众心目中营商环境最优的十个省份"榜单,浙江省占据了榜首位置,广东省位居次席,上海市名列第三,排名第四至十位的依次是江苏省、北京市、重庆市、天津市、福建省、贵州省、四川省。

无论是广义上的信用让生活更美好的实现,还是具体到营商环境的优化,都必须让城市先行先试。2018 年年初,国家发展改革委等机构披露了中国首批社会信用体系建设示范城市名单,杭州、南京、厦门、成都、苏州、宿迁、惠州、温州、威海、潍坊、义乌、荣成共 12 个城市上榜。

二、教育的测量指标

(一)劳动力素质

1. 从事教育工作人员比例

从事教育工作人员是指从事与教育有关的各级领导、专家、研究人员、教师以及各级各类学校、教育机构管理人员、教学辅助人员和其他专业技术人员的总称。教育工作者的主体是教师。

2. 万人拥有专业技术人员数

专业技术人员指事业、企业单位中,被聘任专技职务的、从事专业技术工作和专业技术管理的人员,及未受聘但在专业技术岗位上工作的人员。我国考取专业技术职业资格人数从 2013 年开始始终保持在 200 万人以上,可见我国就业人员中有相对一部分人员对于提升人力资本的需求较高,不断提升自己的专业技能,见附表 26。

2017 年,全国 1 100 多万人报名参加专业技术人员资格考试,257.8 万人取得资格证书。截至 2017 年底,全国累计 2 620 万人取得各类专业技术人员资格证书。

3. 36～55 岁从业人员比例

36～55 岁为人生阶段定义的中年阶段,处于此阶段的就业人口就有较强的经验和技能,是反映一个国家或地区人力资本的重要指标。数据显示,自 2013 年以来,36～55 岁从业人员比例呈现不断上升趋势,对于改善我国劳动力现状具有积极的意义。

4. 人均受教育年限

人均受教育年限是反映一个国家或地区劳动力教育程度或国民素质的重要指标。具体指某一特定年龄段人群接受学历教育(包括普通教育和成人学历教育,不包括各种学历培训)的年限总和的平均数,表现劳动力文化教育程度的现状和发展变化。按照现行各级教育年数的一般规定,大专及以上文化程度为 16 年,高中为 12 年,初中为 9 年,小学为 6 年,文盲为 0。

《中国劳动力动态调查:2017 年报告》显示,中国劳动力的平均年龄为 37.62 岁,劳动力受教育程度以中等教育为主,平均受教育年限为 9.02 年。城乡劳动参与率为 64.27%,劳动力户口性质、所处区域不同,受教育程度也存在较大差异。非农业户口、居民户口劳动力大专以上受教育程度和受教育年限,均比农业户口劳动力高。

劳动力获得专业技术资格证书的比例为 13.24%,高于 2014 年的 11.75%;已经结束正规教育的劳动年龄人口中,86.89% 的劳动年龄人口有过工作经历;在现在有工作的劳动力中,雇员的比例接近一半,务农的比例为 34.64%。

5. 在校大学生数

在校大学生是具备普通全日制学籍的在校生,具体包括专科生、本科生、研究生(硕博)。即在大学注册入学和接受教育的群体统称,包括全日制和在职业余学习两类,通常为在校生,不含自考生。各类高等学校毕业生一般称大学学历。在校大学生作为新增就业的主力军,体现了当前一段时间劳动力的素质。

根据国家统计局和教育部发布的数据显示,2017 年全国共有在校大学生人数为 2 695.8 万,应届大学毕业生 795 万,普通本专科招生 748.6 万人,全国共有具有大学教育程度人口 1.959 3 亿人。

6. 科技成果

万人拥有科技项目数、万人拥有新产品开发项目数、万人拥有发明专利数三项指标,是衡量一个国家或地区科研产出质量和市场应用水平、自主创新能力的综合指标,是教育投入在国民教育水平一定程度上的体现,见附图 20。

《国家创新指数报告》显示,2017 年中国创新指数为 196.3(以 2005 年为 100),比 2016 年增长 6.8%。2017 年我国创新投入力度继续加大,创新环境进一步优化,创新成效稳步增强,创新产出持续提升,创新能力向高质量发展要求稳步迈进,见附表 27。

在 2017 年中国创新指数评价中,创新环境指数、创新投入指数、创新产出指数、创新成效指数四个分指标全部实现增长,创新产出指数在 4 个分领域中居第一位。

三、社会经济的测量指标

(一)经济

1. 人均可支配收入

人均可支配收入指居民可以自由支配的收入,一般包含工资性、经营性、转移性和财产性净收入等,是反映居民生活水平的一个重要指标。

国家统计局数据显示(见附图 21),2018 年全国人均可支配收入 28 228 元,比上年名义增长 8.7%,较 2017 年(9.0%)增速放缓。此外,全国人均可支配收入的中位数为 24 336 元,中位数是平均数的 86.2%,比上年增长 8.6%,较 2017 年(7.3%)增速加快。城镇居民人均可支配收入 39 251 元,高于农村(14 617 元),名义增长 7.8%,低于农村(8.8%)的增速。

2. 劳动生产率

劳动生产率是决定一国经济是否具有未来增长性的标志性指标。劳动生产率水平可以用同一劳动者在单位时间内生产产品的数量来表示,两者成正比;如用生产单位产品所耗费的劳动时间来表示,则两者成反比。

从历史纵向比较来看,改革开放以来,中国的劳动生产率有了大幅的提高。根据世界银行的报告(见附图 22),中国 2011 年的劳动生产率是 1980 年的 8 倍,按照平价购买力计算,2010 年的中国实际劳动生产率也比 1990 年增长 1 倍以上。

从横向比较来看,根据国家统计局发布的数据,近 40 年时间,与欧元区、美国、日本、印度和世界平均水平相比,我国的劳动生产率增速是最快的,每年以 9%的速度增长。但同时,2015 年我国劳动生产率水平仅为世界平均水平的 40%,相当于美国劳动生产率的 7.4%。

中国企业亟需提高生产率以保持盈利增长,提高生产率对中国未来经济发展至关重要。劳动生产率提高,关键还要靠劳动力,也就是人的因素是提高劳动生产率的关键。中国的劳动力队伍坚实可靠,新时代女性参加工作的比例很高。2019 年,中国首次跻身全球最具创新力经济体 20 强。提高生产率将是释放中国经济潜力的关键所在。

(二)迁移

迁移情况是衡量人力资本水平的重要组成,自主、有序的迁移对于人力市场化配置具有重要的作用。人力资本具有显著的流动属性,主要表现为劳动力主体的自主选择上。在城镇化进程中,农村居民不再束缚于土地,而是选择流向城市。城市对于人力资本有着较强的吸引力,农村劳动力的迁移也对国家的农业及其他产业发展产生了深远的影响。

1. 人均居住面积

改革开放 40 年来,中国城乡居民的生活环境和居住条件发生了翻天覆地的变化。1978 年,中国城市人均住宅面积仅为 6.7 平方米,2008 年中国城镇居民的人均住房面积已经达到了 28.3 平方米,增长了 4 倍之多。住房成套率、住房质量、配套设施与环境大为改观,我国住房已从全民蜗居时代到基本适居时代,见附图 23。

根据统计局发布的信息,2017 年中国人均居住面积 40.8 平方米。对比剑桥大学发布的一组研究数据发现,中国家庭的平均居住面积要大过英国、德国、荷兰等绝大部分欧洲国家,在欧盟范围内仅稍落后于丹麦。

2. 客运量

根据统计局发布的 2018 年国民经济和社会发展统计公报,2017 年我国全年旅客运输总量 185 亿人次,比 2016 年下降 2.6%。旅客运输周转量为 32 813 亿人公里,增长 5.0%,见附表 28、附图 24。

（三）生活方式

生活环境和生活方式的选择对促进国民健康状况有着重要作用。马克斯·韦伯曾指出,对于一个人生活方式的分析,消费往往比生产更能体现,即个人对于商品和服务的消费和使用反映其生活方式。因此,当人们为了获得健康而选择某种生活方式时,那该活动的最终目标就被认定为消费。人们往往认为,中产阶级以上的群体有较大的机会实现健康的生活方式,或将其视作为中上层阶级的固有特点。但随着经济社会的发展和人们健康意识的提升,健康生活更容易成为一种国民行为,在个人自身能力范围之内做出改变生活方式的自由选择,从而对居民的健康状况带来积极影响。综上,本文通过是否抽烟、人均周锻炼次数、成人肥胖率三项指标来反映生活方式。

1. 吸烟率

吸烟者是指累计吸烟达 100 支,并且现在仍在吸烟的人口。吸烟大大增加了心脏病、中风、慢性呼吸道疾病及上消化道癌、肺癌等肿瘤疾病的患病率。

2006 年世界卫生组织出台了《烟草控制框架公约》,大力推动戒烟行动,当时 57 个国家同意并签署了公约,至今已有 180 个缔约方。据 EurekAlert 统计,在 1990 年至 2015 年期间,全球吸烟率从 29.4% 下降为 15.3%,同期吸烟者数量随着人口增长,由 8.7 亿人增长为 9.3 亿人。2015 年世界卫生组织制定了未来 10 年的控烟目标,计划到 2025 年,力争将全球的吸烟率再降低 2.5%。

全球吸烟率总体呈下降趋势(2010—2015 部分国家吸烟人口变化率详见附图 25)。据 WHO 统计,目前全球吸烟者共有 10 亿人,有 80% 都来自中低收入国家,2015 年,中国以外吸烟人口数量排名前十位的国家为印度尼西亚、印度、俄罗斯、美国、巴基斯坦、日本、巴西、菲律宾、埃及、墨西哥,其中印度尼西亚、菲律宾、埃及、印度、巴基斯坦、墨西哥、巴西这几个国家近 5 年来吸烟率持续增长,增幅均为 10%

左右(除巴西);吸烟率不断下降的国家为日本、加拿大(-20%)、俄罗斯(-15%)、美国(-11.2%),见附图25。

据调查,1984年我国吸烟者的戒烟率仅为4.8%,1996年为9.5%,2002年为12.0%,2010年上升至16.9%。据统计,2010年我国戒烟人数达到5 000万,但戒烟者成功率较低,复吸率居高不下。2015年《中国成人烟草调查报告》数据显示,中国15岁及以上成人吸烟率为27.7%,吸烟率与2010年持平,而吸烟人数较2019年增长了1 500万,达到3.15亿,见附表29。

从OECD国家数据来看,人群吸烟率的平均水平基本保持在23%以下,墨西哥的国民吸烟率最低,为7.6%;希腊、土耳其最高,为27.3%,已经超过OECD国家平均水平。相比较之下,我国人口吸烟率为27.7%,其中男性吸烟率为52.1%,烟民总数高达3.16亿,约占全球烟民总数的四分之一,我国吸烟者日平均吸烟量高达15.2支。我国国民吸烟率较高,高于国际平均水平。

2. 城乡居民人均周锻炼次数

根据国家体育总局发布《2014年全民健身活动状况调查公报》显示,见附表30、附图26,2014年全国共4.1亿20岁及以上城乡居民参加过体育锻炼(20岁以下在校群体普遍规律地参加体育锻炼),比2007年增加了0.7亿人。从年龄分布来看,参加体育锻炼的人数随着年龄增大,参与体育锻炼比率降低。其中,20~29岁人群参加体育锻炼的比率最高,达到48.2%,70岁及以上人群参加体育锻炼的人数百分比最低,为26.0%。

从锻炼频次来看,锻炼人群中10.5%的人每周锻炼1~2次。从锻炼强度来看,每次参加体育锻炼达到中等强度的比率最高,随着年龄增加,选择小强度锻炼的比率也越来越高,70岁及以上年龄组达到42.2%;20~29岁人群选择大强度的比例最高,为27%,见附图27。

3. 成人肥胖率

WHO将肥胖定义为,当一个人的体重指数≥25kg/m² 称为超重,当一个人的体重指数≥30kg/m² 称为肥胖,体重指数(BMI)=体重(kg)/身高²(m²)。超重肥胖是引发心脑血管疾病、高血压、糖尿病、癌症等多种慢性病的重要因素,会对居民的体能、生活质量及身心健康造成严重的不良影响。

全球性卫生合作项目"全球疾病负担"的调查数据显示,超过70个国家的肥胖率增加1倍,特别是中国、巴西、印度尼西亚等发展中国家的青少年肥胖率增加了2倍之多。2017年中国健康调查数据也印证了这个观点,中国人肥胖率为17%左右,有16.8%的青少年已经超重或达到肥胖状态。青少年的成长决定了一个国家国民的体质,儿童青少年的肥胖对健康的影响往往会持续到成年期,因此关注儿童超重肥胖的防控尤为重要。

英国知名医学杂志《柳叶刀》在2016年发表的全球成年人体重调查报告显示,中国的肥胖人口已近9 000万,其中男性4 320万,女性4 640万,超过美国,居世界首位。

（四）环境

环境对人力资本的影响在于人类日常接触的空气、土壤、水等质量，本课题组选取空气达标率、绿化覆盖率、水（环境）功能区达标率作为环境测量指标。根据《2017 中国生态环境状况公报》数据，对我国的大气和水环境进行分析。

1. 空气达标率

2017 年，全国 338 个地级及以上城市中，99 个城市环境空气质量达标，占全部城市数的 29.3%。338 个地级及以上城市平均优良天数比例为 78.0%。PM2.5 平均浓度为 $43\mu g/m^3$，比 2016 年下降 6.5%；超标天数比例为 12.4%，比 2016 年下降 1.7 个百分点。京津冀地区、长三角地区和珠三角地区 PM2.5 年平均浓度分别是 $64\mu g/m^3$、$44\mu g/m^3$、$34\mu g/m^3$，与 2016 年相比，京津冀地区、长三角地区分别下降 9.9%、4.3%，珠三角地区上升 6.2%，与 2013 年相比，分别下降 39.6%、34.3%、27.7%。

74 个新标准第一阶段监测实施城市中，环境空气质量相对较差的 10 个城市依次是石家庄、邯郸、邢台、保定、唐山、太原、西安、衡水、郑州和济南，基本集中在中国中北部城市；空气质量相对较好的 10 个城市依次是海口、拉萨、舟山、厦门、福州、惠州、深圳、丽水、贵阳和珠海，普遍为西部及东南沿海城市。

2. 绿化覆盖率

绿化覆盖率是反映一个国家或地区生态环境保护状况的重要指标，也是中国环境保护模范城市和创建文明城市考核的重要指标，是城市内全部绿化覆盖面积与区域总面积之比。

根据《中国城市建设统计年鉴》和《城乡建设统计公报》数据显示，我国城市绿地面积从 2006 年的 132.12 万公顷增长至 2015 年的 266.96 万公顷，增长了 102.06%；城市建成区绿化覆盖率从 2006 年的 35.11% 提高到 2015 年的 40.12%，增长了 5 个百分点。我国公共园林绿化投资金额从 2006 年的 429 亿元增加到 2015 年的 1 594.65 亿元，年均复合增长率达 15.71%。我国城市园林绿地面积不断上升，公共园林绿化投资额不断增加，为市政园林工程企业提供了广阔的市场空间。

3. 水（环境）功能区达标率

根据国家环境保护部监测，2017 年地表水检测中，1 940 个水质断面（点位）中，优良（Ⅰ～Ⅲ类）水质比例 67.9%，与 2016 年相比上升 0.1 个百分点。劣Ⅴ类水质比例 8.3%，与 2016 年相比下降 0.3 个百分点。大江大河干流水质稳步改善。西北诸河和西南诸河水质为优，浙闽河流、长江和珠江流域水质良好，黄河、松花江、淮河和辽河流域为轻度污染，海河流域为中度污染。112 个重要湖泊（水库）中，Ⅰ～Ⅲ类水质的湖泊（水库）70 个，占 62.5%，劣Ⅴ类 12 个，占 10.7%。太湖、巢湖和滇池湖体分别为轻度、中度和重度污染。

　　地下水的 5 100 个水质监测点位中,较好级占半数,达到 51.8%,良好级 23.1%,较差级 1.5%。

　　地级及以上城市 898 个在用集中式生活饮用水水源水质监测断面(点位)中, 90.5%全年水质均达标,其中地表水水源达标率 93.7%,地下水水源达标率 85.1%。

第六章　健康人力资本测量与预测方法比较

人力资本和健康人力资本测量方法和测量标准目前较多,测量角度也有较大差别,通过比较多种测量方法的优缺点,可以更加准确分析各个方法的适用性,从而选出一种或几种较为适用当前中国国情的测量方法。还可通过多种测量方法的比较进行多角度对健康人力资本测量和预测。

第一节　健康人力资本测量及预测方法综述

一、健康人力资本测量及预测方法知识图谱分析

以 CNKI 数据库主题词搜索为例,以"资本"及"方法"为主题词,并将匹配方式设置为"精确"检索,共检索到文献 2 968 篇(本章所有数据均更新于 2019 年 10 月 16 日,下同)。筛选出我国学术界认可度较高且具有学术代表性的 CSSCI 南大核心两大核心数据库为研究对象,选择被引频次在前 200 的文献进行分析。运用知识图谱的科学计量研究方法,并综合利用 CiteSpace、Bicomb2.0、SPSS22.0、Ucinet6.0、Excel 等软件以及 CNKI 平台自带的计量可视化分析功能,以期能够较全面而形象地展示当前健康人力资本领域的学术前沿热点。

基于 CNKI 数据库主题词检索到的 200 篇高引文献。总的来说,我国健康人力资本研究文献数量呈逐年递增趋势,根据文献下载情况来看,下载量最高的是赵延东和罗家德于 2005 年在《国外社会科学》期刊发表的《如何测量社会资本:一个经验研究综述》一文,下载量达 13 577 次。从引用频次看,引用次数最高的为张文宏于 2003 年在《社会学研究》发表的《社会资本:理论争辩与经验研究》一文,引用频次达 828 次。文献来源分布上,最多的为《社会学研究》(8 篇,4%),其次为《管理评论》(7 篇,3.5%)、《管理世界》(6 篇,3%)以及《科技进步与对策》(6 篇,3%)。机构分布上,最多的为南京大学(14 篇,6.7%),其次为中国人民大学(11 篇,5.2%)、中山大学(8 篇,3.8%)、清华大学(8 篇,3.8%)。

利用CNKI平台对全部检索结果进行"计量可视化分析",设置聚类数为3,不同颜色代表不同的簇,节点大小代表该关键词出现频次,连接线粗细及连接线上的数字代表两节点关键词共现频次,得到如图6-1所示关键词共现网络。其中与方法等比较相关关键词出现频次最高的为投入、指标、因子分析、结构方程、因素分析、调查数据、中介变量等高频关键词,代表了资本测量领域的知识网络主要路径。这给健康人力资本的测量方法提供了较好的借鉴。

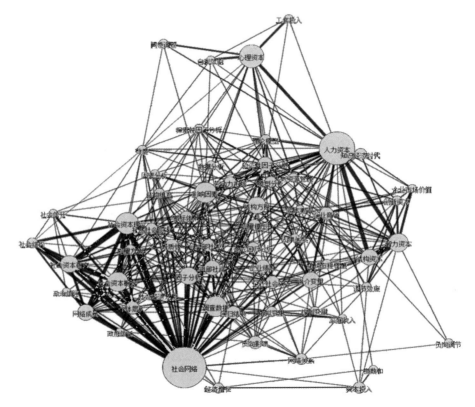

图6-1　人力资本测量方法关键词共现网络

二、健康人力资本测量及预测方法文献分析

关于人力资本的测量方法,主要有如下几种传统的测量方法:历史成本法、重置成本法、机会成本法、内部竞价法、未来工资报酬折现法、调整的未来工资报酬折现法、未来净产值折现法、经济价值法(未来收益法)、随机报酬法、自由现金流折现法(机会价值法)、未来超额利润折现法(非购入商誉法)、教育存量法、技能详细记载法、绩效评估法、行为变数模型。对这些方法的主要内容和优缺点作出简单的归纳与分析。Jack J. Phillips(2005)在对人力资本价值测量时首先采用了ROI(投资回报率)法,该方法先对人力资本进行投资,再以ROI为指导原则,通过计算投资

回报率来衡量人力资本价值。Nancy R. Lockwood(2006)提出用 KPI(关键绩效指标)来显示人力资本的价值。Phan(1995)、Hitt(2001)的以企业的 CEO 或是企业合伙人为测量对象的个体人力资本测量法,Pennings(1998)、Pantzalis(2009)的群体人力资本测量法,这些方法的诞生无疑是对人力资本测量方法的补充和完善。樊培银、徐凤霞(2002)提出了调整后的完全价值法。朱明秀、吴中春(2006)在纵观了传统的计量方法后提出了新思路——逆向评估法[①]。段兴民、张志宏(2004)提出了以 EVA 为内核的企业人力资本价值计量方法。欧阳军(2007)也提出了类似的观点。还有朱必祥(2005)的未来收入现值余数法、李汉通(2007)的折算法、李垣明和刘立新(2007)的总和指标测量法[②]。

关于健康人力资本指标体系的研究,主要基于宏观和微观视角,将健康人力资本指标分为宏观类指标和微观类指标。宏观类指标从国家层面出发,需要解决的是根本性问题,测量对象为一个国家或地区的总人口健康状况。微观类指标则以个人或家庭为研究对象,用具体数据测量个体健康状况。罗凯(2006)通过预期寿命、生活方式、环境状况和卫生服务等,得到健康人力资本与经济增长呈现显著的正相关[③]。谭永生(2007)得出卫生费用投入的增加对经济增长具有显著的促进作用;健康人力资本是区域经济增长差异的重要因素[④]。蒋萍、田成诗和尚红云(2008)通过人口预期寿命、人口死亡率,得到健康人力资本水平是长期经济增长的促进因素[⑤];王建国(2011)通过多维健康指标体系(包括短期疾病冲击、疾病史、身体质量指数、营养摄入),准确揭示我国居民健康水平对劳动参与度的影响[⑥]。王文静、吕康银等(2012)运用每万人拥有的病床数、每万人拥有的医生数、人口死亡率等,得出健康人力资本对经济增长具有促进作用[⑦]。李本钊、范红岗(2017)通过各省份的死亡率、每千人卫生技术人员数,得出健康人力资本对经济增长具有明显促进作用[⑧]。可见,众多学者普遍采用人体变量(包括人体身高指标、体重指标、身高质量指数等)及存活率、死亡率、发病率系数、总体健康和功能状态系数来构建健康人力资本的指标体系。健康人力资本的代理变量见表 6-1。

① 朱明秀.吴中春.逆向评估法:人力资本价值计量的新思路[J].生产力研究,2006(4):268-270.

② 李垣明,刘立新.用综合指标测量人力资本方法初探[J].人口与经济,2007(3):38-42.

③ 罗凯.健康人力资本与经济增长:中国分省数据证据[J].经济科学,2006(4):83-93.

④ 谭永生.人力资本与经济增长:基于中国数据的实证研究[M].北京:中国财政经济出版社,2007.

⑤ 蒋萍,田成诗,尚红云.人口健康与中国长期经济增长关系的实证研究[J].中国人口科学,2008(5):44-96.

⑥ 王建国.中国居民健康对劳动参与的影响——基于多维健康指标的实证分析[J].北京科技大学学报(社会科学版),2011(1):104-119.

⑦ 王文静,吕康银,王迪.教育人力资本、健康人力资本与地区经济增长差异——基于中国省际面板数据的实证研究[J].经济与管理,2012(9):88-93.

⑧ 李本钊,范红岗.健康与经济增长关系研究——基于中国省际面板数据分析[J].中国物价,2017(1):45-47.

表 6-1　健康人力资本的代理变量

相关文献	健康人力资本的代理变量
罗雪梅(2014)	人口总体死亡率
张莉(2012)	短期营养状况、长期营养结构
陈浩(2010)	人均公共卫生支出、人均居民卫生投入
蒋萍,田成诗(2009)	公共卫生支出
王弟海(2012)	人均病床位数
Narayan(2010)	公共卫生支出占 GDP 的比重

　　关于健康人力资本测量方法研究,健康人力资本相关研究日臻成熟,其中关于健康人力资本测量方法的探讨逐渐成为学术界研究热点,众多学者分别从不同角度对其进行深入研究。梁巧(2012)认为,健康人力资本的测量方法有产出法、投入法及复合法,并创建以死亡率、预期寿命、摄入热量、卫生投入等指标的综合健康人力资本指数,以此来测量其对经济增长的影响程度[1]。赵珍(2014)引用时间序列动态均衡关系的协整分析方法测量新疆健康人力资本的发展水平,对新疆健康人力资本投入与经济增长关系进行研究,结果表明健康人力资本与经济发展呈现正比例关系[2]。此外,我国众多学者采用成本法来估算健康人力资本存量,主要以成本总量构成健康人力资本的存量。收益法旨在将健康人力资本在未来的收益折现成当前货币价值,其中李海峥等(2014)采用 J-F 终生收入法来估算中国人力资本总存量[3]。

　　由于人力资本具有能动性,健康人力资本的存量是一个动态和主观能动性发挥的过程,很难像物质资本能够在静态下加以测量。本研究中关于健康人力资本的测量,除了延续经典的人力资本测量方式之外,同时依据健康人力资本的投入产出指标体系,通过构建健康人力资本指数,实现健康人力资本的测量和预测:

$$HHC = f(k, hc) \tag{6-1}$$

　　其中 HHC 表示健康人力资本水平,k 表示个人健康效应,hc 表示个人人力资本水平,$f(\cdot)$ 表示一种产出关系。

　　因此,健康人力资本的测量是一个非常复杂的系统工程。关于健康人力资本指数,本章将使用熵值和 TOPSIS 法相结合对第二章的健康人力资本产出指标体系进行测量。关于人力资本的测量,目前研究中使用最普遍的方法是通过收入法估计人力资本总值和存量,本部分将从收入法入手,分别结合不同思路,研究健康

---

　　①　梁巧.健康人力资本对经济增长的影响[D].桂林:广西师范大学,2012.
　　②　赵珍.新疆人力资本投入与经济增长关系的实证分析[J].经济研究参考,2014(23):42-46.
　　③　李海峥,李波,裴越芳,郭大治,唐棠.中国人力资本的度量:方法、结果及应用[J].中央财经大学学报,2014(5):69-78.

人力资本的发展和变化。

第二节　基于熵值—TOPSIS 法的健康人力资本指数构建

根据前文讨论的关于健康人力资本产出指标体系,包含 10 大部分 32 个指标。本节将利用健康人力资本产出指标体系计算其健康产出指数,见附表 32。在进行分析之前,需要对指标进行标准化处理,以保证所有数据的一致性,"＋",称为递增型指标,表示所用指标的值越大越好;"－",称为递减型指标,表示所用指标的值越小越好。以下对健康人力资本产出指标体系进行详细分析。

一、熵值法评价方法介绍

熵,英文为 Entropy,是德国物理学家克劳修斯在 1850 年提出的,它用来表示一种能量在空间中分布的均匀程度。熵是热力学的一个物理概念,是体系混乱度(或无序度)的量度。应用在系统论中,熵越大说明系统越混乱,携带的信息量越少,熵越小说明系统越有序,携带的信息量越多[1]。

本书采用熵值法进行客观赋权,其根据各项指标的原始数据的离散程度大小来确定权重。即离散程度越大,则对方案评价的作用越大,熵值就越小;反之,如果某项指标的数值越集中,则该指标对方案评价的作用越小,熵值就越大。该方法可以避免人为主观因素造成的误差,同时可以客观地、全方位地反映出数据中的隐含信息,提高指标的分辨率,因此可以根据各项指标的变异程度,利用熵值来计算各个指标的权重,为多指标综合评价提供依据[2]。

(一)标准化评价矩阵构建

假定需要评价健康人力资本 m 年的发展状况,评价指标体系包括 n 个指标。这是个由 m 个样本组成,用 n 个指标做综合评价的问题,便可以形成评价系统的初始数据矩阵:

$$\boldsymbol{X} = \begin{pmatrix} x_{11} & \cdots & x_{1n} \\ \vdots & \ddots & \vdots \\ x_{m1} & \cdots & x_{mn} \end{pmatrix} \tag{6-2}$$

其中 x_{ij} 表示第 i 个样本第 j 项评价指标的数值。

由于各指标的量纲、数量级均有差异,所以为消除因量纲不同对评价结果的影响,需要对各指标进行标准化处理。按照前面给出的"＋"和"－",使用下面的公式实现递增型指标和递减型指标的标准化:

① 段小云.我国大宗农产品价格波动对通胀影响的实证研究[D].济南:山东财经大学,2015.
② 韩尚信.基于 PSR—改进 TOPSIS 模型安徽省资源环境承载力及影响因素耦合协调度研究[D].合肥:合肥工业大学,2018.

递增型指标归一化公式：

$$\dot{x}'_i = \frac{x_i - \min\limits_{0<i<n} x_i}{\max\limits_{0<i<n} x_i - \min\limits_{0<i<n} x_i} (i=1,2,\cdots,n) \tag{6-3}$$

递减型指标归一化公式：

$$x'_i = 1 - \frac{x_i - \min\limits_{0<i<n} x_i}{\max\limits_{0<i<n} x_i - \min\limits_{0<i<n} x_i} = \frac{\max\limits_{0<i<n} x_i - x_i}{\max\limits_{0<i<n} x_i - \min\limits_{0<i<n} x_i} (i=1,2,\cdots,n) \tag{6-4}$$

（二）指标权重的确定

计算第 j 项指标下第 i 年份指标值的比重 y_{ij}

$$y_{ij} = \frac{x'_{ij}}{\sum_{i=1}^{m} x'_{ij}} (0 \leqslant y_{ij} \leqslant 1) \tag{6-5}$$

由此，可以建立数据的比重矩阵 $\boldsymbol{Y} = \{y_{ij}\}_{m*n}$

计算第 j 项指标的信息熵值的公式为：

$$e_j = -K \sum_{i=1}^{m} y_{ij} \ln y_{ij} \tag{6-6}$$

式中，K 为常数，$K = \frac{1}{\ln m}$。

某项指标的信息效用价值取决于该指标的信息熵 e_j 与 1 之间的差值，它的值直接影响权重的大小，信息效用值越大，对评价的重要性就越大，权重也就越大。

$$d_j = 1 - e_j \tag{6-7}$$

利用熵值法估算各指标的权重，其本质是利用该指标信息的价值系数来计算，其价值系数越高，对评价的重要性就越大（或称权重越大，对评价结果的贡献大）。

第 j 项指标的权重为：

$$w_j = \frac{d_j}{\sum_{i=1}^{m} d_j} \tag{6-8}$$

二、改进的 TOPSIS 模型介绍

TOPSIS 法是 Technique for Order Preference by Similarity to Ideal Solution 的缩写，即接近于理想解的技术，是系统工程中有限方案多目标决策分析的一种常用方法，可用于效益评价、决策和管理等多个领域[①]。

TOPSIS 是 C.L.Hwang 和 K.Yoon 于 1981 年首次提出，该方法是根据评价对象与理想化目标的接近程度进行排序。TOPSIS 法只要求各指标具有递增（或递减）性就行。它的基本思路是首先找到问题的正理想解和负理想解，然后检验可行方案与正和负理想解的距离。正理想解一般是设想最好的方案，它所对应的各个

---

① 向雨川，杨晓霞.基于 TOPSIS 法的渝东南民族地区旅游发展潜力评价研究[J].西南师范大学学报（自然科学版），2018(12)：67-74.

属性至少达到各个方案中的最好值；负理想解是假定最坏的方案，其对应的各个属性至少不优于各个方案中的最劣值。把实际可行解和正理想解与负理想解作比较，若某个可行解最靠近正理想解，同时又最远离负理想解，则此解是方案集的满意解[①]。

（一）归一化评价矩阵构建

TOPSIS法进行评价时，要求所有指标变化方向一致，将递减型指标转化为递增型指标。设初始数据矩阵为：

$$X = \begin{pmatrix} x_{11} & \cdots & x_{1n} \\ \vdots & \ddots & \vdots \\ x_{m1} & \cdots & x_{mn} \end{pmatrix} \tag{6-9}$$

转化方法常用倒数法，即令原始数据中递减型指标 $x_{ij}(i=1,2,\cdots,n;j=1,2,\cdots,m)$，通过 $X'_{ij}=\dfrac{100}{X_{ij}}$ 变换而转化成递增型指标，然后建立标准化后的原始数据表，对标准化后的原始数据矩阵进行归一化处理，并建立相应矩阵。其指标转换公式为：

$$a_{ij} = \frac{X'_{ij}}{\sqrt{\sum_{i=1}^{n}(X'_{ij})^2}} \text{（原递减型指标）} \tag{6-10}$$

$$a_{ij} = \frac{X_{ij}}{\sqrt{\sum_{i=1}^{n}X_{ij}^2}} \text{（原递增型指标）} \tag{6-11}$$

式中 X_{ij} 表示第 i 个评价对象在第 j 个指标上的取值，X'_{ij} 表示经倒数转换后的第 i 个评价对象在第 j 个指标上的取值。由此得出经归一化处理后的 A 矩阵为：

$$A = \begin{bmatrix} a_{11} & a_{12} & \cdots & a_{1m} \\ a_{21} & a_{22} & \cdots & a_{2m} \\ \cdots & \cdots & \cdots & \cdots \\ a_{n1} & a_{n2} & \cdots & a_{nm} \end{bmatrix} \tag{6-12}$$

（二）计算加权矩阵

将归一化之后的矩阵与熵值法计算出的权重矩阵相乘，得到加权判断矩阵

$$A = \begin{bmatrix} a_{11}\times w_1 & a_{12}\times w_1 & \cdots & a_{1m}\times w_1 \\ a_{21}\times w_2 & a_{22}\times w_2 & \cdots & a_{2m}\times w_2 \\ \cdots & \cdots & \cdots & \cdots \\ a_{n1}\times w_n & a_{n2}\times w_n & \cdots & a_{nn}\times w_n \end{bmatrix}$$

---

① 肖云梅.基于TOPSIS的公路货运枢纽布局优化分析[J].交通科技与经济,2013(6):66-69.

$$= \begin{bmatrix} d_{11} & d_{12} & \cdots & d_{1m} \\ d_{21} & d_{22} & \cdots & d_{2m} \\ \cdots & \cdots & \cdots & \cdots \\ d_{n1} & d_{n2} & \cdots & d_{nm} \end{bmatrix} \tag{6-13}$$

（三）正负理想解的确定和效用值计算

根据加权判断矩阵获取评估目标的正负理想解，其计算方法如下：

最劣方案 $\boldsymbol{A}^- = (d_{i1}^-, d_{i2}^-, \cdots, d_{im}^-)$；最优方案 $\boldsymbol{A}^+ = (d_{i1}^+, d_{i2}^+, \cdots, d_{im}^+)$

分别计算诸评价对象所有各指标值与正负理想解的距离：

$$D_i^- = \sqrt{\sum_{j=1}^m (d_{ij}^- - d_{ij})^2} \tag{6-14}$$

$$D_i^+ = \sqrt{\sum_{j=1}^m (d_{ij}^+ - d_{ij})^2} \tag{6-15}$$

式中 D_i^+ 与 D_i^- 分别表示第 i 个评价对象与正负理想解的距离。

计算诸评价对象与最优方案的接近程度 C_i，其计算公式如下：

$$C_i = \frac{D_i^-}{D_i^+ + D_i^-}, 0 \leqslant C_i \leqslant 1, i = 1, 2, \cdots, n \tag{6-16}$$

C_i 在 0 与 1 之间取值。于是，X_i 愈靠近正理想解，C_i 愈接近于 1；反之，愈接近负理想解，C_i 愈接近于 0。本研究中将 C_i 作为健康人力资本产出效用值。

从决策理论和方法中看，多目标综合评价的方法有很多，并各有其应用价值。在诸多的评价方法中，TOPSIS 法对原始数据的信息利用最为充分，其结果能精确的反映各评价方案之间的差距，TOPSIS 对数据分布及样本含量，指标多少没有严格的限制，数据计算亦简单易行。不仅适合小样本资料，也适用于多评价对象、多指标的大样本资料。利用 TOPSIS 法进行综合评价，可得出良好的可比性评价排序结果[1][2][3][4][5][6]。

第三节　基于收入法的我国人力资本存量测量

最早用收入法估算人力资本的是 Petty，他估算出 1690 年英国人力资本存量为 5.2 亿英镑，人均 80 英镑。虽然其方法简单，但引发了一系列估计人力资本货币价值的研究。基于收入法的代表性研究主要有：Farr（1853）、Dublin 和 Lotka

---

[1]　综合评价方法—《互联网文档资源（http://wenku.baidu.c）》.

[2]　数学模型总结—百度文库—《互联网文档资源（http://wenku.baidu.c）》.

[3]　肖云梅.基于 TOPSIS 的公路货运枢纽布局优化分析[J].交通科技与经济,2013(6):66-69.

[4]　胡宗义,赵丽可,刘亦文."美丽中国"评价指标体系的构建与实证[J].统计与决策,2014(9):4-7.

[5]　付一宁,雷海,陆敏.基于 TOPSIS 分析法的人民银行电子化设备采购管理绩效评价研究[J].海南金融,2014(11):62-65+88.

[6]　陈汗龙,吴晓朝,赵明洋,聂文文.基于 TOPSIS 算法的防空通信网络系统效能评估[J].火力与指挥控制,2016(7):140-143.

(DL,1930)、Wickens(1924)、Graham 和 Webb(GW,1979)、Jorgenson 和 Fraumeni(JF,1989、1992)等的研究。因此,本部分将基于平均工资水平(人均收入)和改进收入法对我国人力资本进行测量。其中,平均工资水平法简单易操作,改进收入法借鉴多家经验,与时俱进,因此测量结果虽各有千秋,但意义更加深入具体。

和物质资本一样,人力资本的价值也可以测量。目前主要考虑两个方面来测量:一是从人力资本存量,它是初始的存量加上总投资减去折旧,称为人力资本测量的成本法;二是将人力资本看作是整个生命周期中收入流的净现值,称为人力资本测量的收入法。人力资本测量的收入法的产生要早于成本法,收入法是以所获得的收入价值来衡量人力资本。最早的收入法估算人力资本的思想来自 William Petty(1676)的《政治算术》,它明确提出将人视为资产,通过计算人的劳动使人具有人力的货币价值,从而估算国家的人力资本总值。这是第一次国家人力资本量的估算尝试[①]。本部分首先基于此思想,通过平均工资水平(人均收入)对人力资本进行测量,利用《中国统计年鉴》数据的收集,整理成附表35。

从计算结果可以发现,全国人力资本总值上处于不断增长的趋势。至2017年,我国人力资本总值达到46,856万亿元。其中,农村人力资本总值为15.3万亿元,城镇人力资本总值为31.56万亿元,分别占实际全国人力资本总值的32.65%和67.35%。基于平均工资水平(人均收入)的人力资本测量实际上为人力资本所获得的价值总和。以历史数据为依据,根据实际工资水平记录人力资本价值,通过费用的总和能够表明我国经济和社会的发展现状,得出我国人力资本的信息,使得人力资本信息与其他资本信息具有可比性。

平均工资对不同人力资本的影响,可以通过2000年到2017年的数据进行比较来显示。从附图28的曲线趋势来看,人力资本总值以抛物线形式增加,其抛物线斜率趋势显示先逐渐递增后逐渐减少,表明增量的变化趋势放缓,这与国家政策和社会经济发展趋缓和人口的红利消失有一定的相关性。城镇人力资本总值和农村人力资本总值也产生出多项式趋势的结果。数据的变化主要来自基于平均工资水平的快速增长,其平均增长速度达到10%以上,促进了人力资本总值的增长。其中就业人口的变化基本按照线性回归趋势发展,趋势较稳并均衡,平均增长速度为3.6%。

下面考虑人力资本总值与国内生产总值(GDP)发展的对比。收入法核算GDP,就是从收入的角度,把生产要素在生产中所得到的各种收入相加来计算的GDP,即把劳动所得到的工资、土地所有者得到的地租、资本所得到的利息以及企业家才能得到的利润相加来计算GDP[②]。因此,人力资本总值可以与国民总收入和GDP进行比较,挖掘人力资本的贡献。依据计算,与各国民总收入和国内生产

---

① 裘越芳.人口年龄结构、人力资本及中国经济增长[D].北京:中央财经大学,2017.

② 高志强,齐刚毅.地级市经济增长、人均收入与烟草消费关系研究[J].市场研究,2014(1):48-51.

总值的对比情况如附表 35、附图 29 所示。

随着中国产业转型升级的加快，人力资本逐渐成了中国 GDP 增长的发动机。人力资本占国内生产总值的比例从 2000 年的 38.04%，增长到 2017 年的 56.65%，并且发展势头迅猛，受国家人才政策的影响，优质人力资源的供求已经开始出现不均衡状态。构建数量充足、结构合理、素质较高的人才大军，特别是加大对科技人才的激励，促进科技人才资源向人力资本转化，推动人力资本积累实现阶段式跨越和经济社会跨越式发展具有非常重要的意义。

第四节　基于改进收入法的我国人力资本存量测量

知识经济新时代，在寻求新的经济社会发展方式的努力中，人力资本所有者所进行的创新活动是任何生产要素所无法比较的，人力资本积累是经济持续增长的决定性因素和产业发展的真正源泉（Lucas，1988），人力资本是社会生产力发展的最有效形式。然而，由于人力资本的人身依附性和不可观测性，其存量不能直接得到，所有的存量估计都是间接的和有偏的。准确估算人力资本存量是宏观经济分析的重要前提。国内外学者对其内涵尚未达成共识，对选择何种指标来表征该变量也未达成一致的意见，不同的估算思路和测度方法存在巨大的差异。

常用的人力资本存量估算方法有教育指标法、成本法和收入法三种。但是，正如 Wobmann 在 *Specifying Human Capital* 中所述，教育指标法对实际研究中人力资本存量的衡量结果进行审查后发现，人力资本几乎没有得到很好的体现。Tranh 对成本法和收入法都有精彩的评述：成本法与收入法都存在一定的缺陷，相比较而言，收入法最为合理。

人力资本的提出者 Petty（1690）虽没有对人力资本进行明确的定义，但他提出的人力资本具有价值，这些价值表现为个人预期收入的贴现值的思想，为学者们研究人力资本存量提供了依据。Farr（1853）将人力资本货币值视作其未来收入流的资本化与个人生活消费的净差额，并根据生命表进行死亡率调整，同时使用 5% 的贴现率，Dublin 和 Lotka 按照 Farr 的方法，提出了一个估计个体在出生时的人力资本价值和个体在 a 岁时的总人力资本公式：

$$v_0 = \sum_{x=0}^{\infty} \frac{p_{0,x}(y_x E_x - c_x)}{(1+i)^x} \tag{6-17}$$

$$V_a = \sum_{x=a}^{m} \frac{P_{a,x}(y_x E_x - c_x)}{(1+i)^{x-a}} \tag{6-18}$$

其中 i 为利率，$P_{0,x}$，$P_{a,x}$ 分别为个体从出生和任意特定年份 a 到 x 岁的概率，

y_x是个体从x岁到$x+1$岁的年度收入,E_x为x年的年度就业率,c_x是维持成本[①]。Weisbrod(1961)修改 Dublin 和 Lotka 的公式后得到:

$$V_a = \sum\nolimits_{x=a}^{74} \frac{Y_x W_x P_{a,x}}{(1+r)^{n-a}} \qquad (6-19)$$

其中,V_a为个体在年纪a的未来预期收入现值或人力资本存量值,Y_x和W_x分别是年纪x的平均收入和就业率,$P_{a,x}$为个体从a岁到x岁的生存概率,r为贴现率,退休年纪为 75 岁。Wickens(1924)估计出总的居民未来获得的收入流贴现值,并将之作为人力资本,他将人口分为宽泛的三个组:成年人(男性 18~64、女性 18~59)、未成年人(18 岁以下)、老年人,分别估算三个组中个人平均的人力资本存量,然后用各组总人口的中位数作为权重对各组收入(即人力资本)加权,得到总的人力资本存量[②]。而 Graham 和 Webb(1979)将经济增长率、教育纳入模型,得到人力资本计算公式:

$$PV_x^i = \sum\nolimits_{x=a}^{74} \frac{Y_x^i W_x^i P_{xt}^i (1+g_k^i)}{(1+r_k^i)^{x-a}} \qquad (6-20)$$

其中,PV_x^i是个体在年纪x岁具有特征向量i的现值,r_k^i和g_k^i分别是利率和经济增长率。Jorgenson-Fraumeni(1989,1992)扩展了 GW 的方法,提出一种迄今为止最为全面、基于收入的人力资本测算方法:J-F 收入法。J-F 收入法和 GW 方法都假定:x岁的人在未来第n年的收入将等于目前同样性别、同样教育程度并调整实际收入增长和生存概率的$x+n$岁的人的收入。但 J-F 收入法简化了贴现未来收入的过程:从当期来估计教育投资对受教育者一生收入的影响,并从此收入汇总得出受教育者的人力资本存量[③][④][⑤]:

$$MI_{(y)} = \sum\nolimits_s \sum\nolimits_a \sum\nolimits_e mi_{y,s,a,e} L_{y,s,a,e} \qquad (6-21)$$

$L_{y,s,a,e}$表示y年,性别为s,年龄为a,受教育程度为e的人口数,mi为各阶段人群的预期未来收入量[⑥]。

国外基于收入法测量人力资本的研究较多,并取得较完善的成果,相对于国外,我国由于经济和区域发展的不平衡,基于收入法测量人力资本的研究还不是很成熟。而王德劲、刘金石和向蓉美(2006)结合 Weisbrod(1961)和 Wickens(1924)的估计方法,综合一定的假设条件,基于收入法进行人力资本存量测量。此方法相对之前的研究较为简单,具有可操作性,研究尽量舍弃人力资本的内部结构,使用宏观数据进行人力资本存量和均值的测量,测量结果具有一定的可信度,同时得到

①　王德劲,刘金石,向蓉美.中国人力资本存量估算:基于收入方法[J].统计与信息论坛,2006(5):68 - 74.

②　王德劲.我国人力资本测算及其应用研究[D].成都:西南财经大学,2007.

③　中国人力资本存量估算—《互联网文档资源(http://wenku.baidu.c)》。

④　吴秋洁.基于 J-F 收入法的人力资本测度及其对五省经济增长的影响研究[D].长沙:湖南大学,2011.

⑤　徐珊.基于 J-F 收入法测算的山东省人力资本特点分析[J].生产力研究,2015(11):32 - 35.

⑥　吴秋洁.基于 J-F 收入法的人力资本测度及其对五省经济增长的影响研究[D].长沙:湖南大学,2011.

了国内外学者的普遍认可。公式如下:

$$PV_t = \sum_{i=0}^{62-\overline{a}} \frac{y_t(1-P_{t,\overline{a}+i})(1+\overline{g})^i}{(1+r)^i} \tag{6-22}$$

式中 PV_t 为 t 年的人力资本存量。因此本研究将在此公式基础上修正后分析我国人力资本存量测量。

第五节　健康人力资本预测方法比较

我国未来健康人力资本的变化受很多因素的制约,较为复杂且具有一定的不确定性,灰色理论是适合我国健康人力资本预测的方法之一,见附表31。

灰色系统理论(Grey System Theory),是一种研究系统结构层次不清晰、样本数据量少、信息相对匮乏、具有不确定性的方法,其优点显著,可应用到分布不规律的小样本研究,在预测过程中工作量小,能量化问题并对问题未来的发展做出分析和预测,且预测结果在定性和定量上差异也相对较小,精准度高。

灰色系统理论在农业生产、工业制造、工程建筑、交通运输、卫生医疗、旅游服务、人口预测等不同学科和领域具有极其广泛的应用。该理论研究对象的特征介于白色系统和黑色系统之间,即处于信息完全已知和信息完全未知之间。其研究内容主要包括建模理论、灰色因素的关联分析理论、灰色预测理论和决策理论、灰色系统分析和控制理论、灰色系统的优化理论等。其中,灰色预测常使用灰色模型(Grey Model)中的 $GM(1,1)$ 模型进行定量分析。

由于我国健康人力资本的预测受很多因素的影响,误差在所难免,因此,需要采用多种预测方法进行预测,以便相互验证,提高预测结果的稳定性。

由于我国健康人力资本预测的影响因素较多,且相互关系比较复杂,是一个复杂的系统工程,而神经网络的研究方法是研究这种问题的有效方法之一。神经网络是一种模仿生物大脑神经系统功能的运算模式,本节运用神经网络中的较为成熟的 BP 网络对我国健康人力资本进行预测。

BP 网络(Back-ProPagation Network)又称反向传播神经网络,属于单向传播的多层前馈型神经网络结构,它是一种应用较为广泛和成熟的神经网络模型。该模型通常通过样本数据的误差反向传播方法训练,不断修正网络权值和阈值使误差函数沿负梯度方向下降,逼近期望输出。多用于函数逼近、模型识别分类、数据压缩和时间序列预测等。

BP 神经网络是具有 3 层或 3 层以上神经网络,包括输入层、中间层(隐层)和输出层,输入向量是指将输入的信息,输出向量指输出的信息,即信息在神经元链接中传输、分析以及权衡,形成输出结果。输入和输出神经元是依据输入向量和研究目标而定。若输入向量有 m 个神经元素,则输入层的神经元可以选为 m 个,隐

含层神经元个数 n 和输入神经元层神经元个数 m 之间可以按照 $n=2m+1$ 的关系来选取。

系统动力学(System Dynamics)是建立在系统论、信息论、结构论和控制论、反馈理论等基础之上,研究复杂社会经济系统的一门综合学科,其方法模型被广泛应用在工业制造、供应链管理、环境和资源利用、企业战略等领域。

系统动力学被称为公共政策的仿真实验室,研究过程中,可建立仿真模型,对被研究的系统进行长期的实际观测,借助计算机模拟技术,定性和定量有机结合,对系统未来的信息进行预测。此类的研究方法适用于数据收集不充足、信息难以量化、周期性较长、规律可推算的复杂的社会经济问题。

在系统动力学方法中,常用到因果关系图和存量流量图来分析系统内部要素的因果关系以及系统内部结构变化和反馈特征,进一步可反映出系统功能和行为模式,找到问题根源或对系统做出相应的科学解释。健康人力资本的预测是个系统工程,本节用系统动力学来对我国健康人力资本进行预测和敏感度分析。

第七章 健康人力资本测量

党的十九大以来,习近平总书记多次强调人力资本开发、人力资本投入和人力资本服务等的重要性,人力资本成为"增长引擎"功能的关键点。因此,本部分以健康人力资本指数构建以及人力资本存量的测量为两条研究主线,综合得出我国健康人力资本存量的发展情况,并进而对健康人力资本的时序和产出结构进行了探讨。在此基础上,对 OECD 国家健康人力资本指数进行测量,从而得到不同OECD 国家健康人力资本指数的比较,发现其中的差距。

第一节 基于熵值—TOPSIS 法的健康人力资本指数研究

从健康人力资本的内涵可以得出,健康人力资本是投入生产过程的并带来产出效应价值的资本,因此,健康人力资本的测量,首要考虑的是健康人力资本的产出状况,这可以通过第五章健康人力资本的产出指标体系进行挖掘和实现。而产出指标体系的 31 个指标包含着大量不能直接加总或不能直接对比的因素,为了综合反映和研究健康人力资本总的变动方向和变动程度,本部分在产出指标体系基础上,首先构建健康人力资本指数。健康人力资本指数具有独特功能,它既可以分析和测定数量指标,也可以分析质量指标变动对健康人力资本总体变动的影响。因此,本节主要通过熵值法和改进的 TOPSIS 法测量健康人力资本指数,以期对多指标复杂的健康人力资本进行综合测评,见附表 32。

一、基于熵值法的健康人力资本权重分析

熵值法能够深刻反映出指标信息熵值的效用价值,从而确定权重,这符合健康人力资本测量的初衷。因此,依据以上分析,本节利用熵值法计算健康人力资本产出指标的权重。熵值法通过计算指标的熵值,依据是指标的熵值越小,能反映的信息量越大,同时权重也更高。下面以健康人力资本产出(测量)指标的数据为样本,采用熵值法对 31 个二级指标和相应权重进行计算,结果见附表 33,步骤如下。

　　第一步,根据前文讨论的关于健康人力资本产出(测量)指标体系,对指标进行标准化处理,以保证所有数据的一致性。按照指标的递增和递减性进行标准化(公式见第六章),指标数据的最优值基本出现在 2016 年和 2017 年,表明从人民的健康人力资本产出(测量)指标来看,所有产出都基本表现出向好发展的趋势,见附表34。其中生理健康下采集的指标,期望寿命、孕产妇死亡率在对比的年份中逐渐达到最优,但数据上也反映居民两周就诊率、慢性病患病指数和住院率有反复的波动。从心理健康情况来看,目前精神疾病发病率和每千人人口执业(助理)医师较好,但自杀率却在低谷。从社会适应情况看,工作满意度指数、城市基本公共服务满意度、人际交往满意度都达到了最优。从道德健康情况看,中国信用小康指数达到最优,但刑事案件数仍有提升空间。从劳动力素质情况看,万人拥有专业技术人员数、36～55 岁从业人员所占比例、人均受教育年限、在校大学生人数都在稳步增长,但仍有改进的空间,其中从事教育工作人员所占比例还需要更大的改善和提升。从科技成果情况看,万人规模以上企业新产品开发项目数和万人拥有发明专利数达到最优,R&D 课题数情况良好。从经济情况看,人均可支配收入和劳动生产率都达到最优。从迁移情况看,人均居住面积和人均交通费都趋于最优。从生活方式情况看,城乡居民人均周锻炼次数趋于最优,但吸烟率还有改变空间,成人肥胖率不容乐观。从环境情况看,水(环境)功能区达标率已达到最优,空气达标率、绿化覆盖率还可以更好。

　　第二步,在各项指标数据标准化的基础上,建立比重矩阵,并计算信息熵值,其中 $m = 31$。则指标的信息效用价值为该指标的信息熵与 1 之间的差值,它的值直接影响权重的大小。指标的信息效用价值越大,对评价的重要性就越大,权重也就越大。计算结果如表 7-1 所示。

表 7-1　健康人力资本的指标权重分布

指标/权重	熵值 S_i	d_j	权重 w_j
期望寿命	0.8394	0.1606	0.0406
居民两周就诊率	0.9202	0.0798	0.0202
慢性病患病指数	0.9208	0.0792	0.0200
住院率	0.9381	0.0619	0.0156
精神疾病发病率	0.9553	0.0447	0.0113
自杀率	0.8310	0.1690	0.0427
每千人口执业(助理)医师	0.9202	0.0798	0.0202
工作满意度指数	0.9135	0.0865	0.0219
城市基本公共服务满意度	0.9086	0.0914	0.0231
人际交往满意度	0.5848	0.4152	0.1050

（续表）

指标/权重	熵值 S_i	d_j	权重 w_j
刑事案件数	0.7968	0.2032	0.0514
中国信用小康指数	0.7115	0.2885	0.0729
从事教育工作人员所占比例	0.9368	0.0632	0.0160
万人拥有专业技术人员数	0.8201	0.1799	0.0455
36～55 岁从业人员所占比例	0.9532	0.0468	0.0118
人均受教育年限	0.8970	0.1030	0.0260
在校大学生人数	0.9200	0.0800	0.0202
R&D 课题数	0.9202	0.0798	0.0202
万人规模以上企业新产品开发项目数	0.8617	0.1383	0.0350
万人拥有发明专利数	0.7964	0.2036	0.0515
人均可支配收入	0.9188	0.0812	0.0205
劳动生产率	0.9202	0.0798	0.0202
人均居住面积	0.9194	0.0806	0.0204
人均交通费	0.8957	0.1043	0.0264
吸烟率	0.9200	0.0800	0.0202
城乡居民人均周锻炼次数	0.8527	0.1473	0.0372
成人肥胖率	0.9143	0.0857	0.0217
空气达标率	0.9602	0.0398	0.0101
绿化覆盖率	0.8046	0.1954	0.0494
水(环境)功能区达标率	0.7280	0.2720	0.0688

从表 7-1 可以得出,健康人力资本产出(测量)的各指标是趋于发展的,在最近 17 年间进行比较,2017 年已经有 17 个指标达到最优,5 个指标趋于最优。由于起步较晚,在经历了之前的投入和发展阶段之后,人民的健康人力资本已经开始进入可持续发展阶段。指标权重的变化反映了指标在健康人力资本产出中的发展变化。其中权重排在前 10 位的分别为人际交往满意度、中国信用小康指数、水(环境)功能区达标率、万人拥有发明专利数、刑事案件数、绿化覆盖率、万人拥有专业技术人员数、自杀率、期望寿命和城乡居民人均周锻炼次数。

从表 7-1 中的第三列可知,权重排在第一位是人际交往满意度,说明近 17 年来我国的人际交往满意度的不确定性较小,变化较稳定,在整个指标体系中的效用价值最高。其次是中国信用小康指数,说明我国人民的诚信程度和诚信形象的离散程度较小,向全面建设小康社会的目标前进的步伐越来越近。然后是水(环境)功能区达标率,近几年一直处于逐渐增长的状态,环境越来越受重视,人居环境越来越好。

相对来说数据离散程度较大的后三位指标为36~55岁从业人员所占比例、精神疾病发病率、空气达标率,其中受人口政策和创新驱动发展战略的影响,我国36~55岁从业人员所占比例目前处于较高状态,变化幅度较大。而同时受全面健康和医疗卫生体制改革的影响,我国精神疾病发病率下降较快。环境改变是大家共同的努力结果,空气达标率的大幅度变化是千年大计。

指标的权重变化,会影响其所属上一级指标的权重分配,分析表7-1中权重排名前十位的指标,分别来自社会适应、道德健康、环境、科技成果、劳动力素质、心理健康、生理健康和生活方式等一级指标,涵盖了10个一级指标中的大部分。利用上表分别计算10个一级指标的综合权重,结果见图7-1。

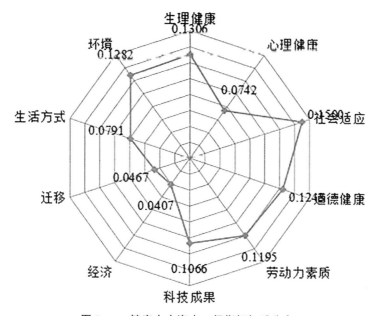

图 7-1　健康人力资本二级指标权重分布

从图7-1蛛网图的格局可以看出,在10个一级指标的权重中,社会适应的权重最大,其次是生理健康和环境影响,这说明目前在健康人力资本的影响因素中,最需要提升的是人民的社会适应情况,基层民主更加健全,社会秩序良好,人民必然安居乐业,健康人力资本的提高不言而喻。环境保护的影响也是非常重要的一环,人人参与生态保护,生态环境得到改善,促进人与自然的和谐,必将推动整个社会走上生态良好、健康有序的可持续发展之路。社会适应、生理健康和环境保护指标的权重之和占总体的40.88%,对整个健康人力资本的发展起引领作用。然后分

别是道德健康、劳动力素质、科技成果、生活方式、心理健康、迁移和经济，占总体的
59.12%，人民的思想道德素质、科学文化素质和健康素质提高，促进人的全面发展，为健康人力资本的未来发展助力。

二、基于改进 TOPSIS 法的健康人力资本指数分析

根据前文 TOPSIS 法的计算过程，利用熵值法的权重，计算加权矩阵。在加权矩阵的基础上，得出各个指标的正负理想解，然后在计算年度综合数据到正负理想解的距离，得到健康人力资本产出水平各年度正负理想解。再计算年度健康人力资本产出与正理想解的相对贴近度，健康人力资本产出效用值与贴近度呈正相关，贴近度越大，说明健康人力资本产出水平越高，也就是效用值越大。当 $C_i = 0$，健康人力资本产出效用值离正理想解最远，换言之，健康不完善，经济发展方式粗放，生态环境恶化等等，健康人力资本产出效用值最低；相反，$C_i = 1$，说明健康人力资本产出效用值达到了最优状态。经过几轮运算后，给出健康人力资本产出绩效，即健康人力资本指数，如图 7 - 2。

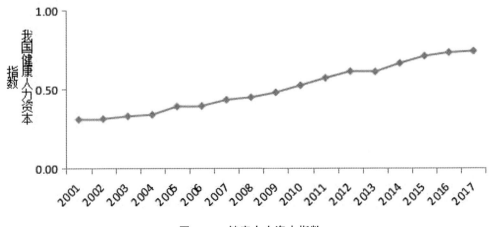

图 7 - 2　健康人力资本指数

图 7 - 2 为通过 2001—2017 年 31 个评价指标数据，基于熵值—TOPSIS 法计算得到的人民健康人力资本指数情况。从图中可以看出，2001—2017 年人民健康人力资本指数表现为"前期平稳，中间增速加大，后期快速提升"的变化趋势，整体上升态势较为明显。这与近年来国家的"健康中国"建设大方针所契合，也说明我国致力于"健康中国"建设取得一定的成效，显示出健康人力资本发展向好的大趋势。

可以发现，人民健康人力资本指数在 2013 年前后有所波动，但波动程度不大，并且总体水平逐渐提高。2012 年之前，人民健康人力资本指数较低（<0.6），该时期是我国经济快速发展期，此时对健康人力资本的重视程度有所降低，该项事业的发展也未有良好的表现与成果。自 2012 年起，我国健康人力资本建设开始了优质

高效的发展,变化趋势显著,经过近五年的发展,2017年的健康人力资本指数达到0.7379。由此说明,在我国GDP跃居全球第二的同时,国内整体的社会经济发展向好,各项事业发展顺利,健康人力资本发展程度显著提高。健康人力资本指数的数值变化逐渐增大,表明了我国对健康人力资本建设有了更加科学的规划,注意到在健康人力资本发展中整体与部分之间的关系,更加强调健康人力资本作为一个系统进行整体协调发展的重要意义。

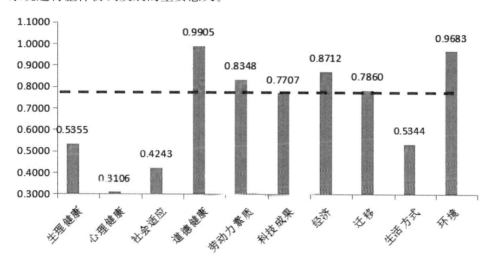

图7-3 2017年健康人力资本指数维度情况

对于健康人力资本指数的各维度,从图7-3结果可以看出,我国健康人力资本指数维度发展不均衡,其中排前三位的道德健康指数达到0.9905,环境指数为0.9683,经济指数为0.8712;其次是劳动力素质指数0.8348,迁移指数0.7860,以及科技成果指数为0.7707,都大于整体的健康人力资本指数0.7379。但不均衡之处在于还有四个指数维度低于整体的健康人力资本指数0.7379,分别为心理健康0.5355,生活方式0.5344,社会适应0.4243和心理健康0.3106,这些对健康人力资本指数提升具有制约作用,未来发展将作为首要考虑的因素。

第二节 基于改进收入法的我国人力资本存量测量

一、基于改进收入法的研究假设

依据前文的人力资本存量计算公式,特制定以下基本假定,并进行符号的改进,以期更符合研究的本意:

(1)本方法从宏观整体角度考虑人力资本存量,因此假定某国或某地区劳动年龄人口为一个整体，不考虑维持成本，某年预期收入的贴现值，即为该国或该地区该年的人力资本存量；该整体某年的收入即为该国或该地区居民现期总收入，现时年龄即为现期该地区所有劳动年龄人口的平均年龄[①]。

（2）假定全体人口分为三个年龄群。即 0～14 岁的未成年人群、劳动年龄群（其中包括 15～64 岁的男性和 15～59 岁的女性）和退休年龄群（65 岁以上男性和 60 岁以上女性）。其中未成年人群和退休年龄群没有劳动收入，全部居民收入都由劳动年龄群的收入获得。

（3）假定当年各年龄人口的死亡率为该年龄人口在未来的死亡概率。例如，假设 2017 年劳动力人口的平均年龄为 30 岁，其多生存 1 年的死亡概率为 2017 年 31 岁人口死亡率，多生存 2 年的死亡概率为 2017 年 31 岁人口死亡率等等。

（4）考虑到延迟退休的影响，假定贴现年数为 62 减去劳动力人口平均年龄。如果分男、女计算，则男性贴现年数为 65 减去男性劳动力人口平均年龄；女性贴现年数为 60 减去女性劳动力人口平均年龄。

（5）由于数据的可得性，假定人口的死亡率变化是平稳的，在相近的年龄段死亡率变化不大，因此分年龄段进行人口死亡率的收集。

根据上述假定，本课题研究的人力资本范围仅限于进入市场的活动，不包括家务劳动在内的非市场活动，且不考虑就业率，如 Conrad 所认为：在充分就业与仅有一半就业时，人力资本存量是一样的；同时，失业对人力资本存量也没有影响。实际上，失业对本文使用的居民总收入数据有影响，而对人力资本存量是没有影响的。

据此，根据前文讨论，适当调整生存概率和收入增长率，考虑到预期寿命和延迟退休影响，得到该地区人力资本存量值，测量公式如下：

女性人力资本存量：
$$HCS_t = \sum_{i=0}^{60-\bar{a}} \frac{y_t(1-P_{t,\bar{a}+i})(1+\bar{g})^i}{(1+r)^i} \qquad (7-1)$$

男性人力资本存量：
$$HCS_t = \sum_{i=0}^{65-\bar{a}} \frac{y_t(1-P_{t,\bar{a}+i})(1+\bar{g})^i}{(1+r)^i} \qquad (7-2)$$

城镇人力资本存量：
$$HCS_t = \sum_{i=0}^{63-\bar{a}} \frac{y_{1t}(1-P_{t,\bar{a}+i})(1+\bar{g})^i}{(1+r)^i} \qquad (7-3)$$

农村人力资本存量：
$$HCS_t = \sum_{i=0}^{63-\bar{a}} \frac{y_{2t}(1-P_{t,\bar{a}+i})(1+\bar{g})^i}{(1+r)^i} \qquad (7-4)$$

总人力资本存量：
$$HCS_t = \sum_{i=0}^{63-\bar{a}} \frac{y_t(1-D_{t,\bar{a}+i})(1+\bar{g})^i}{(1+r)^i} \qquad (7-5)$$

式中 HCS_t 为 t 年的人力资本存量，$\bar{a}$ 为 t 年劳动年龄人口的平均年龄，y_t 为一地区居民第 t 年实际总收入，$D_{t,\bar{a}+i}$ 为 t 年 $\bar{a}+i$ 岁人口的死亡率，$\bar{g}$ 为居民实际收入增长率，r 为贴现利率。

---

① 王德劲. 我国人力资本测算及其应用研究[D]. 成都：西南财经大学，2007.

二、我国人力资本的相关数据描述

根据人力资本存量公式,需要估算的数据有实际总收入 y_t、劳动年龄人口的平均年龄、死亡率和贴现利率 r,根据上述假定条件,这些变量或参数均可通过估算得到:

(一)居民实际总收入

由于没有各年龄人口的收入数据,精确收入方法在中国难以使用,所以课题组做了第一条假定,假定整个劳动力人口为一个"整体",则其收入为当期所有居民的实际总收入。历年《中国统计年鉴》中给出了我国城、乡居民人均名义收入和我国总人口收入。根据公式(式中,n_1、n_2 分别为城、乡人口数,Y_1、Y_2 分别为城、乡人均收入,见附表 35)计算我国名义总收入。

费雪(Fisher)在 20 世纪 60 年代就指出人们的工资收入分为名义收入与实际收入,名义收入是指从雇主获得的薪酬,实际收入是指这些薪酬通过消费使人获得真正的收入,譬如吃了食物长了身体,花钱买了享受。

名义收入与实际收入的差别体现在通货膨胀上面。当出现通货膨胀的时候,货币会贬值,商品价格会上涨,那么获得的收入就只是名义收入,因为同样数目的钱能购买的消费品会比通货膨胀发生之前的少。也就是说实际收入比以前减少了。所以课题组使用通货膨胀率对名义收入进行缩减,将其调整为实际总收入。

改革开放 40 年,我国城镇人口增加了 6.4 亿人,增长了近 4 倍。至 2016 年,我国城区常住人口达到或突破 100 万大关的有 89 个城市,比 20 世纪 90 年代初增加了近 2 倍。城镇人口从 2000 年至 2017 年呈现逐年上升的趋势,2017 年比上年增长 2 049 万人,2017 年城镇化率达 58.52%;城镇居民人均可支配收入同比增长 7.8 个百分点。数据显示,2017 年,全国居民人均可支配收入 25 974 元,比上年名义增长 9.0%,扣除价格因素,实际增长 7.3%。其中,城镇居民人均可支配收入 36 396 元,同比名义增长 8.3%,扣除价格因素,实际增长 6.5%;农村居民人均可支配收入 13 432 元,同比名义增长 8.6%,扣除价格因素,实际增长 7.3%,见附图 30。

随着国家新型体制改革推进,劳动力在城乡之间流动不断加快,由此引发的农村人口城镇化、农村人口老龄化和农村人口逆城市化问题表现突出。我国农村人口则呈现逐年下降的趋势,2017 年全国农村人口 57 661 万人,占比 41.48%。城镇居民人均可支配收入虽比农村高 22 964 元,但是从增速来看,农村居民人均可支配收入增速明显高于城镇居民,农村居民人均可支配收入增长潜力大。农村居民家庭人均可支配收入对比农村人口所反映的现象,可能是由于农村劳动力往城市劳动力迁移等所带来的结果。也就是农民工进城劳动,并将他们的工资收入带回自己所在地消费所导致的结果。可以从 2000 年至 2009 年各年横向对比发现农村人口总是比城市人口多,但从 2010 年至 2017 年农村人口明显比城市人口少。非常直观地反映了劳动力迁移现象。城镇收入和农村收入之间的对比,17 年的各年数据横向对比都显示农村家庭人均可支配收入一直低于城市收入,但纵向的农村收入却明显逐步提高,见附图31、附图32。

数据显示,名义总收入在逐年上升,而通货膨胀率也在不断提高,见附表35（2009 年的通货膨胀率有回归,但总体还是上升趋势,不超过6%）。根据凯恩斯消费需求理论,居民的消费水平由收入水平决定,如果发生通货膨胀时,最直接的表现就是消费价格水平的上升而导致的储蓄增加,见附图32。

（二）劳动力人口平均年龄

平均年龄是指根据各年龄组人数或比重所计算的、反映某一人群的代表性年龄水平的指标。从我国统计年鉴可以获得我国户籍人口总数及 18～34 岁、35～59 岁各年人口总数。但无法获取到男性和女性人口数及其人口比例,研究中使用全人口男性与女性人口数占总人口比例进行调整,得到各年劳动年龄人口男性与女性人口数,如表 7 - 2 所示,借鉴智研咨询网发布的人口趋势,同时考虑到育龄妇女人口面临全职的影响,进行数据的微调。

表 7 - 2　我国人口变化情况

年份	年末人口（万人）	15～64 岁人口数（万人）	按性别分		人口比例	
			男性	女性	男性	女性
2000	126 743	88 910	65 437	61 306	51.63	48.37
2001	127 627	89 849	65 672	61 955	51.46	48.54
2002	128 453	90 302	66 115	62 338	51.47	48.53
2003	129 227	90 976	66 556	62 671	51.50	48.50
2004	129 988	92 184	66 976	63 012	51.52	48.48
2005	130 756	94 197	67 375	63 381	51.53	48.47
2006	131 448	95 068	67 728	63 792	51.52	48.48
2007	132 129	95 833	68 048	64 081	51.50	48.50
2008	132 802	96 680	68 357	64 445	51.47	48.53
2009	133 450	97 484	68 647	64 803	51.44	48.56
2010	134 091	99 938	68 748	65 343	51.27	48.73
2011	134 735	100 283	69 068	65 667	51.26	48.74
2012	135 404	100 403	69 395	66 009	51.25	48.75
2013	136 072	100 582	69 728	66 344	51.24	48.76
2014	136 782	100 469	70 079	66 703	51.23	48.77
2015	137 462	100 361	70 414	67 048	51.22	48.78
2016	138 271	100 260	70 815	67 456	51.21	48.79
2017	139 008	99 829	71 137	67 871	51.17	48.83

资料来源:根据《中国统计年鉴》相关数据整理而得。

从表 7 - 2 人口变化的情况来看，从 2000 年至 2017 年总人口是在上升，包括男性和女性人口都在逐年上升。数据显示 2000—2005 年我国劳动力数量增量大，供给充足，人力资本相对廉价，属于劳动力买方市场，劳动力需求量大的轻工业和制造业发展迅速。2005—2010 年，全国劳动参与率出现较大幅度下滑，年均下降 1 个百分点。其中 2011 年的 15～64 岁人口比重达到最大至 0.74，2011 年至今劳动参与率逐渐降低。这充分反映我国现有的劳动力在 2011 年之前还是比较稳定的，但 2011 年之后就有明显的下降趋势，虽然数值反映不是很明显，但仍然不可忽视。

从表 7 - 2、附图 33 人口变化的情况来看，从 2000 年至 2015 年总人口一直在上升，包括处于劳动年龄阶段的人口、男性和女性人口都在逐年上升，每年的劳动力占总人口的比重约为 0.73。2011 年的劳动力比重达到最大至 0.74。这充分反映我国现有的劳动力在 2011 年之前还是比较稳定的，但 2011 年之后就有明显的下降趋势，虽然数值反映不是很明显，但仍然不可忽视。男性人口虽然逐年增加，可是男性人口在劳动力年龄段内的比重从 2008 年开始却一直下降，比重从 0.7 降至 0.6，从宏观上看，这个比重虽下降不是非常剧烈，但从我国实际的国情出发，男性劳动力为主要劳动力的特点来看，还是值得深思的。同时应着重观察经济活动人口的比重，劳动参与率的比重。表中的数据也证实这一点，女性的劳动参与比重逐年下降，与男性劳动参与率所占比重相比，还是差距比较明显的。这更加反映了男女劳动参与的不平衡，至少应该缩小这个差距。

男性劳动年龄人口退休时间与女性不同，借鉴中国统计年鉴 60～64 岁年龄比例，计算 60～64 岁男性人口数。劳动力人口平均年龄的数值取决于该人群最高年龄的水平和各年龄组人数的比重，计算如下：劳动力人口平均年龄＝（各年龄组的组中值×各年龄组人数）之和/人口总数。

表 7 - 3　我国 2001－2016 年劳动力人口平均年龄

年份	平均年龄（岁）			贴现年数（年）		
	总	男性	女性	总(63)	男性(64)	女性(59)
2000	35.552	35.863	34.338	25	26	21
2001	—	—	—	25	26	21
2002	—	—	—	25	26	21
2003	36.351	35.698	35.753	25	26	21
2004	36.606	35.935	35.901	25	25	21
2005	37.108	36.401	36.342	25	25	21
2006	37.359	36.478	36.582	25	26	21
2007	37.574	36.741	36.849	24	25	21
2008	37.767	37.042	37.213	25	25	21

（续表）

年份	平均年龄(岁)			贴现年数(年)		
	总	男性	女性	总(63)	男性(64)	女性(59)
2009	37.844	37.125	37.375	25	26	21
2010	36.750	36.009	36.027	25	26	21
2011	36.857	36.168	36.263	25	25	21
2012	36.907	36.377	36.511	25	25	21
2013	36.988	36.611	36.814	24	25	20
2014	37.084	36.830	37.030	24	25	20
2015	37.143	37.018	37.270	24	25	20
2016	37.239	37.188	37.478	24	25	20

资料来源:根据《中国统计年鉴》相关数据整理而得。

表 7-3 很直观地反映了从 2000 年至 2016 年劳动力人口男女平均年龄和贴现人数。表格显示平均劳动年龄一直在缓慢逐步地提高,包括男性和女性的平均劳动年龄。由于我国男女退休不同龄,男女最高退休年龄分别为男 64 周岁、女 59 周岁,贴现年数的差距保持不变。综合我国实际情况可能是由于平均教育水平的提高导致劳动力供应延长,同时那些有技术和知识的劳动者往往可以延长退休,因为劳动强度是这些人完全可以应付的。而这些有技术和能力的劳动者对培养下一代劳动者也起到了积极的作用。从表中可以明显看到总贴现年数到 2013 年就开始下滑,是因为平均劳动年龄上升,而退休年龄不变所导致的。这样退休后的福利也在上升,可以提高人民的幸福感。我国是人口大国,劳动年龄的增长可以缓解一部分退休金。同时养儿防老的观念也在逐步退化,人们对于养老金的依赖感也在逐步增长。这些都说明劳动人口平均年龄增长还是有一定积极的影响。

可以看出,2003 年到 2016 年间,我国劳动力人口的平均年龄从 36 岁上升到了 37 岁,其中男性劳动力人口的平均年龄从 35.7 岁上升到了 37.2 岁,女性劳动力人口的平均年龄从 35.7 岁上升到了 37.5 岁。

（三）死亡率

死亡率是指各年龄死亡人数与该年龄人口总数之比。由于官方数据不可得,这里使用公开发表的文献进行分析,由文献《2007 年我国人口死亡水平的地区差异》和《基于人口结构优化的上海城镇养老保险基金可持续发展对策》可知,我国各年龄组人口死亡率情况。

根据部分年份的死亡率序列图 7-4 可知,用 2000 年、2005 年、2009 年、2012 年和 2016 年的数据做对比发现,在 18 至 30 岁之间,死亡率依次从高到低排列分别是 2009 年＞2005 年＞2000 年＞2012 年＞2016 年,见附表 36。在 18 岁至 30 岁年龄段期间 2000 年和 2012 年的死亡率非常接近,而 2005 年和 2000 年死亡率波动较其他年份波动幅度稍大。每个年份总体死亡率还是呈现上升的趋势。在 57 岁至 63 岁的年龄区间里各个年份的死亡率异常的接近,而这个年龄段与退休年龄相近。63 岁之后死亡率却区域平缓,甚至有些年份出现了下降的趋势。图中反映出在接近退休年龄时人口的死亡率达到稳定的状态。人口死亡率和多种因素相关,上文中也提到了生活方式和生活环境。我国这几年对环境的掌控是前所未有的,所以从图中也正好反映这点,即 2012 年和 2016 年的死亡率特别低。而接近退休和退休后的生活在一般情况下都是比在事业拼搏的年龄段的各方面压力要来得小很多,并且更注重生活品质,这也恰恰和图中所给的信息——63 岁以后的死亡率出现平缓趋于稳定的状态相吻合。

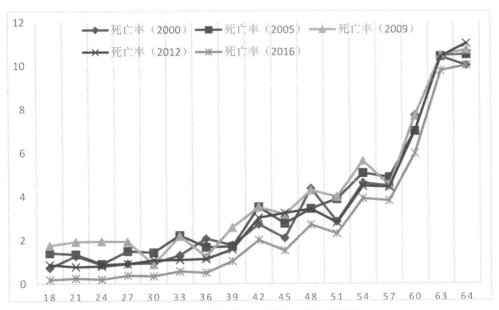

图 7-4　部分年份各年龄死亡率序列附图

图 7-4 给出了自 2000 年以来的 2005 年、2009 年、2012 年和 2016 年五个年份的分年龄死亡率数据,从图中可以看出,随着时间的不断推移,死亡率的变化趋势和年度变化趋势一致,呈逐年下降趋势,但下降的变化幅度越来越小;随着年龄的增长,死亡率呈上升趋势。

(四)贴现利率和收入增长率

贴现利率是指将未来支付改变为现值所使用的利率,或指持票人以没有到期的票据向银行要求兑现,银行将利息先行扣除所使用的利率。

表 7-4 中金融机构人民币法定贷款基准利率在 2010 年 12 月至 2011 年 7 月呈上升趋势,从 2011 年 7 月到 2015 年 5 月又呈上升趋势,该数值趋势反映到图中

显示 2011 年 7 月是贷款基准利率的峰值。利率越高,贷款的人数和数额就会被有
效地抑制,这也是国家宏观调控经济政策的手段之一。而从各年利率来看,贷款时
间越长,利率越高。这也说明国家支持短期借贷,不想让机构和个人长期借贷,因
为长期借贷周期长,具有的不确定因素较多。同时短期的借贷有利于资金的流动,
方便国家应对各种风险时有充足的资金准备。

表 7 - 4   金融机构人民币法定贷款基准利率

单位:%

项目	半年	1 年	1 至 3 年	3 至 5 年	5 年以上
2010.12.26	5.35	5.81	5.85	6.22	6.4
2011.02.09	5.6	6.06	6.1	6.45	6.6
2011.04.06	5.85	6.31	6.4	6.65	6.8
2011.07.07	6.1	6.56	6.65	6.9	7.05
2012.06.08	5.85	6.31	6.4	6.65	6.8
2012.07.06	5.6	6	6.15	6.4	6.55
2014.11.12	5.6	5.6	6	6	6.15
2015.03.01	5.35	5.35	5.75	5.75	5.9
2015.05.11	5.1	5.1	5.5	5.5	5.65
2015.06.28	4.85	4.85	5.25	5.25	5.4
2015.08.26	4.6	4.6	5	5	5.15
2015.10.24	4.35	4.35	4.75	4.75	4.9

贴现率指将未来支付改变为现值支付所使用的利率,其实也是银行调节资金
流动时使用的方法。如表 7 - 4 所示,从 2010 年 12 月到 2011 年 7 月贴现率不断上
升,而 2011 年 7 月至 2015 年 10 月则平稳下降。说明 2011 年 7 月之前银行的现
金流动强,国家在为抑制通货膨胀而调高贴现率,之后为促使现金流动而调低贴现
率。从各年贴现率的情况来看,除了 1 年周期的贴现率最高外,贴现时间越长,贴
现率越低,见附表 37。

贴现期是不确定的,因此我们假定各阶段的贴现期分别为 6 个月、1 年、2 年、4
年、8 年来计算的。

从上面的贴现利率可以知道,其中最大值为 0.0616,最小值为 0.0352,因此本
课题组在构造中使用低、中、高三个方案进行贴现利率的分析,即 0.0352、0.0484、
0.0616。同时考虑实际收入增长率,在居民实际总收入基础上进行选择,剔除价格
因素后实际增长平均 10.25%,设定其和贴现利率的组合分别为低方案(0.0512,
0.0352)、中方案(0.0768,0.0484)、高方案(0.1025,0.0616)。

三、结果与分析

利用上述关于我国数据资料的分析和变量的选取，采用公式进行收入法运算，估算出我国各年人力资本存量的数据如表7-5所示。

表7-5　低方案下我国人力资本存量及人均人力资本存量

年份	人力资本存量	
	总量(亿元)	人均(元)
2003	2 244 126.00	17 365.77
2004	2 480 896.40	19 085.58
2005	2 900 358.19	22 181.45
2006	3 276 367.11	24 925.20
2007	3 758 523.94	28 445.87
2008	4 328 800.77	32 595.90
2009	5 079 202.10	38 060.71
2010	5 568 045.01	41 524.38
2011	6 424 310.16	47 681.08
2012	7 547 970.08	55 744.07
2013	7 728 610.86	56 797.95
2014	8 738 406.50	63 885.65
2015	9 642 746.44	67 349.23
2016	10 405 611.15	70 148.45
2017	11 168 475.86	75 255.20

利用上述关于我国数据资料的分析和变量的选取，采用公式进行收入法运算，估算出我国各年人力资本存量的数据如表7-5所示。

$$低方案：HCS_t = \sum_{i=0}^{63-\bar{a}} \frac{y_t(1-D_{t,\bar{a}+i})(1+0.0512)^i}{(1+0.0352)^i} \qquad (7-6)$$

$$中方案：HCS_t = \sum_{i=0}^{63-\bar{a}} \frac{y_t(1-D_{t,\bar{a}+i})(1+0.0768)^i}{(1+0.0484)^i} \qquad (7-7)$$

$$高方案：HCS_t = \sum_{i=0}^{63-\bar{a}} \frac{y_t(1-D_{t,\bar{a}+i})(1+0.1025)^i}{(1+0.0616)^i} \qquad (7-8)$$

（一）低方案下我国人力资本存量及人均人力资本存量分析

从表7-5可以看出，从人力资本总量水平看，我国2003年人力资本存量为2 244 126亿元人民币，人均17 365.77元。同时人力资本存量总量呈现出不断增长的趋势，截至2005年，人力资本存量总量达到2 900 358.19亿元，人均人力资本总量为 22 181.45 元,这一结果低于王德劲的估计值 59 748.40 元,更符合当时我国的平均工资和可支配收入,具有一定意义。随着我国人口的不断增多和受教育水平的不断提高,到 2017 年我国人力资本存量总量达到 11 226 365.10 亿元人民币,人均人力资本总量 75 255.20 元。人力资本存量总量的发展呈现出以下趋势:

(1)从增长速度来看,前期的人力资本存量的增长速度较慢(2003 年,10.55%),前中期增长速度较快(2004—2008 年,16.42%),中后期发展速度放缓(2009—2012 年,11.22%),后期发展速度较平稳(2013—2017 年,10.44%)。

(2)我国人均人力资本存量的趋势与人力资本存量总量相似,增长速度略高于总量。前期的人力资本存量的增长速度较慢(2003 年,9.9%),前中期增长速度较快(2004—2008 年,13.87%),中后期发展速度放缓(2009—2012 年,10.68%),后期发展速度较平稳(2013—2017 年,9.85%)。趋势上不同说明,在此低方案下,人均人力资本未得到较好的发挥,受收入和贴现利率的影响,有能力和优秀的人才未能发挥潜力,做出最优的贡献。

(二)中方案下我国人力资本存量及人均人力资本存量分析

调整收入增长率和贴现利率,可以进行中方案的人力资本存量分析,见表 7-6。

表 7-6　中方案下我国人力资本存量及人均人力资本存量

年份	人力资本存量	
	总量(亿元)	人均(元)
2003	2 622 129.13	20 290.88
2004	2 898 781.40	22 300.38
2005	3 388 843.92	25 917.31
2006	3 828 181.21	29 123.16
2007	4 391 544.12	33 236.79
2008	5 058 633.91	38 091.55
2009	5 934 569.40	44 470.36
2010	6 505 736.31	48 517.32
2011	7 506 201.51	55 710.85
2012	8 819 072.17	65 131.55
2013	9 030 133.43	66 362.91
2014	10 209 981.85	74 644.19
2015	11 266 563.49	81 961.29
2016	12 157 892.92	87 928.00
2017	12 978 646.90	93 894.71

从表7-6可以看出，中方案下我国人力资本存量及人均人力资本存量出现的趋势与低方案相似，但此时人均人力资本的增长率会更快。多项式人均人力资本存量的趋势线与人力资本总量趋势线非常接近，趋势相近。在此情形下，人均人力资本和人力资本存量总量持平，说明人均人力资本尽其用，但优秀人才仍未脱颖而出，总量达到相对最优。

（三）高方案下我国人力资本存量及人均人力资本存量分析

从表7-7可以看出，高方案下我国人力资本存量及人均人力资本存量出现的趋势出现差异，此时人力资本存量总量增长速度加快。多项式人均人力资本存量的趋势线与人力资本总量趋势线在2012年以后出现较大差异。在此情形下，说明我国人力资本表现出较大的差异性，优秀的专家和人才开始展现出特殊性，与人均人力资本存量出现一定的差距，此时引进和培养人力资本是大势所趋。

表7-7　高方案下我国人力资本存量及人均人力资本存量

年份	人力资本存量	
	总量(亿元)	人均(元)
2003	3 071 494.61	23 768.21
2004	3 395 557.97	26 122.09
2005	3 969 555.50	30 358.50
2006	4 484 177.54	34 113.70
2007	5 144 078.20	38 932.24
2008	5 925 553.64	44 619.46
2009	6 951 398.57	52 089.91
2010	7 620 429.22	56 830.28
2011	8 792 314.13	65 256.35
2012	10 330 101.26	76 290.96
2013	10 577 325.03	77 733.30
2014	11 959 324.57	81 433.47
2015	12 262 467.52	85 893.95
2016	12 883 191.52	90 051.27
2017	13 341 324.11	95 304.50

本研究的高、中、低三方案是应对目前不同收入增长率和贴现利率组合下的分析。选用低方案，截至2006年，人均24 925.2元，这一结果低于王德劲在《我国人力资本测算及应用研究》中给出的全国人均65 190.94元，但王老师也在书中提及，他的研究结果高于大多数研究我国资本存量的估计值。因此，本课题组的结果有一定的应用价值。

第三节 健康人力资本存量测量与分析

以上研究了人力资本总量和健康人力资本指数,但我国的健康人力资本存量的测量需要两者的合成。在多指标综合评价中,合成是指通过一定计算,将多方面的指标评价值综合起来,最终形成系统性评价。可用于合成的数学方法很多,常用的合成方法有加权算术平均法、加权几何平均法,以及加权算术平均与加权几何平均相结合的复合方法。以上三种方法具有不同的适用条件,无分优劣。根据研究对象的具体特征对照合成方法的数学特性来进行选择。

在对比分析了以上三种合成方法,最终选择加权几何平均方法进行合成,基于该方法具备几方面适用特征:①适用于关联程度较大的各项指标之间;②各项指标彼此互为基础,各项的乘积为最终研究对象的整体水平,强调研究对象的各项指标评价值一致;③要求各项指标间较小的差距;④对指标权数不做高精确度要求;⑤突出评价价值较小的指标作用,强调特定地区的相应指标具有一致的发展程度;⑥能够灵敏反映各项指标的评价值变动,便于区分档次,综合评价具有高水平效度。

一、健康人力资本存量的时序比较

根据人力资本存量和健康人力资本指数,计算出了 2010—2017 年我国健康人力资本存量的测评结果,具体见表 7 - 8。

表 7 - 8　人力资本存量测量

年份	健康人力资本存量	
	总量(亿元)	人均(元)
2010	2 192 314	16 349.45
2011	2 670 234	19 913.6
2012	3 248 396	24 109.52
2013	4 109 593	30 350.61
2014	4 945 421	36 344.15
2015	6 087 172	44 502.73
2016	7 191 778	68 251.06
2017	7 170 053	69 363.08

表中分别列出我国 2010—2017 年健康人力资本总量和人均健康人力资本,其中,2010 年健康人力资本总量和人均健康人力资本最低,数值为 2 192 314 亿元和 16 349.45 元,2015 年健康人力资本总量和人均健康人力资本分别为 6 087 172 亿

元和 44 502.73 元,2017 年健康人力资本总量和人均健康人力资本 7 170 053 亿元和 69 363.08 元。综观整体,我国健康人力资本总量和人均健康人力资本呈现逐年上升的趋势。

经过以上分析表明,我国对健康人力资本的关注与投入程度逐渐增强,健康人力资本的存量总量和人均健康人力资本存量发展状况越来越好,呈现出加速发展的趋势。随着经济发展水平的质量提升与速度加快,我国政府以及社会民众纷纷意识到"健康素养"的重要性,对由此促生的能量巨大并且效用更强的"健康人力资本"愈加关注,大力倡导、实施对健康人力资本的投资建设。2010 年,是令中华民族、华夏儿女骄傲自豪的一年,我国全年的经济总量首次超过日本,成为世界第二大经济体,经济发展的速度与实效都令世界刮目相看。健康人力资本得天独厚的本质属性以及其强大的社会经济发展效能,使得健康人力资本事业具有重大的战略意义以及现实迫切性,作为经济发展的引擎动力升级版,我国 2010 年对健康人力资本事业的关注与投入力度达到空前水平,并且之后也一直保持着对健康人力资本的培育、建设,整体发展状态良好、发展势头积极向好。2016 年,国家主席习近平在全国卫生与健康大会的重要会议讲话中强调了"健康"的重要性、强调了全民健康的重要战略意义,并在同年 10 月由中共中央、国务院印发《"健康中国 2030"规划纲要》,要求各地区各部门结合实际认真贯彻落实,由此更加彰显健康人力资本事业的重要战略价值。增进健康人力资本的建设发展进程,以实现其对人民生活与社会经济发展的优质效应最大化。

二、健康人力资本存量的产出结构比较

根据本章提出的投入指标体系,主要生理健康、心理健康、社会适应、道德健康、教育、经济、迁移、生活方式、环境等九个方面。结合健康人力资本指数,进一步求得以上 5 个维度的评价指数,据此比较、分析健康人力资本存量的内部发展情况以及发展变化进程。

其中,Z_i 为各维度的综合评价指数,W_{ni} 为各维度的各项评价指标的权重;Z_{ni} 为各维度的各项指标的评价值(标准化处理后的各项指标数据);k 为各维度的评价指标的个数,则 $Z_i = \prod_{n(i)=1}^{k} Z_{n(i)} W_{n(i)}$。

各项评价指数计算结果见表 7-9。在附表 46 计算结果的基础上,绘制图来对我国历年健康人力资本产出分项评价指数的整体情况进一步形象化展现,见附图 34。

观察上述所得各项评价指数的总体情况和具体数值,从中发现,每项评价指数的数值变化不显著,变动幅度不大,各项数值之间存在一定的差异,其中,心理健康、生活方式和迁移的评价指数水平最高,数值最大,均处在 3.0000 以上;其他 7 项评价指数,其数值较为接近,均在 0.8~4.18。

表 7 - 9　不同维度健康指数测评

	生理健康指数	心理健康指数	社会适应指数	道德健康指数	教育指数	经济指数	迁移指数	生活方式指数	环境指数
2010	1.796	4.766	2.041	1.089	0.821	1.117	3.277	3.277	1.376
2011	1.675	4.642	1.934	1.107	0.906	1.142	3.061	3.061	1.384
2012	2.329	6.502	2.594	1.593	1.489	1.599	3.538	3.538	1.921
2013	2.468	6.948	2.617	1.717	1.672	1.723	3.768	3.768	2.090
2014	2.618	8.492	3.168	1.993	1.962	2.023	4.358	4.358	2.406
2015	3.083	9.720	3.618	2.403	2.438	2.468	5.048	5.048	2.828
2016	2.783	9.755	3.559	2.265	2.202	2.561	4.766	4.766	2.717
2017	3.433	12.353	4.180	2.875	3.141	3.154	5.675	5.675	3.422

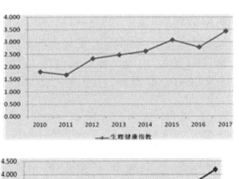

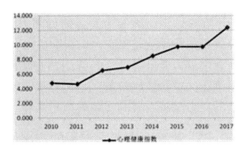

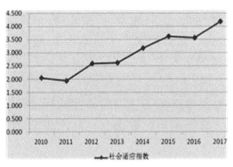

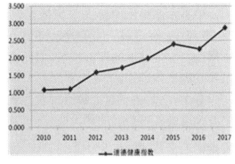

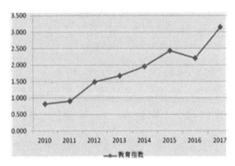

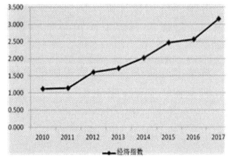

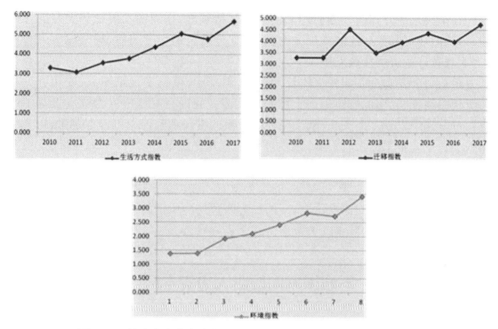

图 7 - 5　健康人力资本产出分项评价指数变化情况(2000—2017 年)

　　图 7 - 5 所示,对我国 2010—2017 年的健康人力资本存量情况进行分项统计,并且绘制了关于健康人力资本的九个方面(生理健康、心理健康、社会适应、道德健康、教育、经济、迁移、生活方式、环境)的发展走势图,通过对纵轴刻度的处理,可以简明、准确地了解以上九项的发展变化情况并进行相互比较。

　　首先,在生理健康、心理健康、社会适应、道德健康这四个健康方面,总体呈上升趋势,曲线随横轴的增大而越来越"陡",曲线斜率逐渐增大,单位变化量以及单位变化速度都逐渐变大。图线特征充分表明我国越来越重视对健康方面的关注与投入。虽然于 2016 年有所下降,但 2017 年又以加速发展的趋势持续进行。

　　其次,在教育和经济方面,图 7 - 5 的曲线整体于 2010—2015 年呈现"线性"的大致特征,可近似视为一条"直线",后以 2016 年为转折点,曲线前后两段走势出现有细微的变化,基于以上对曲线的特征分析,说明我国在对健康人力资本的教育和经济方面始终保持着较为稳定的关注程度,随着经济发展水平的提升以及全国各级地区对健康人力资本投资的密切关注和重点建设,自 2011 年起加大了在教育方面的投入力度,教育投入事业得以进一步发展,并保持着良好的发展态势。

　　在迁移和生活方式改善方面,图中的曲线呈现出"阶段性增长"的发展特点,其中,2010—2014 年可以视为比较恒定的增长发展形势,而在 2016 年出现下降后 2017 年呈现"跳跃式"发展。生活方式的选择有赖于个人的价值观念和生活意识态度,生活方式的质量与改善程度同样也取决于居民的经济状况、收入水平。消费能力的提高,能够推动居民生活方式转变,提高生活品质,注重精神生活的追求。

我国在全民生活方式改善方面的工作成绩保持较好，在经济发展形势大好的环境中，对旅游业等服务产业的发展大力扶持，促进对全民生活改善，提升健康人力资本，实现良好的协调持续发展。

最后，在环境方面，曲线整体较为平缓，斜率小，单位变化量不大、变化程度相对其他曲线不明显，但总体呈向上增长的趋势。我国在对健康人力资本投资中的环保部分未予以较多的关注，从生态环境质量的方向来改善人力资本存量、提升健康人力资本政策思路没有形成，虽然环保一直在提倡中，但发展水平较低、发展变化程度较小。2015 年以后，随着我国出现的雾霾天气日益频繁、生活空间与环境的质量急剧下降以及全球气候变暖的形势愈发严峻，"金山银山，绿水青山"的社会意识得到了广泛传扬与深度认同，开始加大改善环境质量的投资事业，来改善人民生活，来维护全社会的健康人力资本的正常良好状态。

第四节 不同国家间健康人力资本的比较研究

课题组对比了中国与 OECD 国家的部分健康人力资本指标，并结合健康中国 2030 战略的目标，分别对比中国与中高收入国家、高收入国家在健康人力资本指标的状况，由于土耳其是中高收入国家的代表，选取土耳其作为中高收入国家前列代表国家进行健康水平的比较。利用回归模型，分析了中国与不同健康人力资本水平国家的差距。研究发现，当前中国与高收入国家在健康人力资本的指标方面还有一定差距，但是在健康人力资本指标增速方面具有明显的优势。

一、OECD 国家健康人力资本指标的对比

（一）中国及 OECD 国家居民预期寿命状况比较

图 7-6 显示了高收入国家居民预期寿命、中高收入国家居民预期寿命变化趋势。图 7-6 也显示了土耳其居民预期寿命的变化趋势。目前，我国居民预期寿命一直高于中高收入国家居民预期寿命的平均水平，2012 年之前，我国居民预期寿命变动趋势和土耳其（Turkey）基本一致，但是近些年与土耳其存在一定差距。与高收入国家居民的预期寿命一直存在较大差距，而且差距没有缩小的趋势。

从数据上可以看出，2012 土耳其居民平均预期寿命为 77.2 岁，而此时中国居民平均预期寿命为 77 岁，非常接近，而到 2015 年土耳其为 80.7 岁，中国居民预期寿命此时为 77.5 岁，二者之间的差距变大。另外，2015 年高收入国家居民预期寿命平均值为 83.2 岁，远超过中国平均预期寿命。目前，中国居民预期寿命为 77.5 岁，《纲要》中提出 2020 年中国预期寿命目标为 77.3 岁，到 2030 年达到 79 岁，随着健康中国战略的实施，我国平均预期寿命基本能够实现《纲要》目标，但是无论与中高收入国家前列水平相比较还是高收入国家相比较都具有一定差距。

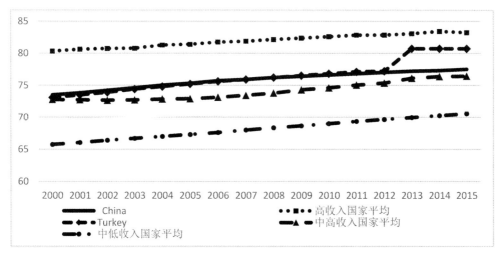

图 7 - 6　2015 年中国及 OECD 国家居民预期寿命比较

数据来源：OECD 官方网站

为深入分析我国与中高收入及高收入国家居民预期寿命状况，将中国 2015 年居民的预期寿命与 OECD 全部国家 2015 年居民的预期寿命进行比较分析。图 7 - 7、附图 35 显示了 OECD 官网公布的 44 个国家的居民预期寿命和中国居民的预期寿命，从图中可以看出，上述国家中预期寿命最高的三个国家为日本、西班牙、法国。中国目前人口总体预期寿命水平排在第 40 位，仅比俄罗斯、印度等国家略高，距离日本等长寿国家的差距比较大。

（二）中国及 OECD 国家居民死亡率比较

图 7 - 7 显示了高收入国家总人口死亡率、中高收入国家总人口死亡率变化趋势。图 7 - 7 也显示了土耳其总人口死亡率的变化趋势。从图中可以看出，目前，我国总人口死亡率一直低于中高收入国家和高收入国家总人口死亡率。2012 年之后，我国总人口死亡率变动趋势和中高收入国家的平均水平基本一致，中高收入国家总人口平均死亡率近些年一致下降，与我国的死亡率越来越接近。

从数据上可以看出，2000 年，中国总人口死亡率为 0.65％，比中高收入国家平均人口死亡率 0.86％和高收入国家平均人口死亡率 0.87％都要低。到 2010 年，我国人口死亡率为 0.71％，此时中高收入国家平均水平为 0.78％，而高收入国家平均人口死亡率为 0.84％，与中高收入国家平均水平较为接近。到 2015 年，中高收入国家总人口死亡率变为 0.71％，与我国 0.71％完全相同。

课题组为深入分析我国与中高收入及高收入国家人口死亡率的状况，将中国 2015 年居民的人口死亡率与 OECD 全部国家 2015 年居民的人口死亡率进行比较分析。图 7 - 8 显示了 OECD 官网公布的 40 个国家的居民人口死亡率和中国居民的人口死亡率，从图中可以看出，上述国家中人口死亡率最低的三个国家为韩国、

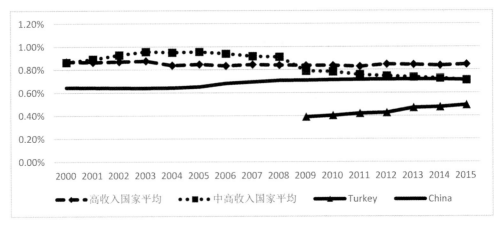

图 7 - 7　中国及 OECD 国家死亡率变动趋势
数据来源:OECD 官方网站

哥伦比亚、日本。中国目前人口死亡率排在第 16 位,与加拿大、挪威等国的人口死亡率较为接近,比美国、英国、法国等国家都要低。

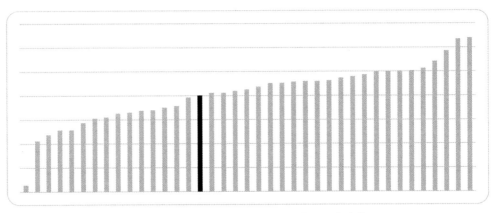

图 7 - 8　2015 年中国及 OECD 国家死亡率比较
数据来源:OECD 官方网站

(三)中国及 OECD 国家婴儿死亡率比较

图 7 - 9 显示了高收入国家、中高收入国家、中低收入国家每千名婴儿死亡率的变化趋势。图 7 - 9 也显示了土耳其每千名婴儿死亡率的变化趋势。从图中可以看出,目前,我国每千名婴儿死亡率近些年低于中高收入国家和土耳其每千名婴儿死亡率,与高收入国家平均水平差距非常大。

从数据上可以看出,2015 我国每千名婴儿死亡率为 9.2‰,土耳其每千名婴儿死亡率为 10.7‰,中高收入国家每千名婴儿死亡率为 13.1‰。而此时高收入国家

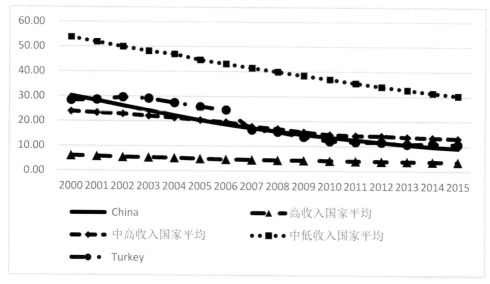

图 7 - 9 中国及 OECD 国家每千名出生婴儿死亡数量变动趋势
数据来源:OECD 官方网站

每千名婴儿死亡率为 3.68‰。数据显示我国每千名婴儿死亡率从 2000 年以来持续下降,而中高收入国家和高收入国家每千名婴儿死亡率下降幅度较小。《纲要》中提出 2020 年每千名婴儿死亡率为 7.5‰,到 2030 年降为 5.0‰。随着健康中国战略的实施,我国平均预期寿命基本能够实现《纲要》目标,见附图 36。

课题组为深入分析我国与中高收入及高收入国家每千名婴儿死亡率,将中国 2015 年每千名婴儿死亡率与 OECD 全部国家 2015 年每千名婴儿死亡率进行比较分析。图 7 - 10 显示了 OECD 官网公布的 44 个国家的每千名婴儿死亡数量和中国居民的每千名婴儿死亡数量。从图中可以看出,上述国家中每千名婴儿死亡率最低的三个国家为斯洛文尼亚、芬兰、日本。中国目前人口总体健康水平排在第 37 位,与俄罗斯、哥斯达黎加等国家接近,远高于美国等发达国家。

(四)中国及 OECD 国家医疗人员比较

图 7 - 11 显示了高收入国家、中高收入国家居民每千名执业护士的数量的变化趋势。从附图 37 中可以看出,目前,我国居民每千名执业护士低于高收入国家平均水平,与中高收入国家平均水平的差距也比较大。

从数据上可以看出,2015 年我国居民每千名执业护士的数量为 2.36,中高收入国家居民每千名执业护士的数量为 4.66,几乎是我国的 2 倍。数据也显示了 2000 年以来我国居民每千名执业护士的数量持续在增长,中高收入国家的水平基本没变,即使如此,我国的每千名执业护士人数远低于中高收入和高收入国家。我国 2015 年的每千名执业护士数量低于中高收入国家 2000 年的 4。而此时高收入国家居民每千名执业护士的数量为 7.39,2015 年高收入国家每千名执业护士为

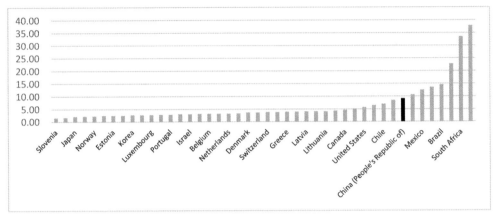

图 7 - 10　2015 年中国及 OECD 国家每千名出生婴儿死亡数量
数据来源：OECD 官方网站

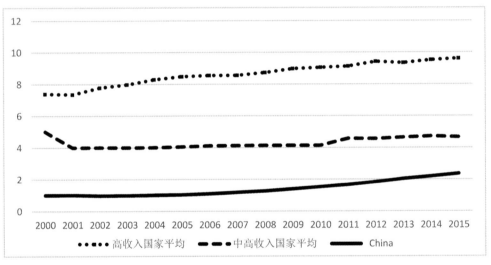

⋯⋯ 高收入国家平均　-- -- 中高收入国家平均　—— China

图 7 - 11　中国及 OECD 国家每千名执业护士变动趋势
数据来源：OECD 官方网站

9.61，几乎是我国的 4 倍。

课题组为深入分析我国与中高收入及高收入国家居民每千名执业护士的数量，将中国 2015 年居民每千名执业护士的数量与 OECD 全部国家 2015 年居民平均每千名执业护士进行比较分析。图 7 - 12 显示了 OECD 官网公布的 44 个国家的居民每千名执业护士数量和中国居民的居民每千名执业护士的数量，从图中可以看出，上述国家中居民每千名执业护士的数量最低的三个国家就包括我国，还有南非和哥伦比亚。中国目前人口居民每千名执业护士的数量排在第 32 位，与墨西哥、南非等国家接近。

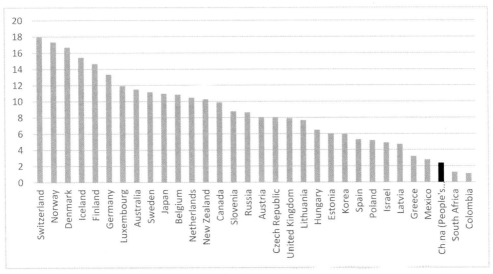

图 7 - 12　2015 年中国及 OECD 国家每千名执业护士比较

数据来源:OECD 官方网站

(五)中国及 OECD 国家医疗费用比较

图 7 - 13 显示了高收入国家、中高收入国家居民医疗卫生费用占 GDP 比值的变化趋势。图 7 - 13 也显示了土耳其居民医疗卫生费用占 GDP 比值的变化趋势。从图中可以看出,目前,我国医疗卫生费用占 GDP 比值量低于高收入国家平均水平,但是高于土耳其。

从数据上可以看出,2016 年我国医疗卫生费用占 GDP 比值为 6.2%,土耳其居民医疗卫生费用占 GDP 比值 4.33%,高收入国家居民医疗卫生费用占 GDP 比值 9.14%,远高于我国。数据也显示了 2010 年以来我国居民医疗卫生费用占 GDP 比值增长速度非常快。2000 年,我国居民医疗卫生费用占 GDP 比值为 4.62%,而到 2016 年升为 6.2%。高收入国家 2000 年居民医疗卫生费用占 GDP 比值为 7.27%,2016 年上升为 9.14%。

课题组为深入分析我国与中高收入及高收入国家居民医疗卫生费用占 GDP 比值,将中国 2016 年居民医疗卫生费用占 GDP 比值与 OECD 全部国家 2016 年居民医疗卫生费用占 GDP 比值进行比较分析。图 7 - 14 显示了 OECD 官网公布的 44 个国家的居民医疗卫生费用占 GDP 比值和中国医疗卫生费用占 GDP 比值,从图中可以看出,上述国家中居民医疗卫生费用占 GDP 比值最低的三个国家为墨西哥、拉脱维亚、土耳其。中国目前居民医疗卫生费用占 GDP 比值仅比这三个国家略高,排在倒数第 4 位,见附图 39。

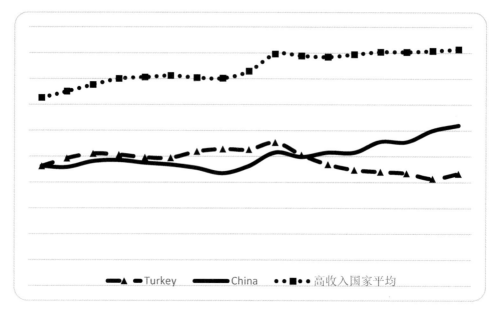

图7-13　中国及 OECD 国家医疗费用占 GDP 比例变动趋势

数据来源：OECD 官方网站

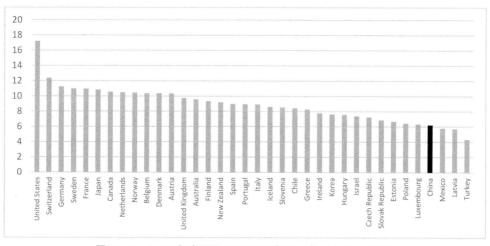

图7-14　2015 年中国及 OECD 国家医疗费用占 GDP 比较

数据来源：OECD 官方网站

（六）中国及 OECD 国家健康环境比较

图7-15 显示了高收入国家、中高收入国家 PM2.5 平均值的变化趋势。从附图 41 中可以看出，目前，我国 PM2.5 平均值远高于高收入和中高收入国家平均水平。

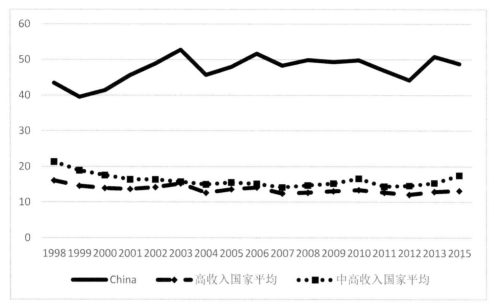

图 7 - 15　中国及 OECD 国家 PM2.5 平均值平均值变化趋势
数据来源：OECD 官方网站

从数据上可以看出，2015 我国 PM2.5 平均值为 48.77，高收入国家 PM2.5 平均值 13.14，中高收入国家 PM2.5 平均值为 17.5，都远低于我国。数据也显示了 2000 年以来我国 PM2.5 平均值居高不下。2000 年，我国 PM2.5 平均值为 43.44，到 2015 年上升为 48.77。而高收入和中高收入国家在逐渐下降。高收入国家 2000 年 PM2.5 平均值为 16.07，2015 年下降为 13.15. 中高收入国家 2000 年为 21.33，2015 年下降为 17.5，见附图 40、附图 41。

课题组为深入分析我国与中高收入及高收入国家 PM2.5 平均值，将中国 2015 年 PM2.5 平均值与 OECD 全部国家 2015 年 PM2.5 平均值进行比较分析。图 7 - 16 显示了 OECD 官网公布的 44 个国家的 PM2.5 平均值，从图中可以看出，上述国家中 PM2.5 平均值最低的三个国家为冰岛、挪威、新西兰。印度最高，我国排在第 2 位。

二、OECD 国家健康人力资本指数的测算及比较

课题组利用熵值法测算的健康人力资本指标体系权重，选择生理健康、心理健康、社会适应、道德、人员教育程度、科技成果、经济、迁移、生活方式、环境等十个层面的 10 个三级代表性指标综合分析中国和其他国家健康人力资本指数的比较。

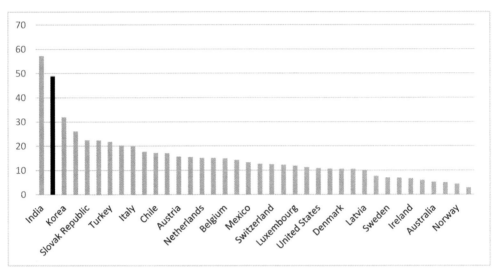

图 7 - 16　2015 年中国及 OECD 国家 PM2.5 平均值比较

数据来源：OECD 官方网站

表 7 - 10　健康人力资本国际比较指标体系及数据来源

二级指标	代表性指标	权重	数据说明
生理健康	期望寿命	0.1668	预期寿命
心理健康	精神疾病发病率	0.0997	精神病致死比例
社会适应	城市基本公共服务满意度	0.2035	财政社会性支出占比
道德	犯罪率	0.0511	伤害致死比例
人员教育程度	从事教育工作人员所占比例	0.1209	从事教育工作人员所占比例
科技成果	万人拥有发明专利数	0.0577	万人拥有发明专利数
经济	人均可支配收入	0.0376	人均可支配收入
迁移	客运量	0.0477	人均客运量
生活方式	吸烟率	0.0648	15 岁以上人口吸烟占比
环境	空气达标率	0.1502	PM2.5 影响人群比例

　　根据 OECD 国家公布的健康方面的数据进行测算比较，并分析 2000—2016 年我国及 OECD 国家健康人力资本指数的变动趋势。经过归一化处理，得到各个国家的健康人力资本指标数据。如附表 38 所示。

　　经过测算得出我国及 OECD 国家健康人力资本指数的变动趋势，我国健康人力资本指数在 2000—2016 年取得了较大的进步。从 2000 年到 2016 年，我国健康人力资本指数一直呈现上升的趋势，从 2000 年的 0.64 上升到 2016 年的 0.73。排名也由 2000 年的第 27 位上升到 2016 年第 19 位。

　　根据 2016 年各个国家健康人力资本指数进行了排序,我国目前健康人力资本的水平排在 OECD 国家中第 19 位。与日本、新西兰等国家排名接近,目前健康人力资本水平排名最高的是卢森堡、冰岛、爱沙尼亚。

　　比较不同 OECD 国家健康人力资本指数的增长速度,可以测算出不同国家 2001—2016 年健康人力资本指数的增长速度。增长速度最快的三个国家为爱沙尼亚、卢森堡、冰岛,中国目前在 OECD 国家中排在第 9 位,与挪威、瑞士等国家的增长速度相近。

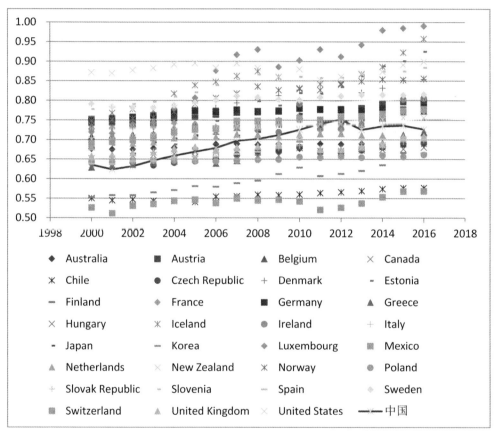

图 7　17　2000—2015 年 OECD 国家健康人力资本水平

数据来源:OECD 官方网站

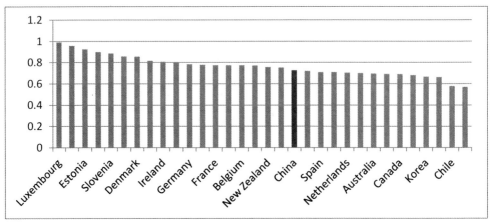

图 7-18　2016 年 OECD 国家健康人力资本水平排名

数据来源：OECD 官方网站

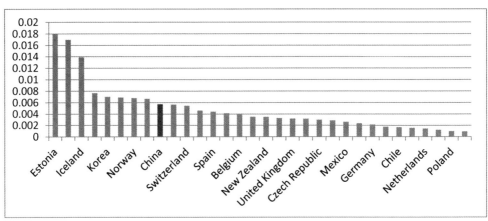

图 7-19　OECD 国家健康人力资本水平增加速度

数据来源：OECD 官方网站

课题组按照 2016 年 32 个国家的健康人力资本指数进行了比较和梯队划分，根据 2016 年的排名，前 10 名健康人力资本指数在 0.8 以上。后 10 名的健康人力资本指数在 0.7 以下。据此划分了 3 个梯队。

表 7-11　健康人力资本指数梯队划分

梯度	指数区间	国家
第一梯队	[0.8,1)	卢森堡、冰岛、爱沙尼亚、美国、斯洛文尼亚、挪威、丹麦、瑞典、爱尔兰、奥地利

（续表）

梯度	指数区间	国家
第二梯队	[0.7, 0.8)	德国、瑞士、法国、芬兰、比利时、意大利、新西兰、日本、中国、希腊、西班牙、英国、荷兰
第三梯队	[0.5, 0.6)	斯洛伐克、澳大利亚、捷克、加拿大、匈牙利、韩国、波兰、智利、墨西哥

课题组定义 $Hd_{i,t} = H_{i,t} - H_{\text{china},t}$，其中：$H_{i,t}$ 和 $H_{\text{china},t}$ 分别代表 t 年第 i 个国家和中国的健康人力资本指标，$Hd_{i,t}$ 则反映 t 年中国和第 i 个国家健康人力资本水平上的差距。除中国以外，我们有 32 个 OECD 国家 2000—2016 年的数据，所以，$i = 1, 2, \cdots, 34$；$t = 2000, 2001, \cdots, 2016$。

根据课题组测算的健康人力资本指数，测算的出中国与 OECD 国家之间健康人力资本指数的差距，从附图 42 中可以看出，中国虽然健康人力资本指数在 2000—2016 年间一直排在大部分 OECD 国家之后，但是可以看出，中国与 OECD 国家之间的差距逐渐在缩小。

为了考察中国与 OECD 国家在健康人力资本上是否存在差距缩小的情况，课题组运用时间序列趋势方程，检验中国与 OECD 国家在健康人力资本水平方面的差距是否在 2000—2016 年期间存在收敛。如果变量不显著，则认为两个国家的变动趋势基本一致。如果变量在 1%、5%、10% 的置信水平上显著，则认为两国之间健康人力资本差距在扩大和缩小。年份变量系数为正，则中国与目标国之间的健康人力资本差距在扩大；年份变量系数为负，则中国与目标国家的健康人力资本差距在缩小。

表 7–13 显示了中国与 OECD 国家之间健康人力资本的变动趋势。时间系数为正，代表中国与 OECD 国家之间的健康人力资本差距在 2000—2016 年逐步扩大。通过表中系数可以看出，中国与爱沙尼亚、卢森堡等 2 个国家的健康人力资本差距在逐步扩大，见附表 39、附表 40。

时间系数为负，代表中国与 OECD 国家之间的健康人力资本差距在 2000—2016 年之间在差距逐步缩小或优势在逐渐扩大。通过表中系数可以看出，中国对智利、匈牙利、希腊、墨西哥的健康人力资本优势在逐渐扩大。中国与澳大利亚、加拿人、捷克、荷兰、波兰、斯洛伐克、西班牙、英国等 8 个国家的差距在逐步缩小并已经实现了超越。与奥地利、比利时、芬兰、法国、德国、意大利、日本、新西兰、斯洛文尼亚、瑞典、瑞士、美国等 12 个国家的健康人力资本差距在逐步缩小。

变量系数不显著，则代表该国与中国健康人力资本的变动趋势在 2000—2016 年之间基本一致。通过表中系数可以看出，中国与丹麦、冰岛、爱尔兰、韩国、挪威等 5 个国家的健康人力资本变动趋势基本相同，其中韩国健康人力资本一直落后于我国。

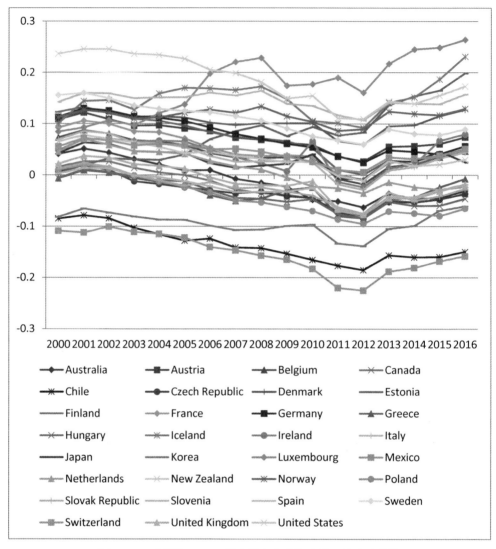

图 7 - 20 中国与 OECD 国家健康人力资本差距的变动趋势

数据来源:OECD 官方网站

第八章 健康人力资本的投入产出效率

健康人力资本在国家发展和创新体系中的地位至关重要,因此科学有效的评价健康人力资本投入与产出效率水平是关系国家和社会发展的重要问题。本部分在第六章健康人力资本的投入指标和产出指标体系基础上,利用 DEA 数据包络方法判定中国健康人力资本状况的投入是否产生有效的产出,即判定中国健康人力资本的投入产出绩效相对有效性,并筛选出相应影响健康人力资本的主要因素。

第一节 数据包络分析(DEA)

数据包络分析法(Date Envelopment Analysis,简称 DEA)是一种基于被评价对象间相对比较的非参数技术效率分析方法,该方法的原理主要是通过保持决策单元(DMU)的输入或者输出不变,借助于数学规划和统计数据确定相对有效的生产前沿面,将各个决策单元投影到 DEA 的生产前沿面上,并通过比较决策单元偏离 DEA 前沿面的程度来评价它们的相对有效性[1]。DEA 模型有很多种类,其中 C^2R 模型的理论比较完善。课题组通过构建 C^2R 模型实现评价指标权重分析,模型如下所示:

假设有 m 个决策单元(DMU),n 个不同的决策指标。每个决策单元都有 p 种类型的投入及 q 种类型的产出,假定数据集为正,用 $X_i = (x_{1i}, x_{2i}, \cdots, x_{si}, \cdots, x_{pi})^T$,$Y_i = (y_{1i}, y_{2i}, \cdots, y_{ti}, \cdots, y_{qi})^T$ 表示第 i 个决策单元的投入和产出量,它们所对应的权重向量分别记为:$V = (v_1, v_2, \cdots, v_s, \cdots, v_p)^T$,$U = (u_1, u_2, \cdots, u_t, \cdots, u_q)^T$,$p+q=n$,$i=(1,2,\cdots,m)$。

对应的权重系数为,$u = (u_1, \cdots, u_n)^T$,每个决策单元都有相应的效率评价指标:$v = (v_1, \cdots, v_m)^T$

---

① 韩孺眉.区域金融创新、科技创新与经济增长[D].沈阳:辽宁大学,2018.

$$h_i = \frac{u^T Y_j}{v^T X_j}, j = 1, 2, \cdots, n \qquad (8-1)$$

可适当地选取权系数 v 和 u，使其满足 $h_j \leqslant 1, j = 1, 2, \cdots, n$。

现在对第 j_0 个决策单元进行效率评价，简记 DMU_{j_0} 为 DMU_0，h_{j_0} 为 h_0，$1 \leqslant j_0 \leqslant n$。在各决策单元的效率评价指标均不超过 1 的条件下，选取权系数 u 和 v，使 h_0 最大[①]。于是构成如下的最优化评价模型。

$$\max h_0 = \frac{U^T Y_0}{V^T X_0} = V_{P_0}$$

$$(P_0) \quad s.t. \begin{cases} h_j = \frac{U^T Y_j}{V^T X_j} \leqslant 1, j = 1, 2, \cdots, n \\ U \geqslant 0; V \geqslant 0; U \neq 0; V \neq 0 \end{cases} \qquad (8-2)$$

这个模型是原始规划模型，为一个分式模型。利用 CharnesCooper 变换，可以将 (P_0) 化为一个等价的线性规划问题：

$$t = \frac{1}{v^T X_0}, \omega = tv, \mu = tu$$

原分式模型化为等价的线性规划问题模型 (P_1)：

$$\max h_0 = u^T Y_0 = V_{p1}$$

$$(P_1) \quad s.t. \begin{cases} \omega^T X_j - \mu^T Y_j \geqslant 0 \\ \omega^T X_0 = 1 \\ \omega \geqslant 0, \mu \geqslant 0 \end{cases} \qquad (8-3)$$

(P_1) 等价线性规划问题的对偶规划问题模型 (D_1) 为：

$$\min \theta = V_{D1}$$

$$(D_1) \quad s.t. \begin{cases} \sum_{j=1}^{n} X_j \lambda_j \leqslant \theta X_0 \\ \sum_{j=1}^{n} Y_j \lambda_j \leqslant Y_0 \\ \lambda_j \geqslant 0, \quad j = 1, 2, \cdots, n, \quad \theta \in E^1 \end{cases} \qquad (8-4)$$

由于前面两种形式检验 DMU_{j_0} 的 DEA 有效时，都很不方便。Charnes 和 Cooper 引进了非阿基米德无穷小量的概念，以便使用线性规划的单纯型算法求解模型判断 DMU_{j_0} 的 DEA 有效性。在广义的实数域内，非阿基米德无穷小量 ε 是一个小于任何正数且大于零的数。利用 CharnesCooper 变换可以得到等价的线性规划问题的标准型 $(D_{1\varepsilon})$ 为：

$$\min[\theta - \varepsilon(e^{-T}s^- + e^{+T}s^+)] = V_{D_{1\varepsilon}}$$

---

① 曹文静,潘杰义.数据包络分析方法的城市区域创新绩效评价[J].现代制造工程,2009(6):132-137.

$$(D_{1\epsilon}) \quad s.t. \begin{cases} \sum_{j=1}^{n} X_j \lambda_j + s^- \leqslant \theta X_0 \\ \sum_{j=1}^{n} Y_j \lambda_j - s^+ \leqslant Y_0 \\ \lambda_j \geqslant 0, \quad j=1,2,\cdots,n \\ s^+ \geqslant 0, \quad s^- \geqslant 0 \end{cases} \quad (8-5)$$

式中：$e^{-T}=(1,1,\cdots,1)^{-T}\in E^m$；$e^{+T}=(1,1,\cdots,1)^{+T}\in E^s$；$s^-$ 为各投入的松弛向量；s^+ 为各产出的松弛向量；θ、$\lambda_j(j=1,2,\cdots,n)$、$s^-$、$s^+$ 为待估计的量，用于判断决策单元的有效性。

我们能够用 C^2R 模型判定是否同时技术有效和规模有效：

（1）$\theta*=1$，且 $s^{*+}=0$，$s^{*-}=0$，则决策单元为 DEA 有效，并且决策单元的经济活动同时为技术有效和规模有效。

（2）$\theta*=1$，但至少某个输入或者输出大于 0，则决策单元为弱 DEA 有效，决策单元的经济活动不是同时为技术有效和规模有效。

（3）$\theta*<1$，决策单元不是 DEA 有效，其经济活动既不是技术效率最佳，也不是规模最佳。

第二节　基于 DEA 模型的健康人力资本实施效应的评价过程

一、确定投入—产出指标

依据第五和第七章的分析，按照指标的权重选取前 10 位的健康人力资本的投入—产出指标，见附表 41、附表 42。

二、选择决策单元（DMU）

选择决策单元，即确定参考集。在选择决策单元时，应遵循以下三项原则：一是 DMU 应该具有"同质性"特征，即 DMU 在相同的组织目标下，执行相同的工作任务或所有受评价单位在相同市场条件下运作，投入产出要素是相同的；二是可以删除 DMU 中的极端异常值，以免影响整体评价效率。

通过收集投入产出指标的既得数据，将 20 个年份分别作为决策单元，探究健康人力资本的投入产出效应。

三、选择 DEA 模型

DEA 模型形式多样，用途广泛，既包括基于规模收益不变的 C^2R 模型、基于规模收益可变的 BC^2 模型等基础模型，又包括 SBM 超效率模型等发展性模型。并且按照对效率的测量方式，DEA 模型可分为投入导向、产出导向和非导向。投入导向模型关注的是在不减少产出的条件下，要达到技术有效各项投入应该减少的程度；产出导向型模型关注的是在不增加投入的条件下，要达到技术有效各项产出应该增加的程度；非导向模型则是同时从投入和产出两个方面进行测量。

此处运用 DEA 评价的目的是在投入既定的条件下研究产出，因此选择的DEA 模型应具有产出导向。

第三节　DEA 评价结果分析

通过 MATLAB 程序运算，获得健康人力资本投入—产出的综合得分情况和投影情况，如表 8 - 1 所示。

综合效率反映出健康人力资本投入—产出的整体效率情况。从表中可以看出，1996 年、2006 年和 2016 年的投入—产出的综合效率得分均为 1，并且 s^+、s^- 都为 0，投入—产出为 DEA 有效，并且达到了技术有效和规模有效两个目的。1997年、1999—2005 年、2007—2011 年和 2016 年的投入—产出的综合效率得分均为 1，部分 s^+、s^- 都为 0，说明其投入—产出为 DEA 相对有效，即投入—产出配置较合理。其中，1998 年、2012—2015、2017 年这 6 个年份投入—产出的综合效率均未达到最适水平，为非 DEA 有效，并且 2015 年的综合效率最低，为 0.8380，这意味着政府和社会力量对健康人力资本的投入并未实现其效用的最大化，需要进一步提高资源配置效率。根据表中可知，多数年份在孕产妇死亡率、自杀率、受教育年限、工作满意度指数的产出指标上存在不足。其中，2012 年在投入产出效率非有效的同时存在一定程度的体育投入不足，说明健康人力资本在提高资金的使用效率和管理效率基础上，争取获取各方投入，促进资源的优化配置。

从以上分析可以看出，要达到综合效率有效，需要的是产出指标实现一定的程度：

（1）降低孕产妇死亡率和自杀率。孕产妇死亡率是衡量一个地区的经济、文化、妇幼保健工作质量的重要指标，也是实施《中华妇女发展规划纲要》的内容[①]。随着经济的发展，常住人口和流动人口逐年增长，全面二孩政策的实施，孕产妇面临的物质压力和精神压力也越来越大，并且高危孕产妇也在逐年增加，导致孕产妇管理成为妇女医疗保健工作的一大难题。因此，需要加强医院培训，提高产科质量；加强管理，广泛开展宣传；提高医疗水平；加强产后观察与访视；提高应急水平，畅通急救通道；完善评审制度等。增加对孕产妇产前后的精神关怀，可以一定程度上缓解孕产妇的心理压力，从而达到控制孕产妇死亡率的目的。另有数据表明，

---

① 彭秀钦.降低孕产妇死亡率的措施[J].中国妇幼保健，2006(17)：2338.

表 8－1　健康人力资本投入—产出的综合得分情况

DMU	分值	s^{1-}	s^{2-}	s^{3-}	s^{4-}	s^{5-}	$s^{6-}\sim s^{10-}$	s^{1+}	$s^{2+}\sim s^{6+}$	s^{7+}	s^{8+}	s^{9+}	s^{10+}
1996	1.0000	0.00	0.00	0.02	0.00	0.00	0.00	0.00	0.00	0.00	0.00	0.00	0.00
1997	1.0000	0.00	0.00	0.00	0.00	0.00	0.00	0.00	0.00	0.28	0.85	1.65	1.74
1998	0.9992	0.00	0.00	0.00	0.00	0.00	0.00	0.00	0.00	1 033.80	1 914.95	3 309.28	3 798.61
1999	1.0000	0.00	0.00	0.00	0.00	0.00	0.00	0.00	0.00	0.08	0.08	0.49	0.11
2000	1.0000	0.00	0.00	66.67	0.00	0.00	0.00	0.00	0.00	12 183.36	25 057.95	47 318.85	53 418.76
2001	1.0000	0.00	0.00	0.00	0.00	0.00	0.00	0.00	0.00	0.04	0.09	0.18	0.20
2002	1.0000	0.00	0.00	0.00	0.00	0.00	0.00	0.00	0.00	1 134.38	2 394.19	4 530.22	4 946.65
2003	1.0000	0.00	0.00	0.00	0.00	0.00	0.00	0.00	0.00	2 137.78	5 154.45	11 567.25	13 555.86
2004	1.0000	0.00	0.00	0.00	0.00	0.00	0.00	0.00	0.00	23.34	76.31	156.44	150.70
2005	1.0000	0.00	0.00	0.00	0.00	0.00	0.00	0.00	0.00	0.70	1.60	4.09	4.30
2006	1.0000	0.00	0.00	0.00	0.00	0.00	0.00	0.00	0.00	0.00	0.00	0.00	0.00
2007	1.0000	0.00	0.00	0.00	0.00	0.00	0.00	0.00	0.00	6.37	20.53	32.67	25.63
2008	1.0000	0.00	0.00	4.10	0.00	0.00	0.00	0.00	0.00	1.88	0.00	9.54	0.00
2009	1.0000	0.00	0.00	0.00	0.00	0.00	0.00	0.00	0.00	2.44	8.70	15.60	10.01
2010	1.0000	0.00	0.00	0.00	0.00	0.00	0.00	0.00	0.00	4.43	13.78	21.44	16.26
2011	1.0000	0.00	0.00	0.00	0.00	0.00	0.00	0.00	0.00	2 303.02	6 917.91	11 974.37	9 511.91
2012	0.9381	0.00	0.00	4.23	0.00	0.00	0.00	0.00	0.00	4.67	33.83	46.45	40.88
2013	0.9325	0.00	0.00	0.00	0.00	0.00	0.00	0.00	0.00	0.71	1.78	3.58	2.82
2014	0.9483	0.00	0.00	0.00	0.00	0.00	0.00	0.00	0.00	0.43	1.53	2.61	2.03
2015	0.8380	0.00	0.00	0.00	0.00	0.00	0.00	0.00	0.00	0.00	0.12	0.00	0.00
2016	1.0000	0.00	0.00	0.00	0.00	0.00	0.00	0.00	0.00	0.00	0.00	0.00	0.00
2017	0.9520	0.00	0.00	0.00	0.00	0.00	0.00	0.00	0.00	857.10	1 134.04	5 68.07	2 213.69

63%自杀者当时有精神障碍(39.8%为抑郁症),27%有过自杀未遂,这个比例高得惊人。自杀已经变成一个非常重要的公共卫生问题。因此,要加强对自杀问题的及时防范和干预[①]。一级预防:预防个体自杀倾向的发展;二级预防:指对处于自杀边缘的人进行早期干预,即危机干预;三级预防:对曾经有自杀未遂的人防止再次出现轻生。如:保证环境的安全;密切观察;建立治疗型护患关系;使用安全契约;给患者提供希望;提高患者自尊;参加有益活动;调动社会支持系统等。

(2)提高人均受教育年限和工作满意度指数。受教育状况是人口的一个重要特征,也是反映人口质量的一项重要内容。一个国家或地区人口的受教育状况往往标志着该区域的社会经济发展的程度。受教育状况越好的区域,人口素质、社会经济发展水平和文明程度一般也越高。因此要提高人均受教育年限,提高人口素质。政府应高度重视科学教育发展,大力推进素质教育,实现应试教育到素质教育的转轨。提高工作满意度指数,创造公平竞争的企业环境;创造追求发展的企业氛围;帮助员工成长;因人而异提升满意度;多重激励鼓舞士气;创造关爱员工的企业氛围。此外,企业也应当重视提高员工的满意度,使员工由满意逐渐变为忠诚,自愿地努力工作[②]。

(3)提高体育投入,加强公民体育锻炼。"健康中国"战略的提出,"全民健身计划"的实施,有力推动了公民对于强身健体的重视。随着物质文化生活的日益丰富,居民对健身运动越来越重视,爱运动爱健康已成为新常态。因此,逐年加大各项体育投入,增加体育设施建设,是我国群众体育事业可持续发展的有力推动力。可以预期,未来10年,我国群众体育事业仍将在经济持续快速增长的良性发展环境中持续发展,群众体育发展的前景将是群众体育投入理论研究和发展的基础[③]。

课题组选择37个OECD国家2005—2017年的相关数据,运用DEAP计算其健康人力资本投入产出效率。根据第二章健康人力资本投入产出指标体系以及OECD国家可得数据,最终选择3个产出指标、5个投入指标,产出指标为:预期寿命、自评健康及国民体质合格人数;投入指标为:公共卫生支出、体育锻炼、蛋白质摄入、吸烟、空气质量。计算结果可得平均效率最高的国家为芬兰、新西兰,其2005—2017年投入产出均有效。平均效率排名3~10位的国家分别为瑞典、英国、中国、美国、哥伦比亚、冰岛、卢森堡及意大利,其中中国平均效率为0.999,位居第五,且仅在2006年未达有效,有效率为93.33%。健康人力资本投入产出效率平均较低的10个国家分别为:拉脱维亚(0.900)、比利时(0.886)、波兰(0.868)、斯洛文尼亚(0.867)、立陶宛(0.859)、奥地利(0.851)、德国(0.846)、丹麦(0.828)、法国(0.820)及希腊(0.814)。

---

① 张艳萍,李献云,王黎君,等.自杀与其他伤害死亡全国性对照研究[J].中国心理卫生杂志,2004(12):861-864.

② 阎文清,高山.浅谈员工满意度[J].企业研究,2011(2):78-79.

③ 王党生.国内外大众体育投入现状研究[J].河南机电高等专科学校学报,2009(1):39-41.

第九章 健康人力资本预测

本章健康人力资本指数预测的初始数据是基于前文健康人力资本指数测算方法得到的。但前文中关于健康人力资本指数的测算结果只测算了近 8 年的健康人力资本,覆盖年份较少,这对发现规律并进行未来年份的健康人力资本指数的预测十分不利,会影响预测的精度。如果测算更多年份健康人力资本指数,因为前文的测算指标涉及 31 个指标,很多年份的指标数据很难获取,以至于无法进行有效测算。在这种情况下,本章首先针对前文健康人力资本指数测算的 31 个指标进行主成分分析,提取主要的成分指标,然后使用这些主要指标,采用前文的测算方法,测算出 2000—2017 年的健康人力资本指数,以此作为本章进行预测的初始数据。

健康人力资本指数测算的 31 个指标主成分分析的方差贡献率和累计贡献率结果如表 9 - 1 所示。

表 9 - 1 测算指标主成分分析的方差贡献率与累计贡献率

成分	初始特征值			提取的平方和载入		
	合计	方差的%	累计%	合计	方差的%	累计%
期望寿命	1.419	17.023	17.023	1.419	17.023	17.023
住院率	1.360	16.317	33.340	1.360	16.317	33.340
精神疾病发病率	1.269	15.228	48.568	1.269	15.228	48.568
人均受教育年限	1.181	14.176	62.744	1.181	14.176	62.744
成人肥胖率	1.095	13.141	75.885	1.095	13.141	75.885
空气达标率	1.032	12.389	88.274	1.032	12.389	88.274
城市基本公共服务满意度	0.265	3.185	91.459			
人均住房面积	0.189	2.262	93.721			
居民两周就诊率	0.118	1.421	95.142			
慢性病患病指数	0.044	0.523	95.665			
孕产妇死亡率	0.039	0.470	96.135			

（续表）

成分	初始特征值			提取的平方和载入		
	合计	方差的%	累计%	合计	方差的%	累计%
每千人口执业（助理）医师	0.031	0.374	96.926			
经常参加锻炼人数	0.028	0.340	97.266			
绿化覆盖率	0.026	0.314	97.580			
自杀率	0.024	0.288	97.868			
水（环境）功能区达标率	0.022	0.259	98.127			
吸烟率	0.019	0.233	98.360			
工作满意度指数	0.017	0.208	98.568			
从事教育工作人员所占比例	0.016	0.193	98.761			
在校大学生人数	0.015	0.178	98.939			
万人拥有专业技术人员数	0.013	0.155	99.094			
R&D课题数	0.011	0.136	99.230			
万人拥有发明专利数	0.011	0.129	99.359			
36~55岁从业人员所占比例	0.010	0.117	99.476			
劳动生产率	0.008	0.101	99.577			
人际交往满意度	0.007	0.086	99.663			
中国信用小康指数	0.007	0.079	99.742			
人均可支配收入	0.006	0.075	99.817			
万人规模以上企业新产品开发项目数	0.006	0.070	99.887			
客运量	0.005	0.060	99.947			
刑事案件	0.004	0.053	100.000			

从表9-1可以看出，在31个指标中，前六个成分的累计方差贡献率达到88.274%，超过85%，已经足够描述健康人力资本指数，因此本章采用期望寿命、住院率、精神疾病发病率、人均受教育年限、成人肥胖率以及空气达标率这6个指标（6个指标恰好又容易在官方统计资料中获取），通过前文的计算方法对我国2000—2017年的健康人力资本指数进行测算，作为健康人力资本预测的初始值，结果如表9-2所示。

表 9 - 2　健康人力资本预测的初始值（2000—2017）

年份	健康人力资本指数	年份	健康人力资本指数
2000	0.581	2009	0.593
2001	0.582	2010	0.597
2002	0.583	2011	0.605
2003	0.585	2012	0.611
2004	0.585	2013	0.613
2005	0.587	2014	0.614
2006	0.588	2015	0.615
2007	0.589	2016	0.616
2008	0.591	2017	0.618

第一节　基于灰色理论的我国健康人力资本预测

我国未来健康人力资本的变化受很多因素的制约，较为复杂且具有一定的不确定性，灰色理论是适合我国健康人力资本预测的方法之一。

灰色系统理论（Grey System Theory），是一种研究系统结构层次不清晰、样本数据量少、信息相对匮乏、具有不确定性的方法，其优点显著，可应用到分布不规律的小样本研究，在预测过程中工作量小，能量化问题并对问题未来的发展做出分析和预测，且预测结果在定性和定量上差异也相对较小，精准度高。

灰色系统理论在农业生产、工业制造、工程建筑、交通运输、卫生医疗、旅游服务、人口预测等不同学科和领域具有极其广泛的应用。该理论研究对象的特征介于白色系统和黑色系统之间，即处于信息完全已知和信息完全未知之间。其研究内容主要包括建模理论、灰色因素的关联分析理论，灰色预测理论和决策理论、灰色系统分析和控制理论、灰色系统的优化理论等。其中，灰色预测常使用灰色模型（Grey Model）中的 $GM(1,1)$ 模型进行定量分析。

具体步骤如下：

一、健康人力资本指数预测

1）设已有的健康人力资本指数变量组成序列 $X(0)$，则可得到数据序列

$$X^{(0)} = \left[X^{(0)}(1), X^{(0)}(2), X^{(0)}(3), \cdots, X^{(0)}(n) \right]$$

对原序列中的数据依次累加以得到生成序列：

$X^{(1)}=[X^{(1)}(1),X^{(1)}(2),\cdots,X^{(1)}(n)]$，并且满足 $X^{(1)}(k)=\sum_{m=1}^{k}X^{(0)}(m)$
$(k=1,2,\cdots,n)$

初始值来源于自 2000 年以来 18 年能够获得的部分主要指标国内数据，采用前文的计算方法测算而得。

结果见表 9-3。

表 9-3   健康人力资本指数一次累加数据

年份	2000	2001	2002	2003	2004	2005	2006	2007	2008
序号	1	2	3	4	5	6	7	8	9
$X(0)$	0.581	0.582	0.583	0.585	0.585	0.587	0.588	0.589	0.591
$X(1)$	0.581	1.163	1.746	2.331	2.916	3.503	4.091	4.68	5.271
年份	2009	2010	2011	2012	2013	2014	2015	2016	2017
序号	10	11	12	13	14	15	16	17	18
$X(0)$	0.593	0.597	0.605	0.611	0.613	0.614	0.615	0.616	0.618
$X(1)$	5.864	6.461	7.066	7.677	8.29	8.904	9.519	10.135	10.753

2)令 $Z^{(1)}$ 为 $X^{(1)}$ 的紧邻均值生成序列

$$Z^{(1)}=[z^{(1)}(2),z^{(1)}(3),\cdots z^{(1)}(n)]$$

$$Z^{(1)}(k)=\frac{1}{2}(X^{(1)}(k-1)+X^{(1)}(k))$$

则 $GM(1,1)$ 灰微分方程模型为：$X^{(0)}(k)+aZ^{(1)}(k)=b$

式中，a 为发展灰数；b 称为内生控制灰数。

设 $\hat{\beta}$ 为待估参数向量，$\hat{\beta}=(a,b)^T$，可利用最小二乘法求解，得 $\hat{\beta}=(a,b)^T=(BB^T)^{-1}B^TY$，其中

$$B=\begin{bmatrix}-z^{(1)}(2) & 1 \\ -z^{(1)}(3) & 1 \\ \vdots & \vdots \\ -z^{(1)}(n) & 1\end{bmatrix},Y=\begin{bmatrix}x^{(0)}(2) \\ x^{(0)}(3) \\ \vdots \\ x^{(0)}(n)\end{bmatrix}$$

利用离散数据序列建立近似的微分方程模型：$\frac{\mathrm{d}x^{(1)}}{\mathrm{d}t}+ax^{(1)}=b$（白化方程）

解得 $GM(1,1)$ 灰微分方程 $X^{(0)}(k)+aZ^{(1)}(k)=b$ 的时间相应序列为

$$\hat{X}^{(1)}(k+1)=\left(X^{(1)}(0)-\frac{b}{a}\right)e^{-ak}+\frac{b}{a}(k=1,2,\cdots n)$$

取 $X^{(1)}(0)=X^{(0)}(1)$，有 $\hat{X}^{(1)}(k+1)=\left(X^{(0)}(1)-\frac{b}{a}\right)e^{-ak}+\frac{b}{a}$

则原始数据序列 $X^{(0)}$ 的预测值：

$$\hat{X}^{(0)}(k+1)=\hat{X}^{(1)}(k+1)-\hat{X}^{(1)}(k)=(1-e^a)\left(X^{(0)}(1)-\frac{b}{a}\right)e^{-ak}$$

3)GM(1,1)模型检验

(1)残差检验。

残差:$q(k)=X^{(0)}(k)-\hat{X}^{(0)}(k)$

相对误差:$\varepsilon(k)=\dfrac{q(k)}{X^{(0)}(k)}\times 100\%=\dfrac{X^{(0)}(k)-\hat{X}^{(0)}(k)}{X^{(0)}(k)}\times 100\%$

平均相对误差:$\varepsilon(avg)=\dfrac{1}{n-1}\sum_{k=2}^{n}|\varepsilon(k)|$

精度:$p^0=(1-\varepsilon(avg))\times 100\%$

(2)后验差检验。

①计算原始序列标准差

$$S_1=\sqrt{\frac{\sum[X^{(0)}(k)-\overline{X}^{(0)}]^2}{n-1}}$$

②计算绝对误差序列的标准差

$$S_2=\sqrt{\frac{\sum[\Delta^{(0)}(k)-\overline{\Delta}^{(0)}]^2}{n-1}}$$

③计算方差比

$$C=\frac{S_2}{S_1}$$

④计算小误差概率

$$p=P(|\Delta^{(0)}(k)-\overline{\Delta}^{(0)}|<0.6745\,S_1)$$

给定C_0,当$C<C_0$时,称模型为均方差比合格模型。C_0取0.35、0.5、0.65所对应的模型分别为优、合格、勉强合格。给定的$p_0>0$,当$p>p_0$时,称模型为小残差概率合格模型。p_0取0.95、0.8、0.7所对应的模型分别为优、合格、勉强合格。

4)模型结果

利用上述过程得健康人力资本指数时间相应序列为:

$$\hat{X}^{(1)}(k+1)=\left(X^{(0)}(1)-\frac{b}{a}\right)e^{-ak}+\frac{b}{a}=132.5009\,e^{0.0043k}-131.9209$$

健康人力资本指数原始数据序列$X^{(0)}$的预测值

$$\hat{X}^{(0)}(k+1)=\hat{X}^{(1)}(k+1)-\hat{X}^{(1)}(k)=132.5009e^{0.00431k}(1-e^{-0.0043})$$

结果如表9-4所示。

表9-4 GM(1,1)模型健康人力资本指数检验表

序号	年份	原始值	预测值	残差	相对误差
1	2000	0.581	0.5810	0	0.00%

（续表）

序号	年份	原始值	预测值	残差	相对误差
2	2001	0.582	0.5750	0.007	1.22%
3	2002	0.583	0.5785	0.0045	0.78%
4	2003	0.585	0.5830	0.002	0.34%
5	2004	0.585	0.5855	−0.0005	−0.09%
6	2005	0.587	0.5900	−0.003	−0.51%
7	2006	0.588	0.5935	−0.0055	−0.93%
8	2007	0.589	0.5970	−0.008	−1.34%
9	2008	0.591	0.5916	−0.0006	−0.10%
10	2009	0.593	0.5961	−0.0031	−0.52%
11	2010	0.597	0.6027	−0.0057	−0.95%
12	2011	0.605	0.6033	0.0017	0.28%
13	2012	0.611	0.6118	−0.0008	−0.13%
14	2013	0.613	0.6064	0.0066	1.09%
15	2014	0.614	0.6101	0.0039	0.64%
16	2015	0.615	0.6137	0.0013	0.21%
17	2016	0.616	0.6139	0.0021	0.34%
18	2017	0.618	0.6162	0.0018	0.29%

由计算可得,该模型 $C=0.02126<0.35$,所以该模型为方差比优模型。$p=1>0.95$,所以该模型为小残差概率优模型。该模型的精度为 $p^0=99.42\%$,该模型的精度较高,可进行预报和预测。可得到 2018—2035 年健康人力资本指数 $GM(1,1)$ 的预测结果如表 9 - 5 所示。

表 9 - 5 *GM*(1,1)模型健康人力资本指数预测表

年份	预测值
2018	0.617
2019	0.619
2020	0.624
2021	0.647
2022	0.662
2023	0.676

（续表）

年份	预测值
2024	0.688
2025	0.685
2026	0.692
2027	0.704
2028	0.710
2029	0.727
2030	0.731
2031	0.733
2032	0.741
2033	0.749
2034	0.750
2035	0.755

二、就业人口数预测

在健康人力资本的预测过程中,劳动力数量是一个最基础的数据,因此本章先对我国适龄劳动力人数进行预测。关于我国适龄劳动力人数的预测具体步骤如下：

1)设历年的劳动力人口数变量组成序列 $X(0)$,则可得到数据序列

$$X^{(0)} = [X^{(0)}(1), X^{(0)}(2), X^{(0)}(3), \cdots X^{(0)}(n)]$$

对原序列中的数据依次累加以得到生成序列：

$X^{(1)} = [X^{(1)}(1), X^{(1)}(2), \cdots, X^{(1)}(n)]$,并且满足 $X^{(1)}(k) = \sum_{m=1}^{k} X^{(0)}(m)$

$(k=1, 2, \cdots, n)$

结果见表 9-6。

表 9-6　劳动力人口数一次累加数据

年份	2000	2001	2002	2003	2004	2005	2006	2007	2008
序号	1	2	3	4	5	6	7	8	9
$X^{(0)}$	72 085	72 797	73 280	73 736	74 264	74 647	74 978	75 321	75 564
$X^{(1)}$	72 085	144 882	218 162	291 898	366 162	440 809	515 787	591 108	666 672

（续表）

年份	2009	2010	2011	2012	2013	2014	2015	2016
序号	10	11	12	13	14	15	16	17
$X^{(0)}$	75 828	76 105	76 420	76 704	76 977	77 253	77 451	77 603
$X^{(1)}$	742 500	818 605	895 025	971 729	1 048 706	1 125 959	1 203 410	1 281 013

2）模型测算结果

利用上述 $GM(1,1)$ 过程得劳动力人口数时间相应序列为：

$$\hat{X}^{(1)}(k+1)=\left(X^{(0)}(1)-\frac{b}{a}\right)e^{-ak}+\frac{b}{a}=17611782.7596\,e^{0.0041k}-17539697.7596$$

劳动力人口数原始数据序列 $X^{(0)}$ 的预测值

$$\hat{X}^{(0)}(k+1)=\hat{X}^{(1)}(k+1)-\hat{X}^{(1)}(k)=17611782.7596e^{0.0041k}(1-e^{-0.0041})$$

结果如表 9 - 7 所示。

表 9 - 7　**$GM(1,1)$模型预测我国劳动力人口数检验表**

序号	年份	原始值	模型计算值	残差	相对误差
1	2000	72 085	72 085.0000	0	0.00%
2	2001	72 797	73 229.4495	−432.4495	−0.59%
3	2002	73 280	73 533.9361	−253.9361	−0.35%
4	2003	73 736	73 839.6888	−103.6888	−0.14%
5	2004	74 264	74 146.7128	117.2872	0.16%
6	2005	74 647	74 455.0134	191.9866	0.26%
7	2006	74 978	74 764.5959	213.4041	0.29%
8	2007	75 321	75 075.4656	245.5344	0.33%
9	2008	75 564	75 387.6279	176.3721	0.23%
10	2009	75 828	75 701.0882	126.9118	0.17%
11	2010	76 105	76 015.8519	89.1481	0.12%
12	2011	76 420	76 331.9243	88.0757	0.12%
13	2012	76 704	76 649.3110	54.6890	0.07%
14	2013	76 977	76 968.0173	8.9827	0.01%
15	2014	77 253	77 288.0488	−35.0488	−0.05%
16	2015	77 451	77 609.4110	−158.4110	−0.20%
17	2016	77 603	77 932.1094	−329.1094	−0.42%
18	2017	77 640	78 256.1496	−616.1496	−0.79%

由计算可得,该模型 $C=0.0686<0.35$,所以该模型方差比优模型。$p=1>0.95$,所以该模型为小残差概率优模型。该模型的精度为 $p^0=99.79\%$,该模型的精度较高,可进行预报和预测。基于灰色理论的我国 2018—2035 年的劳动力人数预测结果如表 9-8 所示。

表 9-8　GM(1,1)模型劳动力人口数预测表

年份	预测值(万人)
2018	78 581.5372
2019	78 908.2777
2020	79 236.3768
2021	79 565.8401
2022	79 896.6733
2023	80 228.8821
2024	80 562.4722
2025	80 897.4494
2026	81 233.8194
2027	81 571.5881
2028	81 910.7611
2029	82 251.3445
2030	82 593.3440
2031	82 936.7655
2032	83 281.6149
2033	83 627.8983
2034	83 975.6215
2035	84 324.7904

根据预测结果我们可以看出,我国 2018—2035 年期间劳动力人数虽然不断增加,但增速不断放缓,尤其是到了 2030 年左右,增速几乎停滞,这可能和我国人口老龄化有关。这也意味着未来我国人口红利不断萎缩,依靠人口红利的发展模式不可持续。

三、健康人力资本预测

健康人力资本由劳动力人口数和健康人力资本指数共同决定,综合考虑健康人力资本指数和劳动力人口数的我国非货币化健康人力资本预测结果如表 9-9

和图 9 - 1 所示。

表 9 - 9　*GM*(1,1)模型健康人力资本指数预测表

年份	健康人力资本指数	就业人口数(万人)	健康人力资本(万人)
2000	0.581	72 085.000	41 881.385
2001	0.582	72 797.000	42 367.854
2002	0.583	73 280.000	42 722.240
2003	0.585	73 736.000	43 135.560
2004	0.585	74 264.000	43 444.440
2005	0.587	74 647.000	43 817.789
2006	0.588	74 978.000	44 087.064
2007	0.589	75 321.000	44 364.069
2008	0.591	75 564.000	44 658.324
2009	0.593	75 828.000	44 966.004
2010	0.597	76 105.000	45 434.685
2011	0.605	76 420.000	46 234.100
2012	0.611	76 704.000	46 866.144
2013	0.613	76 977.000	47 186.901
2014	0.614	77 253.000	47 433.342
2015	0.615	77 451.000	47 632.365
2016	0.616	77 603.000	47 803.448
2017	0.618	77 640.000	47 981.520
2018	0.617	78 581.537	48 484.808
2019	0.619	78 908.278	48 844.224
2020	0.624	79 236.377	49 443.499
2021	0.647	79 565.840	51 479.099
2022	0.662	79 896.673	52 891.598
2023	0.676	80 228.882	54 234.724
2024	0.688	80 562.472	55 426.981
2025	0.685	80 897.449	55 414.753
2026	0.692	81 233.819	56 213.803
2027	0.704	81 571.588	57 426.398

（续表）

年份	健康人力资本指数	就业人口数（万人）	健康人力资本（万人）
2028	0.710	81 910.761	58 156.640
2029	0.727	82 251.345	59 796.727
2030	0.731	82 593.344	60 375.734
2031	0.733	82 936.766	60 792.649
2032	0.741	83 281.615	61 711.677
2033	0.749	83627.898	62 637.296
2034	0.750	83 975.622	62 981.716
2035	0.755	84 324.790	63 665.217

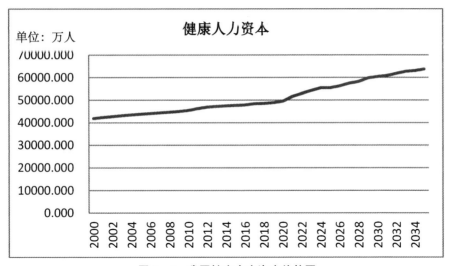

图 9 - 1 我国健康人力资本趋势图

从图 9 - 1 和表 9 - 9 可以看出,2018—2035 年间我国劳动力人数增加缓慢,但是我国健康人力资本指数增加明显,因此我国健康人力资本逐步增加,这为我国经济不断增长和社会进步提供了强有力的支撑。

由于我国健康人力资本的预测受很多因素的影响,误差在所难免,因此,需要采用多种预测方法进行预测,以便相互验证,提高预测结果的稳定性。

第二节　基于神经网络的我国健康人力资本预测

由于我国健康人力资本的预测受很多因素的影响,误差在所难免,因此,需要采用多种预测方法进行预测,以便相互验证,提高预测结果的稳定性。

由于我国健康人力资本预测的影响因素较多,且相互关系比较复杂,是一个复杂的系统工程,而神经网络的研究方法是研究这种的问题的有效方法之一。神经网络是一种模仿生物大脑神经系统功能的运算模式,本节运用神经网络中的较为成熟的 BP 网络对我国健康人力资本进行预测。

BP 网络(Back-ProPagation Network)又称反向传播神经网络,属于单向传播的多层前馈型神经网络结构,它是一种应用较为广泛和成熟的神经网络模型。该模型通常通过样本数据的误差反向传播方法训练,不断修正网络权值和阈值使误差函数沿负梯度方向下降,逼近期望输出。多用于函数逼近、模型识别分类、数据压缩和时间序列预测等。

BP 神经网络是具有 3 层或 3 层以上神经网络,包括输入层、中间层(隐层)和输出层,输入向量是指将输入的信息,输出向量指输出的信息,即信息在神经元链接中传输、分析以及权衡,形成输出结果。输入和输出神经元是依据输入向量和研究目标而定。若输入向量有 m 个神经元素,则输入层的神经元可以选为 m 个,隐含层神经元个数 n 和输入神经元层神经元个数 m 之间可以按照 $n = 2m + 1$ 的关系来选取。

2000—2017 年我国健康人力资本的情况初始数据如表 9 - 10 所示。

表 9 - 10 2000—2017 年我国健康人力资本情况

年份	健康人力资本指数	劳动力人口数(万人)	健康人力资本(万人)
2000	0.581	72 085.000	41 881.385
2001	0.582	72 797.000	42 367.854
2002	0.583	73 280.000	42 722.240
2003	0.585	73 736.000	43 135.560
2004	0.585	74 264.000	43 444.440
2005	0.587	74 647.000	43 817.789
2006	0.588	74 978.000	44 087.064
2007	0.589	75 321.000	44 364.069
2008	0.591	75 564.000	44 658.324
2009	0.593	75 828.000	44 966.004
2010	0.597	76 105.000	45 434.685
2011	0.605	76 420.000	46 234.100
2012	0.611	76 704.000	46 866.144
2013	0.613	76 977.000	47 186.901

（续表）

年份	健康人力资本指数	劳动力人口数（万人）	健康人力资本（万人）
2014	0.614	77 253.000	47 433.342
2015	0.615	77 451.000	47 632.365
2016	0.616	77 603.000	47 803.448
2017	0.618	77 640.000	47 981.520

一、劳动力人口数预测

基于神经网络的健康人力资本的劳动力人数预测过程如附图 43 所示。预测结果如图 9-2 所示。

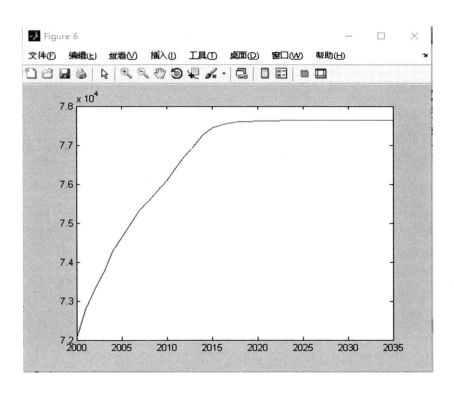

图 9-2　神经网络预测劳动力人数的预测结果

从图 9-2 的预测结果可以看出，我国从业的劳动力数量从 2018 年后，几乎不再增长，并呈微微下降趋势。这反映了随着我国人口结构长期趋势以及劳动力数量的供给现状。

二、健康人力资本预测

基于神经网络的健康人力资本的预测过程如附图 60、附图 61、附图 62、附图 63、附图 64、附图 65、附图 66 所示。基于神经网络的健康人力资本的预测结果如图 9－3 所示。

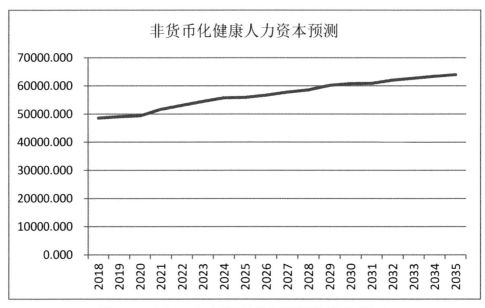

图 9－3　健康人力资本的神经网络预测结果（单位：万人）

从图 9－3 我国健康人力资本的神经网络方法预测结果可以看出，我国健康人力资本从 2018 年到 2035 年呈缓缓上升态势，这是一个可喜的趋势，是我国经济不断增长的坚强保障和增长质量不断提升的不竭动力。

表 9－11　两种方法的健康人力资本预测值比较　　　　　　　　（单位：万人）

年份	健康人力资本（神经网络）	健康人力资本（灰色理论 GM(1.1)）	两种或预测方法结果差异	误差百分比
2018	48 587.808	48 484.352	103.456	0.213％
2019	49 051.224	48 843.179	208.045	0.424％
2020	49 405.499	49 443.537	38.038	0.077％
2021	51 659.099	51 479.819	179.28	0.347％
2022	53 096.598	52 891.235	205.363	0.387％
2023	54 460.724	54 234.357	226.367	0.416％

（续表）

年份	健康人力资本 （神经网络）	健康人力资本 （灰色理论 GM(1.1)）	两种或预测方法 结果差异	误差百分比
2024	55 748.981	55 426.868	322.113	0.578%
2025	55 900.753	55 414.216	486.537	0.870%
2026	56 689.803	56 213.367	476.436	0.840%
2027	57 761.398	57 426.429	334.969	0.580%
2028	58 546.640	58 156.641	389.999	0.666%
2029	60 189.727	59 796.335	393.392	0.654%
2030	60 791.734	60 375.283	416.451	0.685%
2031	60 899.649	60 792.354	107.295	0.176%
2032	62 045.677	61 711.752	333.925	0.538%
2033	62 708.296	62 637.835	70.461	0.112%
2034	63 427.716	62 981.478	446.238	0.704%
2035	63 989.217	63 665.586	323.631	0.506%

从表 9-11 可以看出，基于神经网络的预测方法与我国健康人力资本的预测结果和基于灰色理论的预测结果基本一致，即尽管我国就业劳动力人数可能在 2025 年后出现负增长，但健康人力资本持续增加。

第三节　基于系统动力学的健康人力资本预测

系统动力学（System Dynamics）是建立在系统论、信息论、结构论和控制论、反馈理论等基础之上，研究复杂社会经济系统的一门综合学科，其方法模型被广泛应用在工业制造、供应链管理、环境和资源利用、企业战略等领域。

系统动力学被称为公共政策的仿真实验室，研究过程中，可建立仿真模型，对被研究的系统进行长期的实际观测，借助计算机模拟技术，定性和定量有机结合，对系统未来的信息进行预测。此类的研究方法适用于数据收集不充足、信息难以量化、周期性较长、规律可推算的复杂的社会经济问题。

在系统动力学方法中，常用到因果关系图和存量流量图来分析系统内部要素的因果关系以及系统内部结构变化和反馈特征，进一步可反映出系统功能和行为模式，找到问题根源或对系统做出相应的科学解释。健康人力资本的预测是个系统工程，本节用系统动力学来对我国健康人力资本进行预测和敏感度分析。我国

健康人力资本的系统动力学的因果关系图和流图及其预测仿真结果如图9－4、图
9－5所示。

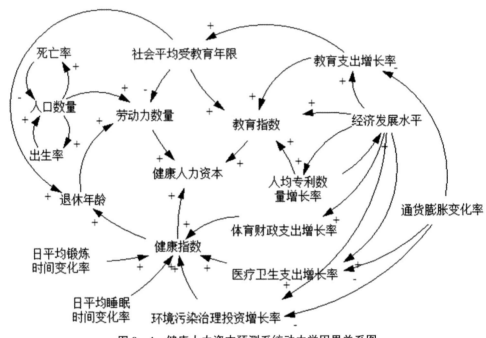

图9－4　健康人力资本预测系统动力学因果关系图

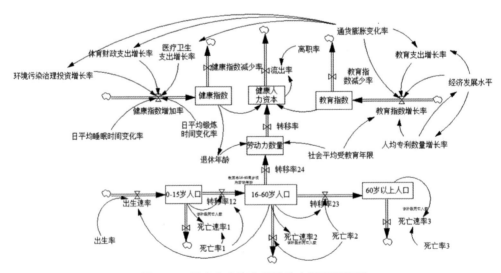

图9－5　健康人力资本系统动力学预测流图

基于上图所示的变量参数，代入各参数的我国统计年鉴实际数值，基于系统动

力学的我国健康人力资本的预测如图 9 - 6 所示。

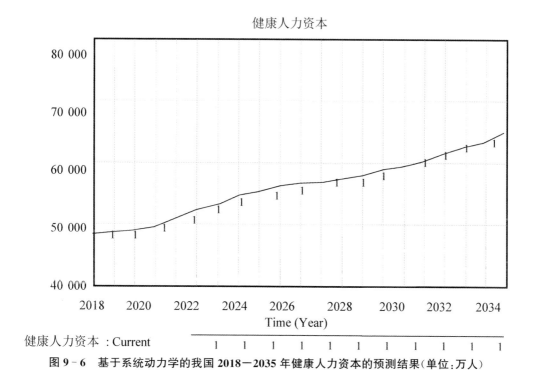

图 9 - 6　基于系统动力学的我国 **2018－2035** 年健康人力资本的预测结果（单位：万人）

采用系统动力学的我国 2018—2035 年健康人力资本的预测结果如图 9 - 6 所示，分别为 48 635.314、48 638.517、48 964.438、49 987.589、51 987.974、54 087.459、55 648.238、55 948.751、56 189.327、57 861.754、58 497.549、59 876.496、59 974.349、60 615.546、61 735.138、62 973.268、62 718.329、62 957.751万人当量，呈现出稳步增长的趋势，表明我国的经济增长将获得持续的内生动力——健康人力资本的有力保障。

第四节　三种健康人力资本预测方法的比较及其平均值

因为我国 2019 年统计年鉴的数据只能检索到 2017 年数据，前文中分别使用了灰色理论、神经网络、系统动力学三种方法预测了 2018—2035 年的健康人力资本，单位是人数当量（万人），是非货币化的健康人力资本，其比较结果如表 9 - 12 所示。

表 9 - 12　三种方法的非货币化健康人力资本预测值比较

年份	健康人力资本（神经网络）	健康人力资本（灰色理论 GM(1.1))	健康人力资本（系统动力学）	三种方法预测健康人力资本的标准误差	三种预测方法的偏差的百分比
2018	48 587.808	48 484.352	48 635.314	77.190	0.159%
2019	49 051.224	48 843.179	48 638.517	206.356	0.424%
2020	49 405.499	49 443.537	48 964.438	266.307	0.544%
2021	51 659.099	51 479.819	49 987.589	917.682	1.836%
2022	53 096.598	52 891.235	51 987.974	589.788	1.134%
2023	54 460.724	54 234.357	54 087.459	188.037	0.348%
2024	55 748.981	55 426.868	55 648.238	164.778	0.296%
2025	55 900.753	55 414.216	55 948.751	295.734	0.529%
2026	56 689.803	56 213.367	56 189.327	282.266	0.502%
2027	57 761.398	57 426.429	57 861.754	227.956	0.394%
2028	58 546.640	58 156.641	58 497.549	212.418	0.363%
2029	60 189.727	59 796.335	59 876.496	207.885	0.347%
2030	60 791.734	60 375.283	59 974.349	408.717	0.681%
2031	60 899.649	60 792.354	60 615.546	143.462	0.237%
2032	62 045.677	61 711.752	61 735.138	186.408	0.302%
2033	62 708.296	62 637.835	62 973.268	176.866	0.281%
2034	63 427.716	62 981.478	62 718.329	358.610	0.572%
2035	63 989.217	63 665.586	62 957.751	527.524	0.838%

注:表中三种预测方法的健康人力资本数量单位为万人。

表 9 - 12 分析结果表明,灰色理论、神经网络与系统动力学三种预测方法的差别较小,偏差不大,这一方面说明方法选择的合理性,另一方面也相互验证了三种方法的有效性。其三种预测方法的均值如表 9 - 13 所示。

表 9 - 13　2018—2035 年三种方法的非货币化健康人力资本预测值的平均值(单位:万人)

年份	健康人力资本（神经网络）	健康人力资本（灰色理论 GM(1.1))	健康人力资本（系统动力学）	三种方法预测健康人力资本的平均值
2018	48 587.808	48 484.352	48 635.314	48 569.158
2019	49 051.224	48 843.179	48 638.517	48 844.307

（续表）

年份	健康人力资本 （神经网络）	健康人力资本 （灰色理论 GM(1.1)）	健康人力资本 （系统动力学）	三种方法预测健康 人力资本的平均值
2020	49 405.499	49 443.537	48 964.438	49 271.158
2021	51 659.099	51 479.819	49 987.589	51 042.169
2022	53 096.598	52 891.235	51 987.974	52 658.602
2023	54 460.724	54 234.357	54 087.459	54 260.847
2024	55 748.981	55 426.868	55 648.238	55 608.029
2025	55 900.753	55 414.216	55 948.751	55 754.573
2026	56 689.803	56 213.367	56 189.327	56 364.166
2027	57 761.398	57 426.429	57 861.754	57 683.194
2028	58 546.640	58 156.641	58 497.549	58 400.277
2029	60 189.727	59 796.335	59 876.496	59 954.186
2030	60 791.734	60 375.283	59 974.349	60 380.455
2031	60 899.649	60 792.354	60 615.546	60 769.183
2032	62 045.677	61 711.752	61 735.138	61 830.856
2033	62 708.296	62 637.835	62 973.268	62 773.133
2034	63 427.716	62 981.478	62 718.329	63 042.508
2035	63 989.217	63 665.586	62 957.751	63 537.518

注：表中三种预测方法的健康人力资本数量单位为万人。

表 9 - 14　2036—2050 年三种方法的非货币化健康人力资本预测值的平均值（单位：万人）

年份	健康人力资本 （神经网络）	健康人力资本 （灰色理论 GM(1.1)）	健康人力资本 （系统动力学）	三种方法预测健康 人力资本的平均值
2036	64 276.535	64 283.578	63 977.616	64 179.243
2037	64 952.423	64 876.842	64 637.254	64 822.173
2038	65 756.149	65 686.495	65 386.753	65 609.799
2039	66 058.231	66 247.762	65 986.246	66 097.413
2040	66 976.537	66 858.279	66 324.854	66 719.89
2041	67 256.483	67 419.576	66 975.485	67 217.181
2042	67 858.426	67 874.437	67 286.571	67 673.145
2043	68 154.754	68 249.675	67 948.325	68 117.585

（续表）

年份	健康人力资本 （神经网络）	健康人力资本 （灰色理论 *GM*(1.1)）	健康人力资本 （系统动力学）	三种方法预测健康 人力资本的平均值
2044	68 951.427	68 852.379	68 585.248	68 796.351
2045	69 254.251	69 384.277	69 026.553	69 221.694
2046	70 385.476	70 764.662	69 775.228	70 308.455
2047	70 998.433	71 126.567	70 766.545	70 963.848
2048	71 355.886	71 684.832	71 246.336	71 429.018
2049	71 865.241	72 037.586	71 764.491	71 889.106
2050	72 356.683	72 692.372	72 189.558	72 412.871

注:表中三种预测方法的健康人力资本数量单位为万人。

从表 9 - 13、表 9 - 14 可以看出,我国 2018—2035 年的健康人力资本的均值呈现出不断上升趋势,2035—2050 年的健康人力资本的均值也呈现出不断上升趋势,这和基于灰色理论、神经网络以及系统动力学的预测方法得到的预测结果基本一致,即尽管我国就业劳动力人数可能在 2025 年后出现负增长,到 2050 年前后老龄化程度较深,但健康人力资本数量持续增加,这是我国经济可持续增长的内生动力,是我国经济核心竞争力不断提升的有效保障。

第五节　我国健康人力资本预测值的货币化表示

在当前学术界关于人力资本的测度有两种表述方式,一种测度就是前文使用的劳动力人数当量;另外一种是用货币化的标数,即用健康人力资本的数量乘以在岗劳动者的社会平均工资。本节采用第二种测度方式,将前文所测结果货币化。

参照中国 2018 年统计年鉴,我国 2010 年到 2017 年的社会平均工资和在岗职工社会平均工资如表 9 - 15 所示。

表 9 - 15　近年来的社会平均工资及其增长率

年份	社会平均工资 （元）	在岗职工 平均工资(元)	社会平均 工资增长率	在岗职工平均 工资增长率
2010	36 539	37 147		
2011	41 799	42 452	14.4%	14.3%
2012	46 769	47 593	11.9%	12.1%
2013	51 483	52 388	10.1%	10.1%

（续表）

年份	社会平均工资（元）	在岗职工平均工资(元)	社会平均工资增长率	在岗职工平均工资增长率
2014	56 360	57 361	9.5%	9.5%
2015	62 029	63 241	10.1%	10.2%
2016	67 569	68 993	8.9%	9.1%
2017	74 318	76 121	10%	10.3%
平均值			10.7%	10.8%

　　由于本研究中要测算人力资本,是针对从事劳动的人口的,因此选用在岗职工的平均工资和在岗职工年平均增长率。在岗职工的平均工资预测初始值是 2017 年的 76 121 元。由于近年来的在岗职工社会平均工资增长率为 10.8%,可以作为高增长率。考虑到未来相当长的一段时期内,我国的经济发展到一定阶段经济增速可能放缓,进而导致工资增长率放缓,因此本研究也设置近年来工资增长率的 1/2 和 1/3,即 5.4% 和 3.6% 这两种方案作为中低方案。预测情况如表 9 - 16 所示。

表 9 - 16　2018—2050 年的在岗职工社会平均工资预测　　　（单位:元）

年份	年增长率10.8%的预测结果	年增长率5.4%的预测结果	年增长率3.6%的预测结果
2018	84 342.1	80 231.5	78 861.4
2019	93 451.0	84 564.0	81 700.4
2020	103 543.7	89 130.5	84 641.6
2021	114 726.4	93 943.5	87 688.7
2022	127 116.9	99 016.5	90 845.5
2023	140 845.5	104 363.4	94 115.9
2024	156 056.8	109 999.0	97 504.1
2025	172 911.0	115 939.0	101 014.2
2026	191 585.4	122 199.7	104 650.7
2027	212 276.6	128 798.4	108 418.2
2028	235 202.5	135 753.6	112 321.2
2029	260 604.3	143 084.2	116 364.8
2030	288 749.6	150 810.8	120 553.9

（续表）

年份	年增长率10.8%的预测结果	年增长率5.4%的预测结果	年增长率3.6%的预测结果
2031	319 934.5	158 954.6	124 893.9
2032	354 487.5	167 538.1	129 390.0
2033	392 772.1	176 585.2	134 048.1
2034	435 191.5	186 120.8	138 873.8
2035	482 192.2	196 171.3	143 873.3
2036	534 269.0	206 764.6	149 052.7
2037	591 970.0	217 929.8	154 418.6
2038	655 902.8	229 698.1	159 977.7
2039	726 740.3	242 101.7	165 736.9
2040	805 228.2	255 175.2	171 703.4
2041	892 192.9	268 954.7	177 884.7
2042	988 549.7	283 478.3	184 288.6
2043	1 095 313.0	298 786.1	190 922.9
2044	1 213 606.8	314 920.5	197 796.2
2045	1 344 676.4	331 926.2	204 916.8
2046	1 489 901.4	349 850.3	212 293.8
2047	1 650 810.8	368 742.2	219 936.4
2048	1 829 098.3	388 654.3	227 854.1
2049	2 026 641.0	409 641.6	236 056.9
2050	2 245 518.2	431 762.2	244 554.9

根据表9-13、表9-14和表9-16,采用三种预测方法均值得到的货币化健康人力资本如表9-17所示。

表9-17　2018—2050年三种预测方法均值得到的货币化健康人力资本

（单位：万元）

年份	在岗职工社会平均工资年增长率(10.8%)	在岗职工社会平均工资年增长率(5.4%)	在岗职工社会平均工资年增长率(3.6%)
2018	4 096 423 227	3 896 778 051	3 830 229 660
2019	4 564 549 888	4 130 471 776	3 990 597 701

（续表）

年份	在岗职工社会平均工资年增长率（10.8%）	在岗职工社会平均工资年增长率（5.4%）	在岗职工社会平均工资年增长率（3.6%）
2020	5 101 719 016	4 391 562 693	4 170 388 561
2021	5 855 886 461	4 795 082 124	4 475 820 156
2022	6 693 798 148	5 214 070 085	4 783 795 293
2023	7 642 397 383	5 662 845 579	5 106 808 660
2024	8 678 013 266	6 116 827 921	5 422 009 508
2025	9 640 577 765	6 464 126 787	5 632 004 879
2026	10 798 549 261	6 887 681 688	5 898 551 410
2027	12 244 791 338	7 429 505 245	6 253 905 852
2028	13 735 888 484	7 928 045 093	6 559 590 096
2029	15 624 319 838	8 578 499 423	6 976 555 618
2030	17 434 831 378	9 106 024 359	7 279 100 015
2031	19 442 160 681	9 659 539 769	7 589 697 353
2032	21 918 263 812	10 359 025 619	8 000 296 360
2033	24 655 536 437	11 084 805 159	8 414 617 444
2034	27 435 564 084	11 733 520 923	8 754 952 802
2035	30 637 294 962	12 464 237 810	9 141 349 805
2036	34 288 976 557	13 269 992 636	9 566 089 240
2037	38 372 781 293	14 126 685 872	10 009 748 799
2038	43 033 647 734	15 070 443 067	10 496 102 323
2039	48 035 650 409	16 002 299 194	10 954 777 619
2040	53 724 736 685	17 025 264 070	11 456 031 022
2041	59 970 687 718	18 078 377 084	11 956 908 603
2042	66 898 265 052	19 183 865 327	12 471 386 260
2043	74 610 078 602	20 352 586 542	13 005 209 960
2044	83 491 722 151	21 665 383 567	13 607 654 834
2045	93 080 776 829	22 976 496 783	14 184 690 349
2046	1.04753E+11	24 597 431 227	14 926 051 867
2047	1.17148E+11	26 167 363 553	15 607 534 523
2048	1.30651E+11	27 761 191 482	16 275 396 671

（续表）

年份	在岗职工社会平均工资 年增长率（10.8%）	在岗职工社会平均 工资年增长率（5.4%）	在岗职工社会平均 工资年增长率（3.6%）
2049	1.45693E+11	29 448 766 998	16 969 917 888
2050	1.62604E+11	31 265 142 358	17 708 924 242

从表9-13、表9-14、表9-15与表9-16可以看出，货币化后的健康人力资本对经济贡献很大，以2018年为例，2018年各种预测方法测到中国健康人力资本为40万亿元左右，而2018年中国GDP为90.03万亿元，占比约为一半，足见其巨大的影响力。鉴于健康人力资本对国民经济的重要作用，在未来的发展规划和政策制定时，对我国健康人力资本给予重点关注就显得异常重要。

第六节　OECD国家健康人力资本的预测研究

一、健康人力资本预测理论模型构建

数据来源。选择2000—2016年为研究期间，以OECD国家为研究样本，剔除数据缺失的国家之后，共得到21个国家的294个非平衡面板观测值。所使用的OECD国家数据大部分来自OECD官方网站，中国部分数据由中国统计年鉴整理获得。

变量说明。因变量为OECD国家的健康人力资本指数，由第8章测算得出。研究变量主要来自投入指标体系，共选取卫生投入占GDP的比例、每千人医生数、环保政策、生活方式、保健支出、教育支出等六个二级指标进行分析。

表9-18　变量定义与说明

名称	符号	说明
健康人力资本指数	$hhlc$	上文测算获取
卫生支出	$hcost$	医疗卫生支出占GDP的比例
医疗人员	$doctor$	每千人医生数
保健	$Nutritional$	居民营养摄入量，本研究采用脂肪摄入量
生活方式	$lifestyle$	平均饮酒量
环境	$environment$	环保政策严格性指数
教育	$ecost$	教育经费投入占GDP的比例

首先构建健康人力资本理论模型。

$$hhlc = \alpha_0 + \alpha_1 hcost + \alpha_2 doctor + \alpha_3 lifestyle + \alpha_4 Nutritional + \alpha_5 environment + \alpha_6 ecost + \varepsilon$$

其中，$hhlc$ 表示健康人力资本指数，α_0 为常数项，$hcost$ 为卫生支出，$doctor$ 为每千人医生数，$lifestyle$ 为生活方式，$Nutritional$ 为保健支出，$ecost$ 为教育支出，ε 为干扰项。

经过 SPSS23.0 软件回归分析，得出方程，结果见附表 43。

$$健康人力资本指数 = 0.5426 + 0.0234 * hcost + 0.0355 doctor - 0.009 lifestyle - 0.0005 Nutritional - 0.0093 * environment + 0.0077 ecost$$

二、OECD 国家健康人力资本预测分析

在理论模型的基础上构建健康人力资本仿真模型，如图 9-7 所示。

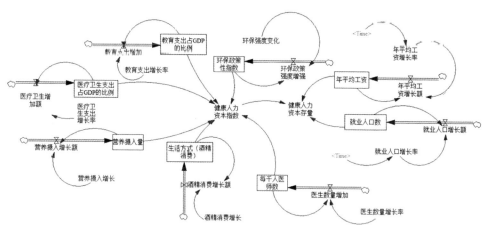

图 9-7 OECD 国家健康人力资本预测模型

经过模型仿真，得到 OECD 国家 2014—2035 年的健康人力资本指数及健康人力资本总量的数据，并比较了 2014—2016 年仿真数据与样本数据，发现差异较小，该预测模型较为科学（见附图 51、附图 52、附图 53）。

首先是关于健康人力资本指数的预测分析。根据上文构建的健康人力资本指数理论模型分析健康人力资本指数的变化，其中不同国家医疗卫生支出增长率、教育支出增长率等增长率是根据 2000—2013 年该国各个指标增长率的平均值作为 2014—2035 年的增长率。

经过预测可以看出，中国的健康人力资本指数由 2016 年的 0.749 上升到 2035 年的 0.860，排名也由第 19 位上升到第 8 位。

其次是关于健康人力资本总量的预测分析。关于工资增长率，假设为 2013 年工资增长率的平均值为起始值，并假设在 2020 年、2025 年、2030 年和 2035 年分别

在上一时间段增长率下降10％。例如,中国在2013年工资增长率为8％,假设2020年为7.2％,2025年为6.48％,2030年为5.83％,2035年为5.23％。

关于就业人口的增长率。关于就业人口增长率,假设为2013年就业人口增长率的平均值为起始值,并假设在2020年、2025年、2030年和2035年分别在上一时间段增长率下降10％。

经过仿真分析得到OECD国家健康人力资本的预测值。中国健康人力资本总量不断增加,从2013年到2025年一直排在第二位,但是与美国的差距不断缩小。2025年将超越美国,排在第一位,但是2025年之后,一直到2035年,中国与美国的健康人力资本总量基本相当,我国没有明显优势。

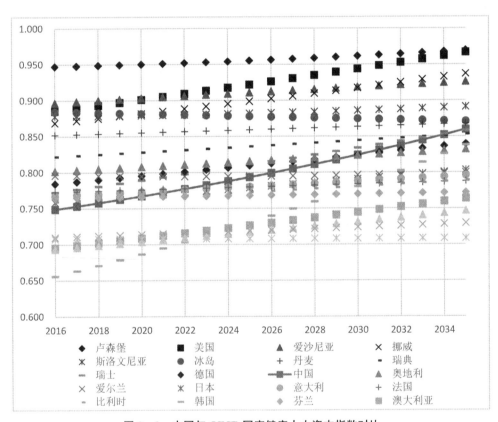

图9-8　中国与OECD国家健康人力资本指数对比

再次,关于中国非货币化健康人力资本的预测分析,2016—2035年,我国非货币化健康人力资本与OECD国家相比,一直排在第1位。

通过健康人力资本的预测分析可以得出以下三个结论。

首先,从健康人力资本指数上来看(见附表38),2016年,我国健康人力资本指数与OECD国家相比,排在32个国家中的第19位,在第二梯队,卢森堡、冰岛、爱

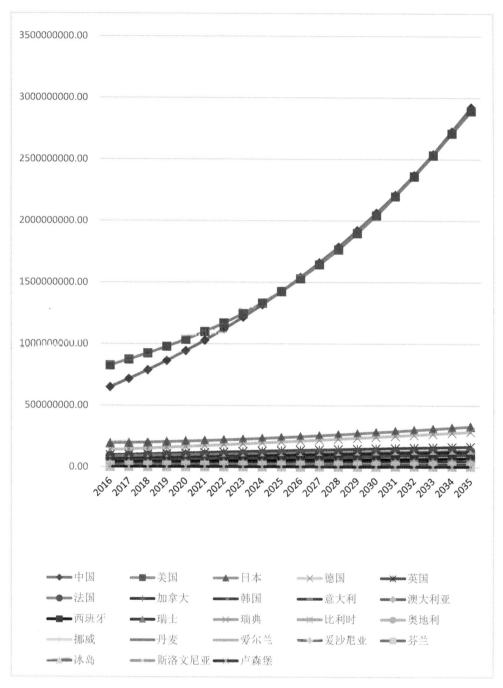

图 9 - 9 中国与 OECD 国家健康人力资本对比(单位:万元)

沙尼亚排在前三位。

2020 年,我国健康人力资本指数与 OECD 国家相比,排在第 16 位,仍属于第二梯队,卢森堡、爱沙尼亚、美国排在前三位。

2025 年,我国健康人力资本指数与 OECD 国家相比,排在第 13 位,仍属于第二梯队,卢森堡、美国、爱沙尼亚排在前三位。

2030 年,我国健康人力资本指数与 OECD 国家相比,排在第 11 位,即将进入第一梯队,卢森堡、美国、爱沙尼亚排在前三位。

2035 年,我国健康人力资本指数与 OECD 国家相比,排在第 8 位,完全进入第一梯队,卢森堡、美国、挪威排在前三位。

其次,从健康人力资本指数的增长速度上来看(见附表 39)。

2013—2016 年,我国健康人力资本指数平均增长速度与 OECD 国家相比,排在 32 个国家中的第 3 位。

2016—2035 年,我国健康人力资本指数的平均增长速度与 OECD 国家相比,排在第 2 位。

从非货币化健康人力资本来看,2016—2035 年,我国非货币化健康人力资本与 OECD 国家相比,一直排在第 1 位。

最后,从健康人力资本总量上来看(见表 9 - 20)。

2016 年,我国健康人力资本总量与 OECD 国家相比,排在第 2 位。排在第 1位的是美国,我国健康人力资本总量是美国的 0.79 倍。2016 年,中国就业人口为7.83 亿人,美国为 1.53 亿人。

2020 年,我国健康人力资本总量与 OECD 国家相比,排在第 2 位。排在第 1位的是美国,我国健康人力资本总量是美国的 0.91 倍。2020 年,中国就业人口约为 7.95 亿人,美国为 1.65 亿人。

2025 年,我国健康人力资本总量与 OECD 国家相比,排在第 1 位。但是与美国的健康人力资本总量基本相当。2025 年,中国就业人口约为 8.06 亿人,美国为1.86 亿人。

2030—2035 年,我国健康人力资本总量与 OECD 国家相比,排在第 1 位。但是与美国的健康人力资本总量基本相当,没有明显的优势。到 2035 年,中国就业人口约为 8.28 亿人,美国为 2.45 亿人。

综上可知,在考虑人口和经济因素之后,我国健康人力资本与 OECD 国家相比,具有非常大的优势。根据预测结果可知在 2025 年之前,我国健康人力资本总量排在 32 个国家中的第 2 位,仅次于美国。到 2025 年赶超美国,一直持续到 2035年都排在第 1 位,这主要是在于我国就业人口基数大、经济发展速度快,健康人力资本指数增长速度具有优势。但我们也看到,2025 年以后,虽然中国处于领先优势,但相比于美国并没有明显的优势。因此,实现中国健康人力资本水平的继续提升还需在健康中国战略的支撑下持续优化国家医疗、教育、环境等方面。

表 9 - 19　2016—2035 年健康人力资本指数预测

	2016	2017	2018	2019	2020	2021	2022	2023	2024	2025	2026	2027	2028	2029	2030	2031	2032	2033	2034	2035
卢森堡	0.947	0.948	0.948	0.949	0.950	0.951	0.952	0.953	0.954	0.955	0.956	0.958	0.959	0.960	0.962	0.963	0.965	0.966	0.968	0.969
美国	0.885	0.889	0.893	0.897	0.901	0.905	0.909	0.913	0.918	0.922	0.926	0.931	0.935	0.939	0.944	0.948	0.953	0.957	0.962	0.967
挪威	0.869	0.872	0.875	0.878	0.882	0.885	0.888	0.892	0.895	0.899	0.902	0.906	0.910	0.913	0.917	0.921	0.925	0.929	0.933	0.937
爱沙尼亚	0.897	0.898	0.900	0.902	0.903	0.905	0.906	0.908	0.909	0.911	0.912	0.914	0.916	0.917	0.919	0.920	0.921	0.923	0.924	0.926
斯洛文尼亚	0.878	0.878	0.879	0.879	0.879	0.880	0.880	0.881	0.881	0.882	0.883	0.883	0.884	0.885	0.886	0.887	0.888	0.889	0.890	0.891
冰岛	0.884	0.884	0.883	0.882	0.882	0.881	0.880	0.879	0.879	0.878	0.877	0.877	0.876	0.875	0.875	0.874	0.873	0.872	0.872	0.871
丹麦	0.852	0.853	0.854	0.854	0.855	0.856	0.857	0.858	0.858	0.859	0.860	0.861	0.862	0.863	0.864	0.864	0.865	0.866	0.867	0.868
中国	0.749	0.753	0.758	0.762	0.767	0.772	0.777	0.782	0.788	0.793	0.799	0.805	0.811	0.817	0.824	0.831	0.837	0.845	0.852	0.860
瑞士	0.773	0.777	0.781	0.785	0.789	0.793	0.798	0.802	0.806	0.811	0.815	0.820	0.824	0.829	0.834	0.838	0.843	0.848	0.853	0.858
瑞典	0.822	0.824	0.825	0.827	0.828	0.830	0.831	0.833	0.834	0.836	0.838	0.839	0.841	0.843	0.844	0.846	0.848	0.850	0.851	0.853
德国	0.785	0.787	0.790	0.793	0.795	0.798	0.801	0.804	0.807	0.809	0.812	0.815	0.818	0.821	0.824	0.827	0.830	0.833	0.836	0.839
韩国	0.656	0.663	0.671	0.679	0.687	0.695	0.703	0.712	0.721	0.730	0.740	0.749	0.759	0.770	0.780	0.791	0.802	0.814	0.826	0.838
奥地利	0.802	0.803	0.805	0.806	0.808	0.809	0.811	0.812	0.814	0.816	0.817	0.819	0.820	0.822	0.824	0.825	0.827	0.829	0.830	0.832
日本	0.759	0.761	0.763	0.765	0.767	0.770	0.772	0.774	0.777	0.779	0.781	0.784	0.786	0.788	0.791	0.793	0.796	0.798	0.801	0.803
爱尔兰	0.796	0.796	0.795	0.795	0.795	0.795	0.795	0.795	0.795	0.795	0.795	0.795	0.796	0.796	0.796	0.797	0.798	0.798	0.799	0.800
意大利	0.768	0.769	0.770	0.772	0.773	0.775	0.776	0.777	0.779	0.780	0.782	0.783	0.785	0.786	0.788	0.789	0.791	0.792	0.794	0.796
比利时	0.759	0.761	0.762	0.764	0.765	0.767	0.768	0.770	0.771	0.773	0.774	0.776	0.778	0.779	0.781	0.782	0.784	0.786	0.787	0.789

（续表）

	2016	2017	2018	2019	2020	2021	2022	2023	2024	2025	2026	2027	2028	2029	2030	2031	2032	2033	2034	2035
法国	0.773	0.774	0.775	0.775	0.776	0.777	0.778	0.778	0.779	0.780	0.781	0.781	0.782	0.783	0.784	0.784	0.785	0.786	0.787	0.788
芬兰	0.765	0.765	0.765	0.766	0.766	0.766	0.767	0.767	0.768	0.768	0.768	0.769	0.769	0.770	0.770	0.770	0.771	0.771	0.772	0.772
澳大利亚	0.695	0.699	0.702	0.705	0.709	0.712	0.716	0.719	0.723	0.726	0.730	0.733	0.737	0.741	0.745	0.748	0.752	0.756	0.760	0.764
加拿大	0.693	0.696	0.699	0.701	0.704	0.706	0.709	0.712	0.715	0.717	0.720	0.723	0.726	0.729	0.732	0.735	0.738	0.741	0.744	0.747
英国	0.710	0.711	0.712	0.713	0.714	0.715	0.716	0.717	0.718	0.719	0.720	0.721	0.722	0.723	0.724	0.725	0.726	0.727	0.728	0.729
西班牙	0.708	0.708	0.708	0.708	0.708	0.708	0.708	0.708	0.708	0.708	0.708	0.708	0.708	0.708	0.708	0.708	0.708	0.708	0.709	0.709

表 9 - 20　2016—2035 年健康人力资本总量预测

（单位：亿美元）

	2016	2017	2018	2019	2020	2021	2022	2023	2024	2025	2026	2027	2028	2029	2030	2031	2032	2033	2034	2035
中国	64 895.4	71 580.3	78 724.3	86 329.1	94 392.7	102 908	111 978	121 617	131 833	142 636	154 031	166 087	178 816	192 233	206 345	221 161	237 085	254 204	272 613	292 412
美国	82 555.6	87 296.2	92 375.5	97 820.4	103 661	109 928	116 863	124 541	133 051	142 492	152 378	164 319	176 590	189 873	204 260	219 848	236 173	253 222	270 981	289 426
日本	19 328.8	19 662.8	20 031.2	20 435.7	20 878.1	21 360.5	21 897.6	22 492.8	23 150	23 873.6	24 668.5	25 490	26 339.3	27 217.2	28 124.6	29 062.6	30 032.2	31 034.6	32 070.7	33 141.9
德国	13 899	14 480.7	15 101.3	15 765.1	16 473.9	17 231.6	17 999.8	18 776.8	19 530.9	20 350.1	21 142.5	21 944.6	22 755.2	23 573.1	24 396.9	25 225.1	26 081.8	26 968.1	27 884.8	28 833.2
英国	9 611.5	9 957.01	10 329.6	10 731.3	11 164.4	11 631.4	12 082.5	12 514.3	12 923.5	13 306.7	13 631	14 011.1	14 356.1	14 695.3	15 027.8	15 352.9	15 685.2	16 024.9	16 372.1	16 727.1
法国	8 748.99	9 002.91	9 257.72	9 513.08	9 768.64	10 024	10 276	10 523.9	10 767.2	11 005.3	11 237.5	11 474.7	11 716.9	11 964.2	12 216.8	12 474.8	12 738.2	13 007.3	13 282	13 562.6
加拿大	6 426.62	6 710.56	7 007.32	7 317.45	7 641.54	7 980.2	8 325.91	8 678.28	9 036.91	9 401.34	9 771.09	10 125.8	10 462.6	10 779	11 072.4	11 340.5	11 615.2	11 897	12 186	12 482.3
韩国	4 908.94	5 121.51	5 355.5	5 612.93	5 896.03	6 207.33	6 529.94	6 863.93	7 205.33	7 566.17	7 934.43	8 314.07	8 705.02	9 107.19	9 520.43	9 944.57	10 389.6	10 856.6	11 346.8	11 861.4
意大利	6 350.9	6 621.55	6 869.54	7 091.31	7 283.54	7 443.22	7 606.54	7 773.57	7 944.4	8 119.14	8 297.35	8 480.65	8 667.63	8 858.89	9 054.54	9 254.66	9 459.39	9 668.81	9 883.05	10 102.2
澳大利亚	4 991.37	5 252.69	5 518.52	5 788.12	6 060.68	6 335.34	6 609.75	6 882.81	7 153.34	7 420.18	7 682.17	7 953.47	8 234.63	8 525.94	8 827.77	9 140.53	9 464.59	9 800.39	10 148.4	10 508.9
西班牙	4 023.87	4 103.82	4 196.02	4 301.2	4 420.22	4 554.05	4 701.13	4 862.46	5 039.15	5 232.44	5 443.7	5 672.51	5 857.89	6 058.91	6 254.58	6 443.94	6 639.02	6 840.02	7 047.09	7 260.43
瑞士	3 210.27	3 288.16	3 365.66	3 442.67	3 519.05	3 594.7	3 668.45	3 740.13	3 809.54	3 876.51	3 940.86	4 006.38	4 073.1	4 141.04	4 210.23	4 280.68	4 352.42	4 425.49	4 499.89	4 575.67
瑞典	1 735.13	1 808.5	1 885	1 964.77	2 047.94	2 134.67	2 218.57	2 299.01	2 375.38	2 447.07	2 513.51	2 579.25	2 644.14	2 708.04	2 770.78	2 832.21	2 895.06	2 959.34	3 025.11	3 092.39
比利时	1 750.96	1 793.35	1 838.08	1 885.28	1 935.07	1 987.6	2 044.62	2 106.42	2 173.32	2 245.67	2 323.87	2 398.93	2 470.35	2 537.67	2 600.42	2 658.18	2 717.26	2 777.68	2 839.48	2 902.69
奥地利	1 608.03	1 664.35	1 721.46	1 779.3	1 837.8	1 896.92	1 957.95	2 020.97	2 086.02	2 153.19	2 222.54	2 294.13	2 368.06	2 444.38	2 523.18	2 604.54	2 688.55	2 775.29	2 864.85	2 957.32
挪威	1 436.9	1 485.64	1 536.1	1 588.33	1 642.41	1 698.39	1 756.36	1 816.38	1 878.52	1 942.87	2 009.5	2 078.5	2 149.95	2 223.94	2 300.57	2 379.93	2 462.12	2 547.24	2 635.41	2 726.73
丹麦	1 529.58	1 577.26	1 626.42	1 677.13	1 729.42	1 783.35	1 837.17	1 890.76	1 944.01	1 996.8	2 049.0	2 100.52	2 151.21	2 200.97	2 249.65	2 297.14	2 345.65	2 395.19	2 445.79	2 497.46
爱尔兰	870.147	911.147	954.823	1 001.38	1 051.02	1 103.99	1 158.58	1 214.79	1 272.58	1 331.91	1 392.7	1 455.09	1 518.84	1 583.96	1 650.38	1 718.04	1 788.64	1 862.31	1 939.2	2 019.45
爱沙尼亚	424.924	469.942	518.311	570.097	625.342	684.062	746.847	813.815	885.066	960.681	1 040.72	1 125.42	1 221.33	1 323.04	1 433.21	1 552.53	1 681.76	1 821.73	1 973.32	2 137.49
芬兰	858.106	868.352	880.603	894.936	911.443	930.231	948.47	966.11	983.105	999.408	1 014.98	1 030.79	1 046.85	1 063.17	1 079.74	1 096.58	1 113.68	1 131.05	1 148.7	1 166.62
冰岛	121.911	135.471	150.549	167.318	185.968	206.709	229.55	254.678	282.294	312.612	345.865	382.297	422.172	465.77	513.389	565.346	622.559	685.559	754.93	831.318
斯洛文尼亚	217.211	225.55	234.352	243.645	253.461	263.834	274.645	285.913	297.659	309.904	322.67	335.98	349.858	364.33	379.422	395.162	411.58	428.705	446.57	465.208
卢森堡	170.001	178.623	187.952	198.053	208.996	220.86	233.409	246.684	260.726	275.582	291.3	307.331	325.529	344.152	363.862	384.724	406.806	430.183	454.931	481.135

表 9—21 2016—2035 年非货币化健康人力资本预测

非货币化健康人力资本	2016	2017	2018	2019	2020	2021	2022	2023	2024	2025	2026	2027	2028	2029	2030	2031	2032	2033	2034	2035
中国	58 610.60	59 232.50	59 843.70	60 443.80	61 032.60	61 609.70	62 189.30	62 771.30	63 356.10	63 943.90	64 534.80	65 155.10	65 805.80	66 487.90	67 202.50	67 950.70	68 720.10	69 511.50	70 325.60	71 163.50
美国	13 522.20	13 853.40	14 193.10	14 541.50	14 898.80	15 265.40	15 672.00	16 121.40	16 616.50	17 160.60	17 757.50	18 375.50	19 015.80	19 678.70	20 365.30	21 076.50	21 770.60	22 444.50	23 094.80	23 718.00
日本	4 881.69	4 930.84	4 984.07	5 041.49	5 103.25	5 169.47	5 246.98	5 336.24	5 437.78	5 552.23	5 680.28	5 811.35	5 945.51	6 082.84	6 223.41	6 367.30	6 514.59	6 665.37	6 819.71	6 977.70
德国	3 198.01	3 243.81	3 291.25	3 340.37	3 391.23	3 443.89	3 496.04	3 547.63	3 598.60	3 648.93	3 698.54	3 748.89	3 799.97	3 851.82	3 904.43	3 957.82	4 011.99	4 066.98	4 122.78	4 179.41
英国	2 256.36	2 304.54	2 353.79	2 404.11	2 455.54	2 508.10	2 556.79	2 601.34	2 641.48	2 676.99	2 707.64	2 738.68	2 770.11	2 801.94	2 834.17	2 866.81	2 899.86	2 933.32	2 967.22	3 001.54
韩国	1 753.33	1 800.96	1 847.61	1 893.15	1 937.43	1 980.31	2 024.52	2 070.11	2 117.12	2 165.60	2 215.61	2 267.21	2 320.45	2 375.40	2 432.11	2 490.65	2 551.08	2 613.49	2 677.93	2 744.49
法国	2 110.96	2 150.72	2 189.69	2 227.81	2 265.01	2 301.21	2 335.70	2 368.37	2 399.13	2 427.90	2 454.59	2 481.57	2 508.87	2 536.46	2 564.37	2 592.59	2 621.13	2 649.99	2 679.17	2 708.69
意大利	1 940.13	2 007.32	2 065.39	2 113.35	2 150.36	2 175.75	2 201.47	2 227.54	2 253.95	2 280.72	2 307.84	2 335.33	2 363.19	2 391.42	2 420.03	2 449.03	2 478.42	2 508.21	2 538.40	2 569.01
西班牙	1 254.80	1 272.82	1 292.92	1 315.18	1 339.71	1 366.60	1 396.77	1 430.40	1 467.70	1 508.91	1 554.29	1 597.93	1 639.60	1 679.07	1 716.13	1 750.58	1 785.72	1 821.57	1 858.13	1 895.43
加拿大	1 269.41	1 292.27	1 317.42	1 344.98	1 375.09	1 407.87	1 441.47	1 475.91	1 511.21	1 547.40	1 584.49	1 619.33	1 651.73	1 681.50	1 708.48	1 732.51	1 756.92	1 781.73	1 806.93	1 832.54
澳大利亚	849.11	873.84	900.57	929.43	960.57	994.16	1 026.95	1 058.79	1 089.51	1 118.96	1 146.99	1 175.75	1 205.26	1 235.54	1 266.62	1 298.50	1 331.23	1 364.81	1 399.28	1 434.65
瑞典	410.39	419.36	428.53	437.91	447.50	457.30	466.41	474.78	482.35	489.08	494.94	500.87	506.88	512.97	519.15	525.40	531.74	538.17	544.68	551.28
瑞士	359.40	367.75	376.04	384.26	392.39	400.43	408.23	415.79	423.09	430.10	436.80	443.62	450.55	457.61	464.79	472.10	479.53	487.09	494.79	502.62
比利时	354.48	358.70	362.98	367.32	371.71	376.16	381.42	387.52	394.50	402.41	411.28	419.53	427.11	433.97	440.08	445.40	450.79	456.25	461.79	467.39
奥地利	339.06	343.10	347.18	351.32	355.51	359.75	364.04	368.39	372.79	377.25	381.77	386.34	390.97	395.65	400.40	405.21	410.08	415.01	420.00	425.05
新西兰	191.23	199.91	209.28	219.38	230.29	242.07	253.49	264.44	274.80	284.48	293.36	302.52	311.97	321.72	331.78	342.16	352.87	363.92	375.32	387.08
挪威	232.91	236.09	239.32	242.60	245.94	249.34	252.79	256.31	259.88	263.51	267.20	270.96	274.78	278.66	282.61	286.63	290.71	294.86	299.09	303.38
爱尔兰	168.58	173.55	178.68	183.97	189.44	195.08	200.91	206.93	213.15	219.58	226.22	233.08	240.17	247.49	255.07	262.90	270.99	279.36	288.01	296.96
丹麦	235.90	238.49	241.10	243.74	246.41	249.11	251.85	254.61	257.40	260.23	263.09	265.98	268.90	271.86	274.85	277.87	280.93	284.02	287.15	290.31
芬兰	186.23	186.59	187.35	188.51	190.09	192.09	193.91	195.56	197.03	198.32	199.41	200.51	201.62	202.74	203.86	204.99	206.12	207.27	208.42	209.57
爱沙尼亚	64.25	67.31	70.41	73.56	76.74	79.95	83.13	86.27	89.36	92.37	95.30	98.32	101.44	104.66	107.97	111.39	114.92	118.56	122.31	126.17

（续表）

非货币化健康人力资本	2016	2017	2018	2019	2020	2021	2022	2023	2024	2025	2026	2027	2028	2029	2030	2031	2032	2033	2034	2035
斯洛文尼亚	84.41	86.13	87.88	89.68	91.51	93.39	95.31	97.27	99.28	101.34	103.45	105.60	107.81	110.07	112.38	114.74	117.17	119.65	122.19	124.80
卢森堡	24.05	24.69	25.35	26.06	26.83	27.66	28.52	29.41	30.32	31.27	32.24	33.25	34.30	35.37	36.49	37.64	38.83	40.06	41.33	42.64

第三篇

**健康人力资本：
与经济社会的互动**

第十章　健康人力资本与经济社会发展的互动关系

健康人力资本与经济社会发展之间存在着双向的互动关系,这种互动关系集中体现在两个方面:一方面,通过健康人力资本投资,健康人力资本水平获得了提高,集中体现为人力资本健康指数的变化,这为高质量生产要素的积累提供了人力资本基础,成为经济社会发展的重要源泉;同时,在经济社会发展的基础上,家庭、政府、企业及社会组织的收入水平和支出能力都得到了增加,这也相应提高了其在健康方面的支出能力,收入和支出的增加获得了更好的健康人力资本水平。另一方面,在支出水平既定的情况下,政府部门对健康人力资本的投资必然会限制其对物质资本、教育人力资本的投资。这意味着,健康人力资本投资受到经济社会发展水平的制约,必然与经济增长率保持一定的适度关系。

第一节　健康人力资本与经济社会发展的关系框架

理论界对健康人力资本与经济社会发展之间的关系已经进行了探讨[1],认同健康作为一种与教育同等重要的人力资本形式[2],也是决定各国经济增长和社会发展水平差异的一个重要因素。[3] 大多数学者是从健康人力资本对经济增长的角度进行了理论分析和实证检验,论证健康人力资本作为新型的人力资本形态对经济增长的作用机制,其研究视角分为微观和宏观两个方面:微观层面以居民和企业

---

[1]　吕娜.健康人力资本与经济增长研究文献综述[J].经济评论,2009(6):143－152.

[2]　郭继强.人力资本投资的结构分析[J].经济学(季刊),2005(3):689－705.杨建芳,龚六堂,张庆华.人力资本形成及其对经济增长的影响:一个包含教育和健康投入的内生增长模型及其检验[J].管理世界,2006(5):10－18.

[3]　王弟海,崔小勇,龚六堂.健康在经济增长和经济发展中的作用[J].经济学动态,2015(8):107.

作为对象,从劳动生产率①、劳动供给②、教育③、生育率④、储蓄投资⑤五个方面,分析个体的健康状况对经济产生的影响;宏观方面则是以发达国家和发展中国家为对象,分析健康人力资本对经济增长产生的正效应或者可能存在的潜在负效应。有学者认识到健康与经济增长和经济发展之间存在着相互作用机制,并作出了梳理,即健康通过各种直接或者间接途径对生产函数产生影响;健康通过影响居民效应水平的方式,会以健康消费和健康投资形式影响物质资本投资和教育人力资本投资;经济增长和社会发展会通过食物以及营养消费水平和结构,对健康产生影响。⑥

综合来看,现有理论研究侧重于健康人力资本对经济增长的作用机制研究,对经济社会发展对健康人力资本的影响关注不足,忽略了二者之间存在着双向关系。从经济社会发展的要素来看,健康人力资本不仅作为新型的人力资本形态作用于经济社会发展,而且与教育人力资本、物质资本存在着紧密关系,协同对经济社会发展产生影响。相应的是,经济社会发展水平也制约着健康人资本的积累。因此,这两个方面相互促进,从而形成了健康人力资本和经济社会发展的相互作用机制,见图10 1。

当生理健康水平得到提高后,一个最为直接的效应是劳动者的工作年限得到延长,因身体不适而退出劳动力市场的人数会降低,而在健康教育、科技成果等影响下,劳动者能够为劳动力市场提供更多的劳动。另外,在生理健康、生活方式等得到明显改善的条件下,预期寿命得到有效延长。与此同时,死亡率和患病率情况的改善得益于多种健康因素共同作用的结果,既包括生理、心理、迁移、生活方式、环境、科技成果等因素,而道德、健康知识教育程度等也是重要的影响因素。不容忽视的是,劳动力市场体现出的社会适应能力则受到心理健康、社会适应、道德、生活方式等因素的影响。因健康人力资本投资而引起的工作年限、预期寿命、死亡率、患病率、社会适应能力等又直接通过影响劳动市场、物质资本积累、教育人力资本积累等推动经济社会的发展。

①　Peter Glick and David E Sahn. Health and Productivity in A Heterogeneous Urban Labour Market [J]. Applied Economics,1998(30):203 - 206.

②　Janet E. Fast,Deanna L. Williamson,Norah C. Keating. The Hidden Costs of Informal Elder Care [J]. Journal of Family & Economic Issues,1999,20(3):301 - 326.

③　周泽炯,马艳平.公共教育与健康人力资本对经济增长的影响研究[J].商业经济与管理,2017(2):88 - 97.

④　Daron Acemoglu and Johnson,Simon. Disease and Development:The Effect of Life Expectancy on Economic Growth[J]. Journal of Political Economy,2007,115(6):925 - 985.

⑤　James P. Smith. Healthy Bodies and Thick Wallets. The Dual Relation between Health and Economic Status[J]. Journal of Economic Perspectives,1999,13(2):145 - 166.

⑥　王弟海,崔小勇,龚六堂.健康在经济增长和经济发展中的作用[J].经济学动态,2015(8):107 - 127.

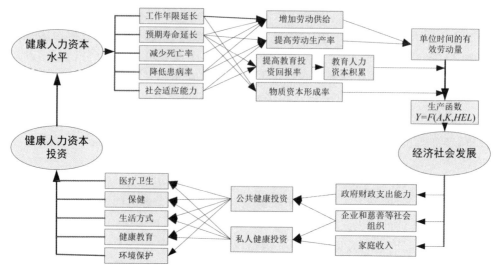

图 10-1　健康人力资本与经济社会发展的关系示意图

在健康人力资本与经济社会发展的双向关系中,当增加健康人力资本投资时,如在医疗卫生、保健、生活方式、教育和环境保护等方面,会提高健康人力资本水平,主要体现在生理健康、心理健康、社会适应、道德健康、经济等方面。这会引发经济社会发展投入要素的变化,具体表现为工作年限延长、预期寿命延长、减少死亡率、减低患病率、提高社会适应力等有关经济社会发展投入要素的变化。例如,在工作年限延长后,劳动者会增加在劳动力市场中的劳动时间,同时也会进一步提高物质资本形成/积累率。又如,当预期寿命延长后,劳动者受到的影响是多方面的,不仅在劳动数量和效率上得到改变,而且对教育人力资本投资产生直接影响,并促进物质资本形成过程中的结构优化。再如,死亡率减少的一个效应是劳动者提供的劳动时间得到了增加。同时,患病率减少对劳动力市场的劳动供给数量和劳动者的劳动效率产生影响。另外,社会适应力在一定程度上体现为不同劳动者之间的组织协调水平,直接影响劳动生产率,也会对教育人力资本投资回报率及其教育人力资本积累产生影响。整体而言,在健康人力资本投资增加后,劳动力市场规模和劳动效率得到了提高,直接表现提高了单位时间的有效劳动量,这是健康人力资本积累最为典型的体现。不仅如此,健康人力资本投资还改变了教育人力资本和物质资本形成和积累的速度和质量,共同构成了经济社会发展的源泉。因此,在健康人力资本投资的促进下,生产要素的数量增加和质量提高直接推动了经济社会发展。这一影响机理可描述为"健康人力资本投资增加→健康人力资本水平提高→生产要素在量和质上的变化→推动经济社会发展"。

健康人力资本投资是建立在经济社会发展的基础之上的。经济社会的可持续发展,不仅引起家庭收入、企业及社会组织收入的增加,也引起政府财政收入增加。当家庭收入增加时,会引起健康意识提高,从而用于私人健康人力资本投资的部分增加;当企业和社会组织收入增加时,用于员工福利和健康、社会责任方面的支出数额也会增加;当政府财政收入增加时,用于公共健康人力资本投资的财政支出会增加。但对于政府而言,其财政支出除了公共健康人力资本投资之外,还会用于物质资本和教育人力资本投资,这就引发了健康人力资本公共投资的最优规模问题,即与经济社会发展相适应的投资规模。这一影响机理可表示为"经济社会发展→家庭、政府部门、企业及社会组织的收支变化→私人健康人力资本投资和公共健康人力资本投资增加"。

健康人力资本与经济社会发展相互作用机制形成了一个完整的循环:当增加在医疗卫生等领域的健康人力资本投资时,在微观层面增加了有效劳动量,在宏观层面上改变了人口结构并提高了劳动供给,这些生产要素的改变促进了经济增长和社会发展。而经济社会发展则进一步提高了家庭和企业收入水平和政府财政支出能力。家庭收入水平的提高扩大了家庭健康人力资本投资,企业及社会组织员工福利水平和社会责任投资因而也会得到提高。而政府财政支出能力的提高不仅增加了公共健康人力资本投资的资金数量,而且会提高公共健康人力资本投资资金的使用效率。家庭健康人力资本投资、政府健康人力资本投资、社会组织健康人力资本投资又促进了此后的经济增长和社会发展,从而构成了一个完整的良性循环。

健康人力资本投资与经济社会发展构成了双向互动关系,共同发挥作用,形成了四种作用机制,即健康人力资本通过增加劳动供给直接影响经济社会发展、健康人力资本投资促进物质资本的形成及积累、健康人力资本与教育人力资本协同对社会的影响、经济社会发展水平制约健康人力资本投资规模。其中,前三种机制为健康人力资本投资对经济社会发展的作用机制,最后一种为经济社会发展对健康人力资本投资的反向作用机制。

在第一种、第二种、第三种作用机制中,健康人力资本是作为生产过程中必不可少的直接投入要素,通过"内在效应"和"外在效应"来促进经济社会发展。"内在效应"表现为健康人力资本投资与积累使得投资者自身收益递增,因为健康人力资本投资与积累提高了劳动者的工作技能,也提高了劳动者增加劳动时间的可能性。与此同时,劳动者以身心健康都得到提高的状态促进了经济行为决策的效率,从而推动了经济社会发展。

"外在效应"表现为健康人力资本投资与物质资本、教育人力资本的结合上,即健康人力资本使物质资本、教育人力资本等其他生产要素的收益递增,包括提高经济体的平均健康人力资本存量、物质资本的使用效率、教育人力资本的协同效应。

第二节　健康人力资本对经济社会发展的作用机制

一、健康人力资本直接推动经济增长

健康人力资本投资可以提高居民劳动参与，增加劳动时间，使经济增长从依靠增加人力资本数量向提升人力资本质量转变。[①] 拥有更高健康水平的劳动力是保持稳定、持续、高质量的劳动供给的重要条件。

从经济社会发展的基本生产要素（资本和劳动）来看，一个国家的总产出水平以及由此引起的总收入依赖于可增加的资本和劳动的数量以及这些要素的使用效率。换言之，经济社会的总产出取决于要素积累和生产率的提高。要素积累是指资本存量规模或者劳动力的增加，主要包括物质资本、教育人力资本和健康人力资本。而生产率的提高是指每台机器设备或者每个工人的产量的增加。从经济社会发展实践来看，生产率主要是通过两种方式得到提高，第一种是使用现有要素效率的提高，通过组织生产方式的改变或者企业文化激励增加产出量；第二种是技术变革，通过技术设备水平的提升或者新技术的引进来提高产量。

通过健康人力资本投资，劳动者的工作年限得以延长，能够较长时期地参与劳动力市场。另外，预期寿命的延长不仅使得劳动者在青年阶段更加注重对人力资本的投资，而且会有更强的意愿延迟退出劳动力市场。而死亡率减少和患病率降低使得劳动者能够提供更长的劳动时间，同时提高劳动的效率。而社会适应能力的提高也促进了良性企业文化的形成，从而为生产率提高和技术变革提供良好的外部环境。综合来看，健康人力资本作为直接投入要素的作用机制主要体现为两个方面：劳动供给的增加和劳动生产率的提高。

（一）健康人力资本投资增加了劳动供给数量

劳动供给是指在一定的市场工资率的条件下，劳动供给的决策主体（家庭或个人）愿意并且能够提供的劳动时间。[②] 劳动者的健康水平会影响劳动参与时间以及劳动的质量，构成人力资本的一部分。人口健康状态的变化会直观地表现在劳动力供给意愿方面。身体健康可以提高劳动者工作出勤率，降低因病请假的概率，减少由于伤病而损失的工作时间，从而增加劳动生产时间。[③] 通过健康人力资本投资增加劳动力供给的具体形式是多样化的，主要通过工作年限延长、预期寿命延

[①]　王翌秋，刘蕾.新型农村合作医疗保险、健康人力资本对农村居民劳动参与的影响[J].中国农村经济，2016（11）：68 - 81.

[②]　王金营，李竞博，石贝贝，曾序春.医疗保障和人口健康状况对大城市劳动供给影响研究——以深圳市为例[J].人口与经济，2014（4）：14 - 22.

[③]　王金营，李竞博，石贝贝，曾序春.医疗保障和人口健康状况对大城市劳动供给影响研究——以深圳市为例[J].人口与经济，2014（4）：14 - 22.

长、死亡率降低、患病率减少等因素来影响劳动供给数量,集中体现为劳动者个人及其家庭的影响。

1. 工作年限和预期寿命对劳动者的影响

工作年限延长对增加劳动供给的影响直接而又显见。在劳动者体质得到改善的情况下,劳动者更愿意在劳动力市场成为供给方,成为劳动供给的一部分。而预期寿命延长对劳动供给带来的影响也很重要,不仅会增加劳动时间,而且会更加注重劳动力素质的投入和提升。

随着个人对健康消费/投资的增加,使得个体的预期寿命得到提高,在经济生产活动中,能够以更为健康的体质留在劳动力市场中,延缓了退出劳动力市场的时间,这为经济总量的生产增加了劳动时间。从中国近60年的发展历程来看,我国居民的预期寿命得到了快速的提高(见图10-2):男性从1960年的42.4增至2016年的74.8岁,增幅为76.4%;女性从1960年的45.2岁增至2016年的77.8岁,增长了72.1%。主要原因在于,在新中国成立后完成了农业和工业建设,居民的物质生产总量的增加带来了消费水平的提高,这为居民体质体能的提高奠定了物质基础,因而预期寿命在短期内得到了迅速的提升,居民预期寿命的增速超过了发达国家居民的同期增长水平。

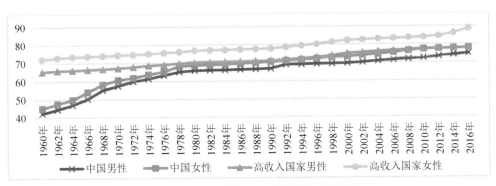

图10-2　中国男性和女性预期寿命变化图

数据来源:Word Bank. Word Development Indicators[OL]. http://databank.wordbank.org.

预期寿命提高所产生的直接效应是参与经济活动的人数的增加。从我国2000—2015年的经济事实特征来看(见图10-3),预期寿命的提高与参与经济活动人数的变动基本吻合的,二者呈现出显著的同步变化关系。

2. 疾病减少和死亡率降低对劳动者的影响

健康人力资本产出,除了预期寿命提高外,另外一个是降低疾病的发生和死亡率,这也会提高经济增长水平。一个最为主要的事实是,当死亡率降低时,居民因身体健康状况得到改善而进入劳动力市场,就有可能成为劳动力市场的供给方。随着我国对环境治理和疾病防范投入的加大,环境质量和公共卫生状况得到了很

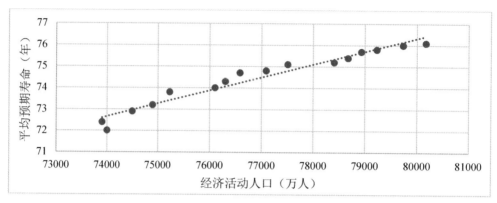

图 10 - 3　中国预期寿命提高与经济活动人口的变化关系（2000—2015 年）

数据来源：国家统计局、世界银行数据库

大的改善，传染病和其他疾病得到了有效的控制。因此，居民因患有传染病而死亡的人数大幅度减少。从 2000—2015 年 5 岁以下儿童千人死亡率的变化来看（见图 10 - 4），呈现出持续下降趋势，从 2000 年的 36.9‰下降至 2015 年的 10.7‰。

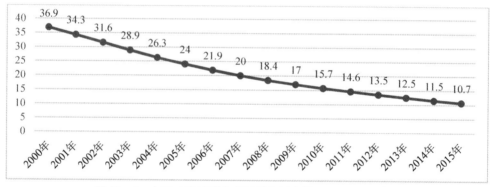

图 10 - 4　中国 5 岁以下儿童每千人死亡数（2000—2015 年）

数据来源：Word Bank. Word Development Indicators[OL]. http://databank.wordbank.org

　　我国很早就启动了传染病防治的国家项目。1991 年，我国启动了为期 10 年的传染病和地方病控制方案，在 31 个省市区的 13 个地区控制肺结核疫情。这个项目引进了国际上比较先进的短期直接观察疗法（DOTS）。在地方肺结核诊所，医疗工作人员连续六周每隔一天观察一次病人，并服用抗生素进行治疗。每一次治疗的信息都被送往县肺结核诊断部门，每个季度再将诊断结果送往国家肺结核项目办公室。中国在两年之内运用 DOTS 对新发现病例取得了 95％的治愈率，并使以前未成功治疗的患者达到了 90％的治愈率，在 1990—2000 年间，每年大约有

3万名患者免于死亡。[①] 我国传染病防治的成功在一定程度上提高了居民预期寿命。

从患病和死亡的成因来看,环境污染是一个重要的因素。我国在传统粗放型生产方式和生活方式下,形成了高排放、高污染的事实特征,造成了水污染、空气污染、土壤污染等,直接或者间接的造成了传染性和非传染性疾病的频发。部分群体因为环境污染而患有传染性或者非传染性疾病,导致伤残和死亡人数规模的增加。从全球主要国家比较来看(见表10-1),我国在这方面的问题尤为严重。据世界卫生组织(WHO)统计,在2012年,我国因环境问题造成死亡的人数达299万人,在194个国家和地区中仅次于印度,远超过其他国家和地区受污染的程度。而从死亡成因来看,环境污染问题成为最主要的死亡因素,因环境污染而死亡的人数占环境问题死亡人数的30%。在194个国家和地区中,中国属于最高的之一,仅次于老挝(32%)、朝鲜(31%),同期的美国、英国、日本因环境污染问题造成的死亡率仅为11%、12%、11%[②]。

表 10-1　全球主要国家因环境问题造成死亡的成因(2012 年)

国家	感染、寄生虫、新生儿和营养问题	非传染性疾病问题	伤残问题	总计
澳大利亚	224	13 063	1 774	15 061
巴西	17 793	128 381	49 568	195 742
加拿大	503	22 225	3 615	26 343
法国	1 115	51 203	8 800	61 117
德国	1 630	90 544	6 697	98 870
英国	683	59 412	4 714	64 808
美国	5 726	236 052	40 732	282 510
日本	2 378	109 401	19 500	131 278
中国	54 470	2 607 982	324 232	2 986 684

数据来源:世界卫生组织数据库(WHO)。

为此,我国中央和地方政府加大了对环境污染治理的投入,用于环境污染治理的投资从2001年的1 166.7亿元增至2017年的9 539.0亿元,增加了7.2倍,平均占比(环境污染治理投资总额/年度GDP)为1.4%(见图10-5)。在环境质量得到显著改善的条件下,受到环境污染而产生的疾病发生率会明显下降,相应的死亡率也会得到减少。因此,参与劳动力市场的人数会增加,因而增加了劳动力供给

---

① 德华特·H.波金斯,等.发展经济学[M].第七版.北京:中国人民大学出版社,2018:257.
② http://www.199it.com/archives/475579.html

数量。

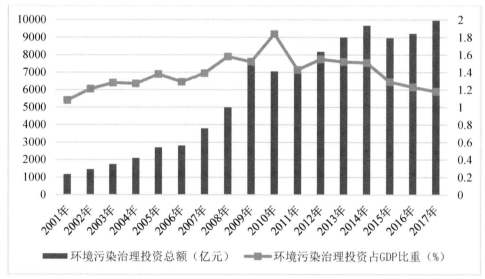

图 10-5   中国环境污染治理投资情况(2001—2017 年)
数据来源:国家统计局

3. 对劳动者家庭的影响

如果劳动者的家庭成员更为健康,则将减少因用于照顾家庭成员而失去的工作时间。尤其是成人患有艾滋病或者肺结核等长期疾病时,对于家庭来说是一个沉重的负担。一方面,对于劳动者本人来说,因为无法正常参与劳动而给其他家庭成员带来经济上的压力,必须依赖其他家庭成员的工资收入来治疗疾病或者照料生活;另一方面,其他家庭成员,尤其是孩童因为家庭生活压力会减少其上学的机会及对其进行人力资本投资。当某一个家庭成员健康水平提高后,其他家庭成员用于照顾生病的时间减少,从而增加了工作时间。

(二)健康人力资本投资提高了劳动生产率

从我国健康人力资本投资来看,健康的劳动者往往更富有生产效率,因为他们精力更充沛、注意力更集中。一个健康的劳动者比生病的劳动者能够生产更多的产品或者种植更多的农作物。更健康的劳动者不仅在工作中更具有效率,而且更少因病而缺勤。对于以体力劳动为主的劳动者而言,其劳动任务和劳动收入建立在身体健康的基础之上。另外,孩童时期的健康能够影响数年后成年和参加工作的劳动生产率,健康水平对体能和认知能力的早期影响更具有持久性。

从劳动生产率的衡量指标来看,对于投入要素可以选择使用雇员人数、雇员劳动小时数,或者是经质量调整的劳动力作为衡量指标。而产出指标多是使用收入来衡量的,特别是经过价格调整的收入可以准确地反映出生产者的产出。[①] 如果仅从劳动投入和产出数量来测算,还无法准确地反映出健康人力资本投资提高对生产率的影响,还需要进一步分析企业内部的生产决策机制才能得到准确地认识,这可以从企业管理层决策和团队生产决策两个方面来看。

从企业管理层来看,企业高管是公司生产决策的重要人员。在企业所有权和经营权两权分离的情况下,很容易产生代理成本。因此,如何约束高级管理层的机会主义行为和短视行为成为公司治理的重要议题。除了企业内部监督机制之外,职业经理人市场成为重要的外部约束机制,来自市场竞争的压力迫使高管人员更为重视自己的声誉,做出更符合股东利益的企业决策行为。而在健康水平和预期寿命得到延长的条件下,高管人员更加重视职场工作时间延长而作出更富有效率的生产决策,以提升自己在经理人市场的竞争力和市场价值。在这种情况下,高管人员的勤勉义务和注意义务都得到了很大的提升,因而提高了产出水平,这在一定程度上提高了劳动生产率。

二、健康人力资本促进物质资本的积累

在物质资本形成过程中,健康人力资本发挥了至关重要的作用,使其成为最为重要的经济增长源泉。健康人力资本提高了物质资本的使用效率,并促进了物质资本积累。尤其对于高技术含量的物质资本而言,只有在与高技能的劳动力相匹配时,才能产生较高的经济效益。

(一)健康人力资本投资成为物质资本积累的影响因素

物质资本已经成为经济增长中重要的资本要素,和人力资本一起共同构成了社会总资本。在核算物质资本存量时,理论界和国际组织普遍采取了永续盘存法。按照永续盘存法,物质资本存量核算的基本公式为:

$$K_t = K_{t-1}(1-\delta_t) + I_t$$

其中,永续盘存法涉及四个变量,即:①当年投资 I 的数量;②投资品价格指数的构造,以折算到不变价格;③经济折旧率 δ 的确定;④基年资本存量 K 的确定。[②]而第一个指标当年投资 I 的选取通常是国家统计局发布的固定资产投资作为基准并作出适调的。

固定资产投资是一个国家经济增长的前提保证,是指建造和购置固定资产的经济活动,是提高人民物质文化生活水平的条件。在国家统计局公布的分行业固定资产投资指标中(见表 10 - 2),制造业、房地产业和水利、环境和公共设施管理业成为近年来投资规模前三大的行业。

① 吴敬琏.比较(第 89 辑)[M].北京:中信出版社,2017:65 - 66.
② 张军,吴桂英,张吉鹏.中国省际物质资本存量估算:1952—2000[J].经济研究,2004(10):36.

表 10 - 2　中国分行业固定资产投资指标(2011—2017)　　　（单位:亿元）

固定资产投资指标	2011 年	2012 年	2013 年	2014 年	2015 年	2016 年	2017 年
农、林、牧、渔业	8 757.8	10 996	13 479	16 574	21 043	24 853	26 708
采矿业	11 747	13 301	14 651	14 539	12 971	10 320	9 210.1
制造业	102 713	124 550	147 705	167 025	180 370	187 962	193 710
电力、燃气及水的生产和供应业	14 660	16 673	19 635	22 830	26 723	29 748	29 806
建筑业	3 357.1	3 739	3 669.8	4 125.8	4 956.6	4 614.9	3 838.9
交通运输、仓储和邮政业	28 292	31 445	36 790	43 216	49 200	53 890	61 450
信息传输计算机服务和软件业	2 174.5	2 692	3 084.9	4 110.1	5 521.9	6 325.5	6 997.4
批发和零售业	7 439.4	9 810.7	1 2720	15 800	18 925	18 167	16 780
住宿和餐饮业	3 956.6	5 153.5	6 041.1	6 230.1	6 546.7	5 976.3	6 145
金融业	638.73	923.92	1 242	1 363	1 367.3	1 310.2	1 121.5
房地产业	81 686	99 159	118 809	131 348	134 284	142 359	146 225
租赁和商务服务业	3 382.8	4 700.4	5 893.2	7 965.2	9 448	12 342	13 357
科学研究、技术服务地质勘查业	1 679.8	2 475.8	3 133.2	4 219.1	4 752	5 567.8	5 932.5
水利、环境和公共设施管理业	24 523	29 622	37 664	46 225	55 680	68 648	82 106
居民服务和其他服务业	1 443.3	1 905	2 099.3	2 371.7	2 730.3	2 750.9	2 752.6
教育	3 894.6	4 613	5 433	6 708.7	7 726.8	9 326.7	11 104
卫生、社会保障和社会福利业	2 330.3	2 617.2	3 139.3	3 991.5	5 175.6	6 282.1	7 327.9
文化、体育和娱乐业	3 162	4 271.3	5 231.1	6 178.4	6 728.3	7 834.2	8 734.8
公共管理和社会组织	5 647.8	6 047.4	5 874.1	7 200.5	7 851.1	8 187.7	7 931.5
全社会	311 485	374 695	446 294	512 021	562 000	606 466	641 238

数据来源:国家统计局。

　　制造业、房地产业领域的固定资产投资也根据社会健康意识水平的提高而发生了改变。其中最为重要的制度因素是环境影响评价。根据《环境影响评价法》的要求,对建设项目实施环境影响评价,重点评估建设项目对环境可能造成影响的分析、预测和评估,以及建设项目对环境影响的经济损益分析等。这里的环境既包括自然环境,也包括对人的影响的健康因素。

环境保护设施既是固定资产投资的一部分,同时也是健康人力资本投资的重要一环。在城市环境基础设施建设投资快速增加的过程中,健康人力资本投资也是随之同步增长。

(二)健康人力资本投资加速了物质资本的积累

如果把医疗卫生总费用近似的作为健康人力资本投资的话,从图 10-6 可以看出,医疗卫生总费用占比与物质资本占比之间存在显著性关系,当加大医疗卫生总费用投入后,物质资本积累也相应地增加。在影响物质资本的多因素中,健康人力资本发挥的作用是关键性的。

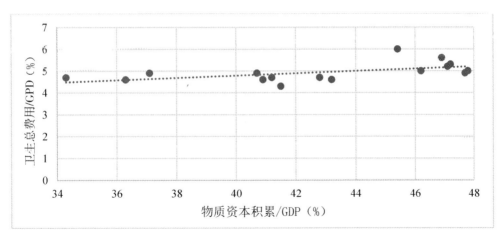

图 10-6　中国卫生总费用占比与物质资本形成率变化图(2000—2015 年)
数据来源:中国统计局、世界银行数据库

从经合组织(OECD)提供的 40 个国家的有效数据来看(见表 10-3),我国的物质资本形成率在全球主要 40 个国家中是最高的,为 45.4%,但健康人力资本投资占比却是很低的,仅为 5.5%,低于平均水平 8.6%。大部分国家属于发达国家,整体而言,物质资本形成率为 18%~26%,健康人力资本投资占比保持在 7%~11%。

表 10-3　40 个国家的物质资本积累占比与健康人力资本投资占比(2015 年)

国家	物质资本形成率(%)	健康人力资本投资占比(%)	国家	物质资本形成率(%)	健康人力资本投资占比(%)
澳大利亚	26.14333	9.6	以色列	19.75567	7.4

（续表）

国家	物质资本形成率（%）	健康人力资本投资占比（%）	国家	物质资本形成率（%）	健康人力资本投资占比（%）
奥地利	23.5706	10.4	意大利	17.30646	8.9
比利时	23.57776	10.4	日本	24.0053	10.9
巴西	17.41163	6.2	立陶宛	20.58346	6.5
加拿大	24.05761	10.6	卢森堡	18.11858	6.3
智利	23.78036	8.5	墨西哥	23.27184	5.8
中国	45.40088	5.5	荷兰	19.92444	10.5
哥伦比亚	26.72048	7.2	新西兰	23.38283	9.2
哥斯达黎加	18.43278	9.1	挪威	27.57165	10.5
捷克共和国	27.95578	7.3	波兰	20.46969	6.4
丹麦	19.96904	10.4	葡萄牙	15.8232	8.9
芬兰	20.92183	9.3	斯洛伐克	24.20443	6.9
法国	22.71232	11.0	斯洛文尼亚	19.37066	8.6
德国	19.14846	11.3	南非	20.97968	8.8
希腊	9.818878	8.3	西班牙	20.39143	9.0
匈牙利	21.83382	7.6	瑞典	24.28524	11.0
冰岛	19.13844	8.6	瑞士	23.12573	12.4
印度	31.79231	4.8	土耳其	28.36202	4.3
印度尼西亚	34.06279	2.8	英国	16.97235	9.7
爱尔兰	21.1849	7.8	美国	20.428	17.2

数据来源：世界卫生组织数据库、世界银行数据库。

三、健康人力资本与教育人力资本协同促进社会发展

健康人力资本投资和教育人力资本投资集中体现在人的体质和智能方面。在社会个体健康水平得到提高的前提下，往往会增加对教育人力资本的投资，而受到良好教育的社会个体也会主动的增加健康人力资本投资，两者相互促进。健康人力资本投资改善微观个体的生存质量，预期寿命延长；预期寿命延长显著提升教育人力资本投资的回报，微观个体增加教育人力资本投资，人力资本存量随之增加。

预期寿命延长是健康人力资本投资持续增加的结果，而预期寿命延长直接导致微观个体的教育投资回报期增加。更长的工作年限为人力资本投资提供了更长

的回报期,可增加人力资本投资的回报率。与此同时,微观个体用于健康人力资本
投资的数量也会增加。正是基于此,政府公共健康人力资本投资规模和总体报酬
率也得到了增加。换言之,健康人力资本投资主要通过预期寿命的延长来增加教
育人力资本投资数量,并提高教育回报率。

从微观个体的终生效用最大化视角分析,预期寿命延长意味着额定教育时间
投入更长的回报期。教育人力资本投资虽会延迟微观个体进入劳动力市场的年
龄,但却会提升微观个体的劳动技能和经由"干中学"积累的劳动经验,而且人力资
本存量越高,未来人力资本衰减速度越慢,劳动者更倾向于增加劳动年限或延长劳
动时间。

近10年来,中国的预期受教育年限增长最快,但与法国、日本、英国等国家相
比(见表10-4),我国这一指标还有2~4年的上升空间。若以英国为参照,我国的
预期受教育年限还差约4年。假设入学年龄为6岁,未来劳动者的初次进入劳动
力市场的年龄将逼近25岁。从预期受教育年限变动趋势可知,伴随着生命延长,
微观个体的教育投资将显著增加,这不仅提升个体的人力资本存量及其衰变规律,
还将影响整个劳动力市场的供给结构。

表 10-4 不同国家初等至高等教育所有学生预期受教育年限(年)

年份	中国	法国	印度	日本	英国
2006 年	11.54203	16.20976	—	14.7622	16.05611
2007 年	11.9766	16.18473	10.20629	14.8115	15.86712
2008 年	12.34584	16.14898	10.50854	14.8388	15.98027
2009 年	12.63756	16.10965	10.44186	14.9274	16.1362
2010 年	12.88835	16.20301	10.75616	15.0324	16.39761
2011 年	13.06854	16.21542	11.31447	15.1754	15.77188
2012 年	13.27021	16.23864	11.54122	15.2268	15.73756
2013 年	13.53805	16.22721	11.55511	15.2223	17.73344
2014 年	—	16.32874	11.87868	15.2141	17.88029
2015 年	—	16.41595	11.95788	15.2328	17.4429
2016 年	—	—	12.34981	—	—

数据来源:国研网统计数据库。

当然,我国男生和女生预期受教育年限的变化存在着差异(见表10-5)。在
2009年,女生的初等到高等受教育年限首次超过男生,并在2013年超过了0.3年。
女生受教育年限的快速提高不仅减少了男女差异的影响,而且对下一代子女教育
发挥了正向的引导作用。

表 10－5 中国学生预期受教育年限(年)

年份	初等至高等教育总体	初等至高等教育女生	初等至高等教育男生
2006 年	11.54203	11.46985	11.60849
2007 年	11.97660	11.92856	12.02016
2008 年	12.34584	12.33901	12.35146
2009 年	12.63756	12.68976	12.59036
2010 年	12.88835	12.86619	12.90631
2011 年	13.06854	13.08215	13.05419
2012 年	13.27021	13.33091	13.21381
2013 年	13.53805	13.68829	13.40357

数据来源:国研网统计数据库。

微观个体因健康人力资本投资而导致预期寿命延长,并在延长的生命周期中优化人力资本投资决策,通过教育人力资本投资和健康人力资本投资协同实现人力资本存量提升。从宏观角度分析,更多的微观个体实现人力资本存量提升,意味着劳动力市场供给结构优化:其一,健康人力资本投资引起劳动力市场供给的健康人群占比增加;其二,预期寿命延长激励劳动者增加教育人力资本投资,进而优化劳动力市场供给的人力资本结构,促进经济以更快的速度和更高的质量发展。在均衡增加路径上,物质资本积累因劳动力市场供给的人力资本结构优化而呈现更高的增速。

健康人力资本投资除了货币性投资之外,更重要的是健康意识的培养和健康文化的形成。健康意识和健康文化的形成需要对劳动者进行教育而塑造。更为重要的是,对儿童进行健康教育会对其产生一生的长效影响,包括其后作为劳动者进入劳动力市场的阶段。因此,健康人力资本和教育人力资本是紧密结合在一起,集中体现在劳动者个体上,并有相互影响、良性促进的关系。

孩童时期疾病的发生往往是由父母缺乏接受健康教育所引起的。痢疾是儿童死亡的主要原因,在全球范围内约占儿童总死亡的 20%,每年因痢疾而脱水死亡的婴儿在 140 万～250 万之间。作为一种肠道疾病,痢疾可以通过口服补液疗法(ORT)来治疗,费用非常低,并且治疗效果好。但是,如果孩童出现痢疾病状,父母需要及时进行治疗,采用口服补液疗法。但是,这需要医师及其他卫生工作人员对父母进行教育培训,这是进行健康人力资本投资的重要方面,也是教育人力资本投资的重要内容。乔桂康(2017)研究发现,教育人力资本和健康人力资本具有一定的耦合关系,但在东部地区、东北地区、中部地区和西部地区具有一定差异。[1]

---

① 乔桂康.健康人力资本与教育人力资本投资耦合关系研究[J].当代经济,2017(24):146－147.

从我国卫生人力资源密度来看,卫生人力资源结构呈现逐步合理化的趋势,每千人医师人数从 1990 年的 1.123 人提高至 2015 年的 1.812 人,而每千人护理和助产人员则从 1990 年的 0.84 人增加至 2015 年的 2.342 人,增加了 1.8 倍。除此之外,制药人员密度、卫生管理和支助人员密度保持基本稳定。

第三节　经济社会发展对健康人力资本的作用机制

经济社会发展影响健康人力资本投资的途径可以从微观层面和宏观层面两个维度进行考察。从家庭部门来看,随着经济社会的发展,家庭的收入水平获得整体性增加,这不仅增加了家庭消费支出中的健康人力资本投资部分,而且也扩大了健康消费需求。从生产部门来看,企业对员工健康的保护是其承担的重要责任,提高员工福利和健康保护水平成为企业可持续发展的重要因素。从宏观部门来看,政府部门财力的提高意味着,政府对健康人力资本投资的实际支出能力随之增加,健康人力资本投资的管理能力也会相应地得到提升。另外,由于健康人力资本投资具有很大的正外部性,政府部门进行公共健康人力资本投资时,不仅能够直接满足居民对公共健康的需求,而且也为居民个人健康需求提供了的指引。

一、经济社会发展促进家庭健康人力资本投资

随着经济社会发展,居民的整体收入水平获得了很大的提高,健康意识的认识也随之增强。在这种情况下,居民在健康人力资本投资上的规模和结构发生了很大的变化。

(一)居民收入提高引起家庭健康人力资本投资规模的增加

在居民收入得到提高的情况下,会引起个体在劳动力市场上的行为变化。本节主要运用新古典劳动供给理论来解释在收入提高时,个体在时间资源配置上的行为变化,即选择增加劳动时间的投入,还是减少劳动时间的投入,即闲暇时间的增加。如果个体在闲暇时间上发生了变化,那么,这种选择行为变化可以被近似地看作在旅游、保健、身体锻炼等方面的投入,即健康人力资本投资。

对于任何一个特定的个体劳动者而言,随着工资率的提高,他投入劳动的时间将增加,但超过某一点时,继续增加工资将导致劳动供给时间的减少,健康人力资本投资的时间增加。这种经济现象背后的主要原因在于,闲暇和收入的边际替代率的大小。在投入劳动时间较少时,个体位于无差异曲线较为平坦的地方,个体倾向于放弃较多的闲暇而换取收入。但当个体的劳动时间增加时,个体劳动者拥有较多的收入和较少的闲暇时间,无差异曲线则较为陡峭,这就导致个体的劳动供给曲线是一条斜率上先正后负向后弯曲的曲线。这意味着,在收入增加时,个体的劳动者往往会增加闲暇时间并减少劳动时间。

在现实经济社会生活中，个体劳动者的保健投入、生活方式改善、教育培训投入等大多数是在非劳动时间内进行的。因此，当家庭收入增加时，个体会增加在健康人力资本投资时间的支出，于是，健康人力资本投资费用也会相应地增加。

居民用于健康人力资本投资规模的增加集中体现在人均家庭卫生支出费用方面。根据世界卫生组织的统计，中国在 2000 年的家庭卫生支出费用为人均 25.5 美元，而至 2015 年已经提高至人均 137.8 美元，增加了 4.4 倍，其增速在全球 188 个国家和地区中位居前列。但是，中国人均家庭卫生支出远低于 188 个国家和地区的平均值 206.6 美元，更是远低于法国、英国、德国、日本、加拿大、美国等主要发达国家（见图 10-7）。在 2015 年度，除了法国约为中国人均卫生支出的 2.0 倍之外，英国、德国、加拿大、日本等家庭人均卫生费用支出为中国的 4～5 倍，美国更是中国的 7.7 倍。为缩小与发达国家之间的差距，我国家庭应当进一步增加卫生费用的投入。事实上，随着我国家庭可支配收入的稳定增加，用于卫生费用投入的数量也在快速增长。

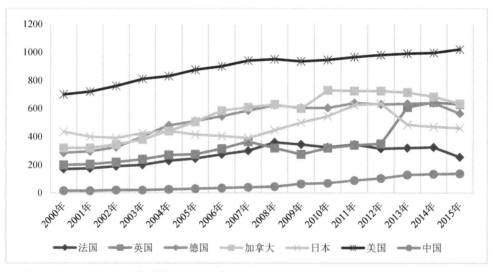

图 10-7　中国与主要发达国家人均家庭卫生支出费用变化（2000—2015 年）（单位：美元）

数据来源：世界卫生组织（WHO）

（二）居民收入提高引起家庭健康人力资本投资结构的变化

居民收入的增加不仅引起在健康人力资本投资上的时间和费用支出增加，而且也会引起健康人力资本投资结构上的变化，更为健康的生活方式成为家庭消费支出的主要目标。这种居民健康人力资本投资结构的变化主要表现在三个方面：一是健康人力资本投资在家庭消费总支出结构上的调整；二是高收入群体和中低收入群体在健康人力资本投资结构上的差异性；三是城镇居民和农村居民在健康人力资本投资上的差异性。其中，第一方面侧重健康人力资本投资的支出结构，而第二方面和第三方面则侧重投资主体的类型。

第一，居民健康人力资本投资的支出结构更为理性化。在收入增加的基础上，居民用于基本日常生活的支出保持稳定或者下降，用于健康人力资本投资的比重则日益提高。从2013至2015年的平均每人支出结构的数据来看，尽管用于生活用品和服务的总额支出平均增长8.5%，这种支出与家庭收入保持同步的增幅，在整个消费支出总额的占比始终维持在6.10%。个人在衣着和居住方面的支出出现了小幅的下降，但个人用于食品烟酒的占比出现了减少（见表10-6）。

表 10-6　平均每人消费支出结构（2013—2017 年）　　　（单位:元）

消费支出指标	2013 年		2014 年		2015 年		2016 年		2017 年	
	总额	占比	总额	占比	总额	占比	总额	占比	总额	占比
食品烟酒	4 126.7	31.20%	4 493.9	30.60%	4 814	30.10%	5 151.1	30.10%	5 373.6	29.33%
衣着	1 027.1	7.80%	1 099.3	7.60%	1 164.1	7.40%	1 202.7	7.03%	1 237.6	6.75%
居住	2 998.5	22.70%	3 200.5	22.10%	3 419.2	21.80%	3 746.4	21.89%	4 106.9	22.42%
生活用品及服务	806.5	6.10%	889.7	6.10%	951.4	6.10%	1 043.7	6.10%	1 120.7	6.12%
交通通信	1 627.1	12.30%	1 869.3	12.90%	2 086.9	13.30%	2 337.8	13.66%	2 498.9	13.64%
教育文化娱乐	1 397.7	10.60%	1 535.9	10.60%	1 723.1	11.00%	1 915.3	11.19%	2 086.2	11.39%
医疗保健	912.1	6.90%	1 044.8	7.20%	1 164.5	7.40%	1 307.5	7.64%	1 451.2	7.92%
其他	324.7	2.40%	358.0	2.90%	389.2	2.90%	406.3	2.37%	447.0	2.44%

数据来源:《中国统计年鉴2018》。

但个人用于教育文化、医疗保健等健康人力资本投资方面的支出出现了较大幅度的增加，尤其是在教育文化娱乐方面的投资数额高于医疗保健方面的投资数量。

第二，高收入群体和中低收入群体在健康人力资本投资结构上的差异性。改革开放以来，我国居民收入分配不平等加大，不同收入阶层的群体在健康人力资本投资结构上也出现了显著差异。家庭收入水平直接决定了健康人力资本投资的数量和频次。从龙玉其（2010）对全国2557个不同收入家庭的调查发现（见表10-7），在决定慢性病是否去医疗机构看病时，低收入家庭和中高收入家庭之间并没有显著的差异。因为对于慢性病，无论家庭收入的高低，家庭均可以在较长的时间内作出看病决策，而这并不影响病情的恶化。换言之，在慢性病上治疗上，家庭受到收入水平的影响较小。但在患急性病方面，低收入家庭和中高收入家庭出现了明显的差异，到医院看病治疗的比例，中等收入家庭和高收入家庭分别高于低收入家庭10.3%和11.2%。

表 10‑7   家庭收入水平与最近一次患病后是否看病的相关分析①　　（单位：%）

家庭类型	急性病是否到医疗机构看病		慢性病是否去医疗机构看病	
	是	否	是	否
低收入家庭	61.6	38.4	74.3	25.7
中等收入家庭	71.3	28.7	74.4	25.6
高收入家庭	72.8	27.2	75.9	24.1
合计	69.7	30.3	74.9	25.1

第三，城镇居民和农村居民在健康人力资本投资上都出现了增加趋势，在医疗保健、旅游等方面的支出呈现了稳步提高的趋势。整体而言，农村居民在医疗保健上的支出一直持续增长，而城镇居民则在 2010 年后的变化不大，并在 2014 年出现了小幅的下调（见图 10‑8）。

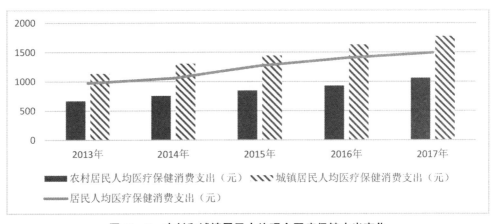

图 10‑8   农村和城镇居民人均现金医疗保健支出变化

旅游费用支出方面，城镇居民无论是在国内旅游次数，还是旅游花费都远高于农村居民。特别是，城镇居民在国内旅游次数和花费的增幅都大于农村居民。从 1994 年至 2015 年间，城镇居民旅游次数和旅游花费分别提高了 7.5 倍和 12.4 倍，而相应的农村居民分别提高了 2.9 倍和 7 倍（见表 10‑8）。这意味着，在旅游健康人力资本投资上，农村居民还存在很大的提升空间。

---

①   龙玉其.不同收入家庭医疗服务需求的比较分析——基于全国 2557 个不同收入家庭的调查[J].长春大学学报,2010(11):94.

表 10-8　城镇和农村国内旅游次数和花费（2000—2017 年）

年份	国内游客 （百万人次）	城镇居民 （百万人次）	农村居民 （百万人次）	旅游总花费 （亿元）	城镇居民 （亿元）	农村居民 （亿元）
2000 年	744	329	415	3 175.5	2 235.3	940.3
2001 年	784	375	409	3 522.4	2 651.7	870.7
2002 年	878	385	493	3 878.4	2 848.1	1 030.3
2003 年	870	351	519	3 442.3	2 404.1	1 038.2
2004 年	1 102	459	643	4 710.7	3 359.0	1 351.7
2005 年	1 212	496	716	5 285.9	3 656.1	1 629.7
2006 年	1 394	576	818	6 229.7	4414.7	1 815.0
2007 年	1 610	612	998	7 770.6	5 550.4	2 220.2
2008 年	1 712	703	1 009	8 749.3	5 971.7	2 777.6
2009 年	1 902	903	999	10 183.7	7 233.8	2 949.9
2010 年	2 103	1 065	1 038	12 579.8	9 403.8	3 176.0
2011 年	2 641	1 687	954	19 305.4	14 808.6	4 496.8
2012 年	2 957	1 933	1 024	22 706.2	17 678.0	5 028.2
2013 年	3 262	2 186	1 076	26 276.1	20 692.6	5 583.5
2014 年	3 611	2 483	1 128	30 311.9	24 219.8	6 092.1
2015 年	4 000	2 802	1 188	34 195.1	27 610.9	6 584.2
2016 年	4 440	3 195	1 240	39 390.0	32 241.3	7 147.8
2017 年	5 001	3 677	1 324	45 660.8	37 673.0	7 987.7

数据来源：《中国统计年鉴 2018》。

二、经济社会发展促进政府公共健康人力资本投资

政府对公共健康人力资本投资支出能力的提升主要体现在三个方面，一是随着国家财力的增强，用于健康人力资本投资的财政支出总额在不断地增加；二是政府充分利用税收优惠等经济激励机制诱导个人加大健康人力资本投资，尽管这种手段属于政府财政收入的范畴，但也可以看作一种间接的财政补贴的支出形式；三是随着国家治理能力的提高，公共健康人力资本投资的管理无效问题得到了减缓。

（一）公共健康人力资本投资总额的持续增加

健康人力资本投资作为一种公共产品会产生很强的外部性，这意味着政府承担对公共健康人力资本投资的财政支出责任。而在实践中，中央政府和地方政府

在公共卫生支出、保健和公共生活设施、教育、环境污染治理等方面进行了大量的公共财政资金的投入。

对公共健康人力资本投资规模的度量通常采取三个指标,即公共健康人力资本投资总额分别与 GDP、政府总支出、健康费用总支出的占比。第一个指标是公共健康人力资本投资总额占 GDP 的比重。在公共卫生支出方面,政府财政支出占比已经从 2007 年的 0.97% 增至 2015 年的 1.81%。而环保污染治理投入更是在 2015 年达到了当年 GDP 的 1.86%。

根据世界卫生组织的统计,中国公共健康费用支出占 GDP 比重从 2000 年的 1.0% 提高至 2015 年的 3.2%,略低于全球 188 个经济体的平均水平 3.5%。但与加拿大、德国、英国、美国等发达国家相比较(见图 10 - 9),我国公共健康费用支出占比还是比较低的,仅为德国的三分之一,美国的 37.6%。

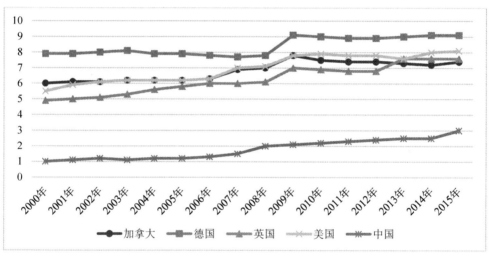

图 10 - 9   公共健康费用支出与 GDP 占比(%)(2000—2015 年)
数据来源:世界卫生组织

第二个指标是公共健康支出占政府总支出的比例。随着政府职能的转变,政府承担的公共财政功能越来越集中体现为健康人力资本投资方面,我国正在经历着这一转型过程。公共健康支出与政府总支出占比从 2000 年的 6.2% 增加至 2015 年的 10.1%,特别是在 2007 年较往年增加了 0.8 个百分点,达到 9.2%。与全球 188 个经济体比较,我国公共健康支出与政府总支出占比略高于全球平均水平的 9.9%,远低于加拿大的 19.1%、法国的 15.3%、德国的 21.4%、日本的 22.6%、英国的 18.5%、美国的 22.6%。

第三个指标是公共健康费用支出占健康费用总支出的比例。健康人力资本投资集中体现在人身上,但具有显著的公共产品特征,尤其是公共健康环境体现出鲜明的非排他性和非竞争性。因此,政府提供健康环境这一公共产品成为政府的内在职责之一,应当在健康费用支出总额中占有更大的比重,家庭自行承担的比例应当较小。我国已经发生了根本性变革,公共健康费用支出占比已经从 2000 年的22.1%提高至 2015 年的 59.8%,高于世界卫生组织统计的全球 187 个国家的平均水平 51.7%。公共健康费用支出占比的提高大大降低了低收入群体的健康费用支出负担,体现了健康公平原则。

　　公共健康人力资本投资的增加对健康人力资本的形成和积累发挥着关键性作用,并且这种推动效应呈现出倍加效应。正如图 10 - 10 所示,在 2000 年我国政府公共健康费用支出/GDP 达到 1%时,根据收入法测算的健康人力资本均值为 3.82万亿元,而在 2015 年政府公共健康费用支出占比达到 3.2%,健康人力资本均值已经达到 37.94 万亿元,二者保持同步增长趋势,政府公共健康费用支出的增加直接促进了健康人力资本的积累。

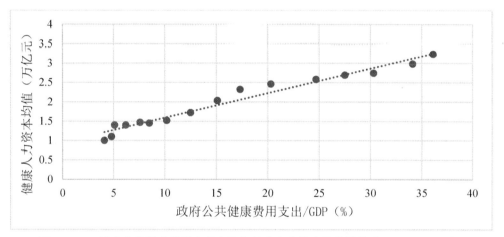

图 10 - 10　政府公共健康费用支出占比与健康人力资本均值的关系(2000—2015 年)
数据来源:世界卫生组织、本课题测算

(二)国家税收激励手段的有效运用

　　政府除了直接增加对健康人力资本投资的财政支出之外,还通过税收优惠的方式刺激个人增加对个人健康的投资。在表面上,政府税收优惠会导致政府税收减少,但在实质意义上,劳动者会以更大的激励增加对个人健康的投资数量,这间接地降低了政府面临的公共健康人力资本投资的支出压力。这种税收机制主要体现在商业健康保险和资源综合利用产品和劳务增值税优惠两个方面。

　　商业健康保险具有特别的市场和专业优势,保险公司通过扩大健康保险产品供给,丰富健康保险服务,使商业健康保险在深化医药卫生体制改革、发展健康服务业、促进经济提质增效升级中发挥"生力军"作用。[①] 为了充分发挥健康险在个人健康人力资本投资的重大作用，财政部、国家税务总局、保监会于 2015 年 11 月联合发布了《关于实施商业健康保险个人所得税政策试点的通知》（财税〔2015〕126号），对试点地区个人购买符合规定的健康保险产品的支出，按照 2400 元/年的限额标准在个人所得税前予以扣除。在这种税收优惠措施的经济激励下，原健康险保费收入在 2015 年和 2016 年取得了大幅度的增长（见图 10-11）。

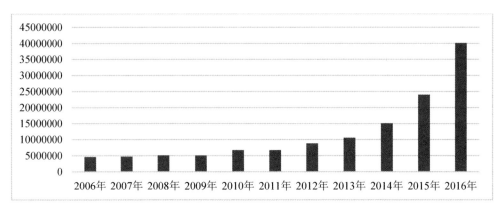

图 10-11　健康险原保险保费收入（2006—2016 年）（单位：万元）

推动资源综合利用和节能减排，一般纳税人销售自产的资源综合利用产品和提供资源综合利用劳务，可享受增值税即征即退政策，具体综合利用的资源名称、综合利用产品和劳务名称、技术标准和相关条件、退税比例等按照《财政部国家税务总局关于印发〈资源综合利用产品和劳务增值税优惠目录〉的通知》（财税〔2015〕78 号）所附《资源综合利用产品和劳务增值税优惠目录》的相关规定执行。这种增值税优惠政策旨在引导企业积极地参与资源综合利用，也是对环境污染物治理的一种投入。

（三）健康人力资本投资管理效率的提升

根据世界卫生组织《世界卫生报告 2010》的研究成果，全球范围内总卫生支出的 20%～40% 可能因为浪费、腐败或者其他形式的无效率使用而遭受损失。这种政府投资浪费的现象在我国也是存在的，财政资金的使用率还存在一些问题。

我国已经进入了经济社会发展的新常态。经济社会发展新常态表现出以下三个方面的事实特征：一是从经济增长速度来看，进入了放缓和下行阶段；二是从经济增长动力来看，进入了从投入驱动向创新型驱动或者生产率驱动转换；三是经济结构调整则是实现增长动力转换的唯一途径。[②]

---

① 《国务院办公厅关于加快发展商业健康保险的若干意见》（国办发〔2014〕50 号）。
② 吴敬琏.比较（第 78 辑）[M].北京：中信出版社，2015：13-17.

　　美国经济学家西蒙·库兹涅茨指出,产业结构调整的核心和产业升级的关键是,资源从生产率较低的部门向生产率较高的部门转移,从而使经济整体的资源配置效率得以提升。[①] 而日本经济学家青木昌彦从东亚经济发展的经验中发现,任何国家在经历一个政府主导的、以库兹涅茨式的结构调整为特征的经济发展阶段之后,都必然进入了一个人力资本驱动的经济发展阶段。[②] 从中国经济社会发展经验来看,未来人力资本仍将是中国持续增长的重要源泉。

　　因此,在政府预算范围内,应通过优先考虑健康人力资本投资,并增加额外的健康投入资源。相比于其他部门,健康部门投资退出有很好的投资收益。因此,在可得到新资源时,将健康放在优先位置是合理的。

三、经济社会发展促进企业及社会组织健康人力资本投资

　　员工健康已经成为企业及社会组织健康管理的核心任务,运行良好的企业为员工提供了多种形式的健康人力资本投资和服务。从实践来看,企业了解和监测员工的健康状况主要是通过为企业提供的体检及其报告、建立员工的健康档案两种主要渠道。根据中国平安保险公司发布的《中国企业员工健康状况及医疗福利报告(2015)》,通过对 49 家企业健康管理情况的调研,企业为员工提供了多元化的健康管理服务,其中主要集中在健身运动领域(见图 10 - 12)。当然,从企业员工健康环境的角度来看,企业工作环境、健康防护、心理健康、疾病预防等方面的健康人力资本投资及服务还存在很大的空间。

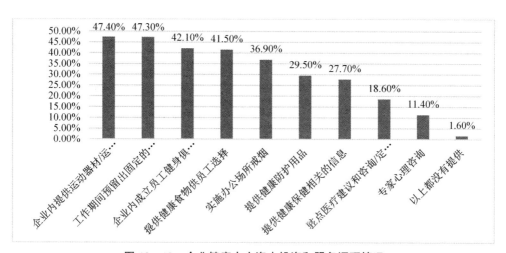

图 10 - 12　企业健康人力资本投资和服务调研情况

数据来源:中国平安保险公司《中国企业员工健康状况及医疗福利报告(2015)》

---

① 西蒙·库兹涅茨.各国的经济增长[M].常勋,译.北京:商务印书馆,2009.
② 青木昌彦.比较制度分析[M].周黎安,译.上海:上海远东出版社,2001.

企业为员工提供健康人力资本投资的另外一种主要形式为健康保险保障,即商业补充健康保险。根据中国平安保险公司《中国企业员工健康状况及医疗福利报告(2015)》对 329 家企业的调研,88.4％的企业为员工提供了重大疾病险,成为企业为员工提供商业保险类别中最主要的险种。除此之外,企业为员工提供的商业险种主要是意外伤害险、住院医疗保险,分别占调研企业的 85.3％、79.2％。另外,大多数企业为员工的医疗费用进行补偿,允许门急诊费用报销,这也占了受访企业的 66.1％。部分企业为了对患有重大病情的员工提供资助,为其提供手术医疗保险,甚至是少数企业为员工配偶和子女提供参保的健康类保险。

慈善等社会组织已经成为我国传染病防治、防止保护机制中的不可或缺的力量,加强政府与非政府组织之间的交流和合作已经在实践中发挥了重要的积极作用。但这一过程中,中央政府也给予了慈善等非政府组织经费上的支持,并在一些公共服务项目开展政府与社会资本合作模式(PPP)中,将其行政任务发包给非政府组织。

以美国世界健康基金会为例,该基金会在中国的合作项目遍及所有省区市,涵盖医疗设备捐助、重点学科研究、医护人员培训等各方面,致力于传播先进的医学理念和服务,从而造福广大中国患者。[1] 上海儿童医学中心就是上海市政府与美国世界健康基金会的合作建设项目。自 1998 年建成以来,该中心的小儿先心病手术成功率超过 97％、小儿白血病五年无病存活率超过 85％,均达到世界顶尖水平。[2]

从图 10－13 可以看出,在卫生支出费用的结构中,社会卫生费用支出无论在规模上还是占比方面,在近 20 年中呈现出稳定的增长态势,从 1999 年的 1 145.99 万亿元提高至 2017 年的 22 258.81 万亿元,提高了 19.5 倍,而同期的占比则从 28％提高至 42％,已经成为卫生费用支出的主要部分。

健康人力资本投资与经济社会发展之间的双向作用揭示了二者之间的互动机理,通过二者的相互关系为健康人力资本积累和经济社会发展提供了规律性认识。

(1)从经济社会发展的源泉来看,健康人力资本已经成为重要的增长要素之一。在健康人力资本推动经济社会发展的作用机制中,不仅作为直接的要素,而且与物质资本、健康人力资本相结合,共同发挥作用。

(2)健康人力资本作为直接投入要素来促进经济社会发展,主要是通过增加劳动供给数量和结构来实现的。当劳动者自身的健康水平提高后,其在劳动力市场提供的劳动自然会增加。另外,劳动者的健康水平得到提高后会产生正的外部性,对家庭其他成员产生积极的影响。

(3)现代经济组织活动体现了鲜明的团队生产特征,劳动者之间、劳动者与雇主之间的和谐关系成为企业生产效率的关键因素。而劳动者的社会适应能力得到

① 邹伟.法治中国为境外非政府组织创造更多合作共赢空间[N].法制日报,2017－5－27.

② 邹伟.法治中国为境外非政府组织创造更多合作共赢空间[N].法制日报,2017－5－27.

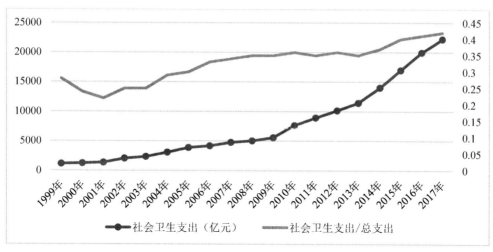

图 10 - 13　社会卫生费用支出规模及占比(1999—2017 年)

数据来源:《中国统计年鉴》

提高后,健康人力资本在企业组织生产发挥了重要作用。

(4)在物质资本积累过程中,健康人力资本投资成为重要的考量因素,并提高了物质资本积累。经济社会产出是人和物共同作用的结果,物质资本的形成和积累必然体现劳动者保护的要求,并随着社会健康水平的整体变化调整物质资本的结构。

(5)健康人力资本和教育人力资本作为人力资本的典型形态在推动经济社会发展过程中是相互促进的,尤其是个体和社会公共卫生水平的提升是需要通过教育而实现的。

(6)经济社会发展水平的提高有助于政府、居民、企业及社会组织对健康人力资本投资的增加,但在既定时期内,政府对健康人力资本投资的增加会对物质资本投资和教育人力资本投资产生挤出效应。

第十一章 健康人力资本对经济社会发展影响的理论分析

　　健康人力资本投资后,是如何成为经济社会发展源泉的? 其投资规模受到何种因素制约? 这是理解健康人力资本与经济社会发展互动机理的理论基石。本章旨在从两个方面对这些问题进行探讨,并提出,健康人力资本投资后,最直接有效、最易测度的指标为预期寿命,在预期寿命延长后提高了劳动生产率、增加了储蓄和投资水平,形成经济社会发展的源泉。与此同时,健康人力资本投资规模受到国家经济规模的反作用影响,应当与经济增长保持同步关系。健康人力资本投资促进健康水平的提升,集中反映为健康人力资本指数上。正如第5章所指出的,健康人力资本产出体现在生理健康、心理健康、经济社会等三大方面10个指标上。从国家经济发展的角度,健康人力资本投资最终经济绩效表现为经济增长及收入水平方面。因此,本章主要运用预期寿命这一健康人力资本产出指标探讨,健康人力资本投资是如何成为经济增长的源泉。下一章将在探讨一般均衡模型下健康人力资本投资受到的经济增长因素,即经济社会发展对健康人力资本投资的影响。

第一节　理论框架

　　健康人力资本投资的直接效应体现为更长的预期寿命,更长的预期寿命是人口健康水平总体提高的表现,反过来又意味着更为健康、更具生产力的劳动力。但经济增长过程中,预期寿命主要是通过影响生产率和储蓄及资本积累。

　　随着人们预期活得更长,他们具有更强的动机进行人力资本投资。相反,健康状况不良的劳动者不得不将收入的更大部分用于医疗花费上,这降低了他们储蓄的能力。在面临灾难性疾病时,低收入群体不得不出售变现他们的资产,因此耗尽他们资本库存以支付医药或供养家庭。政府必须将更多的花费投入防御地方病方面,减少了在道路建设和其他资本投资中的数量。

　　经典的经济增长模型研究经济社会总产出的决定因素,提供了一个深刻的分析框架。经典的索洛模型见式(11-1)。

$$y^* = A\left(\frac{sA}{n+\delta}\right)^{\frac{a}{1-a}} \tag{11-1}$$

储蓄率 s 是一个关键性的假设,是外生给定的,并不随时间的变化而发生变化,这主要是考察经济增长的生产要素(技术水平、劳动力数量、物质资本)时,没有把健康人力资本因素考虑在内。在生物意义上,当劳动者或者潜在的劳动者在健康人力资本投资增加的前提下,其预期寿命得到了延长,这对劳动者或者潜在劳动者进入劳动者市场的行为选择产生重大影响,也会对预期寿命延长后的消费行为带来重大的变化,这种变化也反映在已经退出劳动力市场的退休者身上。在宏观经济上,劳动者进入劳动力市场所带来的收入的变化,以及相应的消费行为的变化综合反映在储蓄及储蓄率的变化上。因此,健康人力资本投资引发的预期寿命延长的效果,以及连锁产生的储蓄及储蓄率的变化,成为影响经济社会总产出的生产要素。因此,本章首先分析健康人力资本投资所产生的储蓄率变化的问题,在此基础上进一步探讨储蓄率的变动对经济社会总产出带来的影响。

第二节　健康人力资本投资的储蓄效应

预期寿命的储蓄效应是生命周期理论发展的新领域之一,从 20 世纪 90 年代末期开始,预期寿命开始逐步被纳入生命周期假说的理论分析框架。

Deaton(2000)研究发现,在高储蓄率的东亚地区,几乎所有年龄的个体储蓄都有所增加,这个现象无法由传统生命周期理论解释,而预期寿命延长可以在一定程度上解释这个现象。[①] Bloom(2007)在指数分布生存函数假设下,分析了预期寿命变动对个体储蓄和总储蓄的影响,研究发现,即使在个体可以自由选择退休年龄的情况下,预期寿命的延长依然会引致个体在各个年龄上储蓄率的提高并显著提高总储蓄率水平,而在养老保险存在引致个体在固定年龄退休的机制时,预期寿命延长提高总储蓄率水平的效应更加明显。[②] 国内也有一些研究关注了预期寿命延长的储蓄效应,基本以经验研究为主。刘龙生(2012)[③]和范叙春、朱保华(2012)[④]利用中国分省面板数据,发现人口预期寿命延长显著提高了中国家庭和国民储蓄率水平。

研究拟分阶段分析预期寿命延长对储蓄率的影响。有学者对预期寿命与国民储蓄率之间的关系进行了深入的研究,认为预期寿命延长具有提高国民储蓄率的

---

①　Deaton A. Paxson. Growth, Demographic Structure, and National Saving in Taiwan[J]. Population and Development Review, 2000(26):141-173.

②　Bloom D.E. Canning et al. Demographic Change, Social Security Systems, and Savings[R]. NBER Working Paper No. 12621, 2007.

③　刘生龙.预期寿命与中国家庭储蓄[J].经济研究,2012(8):107-117.

④　范叙春,朱保华.预期寿命延长、年龄结构改变与我国居民储蓄率[J].人口研究,2012(4):18-28.

效应,而工作期分段预期寿命与老年期分段预期寿命对国民储蓄率具有不同的影响效应。[①] 本课题主要在三阶段下研究预期寿命延长对储蓄率的影响。

一、储蓄率的确定

储蓄率的确定。特定时期的总储蓄可以界定为所有个体储蓄之和,通过个体的储蓄加总得到的。假设经济与人口增长率均处于均衡状态,人均收入增长率为 σ,人口增长率为 n,那么,经济增长率为: $g = \sigma + n$。个体从出生开始生存至各年龄的概率为 $s_0(\alpha)$ 不变,退休年龄 R 不变。在这种条件下,时刻 T 经济中的总消费可以表示为各个年龄所有人消费的加总:

$$C_T = \int_0^W A_0 \cdot e^{-na} \cdot S_0(a) \cdot c_a \cdot da$$

其中,常数 W 为人类的最高寿命,A_0 为时刻 T_0 岁的人数。

总储蓄率方程为:

$$S_T = a_0 + g \cdot (\mu_L - \mu_W + \varepsilon_T)$$

其中,μ_L 设定为一生的平均年龄,即 $\mu_L = \int_0^w a \cdot \dfrac{s_0(a)}{\int_0^w s_0(a)da} \cdot da$

μ_W 为工作期平均年龄,即 $\mu_W = \int_k^R a \cdot \dfrac{s_0(a)}{\int_k^R s_0(a)da} \cdot da$

二者的差额 $(\mu_L - \mu_W)$ 决定了经济增长率的系数。

经济增长率系数的确定。个体从 x 岁开始的预期寿命可以表示为:

$$e_X = \int_0^{w-x} a \cdot s_x(a) \mu_{a+x} da = \int_0^{w-x} s_x(a) da$$

其中,μ_{a+x} 为个体在 $a+x$ 岁的瞬时死亡概率。

按照预期寿命的计算公式,我们可以将表示不同时间阶段预期寿命之和,表示为:

$$\begin{aligned}
\int_0^w s_0(a)da &= \int_0^k s_0(a)da + \int_k^R s_0(a)da + \int_R^w s_0(a)da \\
&= \int_0^k s_0(a)da + s_0(R)\int_k^R s_0(a)da + \int_R^w s_0(a)da \\
&= \int_0^k s_0(a)da + s_0(k)\int_0^{R-k} s_k(a)da + s_0(R)\int_0^{w-R} s_R(a)da
\end{aligned}$$

其中,

$\int_0^k s_0(a)da$ 表示个体从出生到参加工作时预期寿命折算到出生时的精算值。

$s_0(k)\int_0^{R-k} s_k(a)da$ 表示预期工作期寿命折算至出生时的精算值,定义为工作

① 金刚,等.分段预期寿命对国民储蓄率的影响效应[J].中国人口科学,2015(3):69-78.

至退休工作期间分阶段预期寿命。

$s_0(R)\int_0^{w-R}s_R(a)da$ 为个体在 R 岁退休期预期寿命折算到出生时的精算值，可以进一步将 $\int_0^R s_0(a)da = \int_R^w s_0(a)da - s_0(R)\int_0^{w-R}s_R(a)da$ 定义为出生至退休时预期寿命。

二、预期寿命延长下储蓄率的总体变动

将出生时预期寿命进行分段后，预期寿命及结构将直接决定总储蓄公式。因此，个体从出生开始时的预期寿命 $\int_0^w s_0(a)da$ 越高，意味着 μ_L 越大，经济增长率的系数越大，而从出生开始到退休的预期寿命 $\int_0^R s_0(R)da$ 越高，则意味着 μ_w 越大，经济增长系数越小。

进一步假设：

$$e_{0\sim k} = \int_0^h s_0(a)da$$

$$e_{0\sim R} = \int_0^k s_0(a)da + s_0(k)\int_0^{R-k}s_0(a)da = e_{0\sim R} + z_{k\sim R}$$

$$e_{0\sim w} = \int_0^w s_0(a)da = \int_0^k s_0(a)da + s_0(k)\int_0^{R-k}s_0(a)da + s_0(R)\int_0^{w-R}s_0(a)da$$
$$= e_{0\sim k} + z_{k\sim R} + z_{R\sim w}$$

其中，

$e_{0\sim k}$ 为个体从出生到参加工作时的预期寿命；

$e_{0\sim R}$ 为个体从出生到退休的预期寿命；

$e_{0\sim w}$ 为个体从出生到最大寿命的预期寿命；

$z_{k\sim R}$ 为参加工作时到退休时的预期寿命；

$z_{R\sim w}$ 为退休期开始的预期寿命折算到 0 岁的精算现值。

将 μ_L、μ_w 分别线性化近似表示为：

$$\mu_L = \beta_0^1 + \beta_1^1 \cdot \int_0^w (a)da + \eta_1$$

$$\mu_W = \beta_0^2 + \beta_1^2 \cdot \int_k^R (a)da + \eta_2$$

那么，$\mu_L - \mu_W$ 可以近似的表示为：

$$\mu_L - \mu_W = \beta_0 + \beta_1 \cdot \int_0^w (a)da - \beta_2 \cdot \int_k^R s_0(a)da + \varepsilon$$
$$= \beta_0 + \beta_1 \cdot e_{0\sim w} - \beta_2 \cdot z_{k\sim R} + \varepsilon$$
$$= \beta_0 + \beta_1 \cdot (e_{0\sim k} + z_{k\sim R} + z_{R\sim w}) - \beta_2 \cdot z_{k\sim R} + \varepsilon$$
$$= \beta_0 + (\beta_1 - \beta_2) \cdot z_{k\sim R} + \beta_1 \cdot e_{0\sim k} + \beta_1 \cdot z_{k\sim R} + \varepsilon$$

因此,总储蓄率为

$$S_T = a_0 + g \cdot \beta_1 e_{0\sim k} + g \cdot (\beta_1 - \beta_2) z_{k\sim R} + g \cdot \beta_0 + \varepsilon_T$$

上述公式分析表明,$\beta_0 > 0$。

$\beta_1 > 0$,在经济增长率不变时,预期寿命提高将引起储蓄率的提高。

$\beta_2 > 0$,工作预期寿命与经济增长率交互系数 $\beta_1 - \beta_2$ 的值小于 β_1。因此,在相同经济增长率条件下,单位预期寿命增长将由于分阶段寿命的不同变动而对储蓄率产生不同的影响效应。

对一生的平均年龄 μ_L 与工作期的平均年龄 μ_W 分别线性化表示,储蓄率表示为经济增长率与分阶段预期寿命的函数,理论分析表明,退休分阶段预期寿命的提高对加总储蓄率的提高效应大于工作期分阶段预期寿命对总储蓄率的提高效应。因此,整体而言,预期寿命延长有助于提高储蓄率。

第三节　储蓄率的变化对总产出的影响

一、经济增长基本模型中储蓄率与总产出的关系

基本经济增长模型是将劳动力规模、资本存量以及总量生产与储蓄、投资和人口增长相联系,模型涉及投资量、劳动力、生产率以及产出水平,并从变量的变化情况研究产出变动的决定因素,即经济增长率的决定因素。标准的经济增长模型的建立基本上包括五个恒等关系。

在一般意义上,总量生产函数是资本存量(K)和劳动供给(L)的函数,即:

$$Y = F(K, L) \tag{11-2}$$

这一函数表明,经济总产出是资本存量和劳动供给的函数,随着资本存量和劳动供给的增加,经济总量也将增加。在一个经济体中,按照凯恩斯消费理论,储蓄函数为线性的,即储蓄数额等于总产出和储蓄率的函数:

$$S = s \cdot Y \tag{11-3}$$

在这一方程中,S 表示总储蓄量,s 代表平均储蓄率。这一简化处理的储蓄函数要比经济现实简易的多,但也能够精确地刻画储蓄/投资与经济增长之间的关系。

在本节讨论的经济增长模型中,不考虑对外贸易,家庭获得全部收入要么用于消费,要么用于储蓄。在这种关系下,投资和储蓄是相等的,即:

$$S = I \tag{11-4}$$

资本存量的变化主要取决于两个主要经济力量,即新投资和折旧。用 ΔK 表示资本存量变动值时:

$$\Delta K = I - d \cdot K \tag{11-5}$$

其中，d 为折旧率。公式表明资本存量的增加等于新投资产生的资本存量增长减除由于折旧而使得现有资本存量发生的减少。

在假定劳动力与人口同比例增长的条件下，劳动力变化 ΔL 表示为：

$$\Delta L = n \cdot L \qquad (11-6)$$

联立式(11-5)、式(11-4)可以推导出：

$$\Delta K = s \cdot Y - d \cdot K \qquad (11-7)$$

将式(11-7)、式(11-6)代入式(11-2)中，可知：

$$\Delta Y = F((s \cdot Y - d \cdot K), n \cdot L) \qquad (11-8)$$

这五个方式综合起来，可以考察人口、储蓄/投资发生变化对资本存量、劳动力供给产生怎样的影响，从而产生的对经济总量的最终影响。从式(11-8)推知，在储蓄率的变化和经济总量产出的变化是同方向的，当储蓄率提高时，经济产出也随之增加。

二、索洛模型中储蓄率对总产出的影响

经济学家罗伊·哈罗德(Harrod,1939)和埃弗赛·多玛(Domar,1046)提出的经济增长模型就已经包括了内生增长的要素。但是，他们的理论模型中有两个潜在不一致的增长率，一个是外生的人口增长率，另一个是内生的储蓄率和资本—产出比。但哈罗德—多玛模型重点考察了经济增长和资本需求之间的关系，能够较为清晰地描述出，储蓄是长期经济增长的关键因素。哈罗德—多玛模型假设生产函数是一个线性的，即：

$$Y = K/v \qquad (11-9)$$

v 为常数，简单地使用资本存量乘以固定数字，用 $1/v$ 来计算总产出。实际上，v 代表资本—产出比，用来衡量资本患者投资的生产率。增量的资本—产出比用来衡量资本的生产效率。

因此，结合式(11-8)、式(11-9)可以推导为：

$$g = \frac{\Delta Y}{Y} = \Delta K/(Y \cdot v) = s/v - d \qquad (11-10)$$

该公式的基本含义是，厂房和设备投资所创造的资本是增长的主要决定因素，而个人和企业的储蓄使得投资成为可能，即多储蓄并且进行富有成效的投资，那么，经济将会增长。哈德罗—多玛模型清晰地指出，储蓄是长期收入增长的关键因素。但是该模型设定的固定系数使其缺乏灵活性，不能反映现实生产过程中企业改用改变要素组合的特征。索洛提出的新古典增长模型提供了更为精确的解释力。

经济学家索洛采取了新古典生产函数替换固定系数生产函数，资本—产出比、

资本—劳动比不再是固定的,而是根据资本、劳动的相对禀赋,以及生产过程而变化。[①] 索洛模型假设,生产函数具有资本收益递减的特征。索洛模型的基本方程,第一个是:$y=f(k)$。y 代表每个的产出($y=Y/L$),k 为每个工人的资本量($k=K/L$)。新古典生产函数在索洛模型中显示出资本收益递减的性质,因此每个工人的每一资本增量(k)导致的增量产出呈现递减趋势。

索洛模型的第二个方程可从式(11-7)推导出来。式(11-7)两边同时除以 K,可以推导出:

$$\frac{\Delta k}{K}=s \cdot \frac{Y}{K}-d \tag{11-11}$$

由于 $k=K/L_k$,增长率等于 K 的增长率减去 L 的增长率:$\frac{\Delta k}{k}=\frac{\Delta K}{K}-\frac{\Delta L}{L}$,即:

$$\frac{\Delta K}{K}=\frac{\Delta k}{k}+\frac{\Delta L}{L} \tag{11-12}$$

假设在人口和劳动力以速度 n 增长,因此:$n=\frac{\Delta L}{L}$,代入式(11-12),推知:

$$\frac{\Delta K}{K}=\frac{\Delta k}{k}+n \tag{11-13}$$

观察式(11-11)、式(11-13),联立为:$s \cdot \frac{Y}{K}-d=\frac{\Delta k}{k}+n$,即:

$$\Delta k=s \cdot y-(n+d)k \tag{11-14}$$

从式(11-14)可推知,工人人均资本的变化(Δk)与人均储蓄量($s \cdot y$)是正相关的。如果工人的人均储蓄量增加,人均投资也会增加,人均资本存量(k)就会增长。

在索洛模型中,储蓄居于中心地位,但由于生产函数是非线性的,资本边际收益是递减的,因此,储蓄与增长是一种非线性的关系。但是,索洛模型中的储蓄率的增加不会导致长期增长率的永久性的增加,而是保持在稳态增长率 n 这一水平上。而在哈罗德—多马模型中,储蓄率的增加直接线性地导致经济总量的增加。

如果把预期寿命对储蓄率的影响、储蓄率变化对产出水平的影响综合在一起的话,可以得出如下结论:预期寿命最终能够提高经济体的产出水平。世界银行 John Strauss 和 Duncan Thomas(1998)对收入增长对建立的潜在影响进行了深入的研究,研究表明,5 岁以下死亡率的长期收入弹性在 $-0.2 \sim -0.4$,这意味着,收入每增加 10%,将有 2% $\sim$ 4% 的孩子死亡率下降。[②] 人口学家塞缪尔·普雷斯顿

---

① R. M. Solow. A Contribution to the Theory of Economic Growth[J]. Quarterly Journal of Economics,1956(70):65-94.

② John Strauss and Duncan Thomas. Health,Nutrition and Economic Development[J]. Journal of Economic Literature,1998,36(2):766-617.

对收入水平与预期寿命之间的关系进行了进一步描述,形成了普雷斯顿曲线。从中国数据和全球主要经济体的数据来看,也印证了预期寿命与人均 GDP 之间的关系。

　　根据世界银行提供的数据,中国 1960 年的女性预期寿命为 45.19 岁,但在2000 年时已经提高至 73.69 岁,而 2016 年则达到了 77.83 岁。比较而言,中国男性的预期寿命在 1960 年、2000 年和 2016 年则分别为 42.43 岁、70.38 岁、74.80 岁。随着中国经济增长和收入的提高,女性和男性的预期寿命普遍得到了大幅度的提高,但同期的女性预期寿命普遍高于男性。考察经济增长和收入增加与预期寿命之间的关系,可以发现,二者存在着显著的相关关系(见图 11 - 1)。人均国内生产总值较低的阶段,预期寿命通过一系列外生因素的影响,迅速升至较高的水平。但是健康人力资本投资在经济发展较高阶段时,其对预期寿命提高带来的影响是递减的。

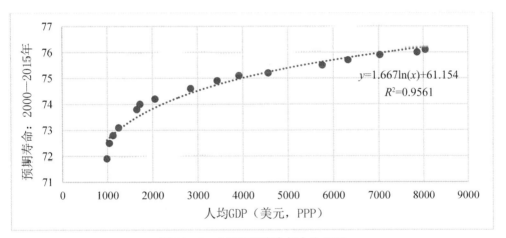

图 11 - 1　中国预期寿命与人均 GDP

数据来源:Word Bank. Word Development Indicators[OL]. http://databank.wordbank.org.

　　从全球 188 个国家(地区)预期寿命和人均 GDP 的关系来看(见图 11 - 2),收入和健康水平存在着紧密的关系。在人均国内生产总值较低的国家中,预期寿命迅速地爬高至人均国内生产总值较高国家的水平,两者相继持平。

　　本章主要运用宏观经济增长理论模型分析了健康人力资本投资对经济社会总产出的影响,主要研究结论包括:

　　(1)在经济增长模型中,经济社会总产出决定的核心是产出和资产,而资本的数量决定产出的数量。稳态资本水平带来稳态的产出水平,正向依赖于储蓄率。这是传统经济增长理论的核心机制。而在健康人力资本引入下,实物资本积累的结论仍然成立。

　　(2)储蓄率的上升会提高稳态时单位工人占有的实物资本,进而提高单位工人

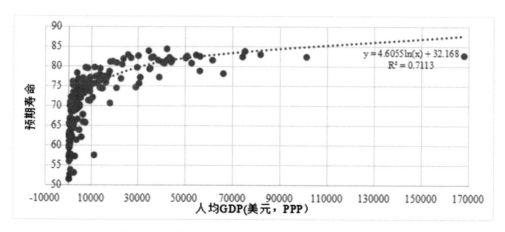

图 11 - 2   全球 188 个国家的普雷斯顿曲线(2015 年)

数据来源:Word Bank. Word Development Indicators[OL]. http://databank.wordbank.org

产出。但这一结论仍然可以扩展至健康人力资本积累,即通过健康人力资本投资,会提供稳态时单位工人占有人力资本,进而引起单位工人的产出的增加。扩展后的模型更为丰富地描述了单位工人产出的决定,即在长期中,单位工人产出不仅取决于储蓄的多少,也取决于教育支出的多少。

(3)提高储蓄率能够使产出在长期中得到极大地增加。健康人力资本投资的最直接的产出体现为预期寿命的延长。而在三阶段的生命周期理论中,预期寿命延长导致整体储蓄率的提高。

第十二章　经济社会发展对健康人力资本影响的理论分析

　　人力资本是促进经济社会发展的重要因素，也是经济生活发展的主要目标。而积累人力资本最重要的途径是健康人力资本投资。当增加健康人力资本投资能够控制疾病时，就能增加劳动力供给，并提高现有劳动者的生产力，同时增强家庭、企业和政府对未来的投资能力。家庭将提高收入并减少健康方面的支付；企业将进一步降低健康和保险支出，减少缺勤率，以及由于过早或患病或者死亡而引起的更高培训费用。政府将减少疾病方面的公共支出，将这部分支出转移至其他部分。如果疾病得到有效的控制，得以减少或者消除，事实上有助于增加可利用的生产性资产的数量。

　　随着收入的增加，个人、家庭和社会在很大程度上能够直接或者间接地改善健康的商品和服务的开支，能够购买更多的健康营养品，利用更为便利的健康设施。尤其是低收入家庭，随着收入的增加，更容易获取清洁、安全的食品和卫生设施。随着收入的增加，整个社会将更有能力建造公共卫生设施和医疗场所、医护人员，提高为公共卫生健康水平等公共服务的支付能力。

　　然而，在经济发展过程中，政府部门在进行公共健康人力资本投资的同时，还要进行教育人力资本投资、公共物质资本的投资①。随着内生经济增长理论的兴起和发展，学者越来越认识到健康人力资本投资对经济社会发展的重要作用。但在实践中，由于政府财政支出资源的有限，政府部门往往会在健康人力资本投资、教育人力资本投资、物质资本投资这三类财政支出之间进行权衡取舍，这就产生了最优公共健康人力资本投资的配置问题。

　　理论界已经对政府最优公共投资进行了深入研究，Barro(1990)以 AK 内生增长模型为基础，分析了最优政府规模以及最优生产性支出比重、消费性支出比重和转移性支出比重，得出了最优政府投资规模与最优政府支出结构存在着相互影响

---

　　①　第三章的研究表明，教育投资也是健康人力资本投资的主要形式。但在人力资本理论研究进程中，学者较多关注的是教育投资，并取得了丰收的成果。因此，本章在已有理论研究成果的基础上，引入健康人力资本投资，从而提供一个更为全面和综合性的研究视角。

关系的结论[①]。Pitas(2001)构建了一个具有拥挤效应的内生增长模型,考察了最优政府支出规模以及最优公共物质资本投资支出比重和消费性支出比重,发现拥挤效应增加将导致较低的最优经济增长率,同时也导致最优公共物质资本投资支出比重下降,但对最优政府支出规模的影响并不确定。

乔宝云等(2005)发现,政府,尤其是地方政府在财政和政治晋升等双重激励下,更倾向于基础设施投资,从而忽略了教育、医疗卫生等方面的投入,这带来了一系列严重的社会经济问题[②]。郭庆旺、贾俊雪(2012)分别从单一政府框架、中央和地方多级政府框架考察了社会福利最大化的最优地方政府结构,尤其是公共物质资本投资和公共人力资本投资这两类支出的最优配置,研究发现,在单一政府框架下政府支出结构受到各类政府支出效率的影响,而在多级政府框架下,还取决于税收政策,以及政府对福利水平的关注差异[③]。

由于理论界对政府公共投资规模和结构问题已经取得了一系列的研究成果,对同一问题进行了多角度的探讨,但政府公共投资规模和投资结构问题都必须面临一个问题,即公共物质资本投资和其他投资,而其他投资中最为重要的就是人力资本投资(包括健康人力资本投资和教育人力资本投资),这就出现了物质资本投资、教育人力资本投资和健康人力资本投资的最优结构问题。另外一个值得注意的问题是,现实中经济社会发展往往呈现出不稳定的状态,出现社会不公平问题,最为典型的事例是卫生费用的公平性问题和教育的公平性问题,卫生和教育的不公平带来一系列的连锁效应,其中一个重要的影响是对健康人力资本投资的影响,随着社会公平程度的不断提高,健康人力资本投资也呈现出合理化的趋势。

因此,研究首先从宏观经济一般均衡理论的角度研究公共健康人力资本投资的配置问题,在Agenor(2008)提出的关于健康人力资本投资理论框架的基础上构建三部门的内生增长的最优公共健康人力资本投资配置的理论模型[④],从而更好地理解经济发展对公共健康人力资本投资的影响;继而运用指数分析方法,分别对卫生公平性和教育公平性对健康人力资本投资的效应进行研究。

第一节　经济平衡增长对健康人力资本的影响

劳动者的健康状况在很大程度上取决于公共健康人力资本投资状况,从这一方面来说,公共部门是把健康作为一种公共产品来提供的,从而形成了公共健康人

① Robert J Barro. Government Spending in a Simple Model of Endogenous Growth[J]. Journal of Political Economy,1990,98(5):103 - 126.
② 乔宝云,范剑勇,冯兴元.中国的财政分权与小学义务教育[J].中国社会科学,2005(6):37 - 46.
③ 郭庆旺,贾俊雪.中国地方政府规模和结构优化研究[M].北京:中国人民大学出版社,2012.
④ Pierre Agernor, Health and Infrastructure in A Model of Endogenous Growth[J]. Journal of Macroeconomics,2008(30):1407 - 1422.

力资本投资。从另一方面来说,某些健康产品的消费是作为私人产品来对待的,但是劳动者在消费的同时,其健康水平也得到了很大的提高,体现在劳动供给增加,促进了健康人力资本的形成与积累。因此,某些健康消费/投资具有私人产品的属性,从而形成了私人健康人力资本投资。

从图 12-1 可以看出,44 个国家健康人力资本投资中,公共投资占主要部分,占总投资额的 69.1%,占比最少的国家为印度,仅为 30%。而德国、瑞典、日本、荷兰、挪威、丹麦、新西兰、冰岛、捷克、斯洛伐克、卢森堡等 12 个国家中,政府的公共投资金额占公私总投资额的 80% 以上。中国在 2014 年时,公共投资占总投资额的比例为 55.8%,低于 OECD 国家的平均水平 72.5%,在公共健康人力资本投资支出方面还存在很大的提升空间。

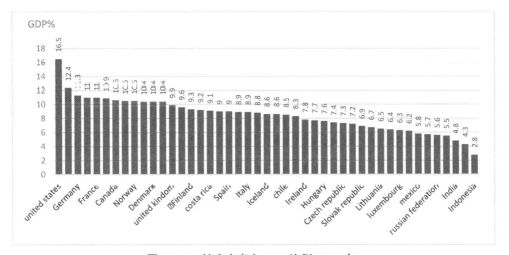

图 12-1　健康支出占 GDP 比例(2016 年)

数据来源:OECD. Health Statistics 2017. WHO Global Health Expenditure Database

健康人力资本投资对经济增长的意义是显而易见的,但健康人力资本投资与基础设施、公益事业等其他领域相比,对经济增长的推动作用及其彼此间的投资优势是很难进行直接区分的,并且健康人力资本投资带来的好处因国家或者地区而异。一般而言,新兴经济体的健康人力资本投资收益率可能最高,这是因为适当增加卫生健康投入就可以快速地取得立竿见影的改善健康状况的效果。但是,发达经济体在健康人力资本投资方面的支出可能已经到了边际回报的边缘,因而健康人力资本投资的增长会相对迟缓。当政府部门作出健康人力资本投资的规划或者决策时,将面临更多的选择,最为重要的是,如何将有效的资源分配到投资健康服务和其他经济社会问题方面。因此,如何根据既有的资源禀赋确定最优的健康人力资本投资规模成为公共健康人力资本投资的核心内容之一。

从全球主要国家来看(见图 12-2),健康人力资本投资支出占 GDP 的比例在不断提高,尽管增长缓慢非线性,但健康人力资本投资受到经济总量的约束,政府往往根据不同时期和不同发展阶段对健康人力资本投资规模进行适时调整,以确定与经济增长规模和增速保持良性的调适关系。

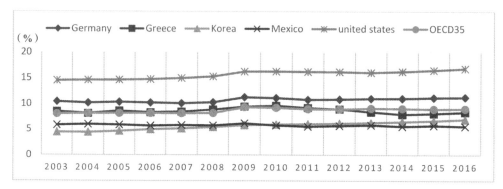

图 12 - 2　部分 OECD 国家健康支出占 GDP 比例(2003—2016 年)
数据来源:OECD. Health Statistics 2017

　　研究之所以把健康人力资本投资占国内生产总值比例作为一个指标和约束条件在于:其一,占比指标是将健康人力资本投资规模与总经济规模相关,认识到国家能力的重要性,因此,能够最大程度上反映出政府为健康人力资本投入的可得资源、逐步满足健康需求、确保健康全覆盖目标的实现及其承担的首要责任;其二,与GDP 相关的支出目标能够更好地反映出国家之间的价格差,比较国家之间的差异及其实质性成因;另外,健康人力资本投资与 GDP 占比相比较于其他指标,更能督促政府努力增加收入来实现预期目标。英国皇家国际事务研究所全球医保工作组在 2016 年发布的《健康的共同责任:全球统一的卫生筹资框架》,建议所有国家将健康人力资本投资占 GDP 比重的目标设定为不低于 5%。与此同时,该报告提出,5%目标不是最高目标,即使是达到这一目标的政府仍然承担最大程度上的保障其国民健康的责任。经合组织 35 个国家的平均水平为 9.0%,但全球高收入国家的占比为 5.4%。

一、理论框架

　　这里主要考虑完全竞争市场条件下的三部门经济。本节在李娅、王希元(2016)的基础上,同时考量健康人力资本和教育人力资本因素。[①] 在这样一个经济体中,家庭作为消费部门,其收入中的消费支出主要用于教育人力资本投资、健康人力资本投资,以及其他物质资本投资。企业作为生产部门,其产生水平取决于

---

　　① 李娅,王希元.中国政府人力资本投资的增长效应与最优规模研究[J].云南财经大学学报,2016(5):51 - 61.

人力资本投资(包括健康人力资本投资和教育投资)以及政府物质资本投资和物质资本存量。政府部门在取得税收收入后,其财政支出主要集中在物质资本、健康人力资本、教育人力资本等方面的投资。

(一) 政府

政府在取得税收收入后,一部分用于健康人力资本投资,一部分用于教育人力资本投资,其他部分用于生产性支出,表示为:

$$TY = G = \sum_{i=H,E,K} G_i = \sum_{i=H,E,K} m_i G \text{ 且 } \sum m_i = 1 \tag{12-1}$$

其中,G 为政府总支出,m_i 表示政府总支出中用于健康人力资本投资、教育投资和物质资本投资的比例。

(二) 企业

企业雇佣的有效劳动(用人力资本表示)来组织生产活动,同时使用物质资本生产产品,政府生产性支出对企业产品的生产具有促进作用。因此,生产函数设定为:

$$Y = G_m^a H^\beta K^{1-\alpha-\beta} \tag{12-2}$$

$$H = H_H^\varphi H_E^{1-\varphi} \tag{12-3}$$

根据生产函数,经济中人力资本(包括健康人力资本和教育人力资本)是产品生产的关键因素,对经济增长直接起到促进作用。

教育和健康人力资本投资是人力资本形成的最为重要的因素,二者是相互促进的,但并非完全替代。因此,人力资本的形成函数用 C-D 函数表示,并将其代入生产函数中,得出:

$$Y = \left(\frac{G_K}{K}\right)^\alpha \left[\left(\frac{H_H}{K}\right)^\varphi \left(\frac{H_E}{K}\right)^{1-\varphi}\right]^\beta \cdot K \tag{12-4}$$

(三) 家庭

在经济中,家庭通过消费获得效用,以实现消费效用的最大化,其效用函数表示为:

$$U = \int_0^\infty \frac{C^{1-\theta}-1}{1-\theta} \cdot e^{-\rho t} \mathrm{d}t, \theta \neq 1 \tag{12-5}$$

其中:

C 表示家庭消费;$e^{-\rho t}$ 表示贴现(越是近期效用越大);

$U(C) = \dfrac{C^{1-\theta}-1}{1-\theta}$ 为相对风险规避系数不变(CCRA)的效用函数;

$\theta \in (0,1)$ 为不变替代弹性系数。

家庭所有的税收收入中扣除消费的部分之后,一部分用于物质资本投资,一部分用于健康人力资本投资,另外一部分则用于教育人力资本投资。其中,后两项合称为人力资本投资。

$$(1-T)Y - C = \sum_{i=H,E,K} I_j = \sum_{i=H,E,K} \mu_i I, \text{且} \sum \mu_i = 1 \tag{12-6}$$

其中：

T 为税率，Y 为总产出，I 为家庭投资总额，I_H 表示健康人力资本投资，I_E 为教育投资，I_K 表示其他物质资本投资，I 表示投资总额，μ 为家庭投资人力资本投资的占比，$\mu \in (0,1)$。

经济中物质资本积累主要是源于家庭物质资本投资，即表示为：

$$\dot{K} = I_K \qquad (12-7)$$

其中，K 为其他物质资本存量，$\dot{K}$ 为物资资本增量，不考虑折旧问题。

经济中健康人力资本积累主要来源于家庭人力资本健康人力资本投资和政府人力资本健康人力资本投资，表示为：

$$\dot{H}_H = I_H^q G_H^{1-q} \qquad (12-8)$$

其中，$\dot{H}_H$ 表示健康人力资本增量，G_H 表示政府健康人力资本投资，q 表示家庭健康人力资本投资对经济中人力资本积累的相对贡献（$q \in (0,1)$），$(1-q)$ 为政府健康人力资本投资对经济中人力资本积累的相对贡献。

$$H_E = I_E^n G_E^{1-n} \qquad (12-9)$$

其中，H_E 表示为教育人力资本增量，G_E 为政府教育人力资本投资，n 为家庭教育人力资本投资对经济中人力资本积累的相对贡献（$n \in (0,1)$），$(1-n)$ 为政府教育人力资本投资对经济中人力资本积累的相对贡献。

二、平衡增长的决定性因素

健康人力资本投资与物质资本投资的比重。求均衡解的过程就是在家庭预算约束条件下求效用最大值问题，即在约束条件(2)下求目标函数(1)，建立此问题的汉密尔顿函数：

$$L = \frac{C^{1-\theta}-1}{1-\theta} + \lambda_1 (I_K) + \lambda_2 (I_H^q G_H^{1-q}) + \lambda_3 (I_E^n G_E^{1-n}) \qquad (12-10)$$

$$\frac{\partial L}{\partial C} = 0, \frac{\partial L}{\partial u_i} = 0$$

由式(12-9)可得：

$$\frac{\mathrm{d}L}{L} = -\frac{1}{\theta} \cdot \frac{\mathrm{d}\lambda_1}{\lambda_1}$$

而 $$\frac{\mathrm{d}\lambda_1}{\lambda_1} = \rho - \left[(1-T) + \frac{1-q}{q} \cdot \frac{I}{Y} + \frac{1-n}{n} \cdot \frac{I}{Y} \right] (1-\alpha-\beta) \cdot \frac{Y}{K} \qquad (12-11)$$

由式(12-2)、式(12-5)、式(12-6)可得：

$$\frac{G_K}{K} = \left[m \cdot T \left[\left(\frac{H_H}{K} \right)^{\varphi} \left(\frac{H_E}{K} \right)^{1-\varphi} \right]^{\beta} \right]^{1/(1-\alpha)}$$

$$\frac{Y}{K} = [m_k \cdot T]^{\frac{\alpha}{1-\alpha}} \left[\left(\frac{H_H}{K} \right)^{\varphi} \left(\frac{H_E}{K} \right)^{1-\varphi} \right]^{\beta/(1-\alpha)} \qquad (12-12)$$

把式(12-10)代入式(12-9)可得：

$$\frac{\mathrm{d}\lambda_1}{\lambda_1}=\rho-\left[(1-T)+\frac{1-q}{q}\cdot\frac{I}{Y}+\frac{1-n}{n}\cdot\frac{I}{Y}\right](1-\alpha-\beta)\cdot$$

$$[m_k\cdot T]^{\frac{\alpha}{1-\alpha}}\left[\left(\frac{H_H}{H}\right)^{\varphi}\cdot\left(\frac{H_E}{H}\right)^{1-\varphi}\right]^{\frac{\beta}{1-\alpha}} \quad (12-13)$$

考虑式(12-3)、式(12-4)、式(12-5)：

$$\frac{\mathrm{d}H_H}{H_H}=I_H^q\cdot G_H^{1-q}/H_H=(\mu_H I)^q(m_H TY)^{1-q}/H_H$$

$$=\mu_H^q\cdot m_H^{1-q}\left(\frac{I}{Y}\right)^q\cdot[m_H T]^{\alpha/1-\alpha}\cdot\left(\frac{H_E}{K}\right)^{\frac{\beta(1-\varphi)}{1-\alpha}}\cdot\left(\frac{H_H}{K}\right)^{\frac{\beta\varphi}{1-\alpha}-1} \quad (12-14)$$

$$\frac{\mathrm{d}H_E}{H_H}=\mu_E^n\cdot m_E^{1-n}\left(\frac{I}{Y}\right)^n\cdot[m_E T]^{\alpha/(1-\alpha)}\cdot\left(\frac{H_H}{K}\right)^{\frac{\beta\varphi}{1-\alpha}}\cdot\left(\frac{H_E}{K}\right)^{\frac{\beta(1-\varphi)}{1-\alpha}-1} \quad (12-15)$$

$$\frac{\mathrm{d}K}{K}=\mu_K\cdot\frac{I}{Y}\cdot[m_k T]^{\alpha/(1-\alpha)}\cdot\left[\left(\frac{H_H}{K}\right)^{\varphi}\cdot\left(\frac{H_E}{K}\right)^{1-\varphi}\right]^{\frac{\beta}{1-\alpha}} \quad (12-16)$$

设定经济增长率为 r。在均衡状态下各变量均衡增长率是相等的，即：

$$r=\frac{\mathrm{d}Y}{Y}=\frac{\mathrm{d}C}{C}=\frac{\mathrm{d}K}{K}=\frac{\mathrm{d}H_H}{H_H}=\frac{\mathrm{d}H_E}{H_E} \quad (12-17)$$

令： $h=\dfrac{H_H}{K}$, $h'=\dfrac{H_E}{K}$

即：

$$\frac{I}{Y}=\mu_k^{\frac{1}{q-1}}\cdot m_H\cdot\mu_H^{\frac{q}{1-q}}\cdot\left(\frac{m_K}{m_H}\right)^{\frac{\alpha}{1-\alpha}\cdot\frac{1}{q-1}}\cdot h^{\frac{1}{q-1}} \quad (12-18)$$

$$r=\frac{\mu_k}{\mu_H}\cdot T^{\frac{\alpha}{1-\alpha}}\cdot(m_k^{\frac{q}{q-1}})^{\frac{\alpha}{1-\alpha}}\cdot m_H^{\frac{\alpha}{1-\alpha}\cdot\frac{1}{1-q}+1}\cdot h^{\frac{1}{q-1}\cdot\frac{\beta\varphi}{1-\alpha}}\cdot h'^{\frac{\beta(1-\varphi)}{1-\alpha}} \quad (12-19)$$

初步结论：由式(12-17)、式(12-6)可知，经济增长是由政府健康人力资本投资、教育投资、物质资本投资共同决定的，并且健康人力资本投资对教育投资和物质资本投资具有一定的挤出效用。

三、最优投资水平的确定

通过比较静态分析方法，重点研究健康人力资本投资对均衡状态下经济增长的影响。根据经济增长率 r 关于 m_H 的导数关系：经济增长率 r 对健康人力资本投资占比 m_H 求一阶导数，并令一阶导数等于0，即：$\dfrac{\mathrm{d}r}{\mathrm{d}m_H}=0$

得到：

$$m_K = \frac{\dfrac{q}{q-1}\dfrac{\alpha}{1-\alpha}}{\dfrac{\alpha}{1-\alpha}\dfrac{1}{1-q}+1}m_H \qquad (12-20)$$

又由式(12-13)、式(12-14)、式(12-15)、式(12-16)、式(12-17)可知：

$$\left(\frac{m_K}{m_E}\right)^{\frac{\alpha}{(1-\alpha)(n-1)}}\left(\frac{m_K}{m_H}\right)^{\frac{\alpha}{(1-\alpha)(1-q)}}\frac{m_E}{m_H}=\mu_K^{\frac{1}{q-1}+\frac{1}{1-n}}\mu_H^{\frac{1}{1-q}}\mu_E^{\frac{1}{n-1}}h^{\frac{1}{q-1}}h'^{\frac{1}{1-n}} \qquad (12-21)$$

又 $\sum m_{i=1}$，结合式(12-19)、式(12-20)可得

$$m_H^* = \left[\mu_K^{X_1}\mu_H^{X_2}\mu_E^{X_3}h^{X_4}h'^{X_5}Z^{X_6}\right]^{-1} \qquad (12-22)$$

其中

$$X_1 = \frac{\dfrac{1}{q-1}+\dfrac{1}{1-n}}{\dfrac{\alpha}{(1-\alpha)(1-n)}+1}$$

$$X_2 = \frac{\dfrac{q}{1-q}}{\dfrac{\alpha}{(1-\alpha)(1-n)}+1}$$

$$X_3 = \frac{\dfrac{n}{n-1}}{\dfrac{\alpha}{(1-\alpha)(1-n)}+1}$$

$$X_4 = \frac{\dfrac{1}{q-1}}{\dfrac{\alpha}{(1-\alpha)(1-n)}+1}$$

$$X_5 = \frac{\dfrac{1}{1-n}}{\dfrac{\alpha}{(1-\alpha)(1-n)}+1}$$

$$X_6 = \frac{\dfrac{\alpha}{(1-\alpha)(q-1)}}{\dfrac{\alpha}{(1-\alpha)(1-n)}+1}$$

$$Z = \frac{\dfrac{q}{q-1}\dfrac{\alpha}{1-\alpha}}{\dfrac{\alpha}{1-\alpha}\dfrac{1}{1-q}+1}$$

经济增长率 r 对健康人力资本投资占比 m_H 求一阶导数，在一定约束条件下可得二阶导数小于零，由于上述已证明一阶导数等于零有解，故有如下结论：

健康人力资本投资占比与经济均衡增长率之间存在的倒"U"型关系,在不同的经济增长阶段,政府增加健康人力资本投资占比会出现差异,并可能出现促进或者抑制经济增长的问题。

在既定税率 T 既定不变的前提下,政府公共健康人力资本投资与经济增长之间的关系是非线性的,在不同条件下,二者的关系表现出差异性。当政府公共健康人力资本投资比例较低时,健康人力资本投资与经济增长呈现出同方向的变化关系;当 $m_H = m_H^*$ 时,政府公共健康人力资本投资的经济增长效应最大化;当政府公共健康人力资本投资高于最优值时,健康人力资本投资与经济增长的变动呈反方向的变动关系。

根据前面的分析,政府在增加公共健康人力资本投资时,必须根据经济增长率作出适宜的决策。因为在经济增长的前提下,政府部门用于公共健康人力资本投资、教育投资和物质资本投资的总额是既定的。从第 10 章的理论分析已知,增加健康人力资本投资能够有效地提高健康人力资本水平,更高水平的健康人力资本存量能够增加总产出;但另一方面,当健康人力资本投资增加过快时,会挤占物质资本的投资,这反而不利于总产出水平的提高。因此,经济增长促使公共健康人力资本投资保持最优水平。

最优健康人力资本投资模型分析了经济社会发展对公共健康人力资本投资的影响及其作用机制。在三部门的经济体中,居民和政府对健康人力资本、教育人力资本和物质资本都分别进行投资,其中居民私人健康人力资本投资和政府公共健康人力资本投资构成了整个社会的健康人力资本投资。对于政府公共健康人力资本投资的最优规模而言,必须与经济增长率相适应,但受到居民各项投资占比,以及政府教育投资占比的影响。只有各项投资占比保持特定的关系,整个社会的经济体才能获得均衡发展,从而实现社会福利最大化。

上述结论表明,为了更好地促进我国政府公共健康人力资本投资的优化,促进社会福利水平的提高以及经济社会的长期协调发展,我国政府在制定健康人力资本投资规模最优化政策时,应当充分考虑我国经济增长情况及政府各项公共投资的比例关系,统筹规划,协调推进,实现在经济增长的基础上确定合理的健康人力资本投资规模。

第二节　社会公平发展对健康人力资本的影响

社会公平性是社会发展的最为核心的要求,通过医疗卫生和教育两大方面影响健康人力资本的形成和积累。

一、医疗卫生公平性对健康人力资本的影响

医疗卫生的公平性,广义上是指各种医疗卫生和保健资源在按地区与人口进

行配置方面的平均化程度。考虑到各指标在描述差异性方面的互补性，以及计算方面的简易性，选择差异系数、基尼系数和泰尔指数作为反映我国医疗卫生地域差异性的指标：

$$差异系数 = \frac{标准差}{平均值}$$

$$基尼系数 = \sum_{i=1}^{n} P_i Y_i + 2\sum_{i=1}^{n-1} P_i(1-V_i) - 1$$

$$泰尔系数 = \sum_{i=1}^{n} P_i \ln \frac{P_i}{Y_i}$$

各式中的 P_i 为各省市人口数占全国总人口数的比重；Y_i 为各省市的医疗保健支出额占全国医疗保健支出总额的比重；V_i 为按各省市的人均医疗保健支出排序后 Y_i 从 $i=1$ 到 i 的累计数。

在以省市为单位计算反映医疗保健支出等卫生资源在按照各地域人口比例进行分配的差异性时，如果采用基尼系数指标，计算所得的基尼系数有可能偏小，不应该用国民收入基尼系数的标准来衡量与判断医疗卫生资源在地域之间的差异程度。如果国民收入分配的基尼系数在 0.2～0.3，一般可以认为是比较公平的；而按照以省市为单位计算的医疗保健支出基尼系数，如果在 0.2～0.3，可以认为存在比较大的地域差异。

（一）中国各地区居民人均医疗保健支出的截面考察

研究选用最新的截面数据（2016 年），分别考察城镇和农村的人均医疗保健支出的地域差异。在对各地区的人均医疗保健支出由低到高进行排序后，东部与中部、西部省份存在着较大的差距，见图 12-3、图 12-4。

结果表明：城镇方面，上海、北京的人均医疗保健支出远高于其他省市，西藏、江西的人均医疗保健支出远低于其他省市，其他省市的人均医疗保健支出基本上相等；而在农村方面，上海的人均医疗保健支出遥遥领先于其他省市，西藏的人均医疗保健支出远远落后于其他省市，其他省市的人均医疗保健支出基本上相等。

由于卫生投入取决于财政收入，而财政收入取决于经济发展水平，一般社会保障支出由中央财政和地方财政共同负担，地方经济发展水平越高财政收入越高则对卫生投入也就越大。因此，地区间经济发展水平的不平衡直接影响着地区间的人均医疗保健支出。

公共财政能够有效地调节收入分配缩小收入差距，并努力通过各种途径实现公共服务均等化。所以要利用公共财政加大转移支付力度来有效的调节地区卫生投入的差别，促进地区公平的发展。

（二）中国各地区居民人均医疗保健支出的时序考察

2007—2016 年中国各地区居民医疗保健支出的基尼系数结果，见表 12-1 和图 12-5。

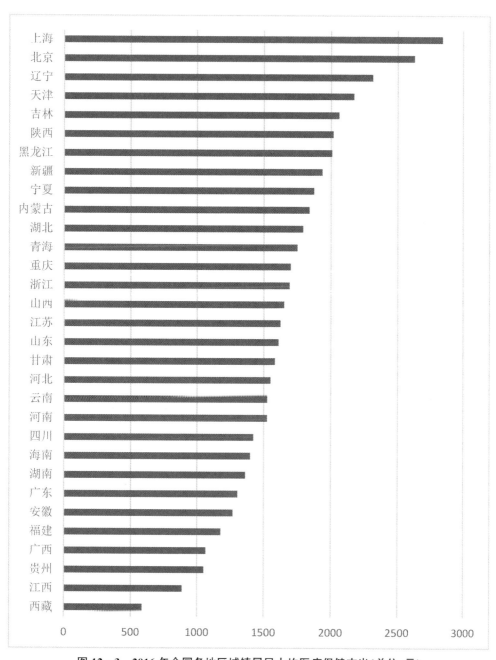

图 12 - 3 2016 年全国各地区城镇居民人均医疗保健支出(单位:元)

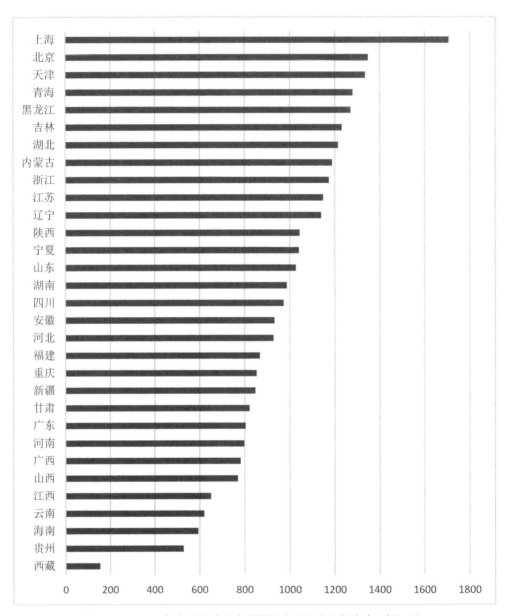

图 12－4　2016 年全国各地区农村居民人均医疗保健支出（单位：元）

表 12－1　2007—2016 年中国各地区居民医疗保健支出的基尼系数

年份	城镇	农村
2007	0.3393	0.4708
2008	0.3382	0.4688

（续表）

年份	城镇	农村
2009	0.3385	0.4751
2010	0.3439	0.4365
2011	0.3488	0.4196
2012	0.3585	0.4156
2013	0.3557	0.4390
2014	0.3579	0.4142
2015	0.3731	0.4152
2016	0.3812	0.4127

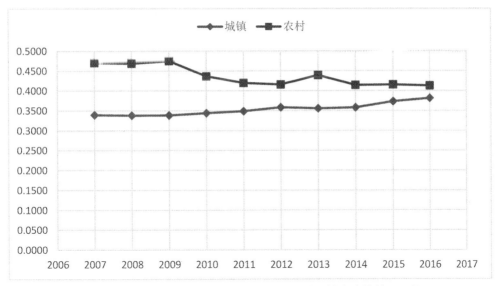

图 12-5 2007—2016 年中国各地区居民医疗保健支出的基尼系数

由表 12-1、图 12-5 可见，从基尼系数的变化趋势来看，2007—2016 年中国各地区农村居民医疗保健支出的基尼系数有比较明显的下降趋势，城镇居民医疗保健支出的基尼系数呈现出缓慢上升的趋势。这表明：在农村居民医疗保健支出方面，我国的地域之间的差异性在减小，公平性在增大，扶贫政策在农村卓有成效；城镇居民医疗保健之处的地域差异性在增大，公平性在降低。

从基尼系数的绝对数来看，农村的基尼系数波动区间在 0.4127～0.4751，城市的基尼系数波动区间为 0.3382～0.3812，这说明农村在医疗保健方面的差异程度高于城镇，即医疗保健方面的公平性城乡差距依然存在，但随着城乡一体化战略的实施，政府对于农村地区医疗保健支出的投入力度在不断加大，城乡之间在医疗保健方面的差异程度在逐渐缩小。

自 2006 年以来，我国城乡居民医疗保健支出的地区差异在逐年缩小，公平性在缓慢提高。当然，我国医疗卫生的公平性仍有进一步提高的空间，这不仅取决于地域经济发展，也取决于中央政府的医疗卫生政策，以及与卫生资源配置相关的财政决策。

二、教育公平性对健康人力资本的影响

从微观来看，教育公平性问题不仅与个人的经济收入有关，而且直接影响个体健康人力资本投资的支出水平；从宏观来看，教育公平性问题体现出的教育水平的差异也直接影响着政府公共投资的规模和结构。研究选取了 2002—2017 年的数据，通过建立回归模型，对教育不公平和健康人力资本投资之间的内在作用机制进行研究。

（一）教育基尼系数的测算公式

运用教育基尼系数来测算教育公平性程度，教育基尼系数越小，表明教育公平性程度越高；教育基尼系数越大，表明教育公平性程度越小。在教育基尼系数测算上，本节采用贺青、张虎（2015）提出的计算公式，该计算公式是在 Tomas，Wang and Fan（2000）的基础上改进提出的。教育基尼系数计算公式为：

$$G_{edu} = \frac{1}{u} \sum_{i=2}^{n} \sum_{j=1}^{i-1} p_i |y_i - y_j| p_j$$

其中，u 表示平均教育年限，p_i 表示接受不同教育程度的人口数量占总人口的比例；p_j 表示在不同教育程度上所接受的教育年限；n 表示接受不同教育程度的分组数量。

从我国实际情况来看，接受不同教育程度的分组情况主要分为五种，国家统计局和教育部也主要采用了这种方法，即第一组：未上学（识字很少）；第二组：接受小学教育；第三组：接受初中教育；第四组：接受高中教育；第五组：接受高等教育（大专及以上）。

因此，在 y_j 的取值上，

$$y_1 = 0$$
$$y_2 = 6$$
$$y_3 = 9$$
$$y_4 = 12$$
$$y_5 = 16$$

E_{ay} 表示平均教育年限，其公式为：

$$E_{ay} = \sum_{i}^{n} p_i y_i$$

正如本书所确定五种接受教育程度的分组方法，上述平均教育年限公式变为：

$$E_{ay} = 0 \cdot p_1 + 6 \cdot p_2 + 9 \cdot p_3 + 12 \cdot p_4 + 16 \cdot p_5$$

将教育基尼系数 G_{edu} 展开可得：

$$G_{edu} = \frac{1}{E_{ay}}(6p_1p_2 + 9p_1p_3 + 3p_2p_3 + 12p_1p_4 + 6p_2p_4 + 3p_3p_4 + 16p_1p_5 + 10p_2p_5 + 7p_3p_5 + 4p_4p_5)$$

（二）平均受教育年限

根据国家统计局发布的统计数据（2002—2017 年），本节对不同教育程度的人数及其占比采取了人口抽样调查样本。其中，2005 年、2015 年为 1% 人口抽样调查样本数据，其他年份为 1‰ 人口变动调查样本数据，2010 年没有进行抽样调查。

通过对抽样数据的整理（见表 12-2），我国高中教育和高等教育的人口占比逐年稳步提高，这与我国整体的教育水平是相吻合的。在 2002 年，我国普通学校在校学生人数为 903.4 万人，但至 2017 年，高校人数已经达到 2 753.6 万人，增幅高达 3 倍之多。而同期的高中学生人数从 1 683.8 万人增加至 2 374.5 万人，在高等教育招收人数扩张的情况下，更多的高中学生获得进入大学接受高等教育的机会。

表 12-2 不同教育程度的人口占比

年份	未上过小学	小学教育	初中教育	高中教育	高等教育
2002 年	0.102253	0.349621	0.376467	0.124549	0.047111
2003 年	0.096849	0.334209	0.380371	0.133695	0.054874
2004 年	0.091629	0.323795	0.392927	0.133962	0.057687
2005 年	0.103686	0.332846	0.383457	0.124389	0.055622
2006 年	0.087889	0.330708	0.389928	0.129286	0.062189
2007 年	0.080148	0.317976	0.402224	0.134077	0.065575
2008 年	0.075004	0.311695	0.409359	0.136903	0.06704
2009 年	0.071177	0.301258	0.416719	0.137973	0.072872
2011 年	0.05503	0.275687	0.414053	0.154646	0.100582
2012 年	0.052921	0.268814	0.411121	0.161224	0.10592
2013 年	0.049922	0.263632	0.408076	0.165179	0.113191
2014 年	0.053725	0.262497	0.401524	0.166984	0.11527
2015 年	0.056921	0.262162	0.383215	0.164418	0.133284
2016 年	0.057038	0.256134	0.388366	0.169096	0.129367
2017 年	0.052786	0.252319	0.380605	0.175543	0.138747

数据来源：《中国统计年鉴》。

根据公式 E_{ay}，测算出 2002—2017 年的平均受教育年限，见表 12-3。

表 12 - 3 平均受教育年限(2002—2017)

年份	E_{ay}	1/
2002 年	7.734	0.129
2003 年	7.911	0.126
2004 年	8.010	0.125
2005 年	7.831	0.128
2006 年	8.040	0.124
2007 年	8.186	0.122
2008 年	8.270	0.121
2009 年	8.380	0.119
2011 年	8.846	0.113
2012 年	8.942	0.112
2013 年	9.048	0.111
2014 年	9.037	0.111
2015 年	9.127	0.110
2016 年	9.131	0.110
2017 年	9.266	0.108

(三) 教育尼基系数

根据公式 G_{edu},测算出教育基尼系数(见表 12 - 4)。

表 12 - 4 教育基尼系数

年份	教育基尼系数
2002 年	0.2457
2003 年	0.2436
2004 年	0.2385
2005 年	0.2488
2006 年	0.2374
2007 年	0.2304
2008 年	0.2255
2009 年	0.2228
2011 年	0.2157

（续表）

年份	教育基尼系数
2012 年	0.2149
2013 年	0.2138
2014 年	0.2179
2015 年	0.2727
2016 年	0.2764
2017 年	0.2843

从教育基尼系数的变化来看,整体上我国基尼系数呈现出平稳下降趋势,这表明教育公平性程度在不断提升,越来越多的适龄学生接受更多的学校教育。更长的教育年限以及由此形成的教育人力资本的积累意味着,接受教育者参与劳动获得的报酬得到了增加。劳动者收入的提高意味着用于健康消费/投资的部分也会相应地增加,并且随着工资收入的提高,用于旅游、体育锻炼、保健等数量也会随之提高。另外,从劳动供给来看,随着劳动收入的增加,愿意提供劳动时间的边际数量降低,相应的用于健康人力资本投资的时间就会相应增加。如图 12－6 所示,教育公平性程度与健康卫生费用支出占比存在着关联关系,当教育公平性程度的不断提高,健康意识也得到提升,因而用于健康卫生支出的费用必然增加。这表明,在推动健康人力资本投资增加的过程中,进行健康教育是一个关键的影响因素。

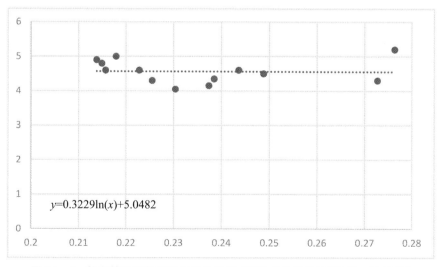

$y=0.3229\ln(x)+5.0482$

图 12－6　教育基尼系数与健康卫生投资/GDP 占比的关系（2002—2015 年）
数据来源:世界卫生组织（WHO）

本章从经济平衡增长和社会公平发展的角度,探讨了经济社会对健康人力资本投资的影响。在内含健康人力资本、物质资本和教育人力资本的内生增长模型中,健康人力资本投资的资金规模面临着约束,政府进行的公共健康人力资本投资会挤占物质资本和教育人力资本投资,其投资规模必须与经济增长率保持特定关系。

医疗卫生公平性的提高会显著改善健康人力资本投资。随着农村医疗卫生费用支出的提高,其健康卫生条件得到不断的改善。在这种情况下,农村居民在保健、旅游、健身等方面的投资随之增加,同时健康水平得到改善。这些环境的变化有利于农村健康人力资本投资的增加。

教育公平性的提高会改善健康人力资本投资。学校教育投资具有高收益率,这不仅体现在教育投资收益率上,而且体现在对健康人力资本投资的影响上,即增加投资数量、优化投资结构。

第十三章　健康人力资本与经济社会发展的实证分析

分析健康人力资本与经济社会发展的互动关系,不能脱离中国经济社会发展的基本国情以及中国经济社会发展的城乡和区域差异。因此,运用实证方法测量健康人力资本与经济社会发展的互动关系、城乡和区域间的差异,较为精确地测度健康人力资本的投入与产出效率,才能进一步深入揭示健康人力资本与经济社会发展的互动机理。

第一节　健康人力资本与经济社会发展关系的实证理论基础

人力资本的关键构成因素包括教育和健康,其中,关于教育人力资本的研究汗牛充栋,但关于健康人力资本的研究起步较慢。随着包含健康因素的效用函数和生产函数构造、健康人力资本指标体系的构建、大量健康相关的数据被收集整理,健康人力资本研究成果才逐步涌现,尤其是,在老龄化程度不断加深的宏观背景下,健康对于社会经济发展尤为重要。劳动年龄人口的健康关乎教育人力资本高质量使用,也即健康是教育人力资本使用出现乘数效应的关键,更佳的身体状态、心理状态、社会适应推动教育人力资本产生更高的产出,欠佳的身体状态、心理状态、社会适应抑制教育人力资本的作用发挥,当劳动者健康不佳达到一定的阈值,教育人力资本将彻底失效。导致健康人力资本累积的因素众多,比如公共卫生投入、医院医生护士及其服务供给能力、医疗保险的保障力度和覆盖面、私人健康投资的意愿与能力、生活方式与生态环境、个人遗传等等。显而易见的是公共卫生投入增加、医院医生护士及其服务供给能力优化、医疗保险的保障力度提升和覆盖面扩大对健康人力资本的累积发挥着不容忽视的作用。所以,健康人力资本投资→健康人力资本累积→生产效率与劳动时间→经济社会发展→健康人力资本投资,形成首尾联通的螺旋上升关系。

至今,中国医疗保险已实现制度全覆盖,其中包括城镇职工基本医疗保险、新型农村合作医疗保险和城镇居民基本医疗保险(未来新型农村合作医疗保险和城镇居民基本医疗保险将逐步整合为城乡居民医疗保险)。但不同医疗保险模块的缴费、给付和保障方式与力度存在明显差异。类似的还有教育事业发展情况,虽然中国的公共教育投资逐年增加,但城乡教育资源分布仍存在明显的不均衡现象。城乡收入情况也是类似,城镇职工的平均工资高于农村家庭的人均纯收入。从医疗卫生投入、教育事业投资与收入水平的协同发展路径看,教育事业发展带动教育人力资本积累增加,伴随着产业结构升级发展,城乡的收入水平都有较快增长,医疗卫生与健康人力资本投资也随着增加,三者的协同发展趋势显而易见,但是健康人力资本投资→健康人力资本累积→生产效率与劳动时间→经济社会发展→健康人力资本投资的螺旋上升路径在时间、空间上都并非完全一致或者是同步的。为了能够更好地承接上文,阐释健康人力资本与经济社会发展的关系及其时空演进特征,后文课题组将分两步呈现健康人力资本与经济社会发展的关系,呈现健康人力资本与社会经济发展的协同发展关系。课题组希望能优化健康人力资本投资,能在因地制宜和应时而动的提升健康人力资本投资,促进经济社会发展,并通过社会经济发展提升劳动者个体的健康水平和幸福感受,将社会经济发展成果与被抚养人群共享,提升所有人群的满足感。

于是,本专题将基于 2002—2016 年的年度数据,运用面板协整的方法确定不同区域的居民收入水平、健康支付结构与健康人力资本之间的协整关系,其中健康支付结构包括三个层面,其一是国家层面,即公共医疗卫生投资;其二是社会层面,主要观测医疗保险的保障力度;其三是个人层面,即家庭或个人的健康相关支出。与已有文献不同的是,本书选用 2002—2016 年中国省份面板数据作为实证研究支持。为了客观准确度量健康人力资本,后文将选取五个能够突出健康特征的宏观健康变量构建健康人力资本的代理变量。并利用因子分析得到的健康因子序列,它将涵盖健康人力资本的投资、医疗卫生服务的可及性及其产出状况等三个方面,基于此,健康因子序列能更加接近健康人力资本的精髓。考虑到样本数据的容量及可能存在的非平稳特征,我们首先将区域分为城乡两个部分,分别对农村健康人力资本及其影响因素等多个变量进行平稳性检验和协整检验,并以此为基础利用完全修正最小二乘法对模型进行估计,考察农村地区健康人力资本与经济社会发展的协同关系,而后采用类似的方法对城市地区的健康人力资本与经济社会发展的协同关系进行研究。

在实证分析之前,课题组将呈现健康人力资本投资→健康人力资本累积→生产效率与劳动时间→经济社会发展的螺旋上升路径。

在 Grossman 模型中,健康人力资本具有投资品和消费品的双重特征。健康人力资本消费通过两个渠道产生收益:其一是健康人力资本可增加劳动者的劳动时间,进而提供劳动者的收入水平,其二是健康作为消费者效用函数的重要组成部分,可提高消费者的效用。其中第二点是健康人力资本显著区别于其他资本品的关键点,即其他投资品仅能产出货币方面的收益,而无法直接提高消费者或者劳动者的终生效用[①]。

假设消费者(劳动者)在一生中各时期的效用函数[②]是:

$$U=U(\rho_t H_t Z_t) \quad t=0,1,\cdots,n \qquad (13-1)$$

其中,H_t 是 t 期的健康人力资本存量,ρ_t 是第 t 期消费者健康的损耗占比,也即当前消费者消费的健康人力资本与期初的比值,Z_t 是第 t 期消费者消耗的一般商品量。假设 H_0 是初始的健康人力资本存量,且是外生变量,随后各期的健康人力资本存量都取决于消费者的选择。

具有双重特性的健康人力资本 H_t 既在消费过程中存在折损,也将在投资过程中得到提升。故而,我们将健康人力资本的动态方程表达为:

$$H_t-H_{t-1}=I_t-\delta_t H_t \qquad (13-2)$$

其中,I_t 为第 t 期健康人力资本投资量,δ_t 为第 t 期健康人力资本的折损率。随后,假设健康人力资本的投资函数存在规模报酬不变的 *C-D* 形式,也即:

$$I_t=M_t^\varepsilon T_{ht}^{1-\varepsilon} K_{1t}^{\rho 1} \cdots K_{nt}^{\rho n} \qquad (13-3)$$

同理,

$$Z_t=X_t^\varepsilon T_t^{'1-\varepsilon} K_{1t}^{\rho 1} \cdots K_{nt}^{\rho m} \qquad (13-4)$$

其中,M_t 是劳动者购买的健康提升的商品与服务,T_{ht} 是健康人力资本提升所需的时间,X_t 是可以购买到的其他商品,T_t 是用于产出 Z_t 的时间,$K_{1t}\cdots K_{mt}$ 是其他影响健康人力资本积累的变量。[③]

于是,劳动者面临的预算约束是:

$$\sum_{t=0}^n (P_t M_t+Q_t X_t)e^{rt}=\sum_{t=0}^n (W_t \times TW_t)e^{rt}+A_0 \qquad (13-5)$$

其中,P_t 和 Q_t 分别是助力健康人力资本提升的商品和不关联健康人力资本提升商品的价格,W_t 是工资率,TW_t 是工作时间,A_0 是初始财富。除预算约束外,可供劳动者使用的时间也是有限的。假设每期劳动者的可支配的时间总和为 Ω_t,且这些时间当期有效,于是:

$$\Omega_t=TW_t+TH_t+TL_t+T$$
$$TL_t=TL(\delta_t)$$

上式中,TL_t 是健康状况欠佳导致的时间损耗,可将非健康引致的时间损耗视为健康折旧的结果,而健康人力资本投资重要目的就是减少这种时间损耗,有效提升劳动时间。

根据式(13-3),假设健康人力资本投资存在规模报酬不变效应,健康人力资本投资的边际成本 C_t^H 独立于 I_t:

$$C_t^H=P_t^\varepsilon W_t^{1-\varepsilon} K_{1t}^{-\rho 1} \cdots K_{nt}^{-\rho m}$$

---

① 王俊,昌忠泽.中国宏观健康生产函数:理论与实证[J].南开经济研究,2007(02):20-42.
② 苗艳青,陈文晶.空气污染和健康需求:Grossan 模型的应用[J].世界经济,2010,33(06):140-160.
③ 栾斌,杨俊.农村居民收入、健康支付结构与农村健康人力资本——中国省份面板数据的证据[J].农业技术经济,2015(02):76-84.

类似地,根据式(13-4)得到 Z_t 的边际成本式 C_t^Z:

$$C_t^Z = Q_t^\epsilon W_t^{1-\epsilon} K_{1t}^{-\rho 1} \cdots K_{nt}^{-\rho n}$$

根据式(13-2)和式(13-5),劳动者禀赋变化的动态方程可重写成:

$$A_t - A_{t-1} = A_0 e^{rt} + TL_t - C_t^H I_t - C_t^Z Z_t$$

令劳动者当期的收入 Y_t 和健康人力资本提升用途的商品支付 L_t 分别为:

$$Y_t = W_t \times TW_t$$
$$L_t = P_t \times M_t$$

整理上式,可得:

$$A_t - A_{t-1} = A_0 e^{rt} + TL_t - \frac{(T_t - TH_t)}{TW_t} Y_t^\epsilon L_t^\epsilon - \frac{T_t}{TW_t} y_t^{2\epsilon}$$

结合上述条件,劳动者追求终生效用函数最大化,于是

$$\max \int_0^t e^{-\rho t} U(\rho_t H_t, Z_t) dt$$

求解上述方程,最终可得到效用最大化时健康需求函数:

$$H_t = H(Y_t, L_t, \delta_t, K_{1t}, \cdots K_{nt})$$

上式为健康人力资本函数,关键变量包括收入 Y_t、健康支付 L_t、健康折旧 δ_t 以及一组控制变量等。由式 $A_t - A_t - 1$ 可知,收入与健康人力资本之间存在库兹涅茨效应[1]。

健康支付 L_t 通过两个路径影响健康人力资本积累,购买更多的健康人力资本提升用途的商品能够增加健康人力资本存量,同时也提升投资成本,抑制健康人力资本投资的需求。通常,积累效应的影响大于抑制效益的影响,否则劳动者将减少甚至不购买健康人力资本提升用途的商品。仅使用健康支付水平对健康人力资本积累的影响会造成积累效果的低估或者抑制效果的高估。因此,后文使用健康支付结构替代健康支付,这还有助于剖析公共投资、社会保障和个人支付之间的关系适度性。

于是,课题组将验证健康人力资本变动与健康支付结构关联,个人健康支付负担与健康人力资本积累存在负相关关系。

通过简要的理论阐释,结合中国健康人力资本的实际情况,基本面板协整模型构建如下:

$$health_{i,t} = \alpha_1 income_{i,t} + \alpha_2 income_{i,t}^2 + \alpha_3 \theta_{i,t} + \alpha_4 X_{i,t} + \alpha_5 edu_{i,t} + \eta_i + \mu_{i,t}$$

其中,i 表示地区,t 表示时间,$health$ 代表居民健康人力资本存量,是被解释变量,$income$ 表示居民收入,$income^2$ 是居民收入的二次方项;θ 代表居民的健康支付结构;X 是控制变量,包括农村人口的年龄结构 age 和受教育水平 edu;η 为截

---

[1] 栾斌,杨俊.农村居民收入、健康支付结构与农村健康人力资本——中国省份面板数据的证据[J].农业技术经济,2015(02):76-84.

面的个体效应[①]。

第二节　健康人力资本与经济社会发展关联的实证分析

一、农村地区的实证分析过程

（一）变量选择与数据来源

农村居民健康人力资本（计量模型中标注为 $healthyhuman$）：测度农村地区健康人力资本需要涉及公共医疗卫生投入、基本医疗保险覆盖面与保障力度、医疗卫生资源及其使用效率、居民健康概况、家庭医疗卫生支出与健康支付以及经济、人口与教育，等等。通过梳理已有文献研究成果，后文将选用每万人拥有农村卫生技术人员数、每万人拥有农村执业（助理）医师数、每万人拥有农村注册护士数代理农村居民健康人力资本投资；选用每万农业人口乡镇卫生院床位数作为可行性指标，展示医疗卫生资源的利用效率，选用农村居民平均预期寿命代理健康相关的产出。由于统计数据不足，我们用全国健康相关的产出代替农村地区的健康相关产出。而后，课题组基于因子分析法在四个变量提取健康因子，最终得到农村居民健康人力资本的代理变量。因子得分越高代表健康状况越好。

结合解释的总方差（见附表 44）和成分矩阵结果（见附表 45），选取 $Healthyhuman$ 为农村健康人力资本的代理变量。

农村居民收入（$income$）：选用农村家庭人均纯收入度量作为农村居民收入水平，并将 2000 年选定为基期，将以货币为计量单位的变量进行通货膨胀消除处理，并取对数。

健康支出资金来源结构（$medicalpf$）：我们选用健康支出资金来源结构展现农村居民健康人力资本积累实现过程中国家、社会、家庭或个人的健康支付占比，以体现农村地区健康人力资本的积累效应和抑制效应的强弱关联。农村居民的健康支出资金来源包括三部分：其一是公共医疗卫生投资，后文使用财政卫生费用的人均数值进行表示；其二是家庭或个人支付部分，以省域农村居民实际人均医疗保健支出代表；其三是社会保障，受限于数据的可得性，我们使用年度人均筹资额度量。其中，公共医疗卫生投资占健康支出的比重和家庭支付部分占健康支出的比重更能体现健康人力资本的积累效应和抑制效应。

人口年龄结构（$oldratio$）：选用农村地区 65＋人口占总人口的比重作为解释变量，剖析老龄化加深对中国农村地区健康人力资本存量的影响。

受教育年限（$eduyear$）：选用农村地区家庭劳动力的人均受教育年限度量，具

---

① 栾斌,杨俊.农村居民收入、健康支付结构与农村健康人力资本——中国省份面板数据的证据[J].农业技术经济,2015(02):76-84.

体计算方法是小学核定为 6 年,初中核定为 9 年,高中和中专核定为 12 年,大学及以上核定为 16 年。样本人群的平均受教育年限为劳动力的受教育年限的加权平均。

我们选用的数据都摘自《中国统计年鉴》《中国卫生统计年鉴》《中国人口和就业统计年鉴》和《中国农村统计年鉴》等。

(二) 平稳性检验

我们选用的数据为 2000—2016 年全国各省份的面板数据。由于时间维度跨越 17 个年份,为了避免伪回归的发生,需要首先对各个变量进行平稳性检验。由附表 46 结果可知,所有变量均存在单位根,其一阶差分值在 5% 的显著水平上平稳,大部分变量都在 1% 显著水平上拒绝零假设。因此可以断定模型中的变量为同阶单整,其线性组合可能存在协整关系。

根据平稳性检验结果(见附表 46),在面板数据中,选取七个变量,分别是 $healthyhuman$,$income$,$income^2$,$medicalpf$,$healthconsume$,$eduyear$,$oldratio$。

首先,是单位根检验,具体见附表 46。

可以看到,因为 $eduyear$ 和 $oldratio$ 是平稳的,而 $healthyhuman$、$income$、$income^2$、$medicalpf$、$healthconsume$ 是一阶平稳的,所以对 $healthyhuman$、$income$、$income^2$、$medicalpf$、$healthconsume$ 进行一阶差分,然后直接对 $Dhealthyhuman$、$Dincome$、$Dincome^2$、$Dmedicalpf$、$Dhealthconsume$、$eduyear$ 和 $oldratio$ 做回归即可。

固定效应和随机效应的选择时,先做 $Hausman$ 检验。

结合 $Correlated\ Random\ Effects\text{-}Hausman$ 检验结果(见附表 47),可知:

$Hausman$ 检验的 P 值是小于 0.1 的,也就是在 90% 的水平下拒绝了原假设,所以选择固定效应。

(三) 面板协整检验

根据 θ 取值的不同得到面板协整检验结果(见附表 48)。对照 $Pedroni$ 检验 Kao 检验,大部分检验统计量在 1% 的显著水平下拒绝不存在协整关系的零假设,可以认为模型中各变量之间存在协整关系。在小样本约束下,$FMOLS$ 的估计方法是有效的。

(四) 面板回归估计结果分析

结合面板回归估计结果(见附表 48),变量 $income$ 的系数为负,$income^2$ 系数为正,农村居民收入与其健康人力资本存量之间存在 U 型关系,这说明在其他条件不变的情况下,这种关系在 1% 统计水平下显著,也即随着收入提升,居民健康人力资本存量随之增加,但是收入引起的健康人力资本存量增速是逐步下降的。变量在两模型中都是在 1% 水平上统计显著,说明健康支出资金来源结构是影响农村健康人力资本积累的重要因素。其中,公共医疗卫生投资的系数为正,表示增加健康支出资金来源结构中公共支出的比重对农村健康人力资本积累有正向作用,而家庭医疗保健支出的系数为负,表示家庭与个人承担部分的增加不利于农村居民的健康人力资本积累。健康支出资金来源结构是家庭与个人负担部分与公共医疗卫生投资占比对农村地区健康人力资本积累的作用是相反的。控制变量老年抚养比和受教育年限对农村居民健康人力资本的影响与其他文献的结论基本一致,其中,受教育年限对健康人力资本积累具有显著的作用①。

由附表48可知,基于分区域的数据实证分析中,收入与健康的倒U型关系存在,而且多数地区都处于倒U型的左侧。课题组认为,收入与健康的倒U型关系在农村地区存在农村居民收入引致的健康人力资本存量的边际收益上升。收入增加导致健康人力资本存量较快上升,这与农村地区的实际情况相符。在收入水平较低的条件下,农村居民维持基本生活需要耗费大量的体能,也缺少足够的资金、时间对教育人力资本和健康人力资本进行投资,所以,当收入逐步提高时,农村居民用以维持基本生计的时间、费用与体能消耗下降,于是又有更多的资源用于健康、教育的投入。但这一关系在未来也存在,也就是收入持续上升,健康人力资本投资的边际收益下降。课题组认为当前中国经济社会发展对农村地区的反哺还存在不足,随着一二三产业结构的持续优化、创新驱动发展战略的持续推行,农村地区经济也将面临更高质量发展的机遇,于是,既往收入与健康关系将发生根本性变化。当前健康与收入关联关系体现了农村地区经济发展仍需要更精准的制度设计与政策扶持,在现有发展模式下,未来收入的持续发展对农村居民健康的影响相对不利,存在用健康换收入的问题,所以,实现农村地区的经济发展模式转变,是在未来扭转健康与收入关联关系的关键,也是农村地区经济社会持续发展的动力源泉。

二、农村地区健康人力资本与经济社会发展的关系阐释

不同的健康支出资金来源对农村地区居民健康人力资本积累的影响是不同的,也即健康支出资金来源结构对农村地区居民健康人力资本存量变动具有显著作用。健康支付资金量随着收入水平增加而增加,但公共医疗卫生投入和家庭个人健康费用支出对居民健康的作用是相反的。当公共医疗卫生投资总量增加、占比增加时,农村居民健康情况出现积极变化,但当家庭个人看病或保健费用增加时,农村居民的健康人力资本积累出现抑制情况。这在收入水平相对较低的农村地区是常见的,公共医疗资源的增加、覆盖面扩大、均衡度提高时,农村居民健康人力资本存量增长显著。但家庭个人看病或保健支出占比扩大时,农村居民较为微薄的收入将无以承担,于只能放弃看病,家庭中劳动年龄人口负担看护等职责,家庭生产处于相对停滞状态。

农村地区的老年人口占比对当地健康人力资本存量的折损存在显著影响。农村地区年龄结构老化不利于人力资本积累,虽然农村地区老年人没有退休制度,但

① 王翌秋,刘蕾.新型农村合作医疗保险、健康人力资本对农村居民劳动参与的影响[J].中国农村经济,2016(11):68-81.

随着年龄结构的老化，医疗服务需求增加、医疗卫生服务费用提高、需要家庭提供的照护服务增加，这对老年人及其子代都是人力资本的消耗。所以，老龄化对农村健康人力资本积累具有负面作用①。

受教育年限对农村地区健康人力资本存在正向影响。因为受教育年限对农村地区健康人力资本积累在统计上是显著的，而且是促进作用。观察受教育年限的系数可知，教育对农村地区居民健康人力资本积累的作用比较显著，这与前文谈到的教育和健康都是人力资本的关键构成部分，且受教育程度能促进人们更加关注健康、采用更合理的生活方式、更多地接触健康教育等，进而实现教育人力资本与健康人力资本的协同上升是一致的。

通过分析，课题组发现：①农村地区收入较低时，收入增加对健康水平提升有一定的作用，这体现了农村经济社会发展与城市经济社会发展的显著区别，二元经济特征仍明显。②公共医疗卫生服务投资量增加、占比提升对农村地区健康人力资本积累有显著作用，但是家庭和个人的医疗卫生支付增加、占比提高对健康人力资本积累是不利的。因为农村地区经济发展水平相对较低，较高的医疗卫生支出不仅影响农村居民的健康人力资本，而且影响家庭中其他劳动者的正常生产，影响家庭收入，甚至导致一些经济条件相对脆弱的家庭陷入贫困。③年龄结构老化不利于农村地区健康人力资本积累，但是麻烦的是，农村地区年龄结构老化是双重因素驱动的，一是农村地区死亡率下降、生命延长，二是青壮年的迁出。④受教育年限对农村地区健康人力资本提升效果显著，也充分展示了教育人力资本与健康人力资本协同发展的规律。

提升农村地区健康人力资本，实现农村地区经济社会发展，需要充分考虑影响农村地区健康人力资本关联各因素之间的作用机制。①加大教育人力资本投资，通过教育与健康的协同作用，提升健康人力资本积累。健康人力资本积累也面临扶贫先扶智。②完善公共医疗卫生服务投资制度，实现医疗资源的均衡分布，在农村地区总体收入水平相对较低、医疗卫生条件相对不高的条件下，新增公共医疗卫生投资的边际产出效应是显著的，这一投资效率将高于城市地区。③在健康支付资金来源结构中，适当控制农村家庭和个人的负担比例，有助于防止因病致贫、因病返贫，进而导致健康人力资本积累严重折损。

三、城市地区的实证分析过程

城市居民健康人力资本（*health*）选用每万人拥有卫生技术人员数、每万人拥有执业（助理）医师数、每万人拥有注册护士数反映健康人力资本的投入；选用每万人口乡镇卫生院床位数作为可及性指标，反映医疗卫生服务供给的利用程度；选用预期寿命成为健康产出。

---

① 邓力源，唐代盛，余驰晨.我国农村居民健康人力资本对其非农就业收入影响的实证研究[J].人口学刊，2018，40(01)：102－112.

为后文更加精准地把握健康人力资本积累的关键因素,课题组将利用因子分析法将涉及医疗服务的专业技术人员和硬件资源相关的变量进行健康因子提取,并作为后文的健康人力资本代理变量。当健康因子得分与健康程度同方向变动,结合解释的总方差(见附表49)和成分矩阵(见附表50),选取 $Healthyhuman$ 作为城市健康人力资本的代理变量。

在面板数据中,分别选用八个变量,它们是老年抚养比($oldratio$)、教育年限($eduyear$)、收入($income$)、收入平方($income^2$)、健康支付资金来源结构(健康支付资金来源结构,具体包括城镇居民家庭人均医疗保健消费支出(元)/cpi、城镇职工医疗保险基金人均支出(元)/cpi、财政医疗费用支出(元)/cpi、健康人力资本($Healthyhuman$)。

结合单位根检验的检验结果(见附表51),$eduyear$ 和 $oldratio$ 是平稳的,而 $healthyhuman$、$income$、$income^2$、$medicalpf$、$healthconsume$ 是一阶平稳的,所以对 $healthyhuman$、$income$、$income^2$、$medicalpf$、$healthconsume$ 进行一阶差分,然后直接对 $Dhealthyhuman$、$Dincome$、$Dincome^2$、$Dmedicalpf$、$Dhealthconsume$、$eduyear$ 和 $oldratio$ 做回归即可。

选择固定效应和随机效应时,我们先进行了 $Hausman$ 检验。结合 $Hausman$ 检验(见附表52),可知 $Hausman$ 检验的 P 值小于 0.1,也就是在 90% 的水平下拒绝了原假设,所以选择固定效应。

结合面板回归估计结果(见附表53),变量 $income$ 的系数为负,$income^2$ 系数为正,城市居民收入与其健康人力资本存量之间存在 U 型关系,这说明在其他条件不变的情况下,这种关系在 1‰ 统计水平下显著,也即随着收入提升,城市居民健康人力资本存量随之增加,但是收入引起的健康人力资本存量增速是逐步下降的。变量在两模型中都是在 1% 水平上统计显著,说明健康支出资金来源结构是影响城市居民健康人力资本积累的重要因素。其中,公共医疗卫生投资的系数为正,表示增加健康支出资金来源结构中公共支出的比重对城市健康人力资本积累有正向作用,而家庭医疗保健支出的系数为负,表示家庭与个人承担部分的增加不利于城市居民的健康人力资本积累。健康支出资金来源结构是家庭与个人负担部分与公共医疗卫生投资占比对城市地区健康人力资本积累的作用是相反的。控制变量老年抚养比和受教育年限对城市居民健康人力资本的影响与其他文献的结论基本一致,其中,受教育年限对健康人力资本积累具有显著的作用。

四、城市地区健康人力资本与经济社会发展的关系阐释

不同的健康支出资金来源对城市地区居民健康人力资本积累的影响是不同的,也即健康支出资金来源结构对城市地区居民健康人力资本存量变动具有显著作用。健康支付资金量随着收入水平增加而增加,但公共医疗卫生投入和家庭个人健康费用支出对居民健康的作用是相反的。当公共医疗卫生投资总量增加、占

比增加时,城市居民健康情况出现积极变化,但当家庭个人看病或保健费用增加时,城市居民的健康人力资本积累出现抑制情况。公共医疗资源的增加、覆盖面扩大、均衡度提高时,城市居民健康人力资本存量增长,但边际效率下降。

城市地区的老年人口占比对当地健康人力资本存量的折损存在显著影响。城市地区年龄结构老化不利于人力资本积累,主要是城市地区老年人有退休制度,城市中提前退休的情况比较常见,比如按照现有退休政策分析,女工人的法定退休年龄为 50 岁,女干部为 55 岁,男性为 60 岁,但是据国家人力资源与社会保障部数据显示,我国平均退休年龄不足 55 岁。提前退休将人力资本存量不低的劳动者排除在健康人力资本统计范畴之外,使得城市地区健康人力资本存量浪费严重。

但随着年龄结构的老化,医疗服务需求增加、医疗卫生服务费用提高、需要家庭提供的照护服务增加,这对老年人及其子代都人力资本的消耗。所以,老龄化对城市健康人力资本积累具有负面作用。

第三节　健康人力资本的投资效率和投资制度的有效性分析

转变经济增长方式、提高经济增长质量是当前中国经济发展的关键[①]。面板数据模型的回归分析结果表明健康人力资本与产业结构的匹配度上升能够提高地区投资效率。健康人力资本与产业结构的匹配,既能有助于人力资本水平的提升,又能促进产业结构的调整,这都有利于提高人力资本和物资资本的使用效率,从而改善投资效率(见附表 53、54、55)。

本专题的政策含义在于,各地政府在关注健康人力资本水平提升与产业结构升级时,还需强调健康人力资本和健康经济发展的匹配与协调,充分掌握当地人力资本等要素禀赋,制定与本地要素禀赋相适应的产业结构升级政策,或者,换一个视角,从本地产业结构的分布与实际发展状况,调整健康人力资本水平提升措施。只有健康人力资本与产业结构达到较高的匹配程度,才能更好地发挥两者相互匹配的促进作用,进而改善投资效率,提高经济增长质量(见附表 56~67)。

第四节　健康人力资本与经济社会发展关联实证分析的总结

健康投入是一种投资,也是消费。

(1)健康增加消费者的可劳动时间(而非劳动生产率)来提高劳动者的收入;健康给消费者带来效用,而其他投资品仅能带来货币收益。

---

① 熊虎,田盈,田力.人力资本与产业结构匹配对投资效率影响的实证分析[J].资源科学,2016,38(11):2095-2105.

（2）健康支付对健康人力资本影响的关键不在于支付的数量而在于支付的承担主体，即由谁来支付能够获得更大的效率。

（3）年龄结构是健康人力资本积累的重要影响因素，当前的年龄结构老化对中国健康人力资本积累的影响不容忽视，积极调整人口结构，弱化年龄结构对健康人力资本积累的负面影响需要很长的时间，所以，当前关注教育、健康投资，提升当前人群的教育人力资本和健康人力资本积累是当务之急。

（4）居民收入与健康人力本之间存在非线性关系，即在低收入阶段，存在以健康换收入的情况，健康人力资本趋于下滑，在收入逐步提高后，居民的健康意识提升，私人健康投资增加，健康人力资本呈上升态势。

（5）健康人力资本发展政策制度需要充分考虑关键影响因素在不同地区的作用机理。

①构建符合地区发展情况、区域间协调发展的收入增长政策体系。在东部发达地区应以稳定收入增长速度为主，而在西部欠发达地区则应加速收入增长以避免陷入"健康—贫困陷阱"，其他地区根据实际情况制定相应的居民收入增长政策。②优化健康支付资金来源结构，公共健康产品的资源配置应向中、西部地区倾斜。针对收入增长对健康商品价格的提高和个人家庭负担对健康人力本负向影响的地区差异。③健全贫困老年人口健康投入的援助政策体系。基于健康和卫生资源分配公平的原则，对于贫困老年人口进行健康投入的援助政策体系是必要的。④在保证义务教育实施制度的过程中，进一步加大欠发达地区居民的教育投入，并且对于西部地区已处在低收入、低教育水平的居民，需给予更多的政策支持。

（6）从健康人力资本和经济社会发展的互动关系角度分析，未来的政策既需要单独为健康人力资本水平提升、产业结构升级制定政策；还需从两者的互动角度考虑，比如结合本地的健康人力资本，设置相适应的产业结构政策，或从产业结构政策，制定适宜的健康人力资本水平提升政策。

健康人力资本与经济社会发展之间存在着相互作用、相互促进、相互制约的双向关系：一方面，健康人力资本不仅作为直接投入要素推动经济社会发展，而且与物质资本、教育人力资本相结合，成为经济社会发展的源泉。另一方面，经济社会发展对健康人力资本产生反向的制约作用。在一定条件下，政府公共投资的数额是既定的，这就需要在健康人力资本、物质资本、教育人力资本之间进行合理的配置。健康人力资本与经济社会之间的互动关系在不同发展阶段、不同地区存在的差异。两者的关系呈现倒 U 型，即经济社会发展到一定程度后，健康人力资本积累增加对经济社会发展的边际效用趋于下降。

第四篇

健康人力资本：
2050 中国战略与路径

第十四章 健康人力资本水平提升的战略意义

从宏观层面上来讲,健康人力资本提升是基于国家对健康人力资本的投入,有助于国家大健康战略的实现,有助于国家竞争力的提升,有助于实现人民对健康生活的向往和中国健康梦的实现。从微观上来讲,健康人力资本提升是基于每个公民的健康人力资本的投入,有助于国民整体健康水平的提升。从中观上来讲,与国民经济社会发展高度相关,健康人力资本提升是基于整个社会对健康人力资本的投入,有助于劳动力生产效率的提升、劳动力市场结构优化、国民教育水平的提升、健康产业的良性发展。

第一节 健康人力资本水平提升是中华民族伟大复兴的战略举措

习近平总书记在庆祝改革开放 40 周年大会上指出,"改革开放 40 年的实践启示我们:解放和发展社会生产力,增强社会主义国家的综合国力,是社会主义的本质要求和根本任务"。[①] 健康人力资本作为人力资本的一个重要组成部分,对国民经济、社会发展和国家的竞争力起着重要作用。加强对健康人力资本的战略研究,优化劳动力市场供给的人力资本结构,进一步发展生产力;提高健康人力资本投入产出效率,促进经济的增长,从而形成健康人力资本与经济发展之间的良性互动关系,转化社会主要矛盾、构建人类命运共同体和促进中国梦的实现。

一、健康人力资本是国家竞争力提升的内生动力

随着世界经济一体化的推进和知识经济时代的到来,国家之间的竞争不再仅仅是资本、技术等传统资源的竞争,更加突出表现为人力资本的竞争。而健康人力资本作为人力资本的一个重要组成部分,对国民经济、社会发展和国家的竞争力也起着越来越重要的作用。国民健康不但可以通过影响进入劳动力市场的机会和在

---

① 习近平.在庆祝改革开放 40 周年大会上的重要讲话[OL].http://www.xinhuanet.com/.

劳动力市场上的表现增加个人收入,而且能够减少疾病的风险和损失帮助人们脱离贫困,从而对经济增长和社会发展产生影响。

二、健康人力资本是人民对美好生活向往的载体

中国共产党第十九次全国代表大会报告对我国社会面临的主要矛盾作了新的界定,报告指出:"中国特色社会主义进入新时代,我国社会主要矛盾已经转化为人民日益增长的美好生活需要和不平衡不充分的发展之间的矛盾。"从中可以看出,我国社会主要矛盾这一根本性、历史性的变化是中国特色社会主义新时代的主要标志。

辩证唯物主义认为,矛盾是社会发展的动力,因此,社会的主要矛盾是社会发展的主要动力。当然,社会主要矛盾要真正成为社会发展的主要动力,最为重要的,还是要看化解社会主要矛盾的方式方法。只有方式方法得当,社会主要矛盾才能真正转化为社会发展的主要动力。与此同时,正如十九大报告指出的:"我国社会主要矛盾的变化是关系全局的历史性变化,对党和国家工作提出了许多新要求。"根据十九大报告精神以及世界范围内尤其是已经完成现代化转型国家的经验,可以认为,坚持以人民为中心、以基层为原点、以集体主义为纽带,是化解我国社会主要矛盾的中国方案。

健康人力资本有助于改善人民整体健康水平,提高人民获得感和幸福感,在新时代下,不断促进社会主要矛盾的良性转化和发展。

三、健康人力资本是中国梦实现的主要现实路径

习近平总书记在参观《复兴之路》展览时讲到,"每个人都有理想和追求,都有自己的梦想。现在,大家都在讨论中国梦,我以为,实现中华民族伟大复兴,就是中华民族近代以来最伟大的梦想"[1]。"中国梦"的核心目标可以概括为"两个一百年"的目标,即到 2021 年中国共产党成立 100 周年和 2049 年中华人民共和国成立100 周年时,逐步并最终顺利实现中华民族的伟大复兴。具体表现是国家富强、民族振兴、人民幸福;实现途径是走中国特色的社会主义道路、坚持中国特色社会主义理论体系、弘扬民族精神、凝聚中国力量;实施手段是政治、经济、文化、社会、生态文明五位一体建设[2]。

基于健康人力资本内涵的界定、存量的测量及未来健康人力资本的预测,主要从投入和产出两个方面开展研究,其中健康人力资本投入包括医疗卫生投入、保健投入、生活方式改善、教育投入、环境治理投入等;健康人力资本产出包括健康方面、教育方面、社会经济方面等。健康人力资本 2050 战略,研究健康人力资本与社会经济、环境、保健、生活方式等方面的互动机理,挖掘建设健康人力资本强国的实

---

[1]　http://wenku.baidu.com/view/08790103e97101f69e3143323968011ca300f710.html.
[2]　齐晨旭.中国梦的历史演进及当代价值[J].统计与管理,2015(1):82-83.

施路径，可以提升我国综合国力，并在一定程度上助推中华民族伟大复兴的中国梦的实现。

第二节　健康人力资本水平提升是健康中国稳步推进的核心要义

人们常把健康比作 1，事业、家庭、名誉、财富等就是 1 后面的 0，人生圆满全系于 1 的稳固[①]。党的十九大报告指出，"实施健康中国战略"作为国家发展基本方略中的重要内容，回应了人民的健康需要和对疾病医疗、食品安全、环境污染等方面后顾之忧的关切。当前健康中国建设面临着人口老龄化加速和疾病谱变化、三医联动改革滞后、健康领域投入不足、环境污染和食品安全问题形势仍然严峻等挑战，从而需要综合治理，特别是要抓住优化全民医疗保障制度、推进健康老龄化、重视疾病预防和健康管理、运用技术手段推进健康治理现代化等关键点。[②]

健康是人民最具普遍意义的美好生活需要，而疾病医疗、食品安全、生态环境污染等则是民生突出的后顾之忧。在 2016 年 8 月召开的全国卫生与健康大会上，习近平总书记就明确提出要"将健康融入所有政策，人民共建共享"，强调"没有全民健康，就没有全面小康。要把人民健康放在优先发展的战略地位"。[③]

基于健康的投入，健康人力资本有助于减少疾病负担、降低死亡率，提升人民的获得感、幸福感、安全感，从而推进健康中国的建设和实现。

一、健康人力资本是国家大健康战略实现的中枢

从个人的角度来看，增加个人健康的投入，增长了健康人力资本的投资，就会降低疾病所带来的风险，从而降低医疗卫生费用的支出，从个体的角度实现了大健康的目标。

从国家和社会的角度来看，全社会增加健康人力资本的投入，包括医疗卫生投入、保健投入、生活方式改善、教育投入、环境治理等制度的构建和设施的建设，为全民的健康提供了坚实的保证，据课题组研究，医疗卫生的投入对促进经济的增长呈现显著性。然而，国家和社会对健康人力资本的投入所带来的效应有一定的差异，国家在健康人力资本的投入主要体现在健康基础设施的投入、公共卫生领域的投入、义务教育、健康自然环境等方面，所带来的社会效应会逐步放大。社会层面在健康人力资本上的投入主要体现在健康保险、健康生活环境、健康产业等方面，对于改善健康人力资本的软环境提供了大量的保障。

---

① 新意中的心意——习近平的"健康中国"策［OL］. http://www.xinhuanet.com//politics/2016－08/26/c_129255920.htm.

② 华颖.健康中国建设：战略意义、当前形势与推进关键［J］.国家行政学院学报，2017(06)：105－111＋163.

③ 习近平.在全国卫生与健康大会上的讲话［OL］.http://cpc.people.com.cn，2016－8.

因此,健康人力资本是从个人、社会和国家层面多层次、全方位大健康国家战略的实现。

二、健康人力资本是国民健康水平提升的关键点

健康人力资本的提高主要通过健康人力资本的投入,主要从医疗卫生、保健、生活方式的改善、教育和环境等的投入,以上的投入对于国民的健康水平的提升也至关重要。根据课题的研究,健康人力资本和健康水平呈现显著的正相关性。健康人力资本的提高可以通过健康的投入的增加,而健康投入也直接影响到健康水平的提升。同时,通过教育年限的延长,增加国民健康素养,也直接影响了国民健康水平的提升。

因此,健康人力资本的提升不仅从人口的数量上提升全面健康,更重要的是从质量上提升国民的健康水平,增强国民健康水平提升的内生动力,使国民的健康得到可持续性的提升。

第三节 健康人力资本水平提升是国民经济社会发展的重要命脉

一、健康人力资本是劳动生产率提高的重要引擎

从微观来看,健康人力资本对劳动生产效率的提升体现在以下几个方面:首先,根据课题研究,个人劳动生产效率与健康水平呈显著的正相关关系,健康人力资本就是附着在劳动者身上的知识、经验和技能,从而在生产的过程中带来产出价值,那么,健康人力资本的提升就直接影响到产出价值的提升,从而提高了生产效率。其次,健康人力资本的提升减少了因疾病所带来的劳动时间的减少,增加了持续性、有效率的劳动时间,根据课题研究,生产者的劳动生产效率呈现的是倒 U 型的增长,因此,有效的可持续的劳动时间也保证了劳动生产效率的提高。最后,健康人力资本的提升从长期来看,延长了劳动者的就业年限,劳动者所获得的劳动收入可用于投资健康人力资本,从而形成投入—收益—再投入的良性循环的过程。

从宏观来看,健康人力资本投入的增加,通过降低孕产妇和婴幼儿死亡率,提高全面的预期寿命,从而增加了劳动力人口比例,降低了老年抚养比,从一定程度上缓解了老龄化带来的压力,提升了全社会的劳动生产效率。此外,健康人力资本投入的增加,人口的预期寿命延长后,有助于延长退休年龄,提高就业参与率,进一步提升全社会的劳动生产效率。

二、健康人力资本是劳动力市场结构优化的核心

微观个体因健康投资而生命延长,并在延长的生命周期中优化人力资本投资

决策,通过教育投资和健康投资协同实现人力资本存量提升。从宏观角度分析,更多的微观个体实现人力资本存量提升,意味着劳动力市场供给结构优化。其一,健康投资引致劳动力市场供给的健康人群占比增加;其二,生命延长激励劳动者增加人力资本教育投资,进而优化劳动力市场供给的人力资本结构,促进经济以更快的速度和更高的质量发展。在均衡增加路径上,物质资本积累因劳动力市场供给的人力资本结构优化而呈现更高的增速。

三、健康人力资本是国民教育水平提升的助长剂

健康人力资本和教育人力资本相互影响、相关关联,很难严格地区分开来。在健康人力资本提升的过程中,教育也是重要的一部分。较高的健康人力资本,会促进劳动者在教育上的投入,从而增加自身的知识、能力、素养和经验,而这些又可以直接转换为健康人力资本,从而带来更多的产出价值,形成螺旋式上升的态势。因此,健康人力资本和教育人力资本相辅相成,不可分割。

基于以上,健康人力资本的提升,会促使全民教育年限的延长、教育水平的提升。根据课题组测算,我国的健康人力资本指数和总量都呈现逐年攀升的趋势。同时,我国的义务教育的全覆盖、高等教育和职业教育的普及化、人均受教育年限的延长,都说明我国国民教育水平的不断提升。因此,健康人力资本的提升与国民的健康水平息息相关,密不可分。加大健康人力资本的提升,也是提高全民教育水平的重要方式。

四、健康人力资本是健康产业良性发展的推动力

对于个人而言,健康水平的提高是追求自身效用最大化的重要手段。人的健康除了受到来自遗传、自然环境、社会环境等外生性因素的影响之外,后天的健康投资的影响也是相当关键的。显然,在健康上投入更多的资金是会使得健康状况得到改善的。一方面,人们为了追求自身效用最大化,必定会提高自身的健康人力资本水平,因此必须加大对健康的投资水平,这些投资主要集中在保健、医疗和营养摄入方面,这样就推动了营养保健品行业、医疗卫生行业和休闲锻炼行业的发展,这些行业的发展推动了第三产业的快速发展;另一方面,第三产业的快速发展能为国家提供更多的就业机会,解决社会上的就业问题,继而促进经济增长。著名经济学家Paul认为健康产业是继互联网产业之后给全球经济带来快速增长的重要产业,是未来一段时间国民经济中最重要的推力。所以,健康人力资本可以通过推动健康产业的发展来促进经济的持续快速发展。

第十五章　中国健康人力资本水平提升的战略优势与主要瓶颈

随着国民经济的快速发展,我国健康人力资本投入的不断加大,健康配套政策的不断深入,国民健康素养的不断提升,健康人力资本产出效果不断显现,我国的健康人力资本的总量和质量都有很快的提升,这都为提升我国健康人力资本的水平奠定了良好的基础。然而,居民个人的全方位健康生活方式未养成,居民个人的健康第一责任人的意识还未形成,健康公共服务体系有待进一步完善,健康保障和环境治理体系需进一步深化,健康产业需加大培育,以上配套措施政策的优化与完善、市场的长期培育等,都是提升健康人力资本水平所要解决的瓶颈。

第一节　中国健康人力资本水平提升的战略优势

一、投入产出效率较高,健康人力资本质量较好

健康人力资本投入不断增加。健康人力资本的投资主要分为医疗卫生投入、保健投入、生活方式改善、教育投入、环境治理投入五大部分。近年来,随着社会经济的不断发展,我国的卫生资源也逐步增加,卫生费用增加明显。医生人数、床位数、卫生机构数均呈增长趋势,医疗卫生费用支出不断增加,医疗卫生投入力度较大。我国卫生费用支出占 GDP 比重从 2000 年的 1% 增长到 2017 年的 6.2%。随着人民生活水平提高以及健康素养水平的提升,健康消费需求持续增长,多元化、多层次健康消费需求不断增长,用于保健、疗养、健身等方面支出增长较快,对于定期健康体检、健康辅导咨询、体育健身、医学美容以及健康休闲旅游等新兴健康服务需求快速增加,健康消费需求已由治已病向疾病预防型、健康保健型、身心提升型的多层次、多样化需求转变,健康消费结构不断优化升级。近年来,我国教育投入逐渐上涨,教育经费投入力度不断增大,受教育人数和平均受教育年限增大,教育设施不断增多,从业人数相应有所增加,高等教育的普及程度在逐渐扩大。

健康人力资本产出加快。健康人力资本的产出主要从健康、教育、经济发展三

个维度进行衡量。其中进行健康投资的直接收益是获得健康,WTO 对健康的定义是:"一个人只有在身体健康、心理健康、社会适应性良好和道德等四个方面都健全,才算完全健康的人",随着人力资本投入的不断增加,我国人民的健康水平日益提高,从产出的具体几个指标来看,人口的平均预期寿命已由中华人民共和国成立初的 37 岁提高到 2018 年的 77 岁。2018 年全国孕产妇死亡率为 18.3/10 万,婴儿死亡率下降到 6.1‰,妇幼健康核心指标总体上优于中高收入国家平均水平。教育方面,我国考取专业技术职业资格人数从 2013 年开始始终保持在 200 万人以上,截至 2017 年底,全国累计共有 2 620 万人取得各类专业技术人员资格证书。36～55 岁为人生阶段定义的中年阶段,处于此阶段的就业人口就有较强的经验和技能,是反映一个国家或地区人力资本的重要指标。数据显示,自 2013 年以来,36～55 岁从业人员比例呈现不断上升趋势,劳动力受教育程度以中等教育为主,平均受教育年限为 9.02 年;到 2017 年,劳动力获得专业技术资格证书的比例为 13.24%,高于 2014 年的 11.75%。我国创新环境进一步优化,创新产出持续提升,创新成效稳步增强,创新能力向高质量发展要求稳步迈进。社会经济方面,2018 年,全国居民人均可支配收入 28 228 元,比上年名义增长 8.7%,扣除价格因素,实际增长 6.5%。改革开放 40 年来,中国城乡居民的居住条件和生活环境发生了天翻地覆的变化。中国城镇居民人均住房面积从 1978 年的 6.7 平方米提高到 2017 年的 40.8 平方米,住房质量、住房成套率、配套设施与环境都大为改观。总体而言,相对于 OECD 国家,我国健康人力资本的投入和产出效率较好。

二、健康人口数量较大,健康人力资本总量较高

从总量上看,我国健康人力资本与 OECD 国家相比,具有非常大的优势,原因在于我国就业人口基数大、经济发展速度快。健康人口基数较大,根据健康人力资本的测量,我国健康人力资本的总量位居 OECD 国家第二位,增长的速率长期保持第一位。

从地区来看,我国就业人口主要集中在东部地区和中部部分省份,东部地区整体就业形势较好,就业人员占全国的比率为 47.23%,其次是中部地区,就业人员占全国的比率为 40.04%,这都表明我国中部地区的整体就业形势良好,就业人员相对较多。我国就业人口分布出现了较大变化。其中东部地区的聚集力逐步下降,上海、江苏等地就业人口总量与新增量从上年开始负增长,但是以往人口净流出的省份人口却在反弹,这包括湖北、河南、安徽、四川、贵州等地。

三、经济增长速度较快,健康人力资本增长提速

我国经济总量大、增长速度快。一方面,我国 GDP 总量较大,2018 年全球的 GDP 总量在 90 万亿美元,增速在 4% 左右,其中美国为 2.9%,欧盟为 2.1%,印度为 7.8%,是全球经济增长最快的国家。大部分国家经济都是呈现增长态势,只有

少部分持平。其中,发展中国家增长较快,发达国家增长较慢,经济体量较大的国家增长较慢,经济体量较小的国家增长较快。另一方面,2018 年中国国内生产总值增长 6.6%,增速较上年回落 0.2 个百分点,尽管随着中国经济体量的增大,经济增速呈现从高速到中高速增长的态势(见附图 54、附图 55),增长速度总体仍比其他国家要快。

健康人力资本总量大,增速加快。随着经济社会的发展,居民的整体收入水平获得了很大的提高,对健康意识的认识也随之增强。在这种情况下,居民在健康投资上的规模和结构发生了很大的变化。居民收入提高引起家庭健康投资规模的增加,同时居民收入提高引起家庭健康投资结构的变化。随着我国人均受教育年限的延长,教育经费的投入也不断增加,健康人力资本的投资也不断增加。

从健康人力资本增长的速度来看,相较于 OECD 国家缓慢的增速,中国健康人力资本每年增长约 4.6%,这与整个国家国民经济发展有着密切的联系。

四、政策调控效率较高,健康配套政策逐步出台

相对于西方发达国家,我国政府政策出台效率较快,根据社会经济发展中出现的问题,能够及时出台相关政策进行宏观调控。在健康人力资本领域,主要体现在以下几个方面:一是随着国家财力的增强,用于健康投资的财政支出总额在不断地增加;二是政府充分利用税收优惠等经济激励机制诱导个人加大健康投资,尽管这种手段属于政府财政收入的范畴,但也可以看作一种间接式的财政补贴的支出;三是随着国家治理能力的提高,公共健康投资的管理无效问题得到了减缓。

(一)公共健康投资效果不断显现

健康人力资本投资作为一种公共产品会产生很强的外部性,这意味着政府承担对公共健康投资的财政支出责任。而在实践中,中央政府和地方政府在公共卫生支出、保健和公共生活设施、教育、环境污染治理等方面进行了大量的公共财政资金的投入。

对公共健康投资规模的度量通常采取三个指标:公共健康投资总额占 GDP 的比重、公共健康支出占政府总支出的比例和公共健康费用支出占健康费用总支出的比例。公共健康投资的增加对健康人力资本的形成和积累发挥着关键性作用,并且这种推动效应呈现出倍加效应。根据课题组测算,在 2000 年我国政府公共健康费用支出/GDP 达到 1% 时,根据收入法测算的健康人力资本均值为 3.82 万亿元,而在 2017 年政府公共健康费用支出占比达到 6.2%,健康人力资本均值已经达到 43 万亿元,二者保持同步增长趋势,因此,政府公共健康费用支出的增长直接促进了健康人力资本的不断积累。

(二)国家税收激励政策的有效运用

政府除了直接增加对健康投资的财政支出之外,还通过税收优惠的方式刺激个人增加对个人健康的投资。从形式上,税收收入减少了,但在实质意义上,个体

会以更大的激励增加对个人健康的投资数量，这也间接地降低了政府面临的公共健康投资支出压力。这种税收机制主要体现在商业健康保险和资源综合利用、产品和劳务增值税优惠两个方面。

五、国民健康素养提高，健康人力资本动力增强

国民健康素养不断提高。随着人们生活水平逐步提高，国民健康意识日益增强，个人营养素摄入、人均体育场地、保健品消费、居民健康素养和体检、保健管理等方面健康投入不断增加，个人健康的投入是健康人力资本的坚实基础，具体来说，公民的健康素养逐步提升。

健康素养是对大健康所持的立场、观点和态度的总和，其涵盖以人民健康为中心安康幸福生活的所有维度。"大健康"改革的泛起必然面临多样化健康思潮的价值判断，需要不断提升居民健康文化认知层次，进行健康意识培养，弘扬积极健康的价值观念，提高价值共识和价值观自信。目前我国居民的健康素养水平稳步提升，从 2008 年的 6.48％ 到 2015 年的 10.25％，到 2016 年为 11.6％，2017 年为 14.18％。健康素养直接影响了健康生活方式，也会影响个人健康投入的增加，健康素养的提高，是国民健康人力资本提高的内生动力。

第二节　中国健康人力资本水平提升的主要瓶颈

一、健康生活方式未全面形成，健康教育素养待加强

生活方式是健康人力资本的重要影响因素，践行健康生活方式是最有效的维护和促进健康人力资本的策略。世界卫生组织总结全球的研究发现，在影响个人健康与寿命的四大因素中，生物学遗传因素占 15％，环境因素占 17％，卫生服务占 8％，生活方式与行为占 60％。如果采取健康的生活方式，可以预防 80％的心脑血管病、80％的 Ⅱ 型糖尿病、55％的高血压和 40％的恶性肿瘤。根据 2015 年平安健康保险公司发布的《中国企业员工健康状况及医疗福利报告 2015》显示，中国企业员工生命力年龄平均比真实年龄老 5.7 岁，近 60％的受访者患有各种慢性疾病，员工生命力年龄衰老化。

很多居民维护和促进健康的能力不强，缺乏基本的养生保健常识，不知道如何预防高血压、糖尿病、高脂血症等常见慢性病。据有关调查，我国仅 11.2％的居民能够保持健康的行为和生活方式，很多居民有吸烟酗酒、经常熬夜、久坐不动、长期缺乏体育锻炼、营养失衡、药物依赖等不良生活习惯，成为诱发慢性病甚至猝死的主要危险因素。因此，国民健康生活方式还未全面形成，在健康教育及健康素养的提升上有待加强。

二、健康公共服务体系待完善，健康配套政策待深化

建设和发展"健康公共服务"是提高健康人力资本的重要保障。一方面，在构建健康公共服务中对"健康"理念融入健康公共服务体系是关键，但健康公共服务体系中"健康"理念构建与落地存在一个较长的过程，至少在顶层设计的健康理念与价值取向上还有较大提升空间。另一方面，关于在完善健康公共服务的法律法规方面存在的困难，目前公共服务尤其是健康相关的公共服务制度规范仍存在较大空白，服务监督与评估缺乏有效的制度支撑和执行标准，致使在推动和完善相关的服务制度建设和实施上均存在较大阻力。

在健康相关配套政策上，各部门尚未形成合力。虽然在健康领域的投入不断加大，健康相关政策不断出台，但是政策还未形成体系，例如上海近年来出台的与健康相关的政策（见附表 69）存在条块割裂、独立运行的问题。

三、健康保障体系待深入改革，健康财政投入待提高

健康保障体系包括医药卫生体制、医院管理制度及医疗资源配置等，目前我国以三医联动为主体的医疗卫生体制改革实施多年，但实施的效果不是很明显，健康保障体系改革需进一步深入。

在健康财政的投入上，与 OECD 国家相比，我国在健康上的投入，包括健康投入占 GDP 比重、人均医疗卫生支出、每千人医生数、每千人护士数都有很大差距（见附图 56）。

世界银行发布的人均医疗卫生支出数据显示，美国已经达到 9 000 美元的水平，亚洲国家日本处在 4 000 美元的水平，相较之下中国的人均医疗卫生费用还未达到 1 000 美元。而从 OECD35 个国家 2016 年人均医疗费用来看，35 个 OECD 国家年均医疗费用也已经达到了 4 000 美元/人（见附图 57）。

从医疗卫生费用占 GDP 总量比例数据来看，2016 年中国在 OECD 国家排名倒数第 4 位（5.5%），与第一位的美国（17.2%）差距较大。这与国家财政预算、医疗状况和人口数关联较大，中国要达到发达国家的水平还有很长的路要走（见附图 58）。

与国家医疗卫生支出情况相似，我国的每千人医生数在 OECD 国家中排名靠后，仅高于印度尼西亚、南非，每千人医生数为 1.8 人。从时间趋势来看，各国的每千人医生数据都较 2010 年有一定提高（见附图 59）。

从国际比较数据来看，2015 年我国每千人床位数为 3.9 个，处在 OECD 国家中等水平，该项指标平均数为 4.7 个（见附图 60）。

四、环境治理体系待优化，健康监管体系待强化

健康环境治理系统是健康人力资本提高的重要保障。一是健康的物理环境，

主要包括水、大气、土壤等生态环境的保护,相关的保护法规、政策、条例都应该尽快落实与完善。二是健康物理环境的保护,同时要营造健康的社会环境,包括健康物理环境治理的多元主体参与机制、健康环境的监管体系、健康的教育体系、健康医疗保障体系等,通过全方位、全周期的健康社会环境的营造,构建健康监督体系,从多角度进行健康物理环境和社会环境的监督,实现健康环境的治理体系和机制。

五、健康产业新业态起步初始,市场体系需加大培育

健康产业作为战略性新兴产业,具有"四新融合"(即新产业、新技术、新模式和新业态),"三点聚焦"(即科技制高点、经济增长点和民生关注点)的产业特征。将健康产业的范畴归类为四层,产业谱系和所涉及主要领域包括核心层、中间层、基础层和外围层(见附图 61、附表 70)。

健康产业在我国尚处起步阶段,虽然产业规模日渐增大,然而产业市场体系,健康服务市场良莠不齐,产业市场机制尚未成熟,产业市场还需进一步培育。

第十六章 中国健康人力资本 2050 战略总体目标和战略路径

提升健康人力资本水平对国民经济社会发展、健康中国的建设、中华民族伟大复兴有重要的战略意义，我国提升健康人力资本水平具有投入产出效率高、健康人口数量大、经济增长速度快、政策调控效率高、国民健康素养好等优势，但同时也存在待完善待优化的方面。在此基础上，开展中国健康人力资本 2050 战略研究，首先对健康人力资本 2050 战略定位、总体目标和战略路径进行具体的研究和构建。

第一节 健康人力资本 2050 战略的指导思想和战略定位

一、健康人力资本 2050 战略的指导思想

健康人力资本作为人力资本的一个重要组成部分，对我国的国民经济、社会发展和国家的竞争力起着十分重要的作用。党的十九大报告指出，"人民健康是民族昌盛和国家富强的重要标志""中国社会主要矛盾已经转化为人民日益增长的美好生活需要和不平衡不充分的发展之间的矛盾"。党的十九大将"实施健康中国战略"作为国家发展基本方略中的重要内容。因此，中国健康人力资本 2050 战略指导思想是：

高举中国特色社会主义伟大旗帜，全面贯彻党的十九大和十九届三中、四中、五中全会精神，以马克思列宁主义、毛泽东思想、邓小平理论、"三个代表"重要思想、科学发展观、习近平新时代中国特色社会主义思想为指导，深入贯彻习近平总书记系列重要讲话精神，紧紧围绕统筹推进"五位一体"总体布局和协调推进"四个全面"战略布局，认真落实党中央、国务院决策部署。

坚持以提升健康人力资本为中心的发展思想，牢固树立和贯彻落实"大健康"发展理念，坚持新时期健康工作方针，将健康人力资本战略的研究融入国家的发展大局中去，通过提升健康人力资本水平形成国家竞争力的内生动力，全面提升国民

健康水平,促进国家大健康战略实现,推进健康中国的稳步发展,促进中华民族伟大复兴的中国梦的实现。

二、健康人力资本 2050 战略的战略定位

基于课题组的测算,对健康人力资本指数的变化情况进行分析可知,2017 至2035 年我国健康人力资本指数年平均增长率与 OECD 国家相比,排在 35 个国家中的第 7 位,具有非常大的优势。相比而言,美国、日本、法国、德国、英国等国家健康人力资本增长率略低。健康人力资本指数体现一个国家的健康人力资本质量,结合就业人口数量和社会平均工资水平,对比分析中国与 OECD 国家的健康人力资本可知,我国健康人力资本与 OECD 国家相比,具有非常明显的优势,尤其在2023 年之后,中国健康人力资本将达到美国水平。结合健康人力资本指数的情况进一步分析可以看出,在考虑人口和经济因素之后,我国健康人力资本与 OECD国家相比,具有非常大的优势。原因在于我国就业人口基数大、经济发展速度快,健康人力资本指数增长速度具有优势。

从健康人力资本的概念界定来看,健康人力资本的价值形态,体现为投入生产的劳动数量和质量:数量是指单位时间和空间内投入的劳动力数量;质量是指单位时间和空间内投入劳动力的体力和智力水平。结合以上分析,健康人力资本战略不仅要在量的方面具有优势,同时在质的方面要具有持续的发展动力和发展潜力。因此,中国健康人力资本 2050 战略定位为:

建设中国健康人力资本强国,以提高人民健康人力资本质量为核心,以体制机制改革创新为动力,以生理健康、心理健康、社会适应、道德健康、教育程度、科技成果、经济、迁移、生活方式和环境等的改善为重点,着重提升健康人力资本投入和产出效率,加快转变发展方式,借助于互联网、大数据、人工智能等促进健康生活方式的形成,提高人们对美好生活的向往,大幅提高健康人力资本质量,从而使我国高质量的健康人力资本规模总量与我国的经济和社会发展的现状相适应,使我国国民健康的总体水平与人民日益增长的美好生活需要相匹配,为实现"两个一百年"奋斗目标和中华民族伟大复兴的中国梦提供坚实的基础。

第二节　健康人力资本 2050 战略的总体目标

通过将我国与 OECD 国家对比分析可知,我国健康人力资本指数处于中等偏上水平,根据发展情况预测来看,并考虑到我国在健康、医疗、环境、教育等方面的重视,到 2035 年我国健康人力资本指数将得到进一步提升。从总量的角度来看,由于我国人口基数大、经济发展较快,我国健康人力资本具有非常大的优势。根据本研究预测结果,2016 年,我国健康人力资本存量与 OECD 国家相比,排在第 2

位,排在第 1 位的是美国,我国健康人力资本存量是美国的 0.79。2020 年,我国健康人力资本存量与 OECD 国家相比,排在第 2 位,排在第 1 位的是美国,我国健康人力资本存量是美国的 0.91。2025 年,我国健康人力资本存量与 OECD 国家相比,排在第 1 位,但是与美国的健康人力资本存量基本相当。2030 年至 2035 年,我国健康人力资本存量与 OECD 国家相比,排在第 1 位,与美国的健康人力资本存量基本相当。

我国应通过优先发展健康,调整在医疗卫生、保健、生活方式、教育和环境治理等方面的投入,提高健康人力资本指数,从而提升健康人力资本质量,提高健康人力资本在健康、教育、社会经济等方面的产出效率,提升国家综合实力,建设成为健康人力资本强国。基于科学测量中国当前健康人力资本存量,依据健康人力资本与经济社会互动关系及内在机理研究,预测中国健康人力资本变动趋势,结合OECD 国家健康人力资本状态分析,提出与我国 2050 年经济社会发展水平相一致的健康人力资本水平,即中国健康人力资本 2050 战略总体目标。

建设健康人力资本强国,把健康摆在优先发展的战略地位,将"健康人力资本强国"作为一项基本国策。结合 OECD 国家健康人力资本指数的预测和分析,建设成为健康人力资本强国时,健康人力资本指数应得到进一步提升。子课题二对我国健康人力资本进行了测量和预测研究,分别使用灰色理论、神经网络、系统动力学三种方法预测健康人力资本,并以非货币化的人数当量和货币化的标量两种形式来表示健康人力资本。

通过课题组测算可知,到 2035 年,我国健康人力资本指数为 0.755,以非货币化的人数当量来表示时,健康人力资本达到 6.35 亿人;以货币化的标量来表示时,在岗职工社会平均工资年增长率为 3% 时,2035 年健康人力资本为 82.34 万亿元;在岗职工社会平均工资年增长率为 5% 时,2035 年健康人力资本为 116.40 万亿元;在岗职工社会平均工资年增长率为 10.81% 时,2035 年健康人力资本为 306.40 万亿元。进一步分析就业人口规模,到 2035 年,我国就业人口为 8.43 亿人,占总人口比例约 56.2%。结合课题组的研究结果,并充分考虑我国人口优势和经济发展优势,从现在到 2050 年,我国通过三个阶段的实施建设健康人力资本强国,建设的总体目标为:

(1)质量目标(从健康人力资本指数来看),到 2050 年,中国健康人力资本指数达到 0.9,力争排在 OECD 国家前 5 位。

(2)发展目标(从健康人力资本指数的增速来看),到 2050 年,中国健康人力资本指数增速继续保持第 1 位。

(3)总量目标(从健康人力资本总量来看),到 2050 年及相当长的一段时间,中国健康人力资本存量继续位居全球第 1 位。

第三节　中国健康人力资本的战略路径

结合健康人力资本 2050 战略定位和总体目标，本课题将健康人力资本 2050 战略分为三个阶段。

第一阶段：从现在起到 2025 年，在决胜全面小康的背景下，将健康人力资本强国作为一项基本国策确立，基本建成健康人力资本大国；第二阶段：到 2035 年，在基本实现现代化的背景下迈入健康人力资本强国行列，确立有效的健康人力资本建设举措，健全完善国民健康的行政管理体制、法律支撑体系、卫生事业发展模式、公共财政投入政策与机制、统筹保障制度等；第三阶段：到 2050 年，在建设社会主义现代化强国的背景下，全面建成健康人力资本强国，达到全球领先健康人力资本强国的发展水平，实现健康人力资本与经济发展的良性互动。战略实施路径如图 16 - 1 所示。

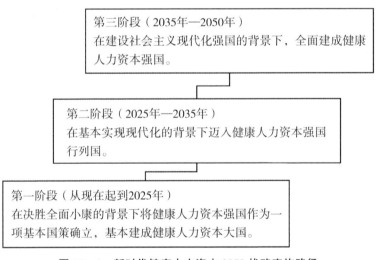

图 16 - 1　新时代健康人力资本 2050 战略实施路径

一、第一阶段：到 2025 年基本建成健康人力资本大国

建设健康人力资本强国的第一阶段，到 2025 年建成健康人力资本大国，通过提高健康人力资本投资水平，国民健康水平不断提高。具体来说，健康人力资本指数不断提高，其投入产出效率高不断提升，健康人力资本数量保持世界第 1 位，且健康人力资本质量不断提升。从指标来看达到如下水平：

▶卫生支出占 GDP 的比重达到 6.2%；

▶教育经费投入占 GDP 的比例达到 5.5%；

▶人均预期寿命达到 78 岁；

▶孕产妇死亡率降低至 1.791 人/万人；

▶婴儿死亡率降低至 7.4‰。

到 2025 年,在决胜全面小康的背景下基本建成健康人力资本大国,为实现这一目标,应基于健康人力资本投入,针对健康人力资本提升开展研究。

(一)阶段实施目标:提升健康人力资本大国的战略优势

在决胜全面小康的背景下将健康人力资本强国作为一项基本国策确立,基本建成健康人力资本大国,到 2025 年的总目标如下:

2025 年,我国健康人力资本指数与 OECD 国家相比,排在第 13 位。仍属于第二梯队,卢森堡、美国、爱沙尼亚排在前三位。

2025 年,我国健康人力资本存量与 OECD 国家相比,排在第 1 位。

从具体的投入和产出指标看,根据《"健康中国 2030"规划纲要》,对照与健康人力资本相关重点指标,结合本课题相关研究,设定健康人力资本 2025 建设投入和产出指标如下。

1. 中国健康人力资本建设投入指标

从投入的角度来看,到 2025 年,健康人力资本建设的投入指标主要涉及医疗卫生、教育、环境、生活、保健等领域。在医疗卫生领域,可以从以下三个指标来体现:卫生支出占 GDP 的比重达到 6.2%左右;每千常住人口执业(助理)医师数达到 2.6 人;每千常住人口护士数 3 人。在教育领域,投入指标为教育经费投入占 GDP 的比例达到 5.5%。在环境领域,投入指标为环保政策性指数达到 2.02。在生活领域,酒精消费达到 5.83。在保健领域,营养摄入量达到 97.3。

2. 中国健康人力资本建设产出指标

从产出的角度来看,到 2025 年,健康人力资本建设的产出指标主要涉及健康水平、健康服务与保障、健康生活和健康环境等领域。在健康水平领域,产出指标可以从以下三个指标来体现:一是孕产妇死亡率降低至 1.791 人/万人;二是人均预期寿命达到 78 岁;三是婴儿死亡率降低至 7.4‰。在健康服务与保障领域,产出指标为重大慢性病过早死亡率降低至 11%。在健康生活领域,产出指标为经常参加体育锻炼人数达到 4.38 亿人。在健康环境领域,产出指标可以用以下两个指标表示:一是地级及以上城市空气质量优良天数比率达到 80%;二是地表水质量达到或好于Ⅲ类水体比例达到 70%。

(二)阶段实施路径:提高健康人力资本投入水平,促进健康人力资本量的提升

建设健康人力资本强国在第一阶段的目标是到 2025 年基本建成健康人力资本大国,从投资的角度来看,健康人力资本投资可促进居民劳动参与、提高劳动年龄人口的劳动参与率,增加教育投资及投资回报率、优化劳动力市场供给结构。主要体现在具体内容如下。

健康人力资本投资可促进居民劳动参与，提高其劳动收入，增加其劳动时间，使经济增长从依靠增加人力资本数量向依靠提升人力资本质量转变，为我国在人口结构转变、人口红利消失的转型期充分挖掘第一次人口红利的潜力、实现第二次人口红利奠定基础。

健康人力资本投资可提高劳动年龄人口的劳动参与率。拥有更高水平健康人力资本的劳动力是保持稳定、持续、高质量的劳动供给的重要条件，疾病和损伤会对劳动力市场绩效带来负面影响，特别是在发展中国家，由于医疗卫生服务体系不够健全，医疗保险不够完善，劳动力市场参与水平和回报更容易受到健康人力资本的影响。从微观上讲，劳动供给是指在一定的市场工资率的条件下，劳动力供给的决策主体(家庭或个人)愿意并且能够提供的劳动时间[①]。劳动者的健康水平会影响劳动参与时间以及劳动力的质量，构成人力资本的一部分。人口健康状态的变化会直观地表现在劳动力供给意愿方面，身体健康可以提高劳动者工作出勤率，降低因病请假的概率，减少由于伤病而损失的工作时间，从而增加劳动生产时间。

健康人力资本投资可增加教育投资及投资回报率。教育投资，不论是公共教育投资还是私人教育投资，都会促使劳动者知识和技能的提升，也就是人力资本的提升。科技进步会引起劳动生产效率的提高，在劳动力数量和资本投入不变的情况下，科技进步实质上可以看作是劳动力质量的增加，从而提高了生产效率，创造出更多的社会财富。在劳动生产率日益提高的情况下，传统的农业和制造业就会解放更多的劳动力，这些劳动力会同更多的由于技术进步所产生的其他行业或者是服务业的工作相结合，技术进步在提高劳动生产率的同时促进了经济结构调整。

健康人力资本投资可优化劳动力市场供给结构。微观个体因健康投资而生命延长，并在延长的生命周期中优化人力资本投资决策，通过教育投资和健康投资协同实现人力资本存量提升。从宏观角度分析，更多的微观个体实现人力资本存量提升，意味着劳动力市场供给结构优化。其一，健康投资引致劳动力市场供给的健康人群占比增加；其二，生命延长激励劳动者增加人力资本教育投资，进而优化劳动力市场供给的人力资本结构，促进经济以更快的速度和更高的质量发展。在均衡增加路径上，物质资本积累因劳动力市场供给的人力资本结构优化而呈现更高的增速。

考虑健康人力资本投入产出效率，提高健康人力资本投资水平可以重点通过以下几个方面实现。

1. 增加医疗卫生投入，发挥人口优势

通过增加医疗卫生投入，不断完善全民医保、医保省级及区域统筹、区域化医保一体化以及跨区报销等制度，借助于新技术发展远程医疗，提高针对癌症、"三高"等特殊病种的药品研发和药品保障能力，提升高质量医疗保障水平，提高人口

---

① 王金营,李竞博,石贝贝,等. 医疗保障和人口健康状况对大城市劳动供给影响研究——以深圳市为例[J]. 人口与经济,2014(4):14-22.

健康的保障能力,充分发挥人口的优势,从而推动健康人力资本强国的建设。

2. 提高体育投入,加强公民体育锻炼

通过实施"全民健身计划",明确和推广广泛而有益的体育项目,如市民健身跑步、广场舞、游泳等,加大体育项目投入,推动群众体育事业的发展。通过提高体育投入,提倡全民健身,形成健康的生活方式,从而提升健康人力资本水平。

3. 降低孕产妇死亡率和自杀率

孕产妇死亡率是衡量一个地区的经济、文化、妇幼保健工作质量的重要指标。通过加强医院培训,提高产科质量;加强管理,广泛开展宣传;提高医疗水平;加强产后观察与访视;提高应急水平,畅通急救通道;完善评审制度等。随着经济的发展,常住人口和流动人口逐年增长,全面二孩政策的实施,孕产妇面临的物质压力和精神压力也越来越大,并且高危孕产妇也在逐年增加。应增加对孕产妇产前产后的精神关怀,缓解孕产妇的心理压力,将孕产妇死亡率和自杀率控制在 0。同时,控制抑郁症等精神类疾病的发生率,适当做好心理疏导,控制全民总体自杀率。

二、第二阶段:到 2035 年迈入健康人力资本强国行列

建设健康人力资本强国的第二阶段,到 2035 年迈入健康人力资本强国行列,健康人力资本的投资结构得到优化,同先进国家知识与技术的差距不断缩小,从而实现健康人力资本的优势,实现高产出效率、高人力资本转化率,即继续保持健康人力资本数量全球第一,健康人力资本质量(健康人力资本指数)进入全球前十,健康人力资本投入和产出结构合理,且投入产出效率进一步提高,国民健康水平不断提升。从指标来看达到如下水平:

▶卫生支出占 GDP 的比重达到 6.8%;

▶教育经费投入占 GDP 的比例达到 6.7%;

▶人均预期寿命达到 80 岁;

▶孕产妇死亡率降低至 1.2 人/万人;

▶婴儿死亡率降低至 5‰。

到 2035 年,在基本实现现代化的背景下迈入健康人力资本强国行列,为实现这一目标,应着重人才结构、创新能力、健康人力资本水平等方面的提升开展研究。

(一)阶段实施目标:基本确立健康人力资本强国的战略地位

在基本实现现代化的背景下迈入健康人力资本强国行列国,到 2035 年,总目标如下:

2035 年,我国健康人力资本指数与 OECD 国家相比,排在第 8 位。完全进入第一梯队,卢森堡、美国、挪威排在前三位。

2030 年至 2035 年,我国健康人力资本存量与 OECD 国家相比,排在第 1 位,健康人力资本存量与美国基本相当。

从健康人力资本的投入与产出看,根据《"健康中国 2030"规划纲要》,对照与

健康人力资本相关的重点指标，到 2035 年健康人力资本建设投入和产出指标如下。

1. 中国健康人力资本建设投入主要指标

从投入的角度来看，到 2035 年，健康人力资本建设的投入指标主要涉及医疗卫生、教育、环境、生活、保健等领域。在医疗卫生领域，可以从以下三个指标来体现，一是卫生支出占 GDP 的比重达到 6.8％左右；二是每千常住人口执业（助理）医师数达到 3.9 人；三是每千常住人口护士数达到 4.8 人。在教育领域，投入指标为教育经费投入占 GDP 的比例达到 6.7％。在环境领域，投入指标为环保政策性指数达到 2.04。在生活领域，投入指标为生活方式（酒精消费）达到 5.85。在保健领域，投入指标为营养摄入量达到 99.1。

2. 中国健康人力资本建设产出主要指标

从产出的角度来看，到 2035 年，健康人力资本建设的产出指标主要涉及健康水平、健康服务与保障、健康生活和健康环境等领域。在健康水平领域，产出指标可以从以下三个指标来体现，一是孕产妇死亡率降至 1.2 人／万人；二是人均预期寿命达到 80 岁；三是婴儿死亡率降至 5.0‰。在健康服务与保障领域，产出指标为重大慢性病过早死亡率降低 30％。在健康生活领域，产出指标为经常参加体育锻炼人数达到 5.3 亿人。

（二）阶段实施路径：提高健康人力资本产出水平，促进健康人力资本质的提升

建设健康人力资本强国在第二阶段的目标是到 2035 年迈入健康人力资本强国行列，主要体现在完善健康人力资本投资结构，促进健康人力资本质的提升。从国际经验来看，发展教育和开发人力资本是增强综合国力和国际竞争力的首选战略，对社会经济可持续发展起着关键作用。[①] 发展教育和开发人力资本是国家实现跨越式发展的主要动因。健康人力资本质的提升，应体现在完善健康人力资本的投资结构，通过优先开发人力资本，缩小同先进国家知识与技术的差距，从而实现健康人力资本的优势，实现高产出效率、高人力资本转化率。基于健康人力资本强国第一阶段的建设，在我国人口和经济发展的绝对优势下，从健康人力资本产出的角度，来提升健康人力资本的质量。重点包括以下几个方面。

1. 普及健康生活方式，促进全民健康意识的形成

健康意识水平的提高往往会改变居民的生活方式，这主要体现为居民参加体育锻炼、休闲的时间增加，用于体育锻炼设施的投入也增加。而增加公共体育锻炼设施投入的责任往往是由政府承担的。在第二阶段，从个体到群体充分体现质量的提升，首先从个体生活方式和健康意识出发。

健康人力资本通过自主自律的健康行为，促进人们生活方式的转变。引导合理膳食，建立健全居民营养监测制度，对重点区域、重点人群实施营养干预，重点解

---

① 包振鸣. 对五年制高职院校学校体育工作开展的几点思考［J］. 科技信息，2010（32）：282.

决微量营养素缺乏、部分人群油脂等高热能食物摄入过多等问题,逐步解决居民营养不足与过剩并存问题;开展控烟限酒,全面推进控烟履约,加大控烟力度,运用价格、税收、法律等手段提高控烟成效;加强限酒健康教育,控制酒精过度使用,减少酗酒,加强有害使用酒精监测;促进心理健康,加强心理健康服务体系建设和规范化管理,加大全民心理健康科普宣传力度,提升心理健康素养;加强对抑郁症、焦虑症等常见精神障碍和心理行为问题的干预,加大对重点人群心理问题早期发现和及时干预力度;减少不安全性行为和毒品危害,强化社会综合治理,开展宣传教育和干预,大力普及有关毒品危害、应对措施和治疗途径等知识。[①]

2. 完善全民健身公共服务体系,促进全民保健及健身运动

统筹建设全民健身公共设施,加强健身步道、骑行道、全民健身中心、体育公园、社区多功能运动场等场地设施建设。到 2030 年,基本建成县乡村三级公共体育设施网络,人均体育场地面积不低于 2.3 平方米,在城镇社区实现 15 分钟健身圈全覆盖。推行公共体育设施免费或低收费开放,确保公共体育场地设施和符合开放条件的企事业单位体育场地设施全部向社会开放。加强全民健身组织网络建设,扶持和引导基层体育社会组织发展。制定实施全民健身计划,普及科学健身知识和健身方法,推动全民健身生活化。组织社会体育指导员广泛开展全民健身指导服务。实施国家体育锻炼标准,发展群众健身休闲活动,丰富和完善全民健身体系。大力发展群众喜闻乐见的运动项目,鼓励开发适合不同人群、不同地域特点的特色运动项目,扶持推广太极拳、健身气功等民族民俗民间传统运动项目。

3. 调整健康教育的公共投入比例,优化教育结构

教育投入、健康投入作为一个整体,共同引起人力资本的变化,进而引起经济产出。教育投入可以通过教育经费、受教育年限、高等教育人数、万人专业技术、教育设施、教育行业从业人员等指标反映。近年来,我国教育投入逐渐上涨,教育经费投入力度不断增大,受教育人数和平均受教育年限增大,教育设施不断增多,从业人数相应有所增加。2018 年全国教育事业统计数据显示,学前教育毛入学率 81.7%,比上年提高 2.1 个百分点;小学学龄儿童净入学率 99.95%,比上年提高 0.04 个百分点;初中阶段毛入学率 100.9%;高中阶段毛入学率 88.8%,比上年提高 0.5 个百分点;高等教育毛入学率 48.1%,比上年提高 2.4 个百分点。

教育的公共投入不仅有利于受教育者未来收入的提高,也有利于政府,因为收入提高后缴纳的税也更高。我国的高等教育与社会和就业市场需求非常不匹配,缩减这个技术匹配方面的鸿沟是非常重要的。具体在教育结构上,我国在学术教育方面表现不错,但职业教育的提升空间还比较大。职业教育的需求很大,但供给却很低。通过调整教育的公共投入比例,促进健康人力资本的转化,从而提升健康人力资本的质量。

---

① "健康中国 2030"规划纲要[N].人民日报,2016-10-26.

4. 提高人均受教育年限和工作满意度指数

受教育状况是人口的一个重要特征，也是反映人口质量的一项重要内容。一个国家或地区人口的受教育状况往往标志着该区域的社会经济发展的程度。受教育状况越好的区域，人口素质、社会经济发展水平和文明程度一般也越高。因此要提高人均受教育年限，提高人口素质。政府应高度重视科学教育发展，大力推进素质教育，实现应试教育到素质教育的转轨。提高工作满意度指数，创造公平竞争的企业环境；创造追求发展的企业氛围；帮助员工成长；因人而异提升满意度；多重激励鼓舞士气；创造关爱员工的企业氛围。此外，企业也应当重视提高员工的满意度，使员工由满意逐渐变为忠诚，自愿地努力工作。

5. 完善人才培养与激励机制，提升人才创新能力

我国大力加强人才培养和制度建设，人口素质不断提高，创新能力显著提升，为经济的高速增长提供了有力支撑。目前，新增劳动力平均受教育年限高于世界平均水平，主要健康指标处于发展中国家前列，科技人力资源总量位居世界第一。但是，在适应新常态、加快实施创新发展战略的背景下，现有的人才在结构分布、市场匹配、创新能力、创新贡献力等方面还存在较大差距，人才发展激励机制不完善、人才培养和社会需求未能有效衔接等问题还比较突出，提升人力资本的任务十分紧迫。虽然教育发展总体水平得到极大提高，但是现有的教育模式仍然以获取知识为主，仍需进一步将教育与科技、经济发展紧密联系起来，提倡培养人才的创新意识和创业创新能力。

6. 调整人才结构，优化培养高端研发和技能人才

创新发展战略的实施要求劳动者具备相应的教育水平和经验技能，要求一定的人力资本存量和结构与之相适应、相匹配。创新驱动意味着产业发展朝着价值链的更高端攀升，将对劳动者的技能和创造力提出更高的要求。随着科技水平和综合实力的增强，目前，我国人力资源结构问题较为突出，高端研发人才和技能人才短缺成为创新发展和转型升级面临的最大掣肘。人才结构问题实质上是人才培养和市场需求未能有效衔接的问题，表明教育和科技之间、科技和产业之间的对接有待加强，从而确保教育体系培养的人才能够服务经济社会发展需要，科研成果能够真正转化为现实生产力。

三、第三阶段：到 2050 年全面建成健康人力资本强国

全面建成健康人力资本强国，指健康人力资本投入和产出结构合理，投入产出效率高，与国家中长期发展战略和发展目标相适应，促进经济社会的发展，促进健康中国和中华民族伟大复兴的中国梦的实现，达到全球领先的健康人力资本强国的发展水平，健康人力资本持续保持全球第一，健康人力资本指数排在全球前列。从指标来看达到如下水平：

▶卫生支出占 GDP 的比重达到 7.7% 左右；

▶教育经费投入占 GDP 的比例达到 9.0%；

▶人均预期寿命持续上升；

▶孕产妇死亡率持续降低；

▶婴儿死亡率持续降低。

到 2050 年,在建设社会主义现代化强国的背景下全面建成人力资本强国,为实现这一目标,应着重健康人力资本对社会经济、教育、环境、保健、生活方式等之间的关系开展研究。

（一）阶段实施目标:全面建成全球领先的健康人力资本强国

在建设社会主义现代化强国的背景下,全面建成健康人力资本强国。健康人力资本投入产出结构不断优化,健康人力资本与经济互动关系更加协调。到 2050 年健康人力资本建设投入和产出指标如下。

1. 中国健康人力资本建设投入主要指标

从投入的角度来看,到 2050 年,健康人力资本建设的投入指标主要涉及医疗卫生、教育、环境、生活、保健等领域。在医疗卫生领域,可以体现为,一是卫生支出占 GDP 的比重达到 7.7% 左右;二是每千常住人口执业（助理）医师数达到 7.0 人。在教育领域,投入指标为教育经费投入占 GDP 的比例达到 9.0%。在环境领域,投入指标为环保政策性指数为 2.07。在生活领域,投入指标为生活方式（酒精消费）为 5.89。在保健领域,投入指标为营养摄入量达到 101.99。

2. 中国健康人力资本建设产出主要指标

从产出的角度来看,到 2050 年,健康人力资本建设的产出指标主要涉及健康水平、健康服务与保障、健康生活和健康环境等领域。在健康水平领域,产出指标可以从以下三个指标来体现,一是孕产妇死亡率持续降低;二是人均预期寿命持续上升;三是婴儿死亡率持续降低。在健康服务与保障领域,产出指标为重大慢性病过早死亡率进一步降低。在健康生活领域,产出指标为经常参加体育锻炼人数持续上升。

（二）阶段实施路径:优化健康人力资本投入产出效率,实现与国家中长期发展战略的协调共进

建设健康人力资本强国在第三阶段的目标是到 2050 年全面建成健康人力资本强国,主要体现为健康人力资本投入产出结构合理、与国家发展相适应。

1. 建立符合地区发展情况、区域间协调发展的收入增长政策体系

在东部发达地区应以稳定收入增长速度为主,而在西部欠发达地区则应加速收入增长以避免陷入"健康—贫困陷阱",其他地区根据实际情况制定相应的居民收入增长政策。优化健康支付结构,公共健康产品的资源配置应向中、西部地区倾斜。针对收入增长对健康商品价格的推高和个人负担系数对健康人力资本负向影响的地区差异提供解决方案。健全贫困老年人口健康投入的援助政策体系。基于健康和卫生资源分配公平的原则,对于贫困老年人口进行健康投入的援助政策体

系的建立健全是必要的。在保证义务教育实施制度的过程中，进一步加大欠发达地区居民的教育投入，并且对于西部地区已处在低收入、低教育水平的居民，需给予更多的政策支持。

2. 制定适宜的健康人力资本水平提升政策

政策制定者在注重健康人力资本水平提升与产业结构升级的同时，更要重视两者的匹配与协调，根据当地人力资本等要素禀赋，制定与当地要素禀赋相适应的产业结构政策，或者根据当地产业结构的分布与实际发展状况，制定适宜的健康人力资本水平提升政策。

3. 深入开展大气、水、土壤、噪声等环境问题治理

在这个阶段，以提高环境质量为核心，推进各地区环境共治，实行环境质量目标考核，实施最严格的环境保护制度，切实解决影响广大人民群众健康的突出环境问题。通过建立常态化区域协作机制，全面改善和提升环境质量，完善和细化环境预警机制。深入开展大气、水、土壤、噪声等相关污染防治和预警机制，全面提升环境质量，保障健康人力资本生成的环境需求，从而实现健康人力资本强国的建设。

4. 推动产业优化发展，积极推动产业融合升级

促进健康与养老、旅游、互联网、健身休闲、食品融合，催生健康新产业、新业态、新模式。发展基于互联网的健康服务，鼓励发展健康体检、咨询等健康服务，促进个性化健康管理服务发展，培育一批有特色的健康管理服务产业，探索推进可穿戴设备、智能健康电子产品和健康医疗移动应用服务等发展。

积极发展健身休闲运动产业。进一步优化市场环境，培育多元主体，引导社会力量参与健身休闲设施建设运营。推动体育项目协会改革和体育场馆资源所有权、经营权分离改革，加快开放体育资源，创新健身休闲运动项目推广普及方式，进一步健全政府购买体育公共服务的体制机制，打造健身休闲综合服务体。鼓励发展多种形式的体育健身俱乐部，丰富业余体育赛事，积极培育冰雪、山地、水上、汽摩、航空、极限、马术等具有消费引领特征的时尚休闲运动项目，打造具有区域特色的健身休闲示范区、健身休闲产业。①

---

① "健康中国2030"规划纲要[N].人民日报，2016 - 10 - 26.

第十七章 中国健康人力资本 2050 战略重点领域和行动计划

为建设健康人力资本强国,应不断完善健康人力资本投资结构,提高健康人力资本指数,提升健康人力资本投入产出效率,促进健康人力资本与社会经济发展之间的双向互动,从而提升健康人力资本质量。

首先,伴随着"健康中国""大健康"等相关概念的提出,健康医疗保障、健康生活、健康环境、健康产业等与之相关的概念越来越受到人们关注。健康人力资本有助于转化社会主要矛盾,推动社会经济良性发展,促进教育收益的实现,有助于中国梦的实现。因此,健康人力资本 2050 战略的重点之一应把"建设健康人力资本强国"作为一项基本国策。

其次,通过与 OECD 国家比较可以看出,我国健康人力资本指数处于较低水平,但是,由于就业人口数量较大,经济发展水平较高,结合健康人力资本的测量公式可以得出,我国健康人力资本与 OECD 国家相比,具有非常大的优势。因此,提升健康人力资本质量应进一步提高健康人力资本指数。

再次,提高健康人力资本指数可以从整体上提升健康人力资本的质量和水平,在建设健康人力资本强国的过程中,提升健康人力资本投入产出效率,可以提高健康人力资本持续发展的动力。因此,健康人力资本 2050 战略应进一步通过调整健康人力资本投资结构来提升健康人力资本投入产出的效率。

结合以上分析,同时考虑到健康人力资本生成的投入要素有生活方式、教育、环境等,健康人力资本生成后同时对其产生作用,本研究中中国健康人力资本 2050 战略的行动策略主要围绕健康生活、医疗、环境、保健和教育五大重点领域开展研究,共提出十二个行动计划。行动策略的重点领域和行动计划如图 17 – 1 所示。

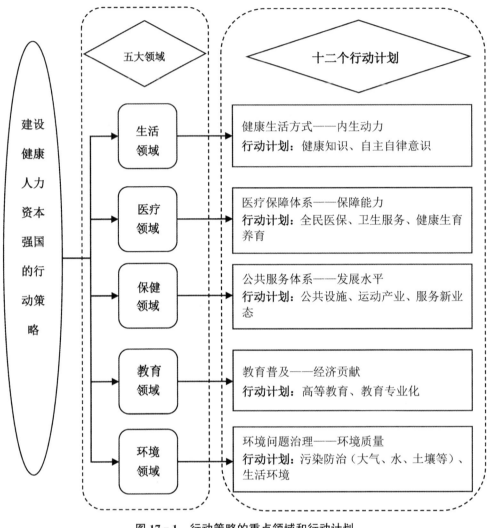

图 17-1　行动策略的重点领域和行动计划

第一节　生活领域:普及健康生活方式,提升健康人力资本内生动力

　　从健康人力资本的角度来看,健康生活领域是非常重要的一部分。平均睡眠时间、旅游支出、人均体育场地面积是健康生活领域的相关衡量指标。健康意识水平的提高往往会改变居民的生活方式,这主要体现为居民参加体育锻炼、休闲的时间增加,用于体育锻炼设施的投入也增加。与此同时,健康的生活方式对提升健康

人力资本有着直接的关联,可以促使个体乃至群体的人力资本产出。因此,建设健康人力资本强国在健康生活领域主要是普及健康生活方式,提升健康人力资本内生动力。主要行动计划有两个:一是从群体的角度,加强全民健康教育,提升健康素养水平;二是从个体的角度,增强自主自律意识,塑造自主健康行为。

一、行动计划之一:加强健康知识推广,提升健康素养水平

推广健康生活方式、全民健身以及国民营养计划等相关知识,有利于人们形成较好的生活方式,提高人力资本的健康水平,从而提升健康人力资本以及健康人力资本的产出效率。同时,推广健康相关知识,有利于提升人们的健康素养水平,可以进一步提升健康人力资本强国建设的内生动力。健康知识的推广,可以从以下三个方面进行。

(1)推进全民健康生活方式行动,针对家庭及其家庭成员中的高危个体进行健康生活方式的指导及干预。具体的指导和干预可以通过开展公益性专项活动来进行,包括体重测量、口腔体检、骨骼情况检查等方面。在健康生活方式和健康知识的推广过程中,重视健康知识和健康技能的传递,如通过健康文化、健康知识的宣传,培养人们日常健康的生活习惯,形成健康的生活方式等。此外,可以通过系统地规律的检测数据来帮助健康生活方式的养成,比如建设全民体检电子档案,通过定期体检、动态监测、及时反馈,通过有效的指导和干预达成健康知识推广和宣传的效果。

(2)制定实施全民健身计划,普及科学健身知识和健身方法,推动全民健身生活化。在健康生活方式推广和全民健身计划制定的同时,应提供相对具体的指导和支持,如制定实施全民计划,可以通过建设市民跑道、免费游泳馆、将游泳健身等相关项目费用支出纳入社保报销范围等。另外,可以推广宣传太极拳、健身气功等民族民俗民间传统运动项目,支持半马、全马、户外爬山等具有健身意义的活动。

(3)制定实施全民营养计划,通过对三餐经常摄入食物进行营养功能评价,对不同人群膳食营养进行需求分析,推进全民饮食的科学健康化。建立健全营养监测系统,重点解决微量营养素缺乏症,逐步解决居民营养不足与过剩并存问题。针对儿童、老人等特殊人群进行营养膳食的工作指导,建立相关的工作规范和工作制度,同时通过对学校、幼儿园、养老机构、大众餐厅等相关工作进行知识推广和指导,推动全民营养计划的实现。

二、行动计划之二:增强自主自律意识,塑造自主健康行为

和健康知识推广相适应的是,从个体的角度增强自主自律意识,包括个体生活方式的转变、个体戒烟控烟、体育健身等与健康密切相关的因素。增强自主自律意思,可以促进健康生活方式的实现和普及,对提升健康人力资本质量有非常大的促进作用。自主健康行为包括以下几个方面。

(1)倡导通过自主自律的健康行为,促进人们生活方式的转变。个体生活方式的转变。世界卫生组织研究发现,人类健康的 15％ 取决于遗传,7％ 取决于环境,10％ 取决于社会因素,8％ 取决于医疗条件,60％ 取决于自己的生活方式。在这些因素中,虽然环境、社会和医疗等因素并非人力所能改变,但我们却有机会做选择,最终的决定权在自己的手中。可以说,人健康与否,95％ 是由个人行为所决定的。健康是由自己掌握的,是自我选择的结果。

(2)全面推进控烟履约,加大控烟力度,运用价格、税收、法律等手段提高控烟成效。大力推进无烟环境的建设,尤其涉及托儿所、幼儿园、中小学及少年宫、青少年活动中心等室内外区域以及其他禁烟场所。通过严格监管和执法,推进各相关场所的禁烟工作,从而间接地规范、增强个体自主自律的意识,塑造自主的健康行为,形成更加健康的生活方式。

(3)针对不同人群、不同环境、不同身体状况推出更加具体的指导和活动指南,推动体育健身和医疗卫生结合的健康服务模式的形成。针对青少年、妇女、老年人、职业群体及残疾人等特殊群体,制定不同的健身活动指南,同时通过开展市民免费的活动场所,推动不同人群、不同环境的健身,促使其形成健康的自律的生活方式,促进健康人力资本的内生动力的形成。

第二节　医疗领域:健全医疗保障体系,提高健康人力资本保障能力

健康医疗领域是健康人力资本强国建设中非常重要的部分。健康医疗领域可以从医疗费用支出、医生人数、床位数、心理医生数、慢性病患病率、卫生机构数等指标反映相关情况。近年来,随着社会经济的不断发展,我国的卫生资源也逐步增加,卫生费用增加明显。医生人数、床位数、卫生机构数均呈增长趋势,医疗卫生费用支出不断增加,医疗卫生投入力度较大。但是,在建设健康人力资本强国的过程中,健全医疗保障体系,通过不断完善全民医保体系、卫生服务效率、生育养育水平等,可以进一步提高健康人力资本的保障能力。从这个角度来看,健康医疗领域主要包括三个行动计划,分别为:完善全民医保体系和提升医药产业发展水平;提高卫生服务效率,创新卫生服务供给模式;加强重点人群监控和提高生育养育健康水平。

一、行动计划之三:完善全民医保体系,提升医药产业发展水平

医疗卫生事业的发展是人们健康水平的有力保障,完善全民医保体系,提升医药产业发展水平,凸显公立医院和基本医疗卫生事业的公益性,在药品的生产、流通和多元化办医格局上面进一步发展,可以保障健康人力资本发展和建设健康人

力资本强国过程中对医疗卫生方面的需求。具体内容如下。

(1)完善全民医保体系,强调公立医院的公益性,确保基本医疗卫生服务领域政府的有为施政,保障人民群众基本医疗服务的公平可及和群众受益。有望从机制上理顺医疗服务价格体系,体现出医务人员专业服务技术的价值,解决异地就医结算难题。从人事薪酬制度、科研成果和创新医疗手段的转化结合流程、药品供应保障体系、医保支付制度、综合监管制度等方面协同发力,创新发展,实现公立医院综合改革目标。促进社会公平正义,坚持基本医疗卫生事业的公益性。毫不动摇把公益性写在医疗卫生事业的旗帜上,正确处理政府与市场、基本与非基本的关系,绝不走全盘市场化、商业化的路子。政府承担好公共卫生和基本医疗服务等组织管理职责,切实履行好领导、保障、管理和监督的办医责任,同时注重发挥竞争机制作用。在非基本医疗卫生服务领域,充分发挥市场配置资源作用,鼓励社会力量增加服务供给、优化结构。除强调公立医院和基本医疗卫生事业的公益性之外,完善全民医保体系,实现医疗保险全覆盖,逐步把高血压、糖尿病等慢性病及一批新药纳入医疗保险支付。与此同时,在完善全民医保体系的同时,应积极发展商业健康保险,突出商业保险在提高人们在遇到健康风险时的自我保障能力。

(2)完善药品供应体系,深化医药流通体制改革。药品供应是贯穿药品生产、流通和需求的重要部分,针对特殊人群,如儿童,特殊疾病,如艾滋病,应有明确的药品供应机制,包括免费供给和保障供给等。此外,在药品的供应流通等环节,应通过建立药品价格信息监测和信息公开制度,形成市场化监管、需求性主导,从而完善药品价格的形成机制。完善并落实药品生产、流通、使用各环节政策,鼓励新药研发,加快推进已上市仿制药质量和疗效一致性评价,采取定点生产、市场撮合等措施健全短缺药品供应保障机制。完善药品、耗材集中采购机制,推进国家药品价格谈判,推行药品采购"两票制",降低虚高价格。完善基本药物制度,加强药品特别是抗菌药物使用管理,规范用药行为。

(3)推动社会力量参与办医,优化多元办医格局。通过对政策环境进行优化,鼓励并支持社会力量、退休医师发挥更大的作用。鼓励非公立医院的高水平、规模化发展方向,鼓励专业性医院的发展,鼓励医师利用业余时间,或退休医师根据情况到基层医疗卫生机构执业或开设工作室。在多元办医格局的优化中,充分调动各方面的资源和力量,从而给健康人力资本强国的建设提供充足的医疗卫生保障。

二、行动计划之四:提高卫生服务效率,创新卫生服务供给模式

医疗卫生服务效率和服务供给模式是医疗保障体系中的重要部分,也是医疗保障体系的保障能力得以体现的具体方式,通过构建资源整合型的医疗卫生服务体系和不断创新服务的供给模式,可以更好地应对健康人力资本强国建设过程中对医疗卫生方面的需求,更好地提升医疗保障体系的保障能力。具体内容如下。

(1)全面建成体系完整、分工明确、功能互补、密切协作、运行高效的整合型医

疗卫生服务体系。大力推进健康扶贫工程,保障在贫困地区可实现 15 分钟基本医疗卫生服务圈、每千常住人口注册护士数达到 4.7 人。在现有医疗卫生机构的基础上,推进高水平、高影响力的国家级医学中心的建设,在康复、长期护理、慢性病管理等方面,推进医疗卫生服务体现的专业化建设和完善。

(2)创新医疗服务供给模式,首先应科学化、专业化、精细化运作,提高供给质量,控制供给成本。结合当今医学发展水平以及未来发展趋势,引导医疗机构根据所提供的医疗服务,采取不同的医疗服务模式。其次,创新医保支付模式,以必要的经济手段,激励供给方提供有效供给,控制供给成本。针对不同的医疗服务模式,采用不同的医保支付模式,以给予医疗服务提供方不同的激励机制,引导其更好地按照患者需求提供有效医疗服务。再次,创新医疗监管模式,以有效的行政手段,保障供给质量,激发供给方有效供给潜力。对于医疗监管行为,同样应根据诊断和治疗的复杂程度采用不同的监管模式。

三、行动计划之五:加强重点人群监控,提高健康生育养育水平

健康人力资本强国的建设离不开具体的人力资本,从这个角度来看,重点人群患慢性病的情况、孕产妇和婴幼儿的健康情况以及生育养育的水平等也是我国健康人力资本中非常重要的部分。健全医疗保障体系,应重视重点人群慢性病的监控以及健康生育养育的水平,从而提升健康人力资本的质量,提高潜在健康人力资本水平。具体内容如下。

(1)实施慢性病综合防控战略,加强国家慢性病综合防控示范区建设。针对患有癌症、脑卒中、冠心病等慢性病的患者,应加强综合防控,通过建立国家、地区、区域或社区等多层次的动态数据库,不断强化慢性病的筛查和早期发现,做到人群的慢性病控制和防治。实现全人群、全生命周期的慢性病健康管理,总体癌症 5 年生存率提高 15%。加强口腔卫生,12 岁儿童患龋率控制在 25% 以内,从而提升人群的健康人力资本质量。

(2)提高健康生育养育水平,降低孕产妇和婴儿死亡率。优生优育是提升健康人力资本水平的潜在动力,坚持"大妇幼、大健康"理念,不断完善妇幼健康服务体系建设,提升妇幼健康服务能力,对妇幼保健院进行重点建设。通过健全医疗保障体系,加强孕产妇的健康产检和状态监控,加强危急重症能力建设,建立和完善危重孕产妇和新生儿救治中心,使危重孕产妇和新生儿救治中心实现全覆盖,全面开通危重孕产妇和新生儿急救转诊绿色通道。同时,通过健康生育知识的推广、婴幼儿照护养育知识的推广等,确保母婴安全。

第三节 保健领域：健全公共服务体系，提升健康人力资本发展水平

从健康人力资本的发展角度来看，健康保健领域是健康人力资本强国建设中非常重要的部分。健康保健不仅作为目的，而且也是人力资本投资的重要方面。健康保健领域可以从营养素摄入、人均体育场地、保健品消费、居民健康素养和体检、保健管理等方面来体现。主要是通过健康公共服务体系，促进人们的健康保健，提升健康人力资本发展水平。健康保健领域的计划包括：完善健康公共设施，提高全民身体素质水平；发展健身运动产业，引导多元主体力量参与；发展健康服务新业态，探索智能化服务体系。

一、行动计划之六：完善健康公共设施，提高全民身体素质水平

建设健康人力资本强国不仅是健康人力资本的提升，也包括健康意识和健康生活方式的形成，在健康保健领域，完善健康公共设施和全民健身公共服务体系，有利于提高全民身体素质水平，促进健康人力资本的实现。具体内容如下。

（1）倡导全民健身，完善健康公共设施。为进一步促进健康生活方式的形成和稳定，广泛开展"减盐、减油、减糖"和"健康口腔、健康体重、健康骨骼"的"三减三健"行动。在倡导全民健身的同时，应广泛建设公共健身场所、提供健身环境，如可以在马路边、公园旁建设市民跑道、骑行道等，在健身区域提供多样化的健身器材等公共设施。

（2）完善全民健身公共服务体系。统筹建设全民健身公共设施，加强健身步道、骑行道、全民健身中心、体育公园、社区多功能运动场等场地设施建设。到2035 年，基本建成县乡村三级公共体育设施网络，人均体育场地面积不低于 2.3 平方米，在城镇社区实现 15 分钟健身圈全覆盖。推行公共体育设施免费或低收费开放，确保公共体育场地设施和符合开放条件的企事业单位体育场地设施全部向社会开放。加强全民健身组织网络建设，扶持和引导基层体育社会组织发展。

二、行动计划之七：发展健身运动产业，引导多元主体力量参与

健全健康领域的公共服务体系，除了完善健康公共实施外，还包括健身休闲运动产业的发展，通过引导多元主体力量的参与，可以使得市场发育均衡有力，对人们健康生活方式的形成提供物质和条件支撑，为健康人力资本的发展提供更好的市场供给条件。具体内容如下。

（1）全面发展健身休闲运动产业，丰富健康服务供给。发展健康产业，满足人民群众多样化健康需求。在发达国家，健康产业增加值占 GDP 比重超过 15%，而

在我国,仅占国民生产总值的4%~5%,低于许多发展中国家。目前,中国健康产业的年收益约为900亿美元,而美国健康产业产值已经超过了1万亿美元。健康产业的发展亟待从顶层设计入手,提出相关政策支持,结合新时代健康中国的内涵以及十九大关于产业规划的新要求,制定2020—2035、2035—2050的产业发展规划,从健康产业融合对市场放宽和相关支撑产业的培育,将有效快速地推动健康产业和相关服务业的快速发展。发动市场的力量,进一步优化市场环境,培育多元主体,引导社会力量参与健康产业建设和运营。积极组织、承办多种形式的业余体育赛事,调动民众参与体育健身活动的热情。创新健身休闲运动项目推广普及方式,培育结合地方特色、具有消费引领特征的时尚休闲运动项目,打造具有区域特色的健身休闲示范区、健身休闲产业带。

(2)放宽市场准入,培育相关支撑产业,鼓励社会资本依法依规以多种形式投资健康服务业。在健康服务业的发展中,充分重视社会力量的参与,通过不断开放和完善市场准入制度,有效地吸纳社会力量的合法合规参与,有效快速地推动健康产业和相关服务业的发展。同时,重视健康服务人才队伍的培养,鼓励社会资本举办职业院校,规范并加快培养护士、养老护理员、康复治疗师等从业人员。

三、行动计划之八:发展健康服务新业态,探索智能化服务体系

随着健康运动产业和医疗卫生等相关领域的发展,健康相关领域的服务融合、智能化服务体系的发展对健康人力资本的发展都有良性的促进作用,可以保证健康人力资本在量和质的提升以及结构优化阶段的相关保健需求。具体内容如下。

(1)积极促进健康与互联网、旅游、食品、养老、健身休闲等领域融合,催生健康新产业、新业态、新模式。进一步拓展健康服务产业的服务范围和模式,鼓励新型业态的发展,为健康服务产业的可持续发展提供体制机制的保障,有效地实现资源的均衡配置及不同业态的均衡发展,从而为民众不同层次的需求提供了保障。同时,积极鼓励健康机构介入国民健康管理事业发展,基于互联网发展线上、移动应用的健康服务,同时积极探索推进医疗保健设备的研究和引进,多渠道多途径解决国民健康体检、咨询、预约等服务需求,形成社会力量共同参与从而减轻当前医院的医疗压力,倡导个性化健康管理服务发展。

(2)推动医疗服务与旅游、互联网、体育、食品行业等深度融合。深化"互联网+健康医疗"服务,促进和规范健康医疗大数据应用。在卫生与健康科技成果信息共享的基础上,实现科技成果信息汇交与发布、技术与知识产权交易、适宜技术推广。深化"医科协同""医工协同",充分调动各方推动科技成果转移转化的积极性,促进技术、资本、人才、服务等创新资源深度融合与优化配置,加快医学与健康科技成果转化,打造核心竞争力强的医药工业,推动健康产业发展。

第四节　教育领域：加强教育普及，提高健康人力资本经济贡献

从健康人力资本的投入产出的角度来看，教育领域是健康人力资本强国建设中非常重要的部分。健康教育可以通过教育经费、受教育年限、高等教育人数、万人专业技术、教育设施、教育行业从业人员等方面来反映。

教育对于健康有一定的促进作用。首先，受过高等教育的劳动人口的健康水平明显高于其他群体。受过高等教育的劳动人口健康水平在 35 岁之后明显大于高中及以下劳动人口，且下降速度也明显放缓，与其他群体的健康优势越来越大。其次，教育程度为高中、初中、小学及以下的劳动人口在 50 岁之前健康水平下降的速度基本一致。再次，受过高中教育和高等教育劳动人口的健康变动规律在 35 岁之前非常接近，35 岁之后两者的健康水平出现了明显差别。最后，高中教育对劳动人口的健康影响程度最大，因此，十九大提出的普及高中阶段教育对提升我国劳动人口的整体健康水平具有明显作用。提高劳动人口受教育水平，不仅可以直接提高我国教育人力资本的产出水平，还可以通过健康间接增加我国健康人力资本，从而提升我国人力资本总量。

因此，教育领域的计划包括：健全健身公共服务，提高全民身体素质水平；发展健身运动产业，引导多元主体力量参与；发展健康服务新业态，探索智能化服务体系。

一、行动计划之九：发展高等教育普及化，提升人力资本转化水平

高等教育普及化通过提升人们的受教育水平提高健康人力资本的产出水平和投入产出效率，促进经济的高效率发展。在健康人力资本强国建设的过程中，健康教育领域是非常重要的部分，它不仅可以直接提升教育人力资本的水平，同时也可以更高效地提升健康人力资本的水平，促进健康人力资本的转化。具体内容如下。

受教育状况是人口的一个重要特征，也是反映人口质量的一项重要内容。一个国家或地区人口的受教育状况往往标志着该区域的社会经济发展的程度。受高等教育状况越好的区域，人口素质、社会经济发展水平和文明程度一般也越高。高等教育促使健康人力资本能够胜任更加复杂、要求更高的工作，提高人均受教育年限，发展高等教育普及化，可以提升人力资本转化水平。

提高健康人力资本受教育水平和投资结构，促进健康人力资本的教育产出。从产出的角度来看，高等教育普及化，有助于人员受教育程度整体提升，包括万人拥有专业技术人员数增加，36～55 岁从业人员比例增加，人均受教育年限增加等；科技成果数量增多，主要体现为万人拥有科技项目数、万人拥有新产品开发项目

数、万人拥有发明专利数三项指标，这三项指标是衡量一个国家或地区科研产出质量和市场应用水平、自主创新能力的综合指标，是教育投入在国民教育水平一定程度上的体现。

此外，在发展高等教育普及化的同时，应进一步将九年制义务教育推广至十二年制，提高全民的受教育水平，从而提高健康人力资本的经济贡献。

二、行动计划之十：加强继续教育专业化，提升人力资本转化效率

在教育领域，除发展高等教育普及化之外，还应发展继续教育的专业化。原因在于，继续教育专业化方面的投入，可以提升健康人力资本在具体专业、领域和行业的工作业务能力，能够将教育的产出更好地发挥出来，对健康人力资本的转化效率的提升有非常重要的作用和意义。具体计划内容如下。

（1）建立健康教育医学高等教育的方向，短期强化培训，拓展培训渠道和培训模式，加快高质量的健康教育专业人员的培训。同时明确责任和能力的健康教育需求，开展服务人员继续教育，提高服务人员的素质和能力。

（2）建设终身教育、学习型社会，推进继续教育的专业化建设。结合终身教育的需要、经济结构演变和经济迅猛发展的需要、科技的飞速发展和技术变革创新的需要、人力资源向人才资源转化的需要、全球化效应的影响和全球性人才竞争的需要等，从理念、法制环境、管理机制、师资、人才、市场、课程设计、教学管理、理论研究等方面推进继续教育的专业化建设和终身教育的社会化建设。

第五节　环境领域：加强环境问题治理，提升健康人力资本环境质量

环境领域是健康人力资本强国建设中不可忽略的一部分。健康环境领域可以从废水处理、废气处理、固体废物处理、生活垃圾处置、森林覆盖率等五大方面来体现。在健康人力资本强国建设的过程中，加强环境问题的治理，不仅包括环境污染等相关问题，也包括食品安全、交通安全等相关的问题。从环境的角度提升人力资本的健康水平，应充分重视环境污染、食品安全、生产交通安全等方面，通过加强相关方面的治理，提升健康人力资本的环境质量，从而保障健康人力资本的发展和资本转化效率。健康环境领域包括三个计划，分别为：深入开展污染防治，建立健全环境健康监测体系；完善食品安全标准体系，加强食品安全监管；强化生产交通安全，提高突发事件应急能力。

一、行动计划之十一：深入开展污染防治，建立健全环境健康监测体系

环境健康发展是健康人力资本强国建设的需求。深入开展污染（大气、水、土

壤、噪声、油烟等)防治,建立健全环境健康监测体系,可以有效改善环境,解决相关环境问题,提升环境质量。对环境污染进行防治,可以直接减少环境对健康人力资本的伤害,提升健康人力资本的环境质量。行动计划的具体内容如下。

(1)逐步建立健全环境与健康管理制度。开展重点区域、流域、行业环境与健康调查,建立覆盖污染源监测、环境质量监测、人群暴露监测和健康效应监测的环境与健康综合监测网络及风险评估体系。

(2)加大环境治理决心,营造美丽中国。根据世界卫生组织研究,人的行为方式和环境因素对健康的影响越来越突出。加大环境治理决心,开展大气、水、土壤、噪声、油烟等污染防治工作,建设美丽中国,实现人们对美好生活的向往。把美丽中国和健康人力资本强国的建设有机统一,动员全社会共同营造健康环境,从城市规划、建设到管理等各方面,都以人的健康为中心,保障居民健康生活和工作,使健康人群、健康环境和健康社会有机结合。

(3)做好健康信息发布和舆情引导。通过建设健康管理信息交互平台解决健康智能终端数据信息的收集与利用等方面诸多难题。结合健康知识和技能等专业性知识,在卫生健康信息互通共享的基础上,做好健康信息的发布和舆情的引导。面对当前部分地区环境污染严重、医患关系紧张等突出问题,进一步加强相关信息的准确传播和正向引导,开展舆情监测,正确引导社会舆论和民众科学理性应对健康风险因素。规范医疗、健康等相关产业的广告、信息发布,加大监督和管理力度,坚决打击虚假医药广告和具有目的性的保健推广,严厉惩处不实和牟利性误导宣传行为。

二、行动计划之十二:优化生活环境质量,促进健康人力资本生成

从环境的角度来看,进一步优化生活环境质量,包括提升森林覆盖率、完善食品安全标准体系、加强生产交通安全等,深入提升生活环境的健康水平,从而通过改善人力资本的健康水平,间接地提升健康人力资本的质量,促进健康人力资本的生成。具体内容如下。

(1)提升森林覆盖率,建设友好型生活环境。环境问题治理除了包括污染防治外,还包括友好型环境的建设。森林具有涵养水源、保持水土、净化水质、调节气候等多种功能,在保护生态安全、淡水安全、维护人类生存发展中具有不可替代的作用。我国总体上缺林少绿,森林生态安全问题依然突出,森林总量不足、质量不高的状况没有根本改变。特别是现有造林地大部分在干旱半干旱地区,造林绿化越来越困难。一些地方重造林、轻管护,重利用、轻保护,资源保护和森林经营跟不上,形成了大量低质低效林,生态功能和经济效益都不明显。因此,提升森林覆盖率,可以进一步优化健康人力资本生成的环境质量。

(2)完善食品安全标准体系,实现食品安全标准与国际标准基本接轨。加强食品安全风险监测评估,到 2030 年,食品安全风险监测与食源性疾病报告网络实现

全覆盖。全面推行标准化、清洁化农业生产,深入开展农产品质量安全风险评估,推进农兽药残留、重金属污染综合治理,实施兽药抗菌药治理行动。加强对食品原产地指导监管,完善农产品市场准入制度。建立食用农产品全程追溯协作机制,完善统一权威的食品安全监管体制,建立职业化检查员队伍,加强检验检测能力建设,强化日常监督检查,扩大产品抽检覆盖面。加强互联网食品经营治理。加强进口食品准入管理,加大对境外源头食品安全体系检查力度,有序开展进口食品指定口岸建设。推动地方政府建设出口食品农产品质量安全示范区。推进食品安全信用体系建设,完善食品安全信息公开制度。健全从源头到消费全过程的监管格局,严守从农田到餐桌的每一道防线,让人民群众吃得安全、吃得放心。

(3)强化生产交通安全,提高突发事件应急处置能力。生产交通安全是健康人力资本生成的环境保障,保护劳动者的生命安全和职业健康是安全生产最根本、最深刻的内涵,是安全生产本质的核心。经济社会的发展不能以牺牲精神文明为代价,不能以牺牲生态环境为代价,更不能以牺牲人的生命为代价,因此,在健康人力资本的建设过程中,应不断提高突发事件应急处置能力,为健康人力资本的生成提供环境保障。

第十八章　中国健康人力资本 2050 战略支持与保障措施

实施健康人力资本 2050 战略,全面建成健康人力资本强国,需要全面贯彻党的十九大精神,以习近平新时代中国特色社会主义思想为指导,必须长期坚持,落实到健康人力资本强国建设的全过程、各环节,采取针对性更强、覆盖面更大、作用更直接、效果更明显的举措,确保健康人力资本 2050 战略落到实处。结合健康人力资本强国建设的重点领域和行动计划,研究战略支持和相关保障措施。围绕健康人力资本强国建设的五大领域和十二个行动计划,从国家宏观层面,针对体制机制、人口政策、科技创新、信息建设、法制建设和组织实施等几大方面开展相关研究。战略支持和保障措施如图 18-1 所示。

第一节　深化体制机制改革,优化健康人力资本制度环境

从宏观的角度来看,建设健康人力资本强国需要良好的制度环境作为支持。从健康人力资本 2050 战略的重点领域和行动计划来看,建设健康人力资本强国应在全国范围内形成以下几个比较好的体制机制,包括:健康意识体系、卫生体制、筹资机制、社会共治体制等。其中,健康意识体系的建立可以促使健康方式的普及;卫生体制的深化改革有利于推动医疗保障的完善和发展;健康筹资机制的完善主要从健康领域财政投入的角度进行健康人力资本制度环境的优化。

一、建立健康意识体系,把健康理念融入相关政策

健康意识体系的建立,是保障健康生活方式实现和普及的重要举措。健康意识体系的建立基于"大健康"的发展理念,从倡导国民健康行为、心理健康、教育等方面进行分析,主要包括以下几个方面的内容。

(1)健康意识体系的建立应贯彻大健康发展理念,倡导国民健康行为。坚持新时代的健康要求和健康卫生工作方针。在工作中强调基层工作重点,坚持实效为

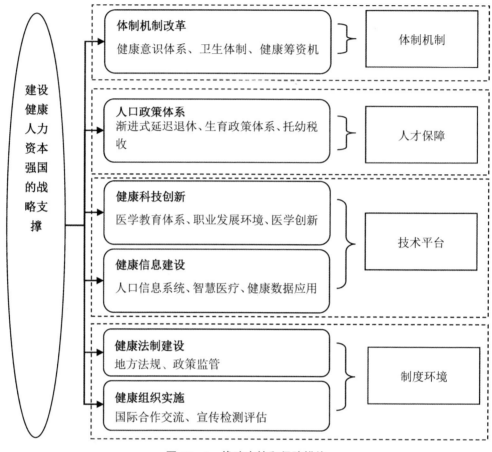

图 18－1　战略支持和保障措施

主、预防为主、重心下移,形成区域化、网络化、全面覆盖的健康人力资本支持体系。通过倡导国民健康行为,切实贯彻好落实好大健康发展理念。从个人做起、从人群做起,建立全民健康意识体系,促进健康人力资本的形成。

(2)健康意识体系的建立应结合具体的活动推广健康生活方式。针对具体人群进行顶层设计,进行生活方式的指导及干预,通过开展具体可操作可落实的专项行动,如健康体重、健康口腔、健康骨骼等专项行动。通过具体的活动推广健康生活方式,如日常健身、口腔保健等。开发可以养成健康生活方式的技术用品,如计步器可以激励人们每天多走路、心率测试等有助于提醒人们关注自身健康。另外,可以在贯彻大健康发展理念的同时,宣传健康知识,全面提倡推广健康生活方式。

(3)健康意识体系的建立应充分注重心理健康,保障精神卫生。健康意识的形成和建立,心理健康和精神卫生是非常重要的内容。一个人的心理健康出现了问题,就会造成他的不健康状态,从而影响个人的发展;一个群体的心理健康出现了问题,就会造成整个群体的价值观、认知等方面的问题。健康人力资本战略研究,首先要形成全民健康意识体系,因此,保障心理健康和精神卫生非常重要。可以通过加强心理健康服务体系的建设和规范化管理,通过提供心理健康知识、做好心理疾病科普工作,提升人民群众心理健康素养。[①]

(4)健康意识体系的建立应弘扬健康文化,重视健康教育。要弘扬健康文化,首先要在社会层面倡导一种新的价值取向,全面认识健康的重要性,把提高健康水平和生命质量作为人类社会发展的终极目标。通过社会舆论的正确引导,倡导健康文化,形成一种社会氛围,将健康理念渗透到千家万户,并通过科学的健康管理手段,逐步转化成市民的健康行为,使健康生活方式成为全社会的新风尚。将健康教育作为重要内容纳入现有的教育体系中,通过健康知识的传授、健康习惯的养成、健康机制的推进,从而建立健康意识体系。

二、深化卫生体制改革,协调推进各项健康配套改革

卫生体制的深化改革有利于推动医疗保障的完善和发展,通过协调推进各项健康配套改革,可以充分发挥医疗保障体系的作用,为健康人力资本强国的建设提供医疗卫生保障能力。主要包括以下几个方面的内容。

(1)推进医疗卫生体制改革,构建健康保障体系。围绕着高质量建设"健康中国"战略目标,将医疗卫生服务领域的关键环节、职能和权责,按公共服务、市场监管和政府经济调节进行重新规划设置。科学配置职能,明确权责,高效协同,推进公立医院体制改革,激发医疗卫生事业的新发展,通过进一步发挥协同效应,解决"看病难、看病贵"的难题。

(2)健全现代医院管理制度,突出公立医院的医疗公益性。围绕现代医院管理制度的健全,政府在公立医院的建设和管理上明确职责,通过落实医院的管理自主权,进一步激活公立医院发展过程中的能量细胞,在推动公立医院发展的同时,重视公立医院的公益性,一方面拥有合理的人事薪酬制度,另一方面又可以提供高质量的医疗服务和医疗安全,从而为健康人力资本强国的建设提供医疗卫生保障能力。

(3)优化医疗资源配置,全面建立分级诊疗制度。优化医疗资源结构和布局,在医疗卫生机构的功能定位上应不断明确,通过构建"基层首诊、双向转诊、急慢分治、上下联动"的分级诊疗制度,形成"1+1+1"分级诊疗的模式(居民与家庭医生团队签约的同时,自愿选择 1 家区级和 1 家市级医疗机构签约),更加合理地利用医疗资源;通过建立医疗联合体,提高不同区域内的医疗资源利用效率和整体效益。在统一的医疗卫生服务体系下,全民可以享受到一体化、连续性、高质量的医疗卫生服务。

(4)健全全民医疗保障制度。完善医保筹资和待遇调整机制,实施好城乡居民

---

① 关于加强健康促进与教育的指导意见[OL].政务信息—健康报网—国家健康门户.

基本医保"六统一"政策,完善统一的城乡居民基本医疗保险制度和大病保险制度,加强制度间衔接。逐步在公立医院推行按病种付费为主的复合型付费方式改革,同步推进临床路径管理,严控医疗费用不合理增长。落实商业保险机构承办大病保险,支持其参与基本医保经办服务。[①]

三、完善健康筹资机制,加大健康领域财政投入力度

健康人力资本与经济社会发展之前存在着相互制约关系,一方面通过增加健康投资促进了经济增长和社会稳定,另一方面,经济增长增加了家庭健康投资和政府公共健康投资。这两大关系相互促进,从而确立了健康人力资本在国民财富体系中的地位。从财政投入的结构和角度分析健康人力资本投入的水平,完善健康人力资本的筹资机制,进一步优化制度环境,可以保障健康人力资本强国的建设的投入,通过优化财政投入结构,可以实现健康人力资本和社会经济的有效互动。具体包括以下内容。

(1)调整财政投入结构,优化健康人力资本财政投入。节约支出,发展经济。第一,发展经济。经济是财政的基础,经济基础决定财政收入,没有经济的"来源",就没有财政收入的"活水"。更多的经济活动,良好的经济效益,自然就可以征收更多的税收,增加财政收入。现阶段,我国进入经济发展新常态阶段,政府可以制定一系列政策,鼓励创新,激励小微企业发展,优化产业发展结构,保证经济可持续发展。第二,节约支出。开源节流是政府解决财政收支矛盾的原则。控制财政支出总量,加大财政支出监督力度,保证财政支出的有效性;优化财政支出结构,合理安排财政在各领域的支出比重,不断调整和优化财政支出结构,保证财政支出效率。从某种意义上讲,节约支出就是增加了财政收入。调动各方的积极性。地方财政收入和中央政府收入构成我国的财政收入,因此,为了增加财政收入,各方必须共同努力,充分发挥积极性和创造性。首先,调动各级、各部门的积极性,可以发布评估指标,奖励和惩罚措施得以实施发展。其次通过教育和宣传手段提高纳税人的纳税意识和税务意识。

(2)合理控制健康人力资本财政投入规模。我国健康人力资本财政投入的理论最优数量为其占财政支出的 35.40%。近年来,虽然我国健康人力资本财政投入数量低于其理论最优数量,但是我国健康人力资本财政投入数量逐年增加,且与健康人力资本财政投入理论最优数量之间的差距呈逐年缩小趋势。

在一定的财政收入下,增加健康人力资本财政投入规模势必会减少国家对物质资本的投入量,导致经济发展停滞或倒退。因此,促进我国健康人力资本制度以及国民经济的健康发展,不得不考虑到我国财政投入规模现状。要控制健康人力资本投入数量,使其尽量与健康人力资本财政投入理论最优规模吻合。此外,加大

---

① 李斌.实施健康中国战略[N].人民日报,2018-01-12.

财政对健康人力资本投入不能单纯从加大财政投入的数量,应当通过新增财政收入来解决健康人力资本财政投入不足状况,而且,还可以从调整财政投入结构入手,在健康人力资本财政投入数量一定的情况下,增加其投入效率。

(3)合理控制社会保障投入规模。有些省(市、自治区)对财政社会保障投入收益呈递减趋势,增加财政投入社会保障并不能有效提高公共产品和公共服务的供给,反而会使财政社会保障投入效率降低。这些省(市、自治区)的财政社会保障投入可以控制在一定程度上,以提高他们的财政社会保障投入的效率。当然,有些省(市、自治区),其财政社会保障投入收益呈规模报酬递增,政府可以加大财政社会保障投入,注重提高社会保障资金的利用率,从而提高财政社会保障投入效率。财政社会保障投入收益变化不明显的省(直辖市、自治区),表明目前的财政社会保障投入规模是最优规模,没有必要增加或减少他们的财政社会保障投入。各省(直辖市、自治区)也可以根据自身社会保障发展的情况和长远目标,结合考虑往年财政社会保障支出收益情况,来确定当下的财政社会保障支出规模。

(4)提高社会保障投入预算管理水平。进一步改善我国的公共预算监督体系,公示地方政府的预算和决算。提高预算的透明度,向地方政府开放,促进社会保障预算的监督管理。为了确保财政预算和决算公开严格按照法律的规定,我们必须完善监督制度,使其更完整和有效。地方政府应主动接受,甚至鼓励公众、媒体、政府审计和其他社会部门对政府部门的预算和执行情况进行监督,以提高他们的公共预算透明化。

(5)不同地区采取不同群众体育财政投入对策。对处于规模报酬不变,且综合效率有效的省份,可以提高或者保持现在的投入水平。对规模报酬不变或递增、纯技术效率有效和综合效率无效的省份,可以提高或保持现有的投入水平。对规模报酬呈递减趋势、纯技术效率有效和综合效率无效的省份,可以改变其投入结构,从而提高产出效率。对规模效率和纯技术效率都没有效率,且规模报酬呈递增趋势的省份,可以既加强投入管理来提高效率,又要加大群众体育财政投入规模。

(6)完善政府间转移支付制度,促进区域群众体育协调发展。为了确保地区间、城乡间群众体育协调发展,保证体育公共服务在不同地区之间、城乡之间的公平,在转移支付方面,我国可以逐步改革现行的"基数法"分配原则,采用国际上的"因素法",综合反映各地区实际发展情况,合理确定中央政府对地方政府的财政转移支付标准,确保群众体育的发展拥有相对充足的财政资源。转移支付制度的改革应逐步加大一般性转移支付的比例平衡,削弱并最终消除退税,减少和改革体育专项转移支付,实现政府间群众体育事业财政的垂直和水平的平衡以及正确的匹配。

第二节　优化人口政策体系，夯实健康人力资本基础建设

建设健康人力资本强国应充分发挥我国的人口优势。在我国与 OECD 国家的对比分析中可以看出，我国健康人力资本排第 2 位。因此，在建设健康人力资本强国的过程中，应提高健康人力资本的利用效率，适时推出渐进式延迟退休的制度；同时，应进一步优化生育政策体系，出台托幼税收等相关配套措施。

一、提高健康人力资本利用效率，适时推出渐进式延迟退休制度

人口政策体系的优化，有利于夯实健康人力资本的基础建设。提高健康人力资本的利用效率，保证健康人力资本的人口优势，可以保障健康人力资本强国的建设和实现。

从健康人力资本和社会经济的关系来看，提高健康人力资本投资推动经济发展。在增加人力资本健康投资时，如在医疗卫生、保健、生活方式、教育和环境保护等方面，会提高人力资本健康水平，即体现在生理健康、心理健康、社会适应、道德健康等方面。而人力资本健康水平的提高引起生产要素在质量和数量上的变化。在微观层面，当劳动者的身心和工作环境得到改善时，劳动效率得到提高；当劳动者因健康投入而减少疾病时，劳动时间也会增加。在宏观层面，身体健康状况的改善导致死亡率减少和预期寿命增加，这会改变人口质量和人口结构。生产要素质量提高和数量增加则推动了经济增长。这一影响机理可表示为"健康投资增加，有助于健康水平提高，从而提高生产要素质量和数量，最后推动经济增长"。

与此同时，经济发展促进健康公共投资规模合理化。健康投资是建立在经济发展的基础上之上的。经济发展一方面引起家庭收入增加，另一方面则引起财政收入增加。当家庭收入增加时，会引起健康意识提高，从而用于健康投资的部分增加。当政府财政收入增加时，用于公共健康投资的财政支出也会增加。但对于政府而言，其财政支出除了公共健康投资之外，还会用于物质资本投资，这就引发了健康公共投资的最优规模问题，即与经济增长相适应的投资规模。这一影响机理可表示为"经济增长→家庭收入和财政支出增加→家庭健康投资和公共健康投资增加"。

健康人力资本与经济社会发展相互作用机制形成了一个完整的循环：当增加在医疗卫生等领域的健康人力资本投资时，在微观层面增加了有效劳动量，在宏观层面上改变了人口结构并提高了人口质量，这些生产要素的改变促进了经济增长和社会发展。而经济增长则进一步提高了家庭收入水平和政府财政支出能力。家庭收入水平的提高扩大了家庭健康投资，而政府财政支出能力的提高不仅增加了公共健康投资的资金数量，而且会提高公共健康投资资金的使用率。家庭健康投

资和政府健康投资又促进了此后的经济增长和社会发展,从而构成了一个完整的良性循环。

因此,优化人口政策体系,旨在提高健康人力资本的利用效率,从而促进健康人力资本与社会经济的良性促进和相互转化。进一步来讲,如何合理有效地提高健康人力资本的利用效率,也是人口政策体系优化的关键内容。随着我国人口结构的不断发展变化,完善退休人口发展政策,一直备受关注。根据新时代健康人力资本 2050 战略的定位和目标等,结合人口预期寿命、退休政策、劳动力市场的要求分析健康人力资本的利用效率以及健康人力资本强国建设中的需求重点,完善人口政策,从实际情况出发,适时推出渐进式延迟退休制度,营造有利于经济社会协调发展和人的全面发展的人口环境,进一步提高人口素质,强化人力资本优势。

二、优化生育政策体系,出台托幼税收优惠相关配套措施

优化生育政策体系,出台托幼税收优惠等相关政策,是人口政策体系的又一个重要部分,有利于实现健康人力资本的有效转化,可以对我国建设健康人力资本强国起到很好的支持和保障作用。

(1)从生育率与健康人力资本的关系来看,健康人力资本是一种无形的资本,在经济增长中的作用不容忽视。健康人力资本包括质和量两个部分,不仅与就业人口数量、结构有关,也与经济发展水平和社会经济收入有关。人口年龄结构变化不仅影响到现在和未来人力资本的"量",同时还影响到人力资本的"质"和创新能力。然而从现在来看,由于工作、经济、家庭等多重因素的影响,我国生育率水平一直处于不很高的水平,而生育水平的高低直接影响到未来人口的数量和结构。持续较低的生育水平将会导致人口少子老龄化。[1] 从健康人力资本战略的角度来说,出台相关的政策,如托幼、减免税收等政策,从中长期来看,有利于健康人力资本强国的实现。

(2)从生育政策和健康人力资本的角度来看,生育需求与养育成本、医疗保障等存在较大的矛盾。计划生育政策曾是我们国家的重要人口政策,它不仅有效控制了人口增长速度,同时也通过计划性的生育方式提高了人口素质、维护了女性社会地位、提高了女性受教育的机会。但是,在计划生育政策的影响下,有些人已经逐渐形成少生甚至不生育的观念和习惯。在进行健康人力资本战略研究时,必须认真看待人口因素带来的影响。伴随"全面二孩"政策的全面实施,由此带来的影响也将是多方面的,比如女性获得同等工作待遇的机会、受教育的机会、高龄产妇的生育危险等。"全面二孩"政策实施后,累积生育需求集中释放,需要完善生育政策,着力加强生育全程基本医疗保健服务,增加产科、儿科服务供给。启动实施母婴安全和健康儿童行动计划。实施计划生育家庭特别扶助金标准调整机制。健全

---

① 李建新,夏翠翠.人口生育政策亟待全面彻底改革——基于人力资本、创新能力的分析[J].探索与争鸣,2014(6).

完善税收、住房、就业、家庭发展、托幼服务等社会经济政策,与生育政策配套衔接,加强生育全程基本医疗保健服务。

第三节　推进健康科技创新,加强健康人力资本人才建设

建设健康人力资本强国的过程中应加强人力资源的建设,尤其是医疗相关人才的培养。具体来说,健康科技创新的推进,可以为建设健康人力资本强国提供技术保障。通过完善医学创新制度、打造医学创新平台、完善医学教育体系,从而推进和完善对医学人才的培养。人力资源的建设包括专业人才的培养和市场供需、复合型人才和人才队伍的建设、人才职业发展和企业单位用人机制等内容。加强人力资源的建设,提高健康人力资本的投入力度,提升现有健康人力资本的产出和转化水平,是建设健康人力资本强国的重要推动力和人才保障。以下从完善医学创新制度、打造医学创新平台、完善医学教育体系和人才培养供需平衡机制、加强人才队伍建设和基层紧缺专业人才培养、优化职业发展环境和形成能进能出的灵活用人机制等方面来分析。

一、完善医学教育体系,健全人才培养供需平衡机制

加强人力资源建设,提高健康人力资本投入力度,首先是医学相关人才队伍的培养以及供需机制的完善。从根本上来说,建设健康人力资本强国,需要全方位多角度地提升人力资本的健康水平,并进一步通过健康医疗投入的方式提升健康人力资本的质量,因此,完善的医学教育体系和完善的人才培养及供需平衡机制是关键。

完善医学教育体系和医学相关人才的培养和供需应从医学人才培养、医学继续教育、医学教育体系完善、医学人才用人和人才发展等多方面进行考虑。

(1)健全医学继续教育制度,完善医学终身教育体系。医学教育是卫生事业发展的基础,健全医学继续教育制度,保障医学继续教育质量可以保障医药卫生人才队伍的整体素质。在医学教育体系方面,医学继续教育是指完成基础医学教育和毕业后医学教育之后进行的在职进修教育,其目的旨在使在职卫生人员不断学习同本专业有关的新知识、新技术,跟上医学科学的发展[①]。因此,从教育的职能上看,它属于成人教育的范畴,是专业教育的继续、补充和完善。在建设健康人力资本强国的过程中,健全医疗保障体系是提高健康人力资本保障能力的重要途径。从人力资源建设的角度来看,应抓好院校医学教育质量,健全和完善毕业后医学教育制度,强化对医学毕业生的规范化培养,并大力发展以新理论、新知识、新技术和

---

① 顾兴成.浅谈如何提升疾病预防控制人力资源的质量[J].中国农村卫生事业管理,2011(6):609-610.

新方法为重点的继续医学教育工作,完善医学终身教育体系。此外,在健全医学教育制度的同时,要高度重视医药教材建设工作,全局思考医学教育体系,为培养高素质人才提供保证。认真做好教材规划工作,要从中国国情实际出发,做到公众教育、入学前教育、学校教育、资格准入考试、继续教育立体化通盘考虑,以满足不同层次、不同专业、不同语种的医药学教育教学需要。

(2)建立符合行业特点的编制人事和薪酬制度,完善人才供给平衡。医疗卫生行业,尤其是公立医院,因其是人们健康的支持和保障,建立起符合行业特点的编制人事、薪酬制度以及动态调整机制,可以对医疗卫生行业引进高层次人才、短缺专业人才以及具有高级专业技术职务或博士学位人员,资源配置、分级诊疗等方面发挥积极正向作用。公立医院可以根据区域、地方的具体情况建立符合行业发展特点的相关制度,并在不断发挥制度的前提下,完善人才供给、绩效分配、医疗服务供需平衡等。

(3)健全完善人才培养使用和激励评价机制。医疗卫生人才由于工作岗位的特殊性,尤其特殊岗位,常常面临较大的工作强度和心理压力。从健康人力资本人才建设的角度,健全完善人才培养使用和机理评价机制,从提升和改善薪酬待遇、发展空间、执业环境、社会地位等方面入手,调动广大医务人员积极性、主动性和创造性,发挥医务人员改革主力军作用。一是健全人员培训培养的制度,完善医学继续教育体系,使每名医务人员都有接受继续教育和职业再培训的机会。二是创新人才培养的机制,基本建成院校教育、毕业后教育、继续教育三阶段有机衔接的标准化、规范化临床医学人才培养体系。二是完善医学教育质量保障机制,建立起具有中国特色与国际医学教育实质等效的医学专业认证制度。

二、完善医学创新制度,建设医学协同创新集群机制

建设健康人力资本强国,医疗卫生室重要保障。完善医学创新制度,建设医学协同创新集群机制,为健康人力资本强国的建设提供支持和保障。大力加强国家临床医学研究中心和协同创新网络建设,进一步强化实验室、工程中心等科研基地能力建设,依托现有机构推进中医药临床研究基地和科研机构能力建设,完善医学研究科研基地布局。

(1)通过检验检测中心、医学诊断中心等建设以及进行片区医疗资源的统筹和医联体建设等,完善医学创新制度。加强医学科技全行业、全过程管理的统筹协调,通过加强医学科技创新、学科和人才建设工作的全行业管理,强化顶层设计,制定配套政策;完善医学科技创新与转化的激励机制,营造鼓励创新、宽容失败的创新文化与环境,鼓励科研人员持续研究和长期积累;强化医学科技目标与绩效的监督管理,按照"全程、动态、规范"的管理要求,切实加强对科研基地、实验室生物安全、新技术评估、生命科技伦理辩护与管控、知识产权保护与转化应用的监督管理。

(2)以国家重大项目为契机,培育医学专业研究机构。围绕代谢性疾病、消化

系统疾病、口腔疾病、老年疾病等建设国家临床医学研究中心。以医疗机构为主体，整合各类资源，建立国家转化医学研究基础科学设施，构建开放协同的多学科研究力量和技术平台，开展贯穿基础研究、研发应用、临床实践、卫生政策等领域的转化型研究，提高成果转化效率，促进肿瘤、心脑血管疾病和代谢性疾病等相关诊断和防治的新技术、新产品和新药开发。聚焦肝癌研究关键问题，建成国家肝癌科学中心。按照"资源共享、优势互补、合作共赢"的原则，以国内外热带病防治科研基地为支撑，建设国际热带病联合研究中心。开展全国和区域内疑难危重症的诊断与治疗，示范、推广适宜有效的高水平诊疗技术，推进国家医学中心和国家区域医疗中心建设。以"协同性、多中心、规模性"为主要特点，开展流行病学与防控干预研究，自主研发传染病诊断、预防和防护产品，制定适合国情的重大传染病临床治疗方案，建立与发达国家水平相当的防治技术平台，推广应用研究成果，带动相关产业发展，全面提高我国传染病的预防、诊断、治疗和控制水平。针对严重危害人民健康的重大疾病、多发病和常见病以及罕见病，创制重大新药。建设中医药传承创新工程，重点打造中医药科技创新和临床研究中心，推动中医药服务资源和临床科研有机结合，建设具有国际水平的中医药学前沿科学技术平台。启动实施脑科学与类脑研究、健康保障等重大科技项目和重大工程，推进国家科技重大专项、国家重点研发计划重点专项等科技计划。

三、注重人才队伍建设，加强基层和紧缺专业人才培养

建设健康人力资本强国，既要充分发挥出人口的基础优势，又要发挥出人力资本投资转化的高效率的优势。只有这两者兼顾，才能够实现健康人力资本的投入产出的高效率。因此，人力资源建设的第二个方面就是人才队伍的建设，尤其是基层和紧缺专业人才的培养。健全多层次人才培养体系，加强制造业人才发展统筹规划和分类指导，组织实施制造业人才培养计划，加大专业技术人才、经营管理人才和技能人才的培养力度，完善从研发、转化、生产到管理的人才培养体系。

第四节　深化健康信息建设，完善健康人力资本智能管理

健康人力资本强国的建设和战略实施中重要的一个环节是对健康人力资本的监测和管理。因此人力资本健康信息的建设和管理，对完善健康人力资本的智能管理而言非常重要。深化健康信息的建设，完善人力资本的智能管理，主要从以下三个方面进行：推进智慧医疗管理，逐步转变居民智慧就医方式；完善健康人力资本信息系统，构建人口健康大数据信息平台；提升健康人力资本数据的利用效率，推进数据开放和挖掘。

一、完善健康人力资本信息系统，构建健康大数据平台

随着互联网和物联网的发展，建设和完善健康人力资本信息系统，可以构建健康人力资本的大数据平台，方便健康人力资本强国建设过程中的信息管理和有效监测。全面建成统一权威、互联互通的健康人力资本信息平台，规范和推动"互联网＋健康人力资本"的投资和服务，促进"互联网＋"背景下健康人力资本信息的完善。

在信息化建设上做到"统一购置设备，统一建立信息室，统一管理制度，统一集中使用"四个统一，加强对计算机设备的使用和管理。同时，多部门、多渠道、多形式地开展培训，在部门配合和信息共享中体现部门联动、规范程序、督查考核等特点，形成比较完善的健康人力资本信息系统，包括人口数量、结构、迁移、婚育等人口基础信息，以及翔实准确的人口形势分析，为科学决策、人口综合服务管理提供信息支撑，为健康人力资本强国建设提供人口健康数据信息平台。

健康人力资本信息系统应包括以下几个方面的内容。①全员人口信息。包括人口基本信息、家庭户及户成员信息、计划生育服务管理相关信息、流动人口计划生育服务管理信息等。②电子健康档案，是居民健康管理（疾病防控、健康保护、健康促进等）过程的规范、科学记录，是以居民个人健康为核心，贯穿整个生命过程，涵盖各种健康相关因素，实现多渠道信息动态收集，满足居民自我保健和健康管理、健康决策需要的信息资源。③电子病历，是指医务人员在医疗活动过程中，使用医疗机构信息系统生成的文字、符号、图表、图形、数据、影像等数字化信息，并能实现存储、管理、传输和重现的医疗记录，是病历的一种记录形式，包括中西医电子病历。④受教育经历，是指居民有目的有计划地接受培训和知识的学习，包括学校学习阶段的教育和离开学校后的相关继续教育经历。⑤工作经历，是指人们参加工作后的相关工作种类、形式、时间，以及工作的变动情况等。⑥其他信息，是各类健康人力资本管理中相关生产性信息、管理决策信息以及人口健康信息管理系统产生的信息等。

二、推进智慧医疗管理，逐步转变居民智慧就医方式

健康人力资本强国需要提升健康人力资本的投资利用率。通过推进智慧医疗的管理，不断转变居民的就医方式。党的十九大再次明确了大健康观的核心要义，即"为人民群众提供全方位全周期健康服务"，把健康中国上升到国家战略高度的大背景下，是我国从重医疗转向重人民健康，从以疾病为中心转向以人民健康为中心的健康机制转型。

推进智慧医疗管理，首先要加快全方位全周期的健康服务体系建设。健康中国战略的提出使得健康服务具有更加深刻的内涵，在健康中国建设中扮演了重要角色，把健康融入所有政策，将维护人民健康的范畴从传统的疾病防治拓展到生态

环境保护、体育健身、职业安全、意外伤害、食品药品安全等领域,普及健康生活、优化健康服务、完善健康保障、建设健康环境、发展健康产业,实现对生命全程的健康服务和健康保障。全方位全周期健康服务是指覆盖每个人从生到死全生命周期,涵盖预防、急病、慢病、康复、养老等公平可及、系统连续的健康服务。从全方位的角度来说,健康服务涉及中国各个地理区域,需要打破中西部、城镇与农村的服务差异,涉及各类人群,重点关注妇女儿童等特殊群体。从全周期角度来说,健康服务涉及全生命周期和疾病周期,从以往的以治疗为主转变为注重预防,加强保健工作。

要实现十九大报告中提出的全方位全周期健康服务,应当在人生命周期中的不同阶段,持续投入各种资源,建立覆盖人生命周期的大健康服务体系。按照"放管服"改革要求,消除政策障碍,鼓励社会力量提供卫生与健康服务。以提高人民健康水平为核心,加强基层医疗卫生服务体系和全科医生队伍建设,是健康服务体系建设的重要抓手,也是中国特色基本医疗卫生制度的一个重要方面。目前基层的服务能力还不平衡不充分,需要利用互联网推动家庭医生签约服务和智能设备辅助等手段来为基层服务赋能,使得国民能够普遍享受健康管理和健康服务,也能提高基层的卫生和健康治理。

通过推进智慧医疗的管理,逐步转变居民的就医方式,如预约就医,减少排队等候的时间;分级诊疗,合理利用医疗卫生资源等。在不断提高就医效率的基础上提升健康人力资本的投入产出效率。

三、提升健康人力资本数据利用效率,推进数据开放和挖掘

加强健康医疗大数据应用体系建设,推进基于区域人口健康信息平台的医疗健康大数据开放共享、深度挖掘和广泛应用。消除数据壁垒,建立跨部门跨领域密切配合、统一归口的健康医疗数据共享机制,实现公共卫生、计划生育、医疗服务、医疗保障、药品供应、综合管理等应用信息系统数据采集、集成共享和业务协同。

数据挖掘可以透过健康人力资本的大数据的表面发现内在的规律和特征,通过分人群分地区的数据分析,可以对政策制定和实施、医疗卫生促进、健康信息管理、保健和生活方式的倡导、环境和教育等方面有指导意义,从而进一步促进健康人力资本强国的建设。

健康人力资本数据挖掘从以下几个方面进行:健康人力资本的健康管理情况分析;分人群的健康人力资本的特点、状况、趋势;分地区的健康人力资本的特点、状况、趋势;医疗卫生、教育、环境、健康生活方式与健康人力资本的促进作用等。通过数据挖掘的方式提升健康人力资本数据的利用效率。

第五节 加强健康法治建设,提高健康人力资本建设监管力度

改革开放 40 年的经验告诉我们,做好改革发展稳定各项工作离不开法治,改革开放越深入越要强调法治。要完善法治建设规划,提高立法工作质量和效率,保障和服务改革发展,营造和谐稳定社会环境,加强涉外法治建设,为推进改革发展稳定工作营造良好法治环境。健康人力资本强国的建设和战略实施既是我国健康人力资本质和量的提高,同时也是我国医疗卫生、教育、环境等体制机制深度完善和协调发展的过程。因此,加强健康和人力资本相关的法制建设,可以提供健康人力资本的建设依据和建设有益于健康人力资本的制度环境。

一、加强地方法规制定,贯彻落实国家基本医疗卫生法

推动颁布并实施基本医疗卫生法、中医药法,修订实施药品管理法,加强重点领域法律法规的立法和修订工作,完善部门规章和地方政府规章,健全健康领域标准规范和指南体系。强化政府在医疗卫生、食品、药品、环境、体育等健康领域的监管职责,建立政府监管、行业自律和社会监督相结合的监督管理体制。加强健康领域监督执法体系和能力建设。

党的十八届四中全会专题研究了全面推进依法治国重大问题。党的十九大描绘了 2035 年基本建成法治国家、法治政府、法治社会的宏伟蓝图。要贯彻中国特色社会主义法治理论,贯彻新发展理念,同我国发展的战略目标相适应,同全面建成小康社会、全面深化改革、全面从严治党相协同,扎扎实实把全面依法治国推向前进,确保制度设计行得通、真管用,发挥法治固根本、稳预期、利长远的保障作用。

中央全面依法治国委员会成立以来,坚持党对全面依法治国的集中统一领导,积极推进全面依法治国重点工作。各地区各部门和委员会各协调小组、成员单位履行责任,积极作为,推动委员会决策部署落地落实。委员会确定的年度工作任务基本完成,宪法学习宣传教育落点实、效果好,一批涉及高质量发展、保障和改善民生的重要法律法规陆续出台,法治政府建设扎实推进,司法体制改革蹄疾步稳,法治社会建设全面深化,全面依法治国迈出新的步伐。

法治建设规划,事关全面依法治国工作全局。党的十八届四中全会专题研究了全面推进依法治国重大问题。党的十九大描绘了 2035 年基本建成法治国家、法治政府、法治社会的宏伟蓝图。要贯彻中国特色社会主义法治理论,贯彻新发展理念,同我国发展的战略目标相适应,同全面建成小康社会、全面深化改革、全面从严治党相协同,扎扎实实把全面依法治国推向前进,确保制度设计行得通、真管用,发挥法治固根本、稳预期、利长远的保障作用。

发展要高质量,立法也要高质量。要积极推进重点领域立法,深入推进科学立

法、民主立法、依法立法，提高立法质量和效率，不断完善以宪法为核心的中国特色社会主义法律体系，推动形成比较完善的党内法规制度体系。

要以立法高质量发展保障和促进经济持续健康发展。要适应新时代构建开放型经济新体制的需要，制定统一的外资基础性法律。对改革开放先行先试地区相关立法授权工作要及早作出安排。知识产权保护、生物安全、土地制度改革、生态文明建设等方面的立法项目要统筹考虑，立改废释并举。

推进全面依法治国，要坚持法治国家、法治政府、法治社会一体建设，法治政府建设是重点任务，对法治国家、法治社会建设具有示范带动作用。要加强法治政府建设，加强对示范创建活动的指导，杜绝形式主义，务求实效。

规范重大行政决策程序，是依法治国的迫切需要。要把党的领导贯穿于重大行政决策全过程和各方面，履行决策法定程序，增强公众参与实效，提高专家论证质量，坚持合法性审查，防控决策风险。要坚持以人民为中心，坚持从实际出发，坚持尽力而为、量力而行，以规范的程序、科学的决策维护重大公共利益，维护人民合法权益，促进社会公平正义，不断增强人民群众获得感、幸福感、安全感。

二、强化政府监管职责，建立政府社会行业监管体制

强化政府监管职责，在健康产业、医疗卫生、环境、体育等相关领域实现多元主体参与监督管理，建立政府行业社会监管体制。保障健康人力资本强国建设重点领域和行动计划的顺利实施。

法治是最好的营商环境。要把平等保护贯彻到立法、执法、司法、守法等各个环节，依法平等保护各类市场主体产权和合法权益。要用法治来规范政府和市场的边界，尊重市场经济规律，通过市场化手段，在法治框架内调整各类市场主体的利益关系。要把工作重点放在完善制度环境上，健全法规制度、标准体系，加强社会信用体系建设，加强普法工作。对食品、药品等领域的重大安全问题，要拿出治本措施，对违法者用重典，用法治维护好人民群众生命安全和身体健康。要加快推进我国法域外适用的法律体系建设，加强涉外法治专业人才培养，积极发展涉外法律服务，强化企业合规意识，保障和服务高水平对外开放。

各地区各部门要结合实际，压实工作责任，贯彻落实党中央关于全面依法治国的决策部署。中央依法治国委协调小组要发挥好作用，推动本领域法治建设任务落地落实。中央依法治国办要认真履行职责，加强工作任务的协调、督促、检查、推动。督促检查要掌握正确方式方法，突出工作实效。

第六节　加强健康组织实施，完善健康人力资本组织体系

建设健康人力资本强国，一方面要提升健康人力资本的规模，另一方面需要提

高健康人力资本的质量。在建设过程中，要从相关的体制机制、人口政策、人力资源的建设、健康科技的创新、健康信息管理、健康法治等方面进行促进和保障。在体制机制方面，包括全员健康生活方式的形成、健康意识的建立、卫生体制的深化改革；在人口政策方面，包括如生育、退休、税收等；在人力资源的建设方面，包括如医疗专业人才的培养、基层紧缺专业人才队伍的建设等；在健康科技方面，包括医学创新制度和创新平台的建设和完善；健康信息建设方面，包括如健康人力资本的信息管理、智慧医疗的管理、健康数据的应用等；在健康法治方面，包括地方法规，如基本医疗卫生法的落实、政府社会行业的监管体制等。

因此，建设健康人力资本强国，需要全方位全过程全局性地考虑。在组织实施时，应充分考虑各地组织领导、国际合作交流和宣传检测评估等工作。

一、加强各地组织领导，各部门完善相关的配套政策

加强各地组织政策体系的落实以及在人口、生活方式、环境、教育、医疗等方面的配套政策的实施。完善健康人力资本强国建设推进协调机制，统筹协调推进健康人力资本强国建设全局性工作，审议重大项目、重大政策、重大工程、重大问题和重要工作安排，加强战略谋划，指导部门、地方开展工作。相关部门完善配套政策，包括财政、医疗卫生、体育、环境等方面。

首先，强化组织领导。各地要高度重视健康人力资本强国建设的各项相关工作，由党委和政府主要负责同志或一位主要负责同志担任健康人力资本强国建设领导小组组长，亲自负责医改各项工作的开展和实施，充分发挥领导小组的统筹协调作用，统一推进人口、生活方式、环境、教育、医疗等方面的配套政策的联动协调作用。坚持党总揽全局、协调各方，发挥各级党委（党组）领导核心作用，把健康人力资本建设纳入全面深化改革中同部署、同要求、同考核，为完成规划任务提供坚强保证。各地组织要结合实际制定具体实施方案，细化政策措施，精心组织实施。各有关部门要及时制定细化配套措施，加强协作配合，指导督促地方落实规划任务。

其次，强化责任落实。落实各级政府的领导责任、保障责任、管理责任、监督责任，建立责任落实和考核的刚性约束机制。加大政府健康人力资本的投入力度，细化落实政府在健康人力资本投资方面的倾斜政策。强化基层党组织整体功能，在建设健康人力资本强国过程中发挥基层党组织战斗堡垒作用和党员先锋模范作用，增强执行力。

此外，强化科技支撑。加强国家医药卫生科技创新体系建设，继续组织国家科技重大专项和重点研发计划项目，提升科技创新能力。依托各类重点实验室、国家临床医学研究中心和协同研究网络，大力推进临床诊疗指南和技术规范的研究和推广。加快科技成果转化和应用，提供更多满足人民群众健康需求的医药卫生技术和健康产品。

二、加强国际合作交流,积极参与健康领域国际标准

国际合作交流,为我国进一步提升健康人力资本的质量提供了参考。实施中国全球健康人力资本相关战略,全方位积极推进健康人力资本相关领域的国际合作。以双边合作机制为基础,创新合作模式,加强人文交流,促进我国和"一带一路"沿线国家的相关合作。

强化国际合作,制订实施中国全球健康人力资本战略,结合"一带一路"建设,建立完善国际交流合作机制,加强多双边交流合作,深入参与全球卫生、环境、教育、人口等领域的交流,借鉴改革发展的有益经验。

搭建国际化公共服务平台,大力推进医疗卫生服务贸易发展,加快医疗卫生机构走出去步伐,扩大境外人员来华接受医疗卫生服务的规模。以中医药服务贸易为重点,以服务贸易标准为引领,提高中医药的全球影响力。

三、做好宣传监测评估,及时总结成功的经验和做法

制定健康人力资本强国实施阶段性规划等,对人口、医疗、保健、环境、教育等方面政策和措施进行细化完善,明确各个阶段所要实施的重大工程、重大项目和重大政策。建立常态化、经常化的督查考核机制,强化激励和问责。建立健全监测评价机制,制定规划纲要任务部门分工方案和监测评估方案,并对实施进度和效果进行年度监测和评估,适时对目标任务进行必要调整。充分尊重人民群众的首创精神,对各地在实施规划纲要中好的做法和有效经验,要及时总结,积极推广。

强化改革探索,尊重和发扬基层首创精神,充分放权,鼓励地方锐意进取、因地制宜大胆探索,特别是针对一些矛盾和问题多、攻坚难度大的改革,主动作为、勇于攻坚,创造性开展工作。以东、中、西部或以省为单位深入实施健康人力资本的提升计划,区域联动推进健康人力资本的建设。建立完善常态化调研机制,加强对地方的指导,总结实施建设经验,及时将成熟经验上升为政策,努力做到下有所呼、上有所应。

强化督查评估,建立健全督查评估制度,充分发挥第三方评估作用,强化结果运用和激励问责。增强监测实时性和准确性,将监测结果运用到政策制定、执行、督查、整改全过程。国务院人力资源和社会保障部会同相关部门对健康人力资本的实施总体情况进行监督检查和评估分析,统筹研究解决建设和实施过程中的重要问题,重大情况及时向国务院报告。支持民主党派、无党派人士围绕建设健康人力资本强国建言献策,就重要任务的落实开展民主监督。

强化宣传引导,坚持正确的舆论导向,加强正面宣传和舆论引导,大力宣传党和国家关于维护促进人民健康的重大战略思想和方针政策,宣传推进健康中国建设的重大意义、总体战略、目标任务和重大举措。加强正面宣传、舆论监督、科学引导和典型报道,增强社会对健康人力资本强国建设的普遍认知,形成全社会关心支

持健康中国建设的良好社会氛围。

"没有全民健康,就没有全面小康",习近平总书记在全国卫生与健康大会上发表的讲话,强调要把人民健康放在优先发展的战略地位,以普及健康生活、优化健康服务、完善健康保障、建设健康环境、发展健康产业为重点,加快健康中国建设,努力全方位、全周期保障人民健康,为实现"两个一百年"奋斗目标、实现中华民族伟大复兴的中国梦打下坚实的健康基础。人民健康是民族昌盛和国家富强的重要标志,党中央、国务院发布《"健康中国 2030"规划纲要》,提出了健康中国建设的目标和任务,党的十九大也作出实施健康中国战略的重大决策部署。以"人"为本是健康中国战略的基石,国家之间的竞争不再仅仅是资本、技术等传统资源的竞争,更加突出表现为人力资本的竞争。而健康人力资本作为人力资本的一个重要组成部分,对国民经济、社会发展和国家的竞争力起着重要作用。

本书在系统界定健康人力资本内涵、特征及形成机制基础上,构建健康人力资本指标体系,并在充分比选改进收入法、熵值法等方法,测量我国健康人力资本的数量,并运用 DEA 数据包络法分析我国健康人力资本的投入产出效率。运用灰色理论、神经网络和系统动力学三种方法预测健康人力资本。基于测量和预测,分析健康人力资本与我国经济社会互动关系,并提出提升健康人力资本的 2050 中国战略。

健康中国美好蓝图,凝聚着政府、社会和人民群众的共同理想和期盼。健康人力资本是推进健康中国建设的内生动力,是未来 30 年我国经济社会高质量发展的引擎,也是 2050 年建成富强、民主、文明、和谐、美丽社会主义现代化强国的人力支撑。加快推进健康中国战略,全面提升国民健康水平,不断提增健康人力资本的数量和质量,必将为"两个一百年"奋斗目标的实现、为中华民族的伟大复兴打下坚实的健康基础。

附表 1　2004—2017 年卫生总费用及构成说明

年份	卫生总费用（亿元）				卫生总费用构成（%）		
	合计	政府支出	社会卫生支出	个人卫生支出	政府卫生支出	社会卫生支出	个人卫生支出
2004	7 590.29	1 293.58	2 225.35	4 071.35	17.04	29.32	53.64
2005	8 659.91	1 552.53	2 586.41	4 520.98	17.93	29.87	52.21
2006	9 843.34	1 778.86	3 210.92	4 853.56	18.07	32.62	49.31
2007	11 573.97	2 581.58	3 893.72	5 098.66	22.31	33.64	44.05
2008	1 4535.40	3 593.94	5 065.60	5 875.86	24.73	34.85	40.42
2009	17 541.92	4 816.26	6 154.49	6 571.16	27.46	35.08	37.46
2010	19 980.39	5 732.49	7 196.61	7 051.29	28.69	36.02	35.29
2011	24 345.91	7 464.18	8 416.45	8 465.28	30.66	34.57	34.80
2012	28 119.00	8 431.98	10 030.70	9 656.32	29.99	35.67	34.34
2013	31 668.95	9 545.81	11 393.79	10 729.34	30.10	36.00	33.90
2014	35 312.40	10 579.23	13 437.75	11 295.41	29.96	38.05	31.99
2015	40 974.64	12 475.28	16 506.71	11 992.65	30.45	40.29	29.27
2016	46 344.88	13 910.31	19 096.68	13 337.90	30.01	41.21	28.78
2017	52 598.28	15 205.87	22 258.81	15 133.60	28.91	42.32	28.77

附表 2　2010—2017 年卫生人员数统计附表　　　　　　　（单位：万人）

指标年份	2010	2014	2015	2016	2017
总计	820.8	1 023.4	1 069.4	1 117.3	1 174.9
一、卫生技术人员	587.6	759	800.8	845.4	898.8

（续表）

指标年份	2010	2014	2015	2016	2017
二、乡村医生和卫生员	109.2	105.8	103.2	100	96.9
其中:乡村医生	103.2	98.6	96.3	93.3	90.1
三、其他技术人员	29	38	40	42.6	45.1
四、管理人员	37.1	45.1	47.3	48.3	50.9
五、工勤技能人员	57.9	75.5	78.2	80.9	83.2

数据来源:《中国卫生健康统计年鉴 2018》。

附表 3　2010—2017 年卫生技术人员数量统计附表　　（单位:万人）

指标年份	2010	2014	2015	2016	2017
卫生技术人员	587.6	759	800.8	845.4	898.8
一、执业(助理)医师	241.3	289.3	303.9	319.1	339
其中:执业医师	197.3	237.5	250.8	265.1	282.9
二、注册护士	204.8	300.4	324.1	350.7	380.4
三、药剂师(士)	35.4	41	42.3	43.9	45.3
四、技师(士)	33.9	40.7	42.9	45.3	48.1
五、其他	72.2	87.6	87.5	86.4	86

数据来源:《中国卫生健康统计年鉴 2018》。

附表 4　2012——2017 年每万人医疗卫生机构床位数　　（单位:万张）

指标	2017	2016	2015	2014	2013	2012
医疗卫生机构床位数(万张)	794	741	701.52	660.12	618.18	572.47
城市医疗卫生机构床位数(万张)	—	365.49	341.81	316.98	294.84	273.34
农村医疗卫生机构床位数(万张)	—	375.54	359.70	343.13	323.34	299.13
每万人医疗机构床位数(张)	—	53.68	51.11	48.5	45.5	42.4
城市每万人医疗机构床位数(张)	—	84.12	82.69	78.37	73.6	68.8
农村每万人医疗机构床位数(张)	—	39.09	37.14	35.39	33.5	31.1
医院、卫生院床位数(万张)	—	—	—	—	—	527.13
每万人医院和卫生院床位数(张)	—	—	—	—	—	38.99
每万农业人口乡镇卫生院床位数(张)	—	—	—	13.37	12.97	12.41

附表 5 2012—2017 年医疗卫生机构床位数

指标	2012	2013	2014	2015	2016	2017
卫生机构床位数(万张)	572.47	618.18	660.12	701.52	741	794
医院床位数(万张)	416.15	457.86	496.11	533.06	568.9	612
综合医院床位数(万张)	—	—	—	—	—	—
中医医院床位数(万张)	—	—	—	—	—	—
专科医院床位数(万张)	—	—	—	—	—	—
基层医疗卫生机构床位数(万张)	132.42	134.99	138.11	141.38	144.19	—
社区卫生服务中心(站)床位数(万张)	20.32	19.42	19.59	20.09	20.26	—
乡镇卫生院床位数(万张)	109.92	113.64	116.72	119.61	122.38	125
专业公共卫生机构床位数(万张)	19.81	21.48	22.30	23.63	24.72	—
妇幼保健院(所、站)床位数(万张)	16.15	17.54	18.48	19.53	20.65	—
专科疾病防治院(所、站)床位数(万张)	3.57	3.85	3.76	4.03	4.00	—

数据来源:国家统计局。

附表 6 2005—2014 年各类卫生设施数据

指标(个)	2017 年	2016 年	2015 年	2014 年	2013 年	2012 年	2011 年	2010 年	2009 年	2008 年	2007 年	2006 年	2005 年
医疗卫生机构数	986 649	983 394	983 528	981 432	974 398	950 297	954 389	936 927	916 571	891 480	912 263	918 097	882 206
医院数	31 056	29 140	27 587	25 860	24 709	23 170	21 979	20 918	20 291	19 712	19 852	19 246	18 703
综合医院数	—	18 020	17 430	16 524	15 887	15 021	14 328	13 681	13 364	13 119	13 372	13 120	12 982
中医医院数	—	3 462	3 267	3 115	3 015	2 889	2 331	2 778	2 728	2 688	2 720	2 665	2 620
专科医院数	—	6 642	6 023	5 478	5 127	4 665	4 283	3 956	3 716	3 437	3 282	3 022	2 682
基层医疗卫生机构	—	926 518	920 770	917 335	915 368	912 620	918 003	901 709	882 153	858 015	878 686	884 818	849 488
社区卫生服务中心(站)数	35 000	34 327	34 321	34 238	33 965	33 562	32 860	32 739	27 308	24 260	27 069	22 656	17 128
街道卫生院数	—	—	524	595	593	610	667	929	1 152	780	803	816	787
乡镇卫生院数	37 000	36 795	36 817	36 902	37 015	37 097	37 295	37 836	38 475	39 080	39 876	39 975	40 907
村卫生室数	—	638 763	640 536	645 470	648 619	653 419	662 894	648 424	632 770	613 143	613 855	609 128	583 209
门诊部(所)数	—	216 187	208 572	200 130	195 176	187 932	184 287	181 781	182 448	180 752	197 083	212 243	207 457
专业公共卫生机构数	—	24 866	31 927	35 029	31 155	12 083	11 926	11 835	11 665	11 485	11 528	11 269	11 177
疾病预防控制中心数	3 482	3 481	3 478	3 490	3 516	3 490	3 434	3 513	3 536	3 534	3 585	3 548	3 585

（续表）

指标（个）	2005年	2006年	2007年	2008年	2009年	2010年	2011年	2012年	2013年	2014年	2015年	2016年	2017年
专科疾病防治院（所/站）数	1 502	1 402	1 365	1 310	1 291	1 274	1 294	1 289	1 271	1 242	1 234	1 213	—
妇幼保健院（所/站）数	3 021	3 003	3 051	3 011	3 020	3 025	3 036	3 044	3 144	3 098	3 078	3 063	—
卫生监督所（中心）数	1 702	2 097	2 553	2 675	2 809	2 992	3 022	3 088	2 967	2 975	2 986	2 986	—

附表 7　2010—2017 年国内旅游人均花费

时间	国内旅游人均花费(元)
2010 年	598.2
2011 年	731
2012 年	767.9
2013 年	805.5
2014 年	839.7
2015 年	857
2016 年	888.2
2017 年	913

附表 8　2017 年部分地区睡眠指数得分及排名情况

城市	得分	排名	城市	得分	排名
西宁	77.6	1	西安	74.4	16
上海	77.4	2	兰州	74.3	17
海口	77.2	3	福州	74.1	18
南昌	75.9	4	昆明	73.9	19
杭州	75.8	5	沈阳	73.9	20
济南	75.8	6	武汉	73.9	21
呼和浩特	75.7	7	合肥	73.9	22
银川	75.6	8	贵阳	73.6	23
太原	75.4	9	长春	73.5	24
哈尔滨	75.2	10	南京	73.4	25
北京	75.1	11	南宁	72.8	26
郑州	74.9	12	石家庄	72.2	27
重庆	74.9	13	成都	72.0	28
天津	74.6	14	广州	71.5	29
长沙	74.4	15	乌鲁木齐	71.1	30

附表 9　2017 年部分职业睡眠指数

职业	睡眠指数得分	睡眠时长（小时）	起床时间	睡眠时间
工人	75.7	8 小时 8 分钟	6 点 45 分	22 点 37 分
医务人员	75.4	8 小时 7 分钟	6 点 52 分	22 点 45 分
销售	75.0	8 小时 5 分钟	7 点 0 分	22 点 5 分
媒体从业人员	73.4	7 小时 59 分钟	7 点 15 分	23 点 16 分
金融从业者/投资人员	73.4	8 小时 1 分钟	6 点 58 分	22 点 58 分
企业人员/职业经理人	73.2	7 小时 53 分钟	6 点 46 分	22 点 52 分
公务员	73.1	7 小时 5 分钟	6 点 45 分	22 点 57 分
广告/公关从业者	73.1	8 小时 25 分钟	7 点 17 分	22 点 52 分
IT/互联网/通信从业人员	72.4	7 小时 56 分钟	6 点 59 分	23 点 4 分
教师	71.8	7 小时 52 分钟	6 点 38 分	22 点 47 分

附表 10　2016、2017 年全国教育经费投入构成　　　（单位：亿元）

	2016 年	2017 年	增长率
全国学前教育经费总投入	2 802	3 255	16.11%
全国义务教务经费总投入	17 603	19 358	9.96%
全国高中阶段教育经费总投入	6 155	6 637	7.82%
其中:中等职业教育经费总投入	2 223	2 319	4.33%
全国高等教育经费总投入	10 110	11 109	9.72%
其中:普通高职高专教育	1 828	2 023	10.16%
全国其他教育经费总投入	2 195	2 198	0.13%

数据来源:《2018 年教育行业蓝皮书》。

附表 11　人均受教育年限（2002—2012 年）　　　（单位：年）

年份	全体	男性	女性
2002 年	7.73	8.27	7.18
2003 年	7.91	8.43	7.38
2004 年	8.01	8.50	7.51
2005 年	7.83	8.39	7.27
2006 年	8.04	8.55	7.53

（续表）

年份	全体	男性	女性
2007 年	8.19	8.66	7.70
2008 年	8.27	8.73	7.80
2009 年	8.38	8.81	7.94
2010 年	8.80	9.16	8.44
2011 年	8.85	9.20	8.48
2012 年	8.94	9.28	8.59
2014 年	9.28	—	—
2017 年	9.02	—	—

数据来源:《中国地区间与性别间的教育公平测度:2002—2012 年——基于人口受教育年限的基尼系数分析》。

附表 12　高等教育人数情况附表（1996—2015 年）

指标	高等教育毕业生数（万人）	高等教育在校学生数（万人）	高等教育人数（万人）
1996 年	87.87	318.43	406.30
1997 年	87.55	335.04	422.59
1998 年	87.71	360.79	448.50
1999 年	90.23	431.94	522.17
2000 年	100.86	586.21	687.07
2001 年	110.41	758.40	868.81
2002 年	141.81	953.46	1 095.27
2003 年	198.81	1 173.73	1 372.54
2004 年	483.16	2 092.02	2 575.19
2005 年	568.52	2 386.45	2 954.97
2006 年	573.12	2 683.35	3 256.46
2007 年	738.24	2 873.65	3 611.88
2008 年	805.68	3 092.90	3 898.58
2009 年	860.97	3 283.21	4 144.18
2010 年	921.62	3 416.84	4 338.46
2011 年	971.75	3 559.24	4 530.99
2012 年	1 004.87	3 765.81	4 770.68

（续表）

指标	高等教育毕业生数(万人)	高等教育在校学生数(万人)	高等教育人数(万人)
2013 年	1 045.93	3 944.40	4 990.33
2014 年	1 100.32	4 076.65	5 176.96
2015 年	1 152.27	4 080.84	5 233.11

数据来源:国家统计局。高等教育人数包含研究生、普通本专科生、成人本专科生、在职人员攻读博士、硕士学位以及网络本专科生。

附表 13　教育设施情况附表(1996—2017 年)

指标	普通高等学校数(所)	普通中学学校数(所)	高中学校数(所)	初中学校数(所)	职业中学学校数(所)	普通小学学校数(所)	特殊教育学校学校数(所)	学前教育学校数(所)
1996 年	1 032	79 967	13 875	66 092	10 049	645 983	1 428	187 324
1997 年	1 020	78 642	13 880	64 762	10 047	628 840	1 440	182 485
1998 年	1 022	77 888	13 948	63 940	10 074	609 626	1 535	181 368
1999 年	1 071	77 213	14 127	63 086	9 636	582 291	1 520	181 136
2000 年	1 041	77 268	14 564	62 704	8 849	553 622	1 539	175 836
2001 年	1 225	80 432	14 907	65 525	7 802	491 273	1 531	111 706
2002 年	1 396	80 067	15 406	64 661	7 402	456 903	1 540	111 752
2003 年	1 552	79 490	15 779	63 711	6 843	425 846	1 551	116 390
2004 年	1 731	79 058	15 998	63 060	6 478	394 183	1 560	117 899
2005 年	1 792	77 977	16 092	61 885	6 423	366 213	1 593	124 402
2006 年	1 867	76 703	16 153	60 550	6 100	341 639	1 605	130 495
2007 年	1 908	74 790	15 681	59 109	6 191	320 061	1 618	129 086
2008 年	2 263	72 907	15 206	57 701	6 128	300 854	1 640	133 722
2009 年	2 305	70 774	14 607	56 167	5 805	280 184	1 672	138 209
2010 年	2 358	68 881	14 058	54 823	5 273	257 410	1 706	150 420
2011 年	2 409	67 751	13 688	54 063	4 856	241 249	1 767	166 750
2012 年	2 442	66 725	13 509	53 167	—	228 585	1 853	181 251
2013 年	2 491	—	13 352	52 764	—	213 529	1 933	198 553
2014 年	2 529	—	13 253	—	—	201 377	2 000	209 881
2015 年	2 560	—	13 240	—	—	190 525	2 053	223 683

（续表）

指标	普通高等学校数（所）	普通中学学校数（所）	高中学校数（所）	初中学校数（所）	职业中学学校数（所）	普通小学校数（所）	特殊教育学校学校数（所）	学前教育学校数（所）
2016 年	2 596	77 398	13 818	52 118	—	177 633	2 080	239 812
2017 年	2 631	—	13 555	51 894	—	167 009	2 107	254 950

数据来源：国家统计局。

附表 14　1996—2016 年教师人数　　　　　　　（单位：万人）

指标	普通高等学校专任教师数	普通中学专任教师数	高中专任教师数	初中专任教师数	职业中学专任教师数	普通小学专任教师数	特殊教育学校专任教师数	学前教育专任教师数
1996 年	40.3	346.48	57.2	289.3	30.8	573.6	2.7	88.86
1997 年	40.5	358.68	60.5	298.2	32.2	579.4	2.9	88.44
1998 年	40.7	369.7	64.2	305.5	33.6	581.9	3	87.5
1999 年	42.6	384.1	69.2	314.8	33.6	586.1	3.1	87.2
2000 年	46.28	400.5	75.69	324.86	32	586.03	3.2	85.6
2001 年	53.19	418.84	84	334.84	30.59	579.8	2.85	54.6
2002 年	61.84	437.63	94.6	343.03	31.01	577.89	2.98	57.12
2003 年	72.5	453.7	107.1	346.7	28.9	570.3	3	61.3
2004 年	85.8	466.8	119.1	347.7	29.4	562.9	3.1	65.6
2005 年	96.58	477.13	129.95	347.18	30.27	559.25	3.19	72.16
2006 年	107.6	485.1	138.7	346.3	30.7	558.8	3.3	77.6
2007 年	116.83	490.74	144.31	346.43	31.74	561.26	3.5	82.68
2008 年	123.75	494.45	147.55	346.9	32.63	562.19	3.63	89.86
2009 年	129.52	500.68	149.33	351.34	32.61	563.34	3.79	98.59
2010 年	134.31	504.16	151.82	352.34	30.89	561.71	3.97	114.42
2011 年	139.27	507.98	155.68	352.3	31.7	560.49	4.13	131.56
2012 年	144.03	509.9	159.5	350.44	—	558.55	4.37	147.9
2013 年	149.69	—	162.9	—	—	558.46	4.57	166.35
2014 年	153.45	—	166.27	—	—	563.39	4.81	184.41
2015 年	157.26	—	169.54	—	—	568.51	5.03	205.1
2016 年	163.32	—	261.55	—	—	594.49	5.59	243.21

数据来源：国家统计局。

附表 15   工业废气治理设施和年度运行费用（2000—2015 年）

年份	工业废气治理设施（套）	年度运行费用（亿元）
2000 年	145 534	93.7
2001 年	134 025	111.1
2002 年	137 668	147.1
2003 年	137 204	150.6
2004 年	144 973	213.8
2005 年	145 043	267.1
2006 年	154 557	464.4
2007 年	162 325	555.0
2008 年	174 164	773.4
2009 年	176 489	873.7
2010 年	187 401	1 054.5
2011 年	2 216 457	1 579.5
2012 年	225 913	1 452.3
2013 年	234 316	1 497.8
2014 年	261 367	1 731.0
2015 年	290 886	1 866.0

附表 16   工业固体废物产生和处置利用情况（2000—2015 年）

年份	工业固体废物产生量（万吨）	工业固体废物排放量（万吨）	工业固体废物综合利用量（万吨）	工业固体废物贮存量（万吨）	工业固体废物处置量（万吨）	工业固体废物综合利用率（%）
2000 年	81 608	3 186.2	37 451	28 921	9 152	45.9
2001 年	88 840	2 893.8	47 290	30 183	14 491	52.1
2002 年	94 509	2 635.2	50 061	30 040	16 618	51.9
2003 年	100 428	1 940.9	56 040	27 667	17 751	54.8
2004 年	120 030	1 762.0	67 796	26 012	26 635	55.7
2005 年	134 449	1 654.7	76 993	27 876	31 259	56.1
2006 年	151 541	1 302.1	92 601	22 399	42 883	60.2
2007 年	175 632	1 196.7	110 311	24 119	41 350	62.1
2008 年	190 127	781.8	123 482	21 883	48 291	64.3

（续表）

年份	工业固体废物产生量（万吨）	工业固体废物排放（万吨）	工业固体废物综合利用量（万吨）	工业固体废物贮存量（万吨）	工业固体废物处置量（万吨）	工业固体废物综合利用率（%）
2009 年	203 943	710.5	138 186	20 929	47 488	67.0
2010 年	240 944	498.2	161 772	23 918	57 264	66.7
2011 年	326 204	433.3	196 988	61 248	71 382	59.8
2012 年	332 509	144.2	204 467	60 633	71 443	60.9
2013 年	330 859	129.3	207 616	43 445	83 671	62.2
2014 年	329 254	59.4	206 392	45 724	81 317	62.1
2015 年	331 055	55.8	200 857	59 175	74 208	60.2

注：2011 年环境保护部对统计制度中的指标体系、调查方法及相关技术规定等进行了修订，故不能与 2010 年直接比较。

数据来源：《中国环境统计年鉴 2016 年》。

附表 17　城市生活垃圾清运量和无害化处理率（2000—2016 年）

年份	城市生活垃圾清运量（万吨）	城市生活垃圾无害化处理率（%）
2000 年	11 819	—
2001 年	13 470	58.2
2002 年	13 650	54.2
2003 年	14 857	50.8
2004 年	15 509	52.1
2005 年	15 577	51.7
2006 年	14 841	52.2
2007 年	15 215	62.0
2008 年	15 438	66.8
2009 年	15 734	71.4
2010 年	15 805	77.9
2011 年	16 395	79.7
2012 年	17 081	84.8
2013 年	17 239	89.3
2014 年	17 860	91.8

（续表）

年份	城市生活垃圾清运量（万吨）	城市生活垃圾无害化处理率（%）
2015 年	19 142	94.1
2016 年	21 501	96.6

附表 18　全国环境污染治理投资情况（2001—2015 年）　（单位：亿元）

年份	环境污染治理	城镇环境基础设施建设投资	工业污染源治理投资	治理废水	治理废气	治理固体废物	治理噪声	治理其他	环境污染治理投资占GDP的比重（%）
2001	1 166.7	655.8	174.5	72.9	65.8	18.7	0.6	16.5	1.06
2002	1 456.5	878.4	188.4	71.5	69.8	16.1	1	29.9	1.2
2003	1 750.1	1 194.8	221.8	87.4	92.1	16.2	1	25.1	1.28
2004	2 057.5	1 288.9	308.1	105.6	142.8	22.6	1.3	35.7	1.28
2005	2 565.2	1 466.9	458.2	133.7	213	27.4	3.1	81	1.38
2006	2 779.5	1 528.4	483.9	151.1	233.3	18.3	3	78.3	1.28
2007	3 668.8	1 749	552.4	196.1	275.3	18.3	1.8	60.7	1.37
2008	4 937	2 247.7	542.6	194.6	265.7	19.7	2.8	59.8	1.56
2009	5 258.4	3 245.1	442.6	149.5	232.5	21.9	1.4	37.4	1.52
2010	7 612.2	5 182.2	397	129.6	188.2	14.3	1.4	62	1.86
2011	7 114	4 557.2	444.4	157.7	211.7	31.4	2.2	41.4	1.45
2012	8 253.5	5 062.7	500.5	140.3	257.7	24.7	1.2	76.5	1.53
2013	9 037.2	5 223	849.7	124.9	640.9	14	1.8	68.1	1.52
2014	9 575.5	5 463.9	997.7	115.2	789.4	15.1	1.1	76.9	1.49
2015	8 806.4	4 946.8	773.7	118.4	521.8	16.1	2.8	114.5	1.28

附表 19　我国人口人均预期寿命情况

年份	人均预期寿命（年）	年份	人均预期寿命（年）
2001	71.8	2009	74.42*
2002	71.8	2010	74.83
2003	71.8	2011	75
2004	71.8	2012	—
2005	72.6*	2013	—

（续表）

年份	人均预期寿命（年）	年份	人均预期寿命（年）
2006	73.4	2014	75.3
2007	73.7*	2015	76.34
2008	74	2016	76.5
		2017	76.7

注：*采用插值法计算；2010 年以后数据可以通过计算得出。

附表 20　我国孕产妇死亡率情况

年份	孕产妇死亡率（1/10 万）	年份	孕产妇死亡率（1/10 万）
1996	63.9	2007	36.6
1997	63.6	2008	31.6
1998	56.2	2009	—
1999	58.7	2010	30
2000	53	2011	26.1
2001	50.2	2012	—
2002	43.2	2013	23.2
2003	—	2014	21.7
2004	—	2015	20.1
2005	47.7	2016	19.9
2006	—	2017	19.6

附表 21　调查年度居民两周就诊率

指标	合计		城市		农村	
	2008	2003	2008	2003	2008	2003
两周就诊率（‰）	145.4	133.8	127.2	118.1	151.9	139.2
男性	131.3	121.5	113.0	102.6	137.6	127.8
女性	159.5	146.2	140.4	132.9	166.6	151.0
两周新发未就诊比例（%）	38.2	44.0	47.9	52.3	35.6	41.9
男性	38.1	43.3	47.8	52.8	35.7	41.2
女性	38.2	44.6	48.0	51.8	35.4	42.7

数据来源：历年《中国卫生统计年鉴》。

http://www.nhfpc.gov.cn/htmlfiles/zwgkzt/ptjnj/year2013/index2013.html.

附表 22　1993—2017 年我国慢性病患病及居民住院情况

年份	慢性病患病率指数 （上年为 100）	住院率（%）	年份	慢性病患病率指数 （上年为 100）	住院率（%）
1993	169.8		2007		4.91
1996		2.53	2008	199.9	5.57
1997		2.52	2009		6.36
1998	157.5	2.6	2010		7.1
1999		2.69	2011		7.98
2000		2.83	2012		9.4
2001		2.95	2013	245	9
2002		3.11	2014		14.07
2003	151.5	3.6	2015		15.3
2004		3.59	2016		16.5
2005		3.9	2017		17.6
2006		4.23			

附表 23　2018 年不同城市白领工作满意度

排名	城市	工作满意度	排名	城市	工作满意度
1	长沙	3.58	20	佛山	2.83
2	长春	3.57	21	厦门	2.80
3	大连	3.32	22	青岛	2.79
4	成都	3.31	23	南宁	2.78
5	福州	3.30	24	海口	2.78
6	广州	3.30	25	兰州	2.74
7	北京	3.20	26	武汉	2.72
8	合肥	3.06	27	上海	2.72
9	太原	3.05	28	重庆	2.70
10	济南	3.01	29	石家庄	2.70
11	哈尔滨	2.99	30	沈阳	2.65
12	烟台	2.99	31	深圳	2.63
13	南昌	2.98	32	郑州	2.58

（续表）

排名	城市	工作满意度	排名	城市	工作满意度
14	杭州	2.96	33	苏州	2.58
15	昆明	2.91	34	无锡	2.57
16	南京	2.89	35	天津	2.55
17	宁波	2.88	36	西安	2.47
18	东莞	2.85	37	贵阳	2.39
19	乌鲁木齐	2.85			

附表 24　2011—2017 年九大基本公共服务要素关注度赋分排行

	2011	2012	2013	2014	2015	2016	2017	合计
医疗卫生	4	8	9	9	9	9	8	59
公共住房	9	7	7	7	6	6	7	49
公共交通	4	3	8	8	8	8	9	48
社保就业	8	9	5	6	7	4	3	42
公共安全	6	6	6	5	4	7	6	40
城市环境	3	4	4	4	5	5	4	29
基础教育	5	5	3	3	3	3	5	27
文化体育	2	2	2	2	2	2	2	14
公职服务	1	1	1	1	1	1	1	10

附表 25　2005—2018 年度中国信用小康指数

测评指标	权重（％）	2005	2006	2007	2008	2009	2010	2011	2012	2013	2014	2015	2016	2017	2018
政府公信力	40	60.5	60.5	60.6	61.5	62.2	63.0	65.0	67.8	70.1	74.1	77.8	81.1	83.7	89.2
人际信用	30	66.3	66.1	66.0	66.2	67.0	67.7	67.8	68.0	70.2	67.8	66.8	68.7	73.1	78.3
企业信用	30	53.7	53.4	53.1	53.0	53.6	54.1	54.5	56.0	58.5	68.2	68.4	70.0	74.6	79.7
中国信用小康指数	100	60.2	60.1	60.0	60.4	61.1	61.7	62.7	64.3	66.7	70.5	71.7	74.1	77.8	83.1

附表 26　专业技术情况

年份	新取得专业技术人员职业资格证书(万人)	累计(万人)
2009 年	174.7	1 843.3
2010 年	175.3	2 046.6
2011 年	120	1 400
2012 年	145	1 575
2013 年	216.9	1 791.9
2014 年	252	2 530.8
2015 年	218	1 797
2016 年	206	2 358
2017 年	257.8	2 620

数据来源:2009—2017 年《人力资源和社会保障事业发展统计公报》。

附表 27　中国创新指数及创新产出指数情况

	2005 年	2010 年	2014 年	2015 年	2016 年	2017 年
中国创新指数[2]	100.0	133.0	160.3	174.0	183.7	196.3
创新产出指数	100.0	137.2	177.2	208.3	223.3	236.5
1. 每万人科技论文数指数	100.0	152.8	159.1	165.4	165.4	169.5
2. 每万名 R&D 人员专利授权数指数	100.0	230.6	259.2	337.9	334.0	339.3
3. 发明专利授权数占专利授权数的比重指数	100.0	89.3	111.5	136.7	153.7	157.5
4. 每百家企业商标拥有量指数	100.0	100.1	153.0	180.0	216.0	244.7
5. 每万名科技活动人员技术市场成交额指数	100.0	155.3	250.3	287.7	305.1	336.4

附表 28　2017 年各种运输方式完成旅客运输量及其增长速度

指　标	单　位	绝对数	比上年增长(%)
旅客运输总量	亿人次	185.1	−2.6
铁路	亿人次	30.8	9.6
公路	亿人次	145.9	−5.4
水运	亿人次	2.8	4.1

（续表）

指　标	单　位	绝对数	比上年增长（%）
民航	亿人次	5.5	13.0
旅客运输周转量	亿人千米	328 12.7	5.0
铁路	亿人千米	13 456.9	7.0
公路	亿人千米	9 765.1	−4.5
水运	亿人千米	77.9	7.7
民航	亿人千米	9 512.8	13.5

附表 29　15 岁以上居民吸烟率

调查时间	城乡合计（%）	城市合计（%）	农村合计（%）
2015 年	27.7	—	—
2008 年	25.1	22.5	26.0
2003 年	26.0	23.9	26.8
1998 年	28.9	27.2	29.5
1993 年	32.0	30.8	32.5

数据来源：1993、1998、2008《中国卫生服务调查研究》。

http://www.nhfpc.gov.cn/mohwsbwstjxxzx/s8211/list.shtml.

附表 30　2014 年中国城乡居民参加体育锻炼的频率分布

	频率	百分比（%）
月不足 1 次	186	6.8
月 1 次以上，周不足 1 次	272	9.9
周 1—2 次	287	10.5
周 3～4 次	128	4.7
合计	1 127	41.2

数据来源：①《第三次全国群众体育现状调查报告》；

②1993、1998、2008《中国卫生服务调查研究》。

http://www.nhfpc.gov.cn/mohwsbwstjxxzx/s8211/list.shtml.

附表 31　健康人力资本测量方法比较

分类标准	计量方法	代表人物	主要内容	优点	缺点
货币性价值计量	产出角度计量（收益计量模型） 1. 未来工资报酬折现法	巴鲁克·列弗（Raruch. Lev）和阿巴·施瓦茨（Aba. Schwazts）于1971年提出的个人价值计量模型	一个职工在剩余受雇期内的未来工资或收益的现值	1. 以每位员工为研究对象,精确度高;2. 计算的是人力资源交换价值,可以为人力资源成本提供未来预测信息	1. 不能全面反映职工创造的实际价值;2. 人力资源离职概率测定困难,可行性不高;3. 简单地将单个职工人力资源价值结果相加汇总求出人力资源的价值
	2. 调整的未来工资报酬折现法	乔治·H.赫曼森（George. H. Heimarisc）于1964年提出的	个人价值计量模型企业盈利水平与行业平均盈利水平存在差异,且主要由人力资源素质的差异造成,以工资报酬折现值应用效率系数加以修正	1. 说明如何应用上资报酬计算人力资源价值的近似值;2. 能够准确、动态地反映人力资源产生的价值信息	1. 假定企业职工仅从事固定的工作,与实际不相符;2. 假定职工的服务年限为五年,权数的确定带有主观性;3. 对贴现率很敏感,且调整权数效率系数的确定有很大的人为性
	3. 未来净产值折现法	文善恩于1996年提出的群体价值计量模型	在曾鉴经济价值法的基础上进行两方面的改进:1. 以净产值替代盈余未反映人力资源的价值;2. 将全部净产值的现值总额作为人力资源的价值	1. 改变了经济价值法只计算盈余、不计算工资的缺点;2. 改变了经济价值法按投资比例分摊全部盈余的缺点	一些数据的选择是根据主观估计或趋势推算的,而不是完全根据客观记录数据计算,带有主观性

（续表）

分类标准	计量方法	代表人物	主要内容	优点	缺点
	4. 经济价值法（未来收益法）	由弗兰霍尔茨（Flamholtz），布来米特（Brumm-et），帕利（Pyle）于 1968 年提出的群体价值计量模型	将企业未来收益折现，按照人力资源投资比例，计算人力资源价值	1. 全部盈余而不仅仅是超额盈余作为人力资源价值的基础；2. 反映较全面，按人力资源与其他资源对企业贡献不同来计量人力资源价值，可与非人力资源对企业贡献的大小相比较	1. 其计算结果人力资源价值总是小于非人力资源价值；2. 组织中人力资源投资与全部投资并不呈一定呈线性关系；3. 未来净收益是一个估计值，具有主观性和不确定性；4. 实际可行性较差，易产生误差
	5. 随机报酬法	将个人在有限工作年限内服务于某一组织一系列岗位上的价值，按其离职可能性进行调整并加以折现汇总得出人力资源价值		1. 考虑的因素更加系统全面；2. 数据比较客观，结果更易于接受；3. 有助于企业管理理当局把人才用于最佳位置	1. 未考虑现代企业团队生产的特征；2. 忽略了其他资产对组织受益的影响
	6. 自由现金流量折现法（机会价值法）	阿斯沃思·达蒙德理（Aswath Damodarari）于 1996 年提出	人力资本的价值在于人力资本特定人力资本情况下按照自由现金流量计量的企业价值之差	1. 突出了人力资本在企业中的关键性和不可替代性；2. 适用于企业家人力资本的价值计量	1. 假定与现实不符；2. 诸多参数的测定存在一定困难，在实务中缺乏可操作性

（续表）

分类标准		计量方法	代表人物	主要内容	优点	缺点
		7. 未来超额利润折现法（非购入商誉法）	赫曼森于 1969 年提出的群体价值计量模型	把企业若干年的累计超额利润，即超过行业平均水平的利润中，一部分乃至全部都看作是企业人力资源的贡献，这部分超额利润应通过资本化程序确认为企业的人力资本价值	1. 使用了当年实际收益额，不存在对未来收益估计问题；2. 现行会计管理较为接近，可行性较好	1. 未考虑组织的全部人力资源价值，只是考虑超过整个工业正常收益水平的人力资源价值；2. 只有获得超额利润的企业才有人力资源价值，与"人力资源是一种重要的经济资源"相违背
成本计量模型	投入角度	8. 内部竞价法	赫奇曼（Junes S. Hekimian）和琼斯（Curis H. Jones）于 1967 年提出的个人价值计量模型	人力资源的价值可由各部门或各利润中心的经理通过投标竞价来确定。每个人（或群体）的最高投标额就是他（们）的人力资源价值	1. 引入了市场竞价机制，有利于确定人力资源的真正价值；2. 实现价值量化；3. 促进企业实现稀有人才的最优配置	1. 只注重内部现有人力资源的配置，忽略对由外界招聘人员的价值计量；2. 只注重稀有人才的价值计量，而忽略了非稀有人力资源的价值计量；3. 投标价值往往带有个人偏好而不够科学
		9. 历史成本法	布鲁梅特（Brummet），弗兰霍尔兹（Flamhotlz）和帕利（Pyle）于 1968 年提出	取得和开发人力资源的原始交易价格	1. 操作简便；2. 客观实用，人力资本信息与其他资本信息具有可比性；3. 计量值可靠	1. 人力资源的实际价值大于其原始成本；2. 人力资源的增值和摊销与其实际能力无直接联系；3. 社会投入部分未予考虑

（续表）

分类标准	计量方法	代表人物	主要内容	优点	缺点
	10. 重置成本法	弗兰霍尔茨（Flamholtz）于1974年提出	重新取得开发和现有人力资源状况相对应的员工身上所发生的支出	1. 比较简单，可操作性强；2. 符合传统会计的要求	1. 脱离传统统计模式；2. 带有较强的主观性；3. 不同人员有不同的价值
	11. 机会成本法	赫奇曼（Hekimmian）和琼斯（Jones）于1967年提出	以职工离职或离岗，使单位因该岗空缺而使企业遭受的经济损失	1. 正确的计量人力资源的成本；2. 数据获得比较容易；3. 逻辑推理严密，令人信服	1. 脱离了传统会计模式，核算工作量比较大；2. 计算结果一般大于实际人力资本价值
	12. 教育存量法		将劳动力分类，然后按照不同劳动力的人力资本特质对其进行加权求和，即估计到总的人力资本存量	1. 简明扼要，易于观测和统计，数据的可得性和准确性比较有保障，其对人力资本存量最具有代表性；2. 排除了人为主观因素与工资等分配政策和制度影响	1. 易以偏概全，忽略健康、资本等其他因素，无法计算果知识的积累效应；2. 不能充分反映不同教育阶段的时间价值存在巨大差异

（续表）

分类标准		计量方法	代表人物	主要内容	优点	缺点
非货币性价值计量	个体	13. 技能详细记载法		对每个人的一些素质构成和能力特征进行其分等衡量，如确定其受教育程度、学习变量数等方面的一些训练次数据，来衡量定量化数据，来衡量每个人的条件价值	1. 客观性、概括性、直接性、现实性、从众性；2. 能清楚员工可能为组织提供的潜在服务	员工具有的技能不一定与企业的效益相关关系；不能揭示人力资本的潜在价值及长远价值效应
		14. 绩效评估法		应用一定的比率、评分法测试卡等方法，对人力资源价值进行衡量、比较	1. 对员工行为表现进行全面的测量；2. 可比较员工绩效表现	评估过程比较繁琐，带有较强的主观性
	群体	15. 行为变数模型		把影响群体价值的原因按次数分为三类：1. 原因变数；2. 中介变数；3. 结果变数。对以上变数进行变异分析，估计组织未来的经济效益，再折现为现有的人力资源价值	1. 能定期考核影响人力资源价值的因素；2. 动态地反映群体价值	1. 没能确定人力资源的现有价值；2. 将人力资源的个人潜能和智能力排除于变数之外

附表 32　健康人力资本的产出指标体系

	一级指标	二级指标	单位	指标性质
健康	生理健康	期望寿命	岁	＋
		孕产妇死亡率	1/10 万	－
		居民两周就诊率	‰	－
		慢性病患病指数	上年为 100	－
		住院率	‰	－
		精神疾病发病率	‰	－
	心理健康	自杀率	1/10 万	－
		每千人口执业(助理)医师	人	＋
		工作满意度指数	满分为 5	＋
	社会适应	城市基本公共服务满意度	满分为 100	＋
		人际交往满意度		＋
	道德健康	刑事案件	万起	－
		中国信用小康指数		＋
教育		从事教育工作人员所占比例		＋
	劳动力素质	万人拥有专业技术人员数	R&D 人员全时当量	＋
		36～55 岁从业人员所占比例	％	＋
		人均受教育年限	年	＋
		在校大学生人数	万人	＋
	科技成果	R&D 课题数	项	＋
		万人规模以上企业新产品开发项目数	个	＋
		万人拥有发明专利数	个	＋
社会经济	经济	人均可支配收入	元/人·年	＋
		劳动生产率		＋
	迁移	人均居住面积	平方米	＋
		客运量	万人	＋
	生活方式	吸烟率	％	－
		经常参加锻炼人数	万人	＋
		成人肥胖率	％	－
	环境	空气达标率	％	＋
		绿化覆盖率	％	＋
		水(环境)功能区达标率	％	＋

注:其中,每千人心理医生数每千人口执业(助理)医师(人);万人拥有科技项目数替换为 R&D 课题数;万人拥有新产品开发项目数替换为万人规模以上企业新产品开发项目数;人均交通费替换为客运量。

附表 33　标准化评价矩阵构建

指标	标准化数据					
	2001	2005	2010	2012	2015	2017
期望寿命	0.0000	0.1633	0.6184	0.0539	0.9265	1.0000
孕产妇死亡率	0.0000	0.3633	0.6601	0.8693	0.9837	1.0000
居民两周就诊率	1.0000	0.7500	0.4446	0.3249	0.1483	0.0000
慢性病患病指数	1.0000	0.7500	0.4543	0.2936	0.1391	0.0000
住院率	1.0000	0.9352	0.7167	0.5597	0.1570	0.0000
城乡居民人均每日营养素摄入量	0.0000	0.2500	0.5894	0.6215	0.8516	1.0000
精神疾病发病率	0.0000	0.5679	0.9424	1.0000	0.9424	0.8350
自杀率	0.0612	0.8367	0.5918	0.0204	0.0204	0.1837
每千人口执业（助理）医师	0.0000	0.2453	0.5747	0.6677	0.8472	1.0000
工作满意度指数	0.0000	0.2166	0.4486	0.5542	0.7888	1.0000
城市基本公共服务满意度	0.0000	0.1742	0.4307	0.4735	0.5799	1.0000
人际交往满意度	0.0096	0.0088	0.0000	0.0577	0.7692	1.0000
刑事案件	1.0000	0.4530	0.0698	0.0140	0.0279	0.1051
中国信用小康指数	0.0095	0.0112	0.0955	0.2416	0.6573	1.0000
从事教育工作人员所占比例	0.0000	0.5000	0.9432	0.6545	0.3727	0.3636
万人拥有专业技术人员数	0.0430	0.0327	0.3522	0.6941	0.9867	0.9933
36～55 岁从业人员所占比例	0.4475	0.4464	0.4857	0.2000	1.0000	0.8000
人均受教育年限	0.0581	0.0645	0.6903	0.7806	0.8758	0.8323
在校大学生人数	0.0000	0.2581	0.5686	0.7114	0.9208	0.9839
R&D 课题数	0.0000	0.2456	0.5620	0.6805	0.8755	1.0000
万人规模以上企业新产品开发项目数	0.1119	0.1151	0.0000	0.5148	0.5237	1.0000
万人拥有发明专利数	0.0568	0.0585	0.0000	0.5033	1.0000	0.7018
人均可支配收入	0.0000	0.2364	0.6974	0.5828	0.8233	1.0000
劳动生产率	0.0000	0.2495	0.5653	0.6834	0.8692	1.0000
人均居住面积	0.0000	0.2340	0.5682	0.6293	0.7095	0.9578
客运量	0.1605	0.1652	0.0000	1.0000	0.7172	0.6660
吸烟率	1.0000	0.7504	0.4325	0.3154	0.1984	0.0000
经常参加锻炼人数	0.0000	0.0993	0.2245	0.2724	0.3486	0.8380

（续表）

指标	标准化数据					
	2001	2005	2010	2012	2015	2017
成人肥胖率	1.0000	0.7474	0.5631	0.2218	0.0000	0.1045
空气达标率	0.9647	0.9652	0.9470	0.0000	0.6303	0.6027
绿化覆盖率	0.0000	0.1036	0.1865	0.1865	0.8446	0.8834
水（环境）功能区达标率	0.0212	0.0199	0.0638	0.4380	0.9060	1.0000

附表 34　健康人力资本的三级指标权重分布

指标/权重	熵值 S_i	d_j	权重 w_j
期望寿命	0.8394	0.1606	0.0406
孕产妇死亡率	0.9452	0.0548	0.0139
居民两周就诊率	0.9202	0.0798	0.0202
慢性病患病指数	0.9208	0.0792	0.0200
住院率	0.9381	0.0619	0.0156
城乡居民人均每日营养素摄入量	0.9198	0.0802	0.0203
精神疾病发病率	0.9553	0.0447	0.0113
自杀率	0.8310	0.1690	0.0427
每千人口执业（助理）医师	0.9202	0.0798	0.0202
工作满意度指数	0.9135	0.0865	0.0219
城市基本公共服务满意度	0.9086	0.0914	0.0231
人际交往满意度	0.5848	0.4152	0.1050
刑事案件	0.7968	0.2032	0.0514
中国信用小康指数	0.7115	0.2885	0.0729
从事教育工作人员所占比例	0.9368	0.0632	0.0160
万人拥有专业技术人员数	0.8201	0.1799	0.0455
36～55 岁从业人员所占比例	0.9532	0.0468	0.0118
人均受教育年限	0.8970	0.1030	0.0260
在校大学生人数	0.9200	0.0800	0.0202
R&D 课题数	0.9202	0.0798	0.0202
万人规模以上企业新产品开发项目数	0.8617	0.1383	0.0350
万人拥有发明专利数	0.7964	0.2036	0.0515

（续表）

指标/权重	熵值 S_i	d_j	权重 w_j
人均可支配收入	0.9188	0.0812	0.0205
劳动生产率	0.9202	0.0798	0.0202
人均居住面积	0.9194	0.0806	0.0204
客运量	0.8957	0.1043	0.0264
吸烟率	0.9200	0.0800	0.0202
经常参加锻炼人数	0.8527	0.1473	0.0372
成人肥胖率	0.9143	0.0857	0.0217
空气达标率	0.9602	0.0398	0.0101
绿化覆盖率	0.8046	0.1954	0.0494
水（环境）功能区达标率	0.7280	0.2720	0.0688

附表 35　我国部分年份城、乡居民人口和收入

年份	城镇人口（万人）	城镇居民家庭人均可支配收入（元）	农村人口（万人）	农村居民家庭人均可支配收入（元）	名义总收入（亿元）	通货膨胀率（%）	实际总收入（亿元）
2000	45 906	6 279.98	80 837	3 146.21	54 261.89	0.4	54 044.85
2001	48 064	6 859.60	79 563	3 306.92	59 280.83	0.7	58 865.86
2002	50 212	7 702.80	78 241	3 448.62	65 659.65	−0.8	66 184.92
2003	52 376	8 472.20	76 851	3 582.42	71 905.25	1.2	71 042.39
2004	54 283	9 421.61	75 705	4 039.60	81 725.12	3.9	78 537.84
2005	56 212	10 493.03	74 544	4 631.21	93 506.31	1.8	91 823.20
2006	58 288	11 759.45	73 160	5 025.08	105 306.97	1.5	103 727.36
2007	60 633	13 785.81	71 496	5 791.12	124 991.69	4.8	118 992.09
2008	62 403	15 780.76	70 399	6 700.69	145 648.86	5.9	137 055.58
2009	64 512	17 174.65	68 938	7 115.57	159 850.42	−0.7	160 969.37
2010	66 978	19 109.44	67 113	8 119.51	182 483.67	3.3	176 461.71
2011	69 079	21 809.78	65 656	9 833.14	215 220.24	5.4	203 598.35
2012	71 182	24 564.72	64 222	10 990.67	245 440.87	2.6	239 059.41
2013	73 111	26 467.00	62 961	9 429.59	252 872.59	3.2	244 780.60

（续表）

年份	城镇人口（万人）	城镇居民家庭人均可支配收入(元)	农村人口（万人）	农村居民家庭人均可支配收入(元)	名义总收入(亿元)	通货膨胀率(%)	实际总收入(亿元)
2014	74 916	28 843.85	61 866	10 488.88	280 977.59	1.5	276 762.44
2015	77 116	31 194.83	60 346	11 421.71	309 487.21	1.4	305 154.68
2016	79 298	33 616.25	58 973	12 363.41	339 480.42	3	329 296.45
2017	81 347	36 396.19	57 661	13 432.43	373 524.82	7.5	345 510.46

注:名义总收入＝城镇居民人口×城镇居民人均收入＋农村居民人口×农村居民人均收入;

　　实际总收入＝名义总收入－名义总收入×通货膨胀率。

资料来源:根据《中国统计年鉴》相关数据整理而得。

附表 36　我国 2000　2016 年死亡率(‰)

年份	2000	2001	2002	2003	2004	2005	2006	2007	2008	2009	2010	2011	2012	2013	2014	2015	2016
死亡率	6.45	6.43	6.41	6.4	6.42	6.51	6.81	6.93	7.06	7.08	7.11	7.14	7.15	7.16	7.16	7.11	7.09

资料来源:根据《中国统计年鉴》相关数据整理而得

附表 37　我国部分时间贴现利率

	半年	一年	两年	四年	八年
2010.12.26	0.0521	0.0549	0.0524	0.0498	0.0423
2011.02.09	0.0545	0.0571	0.0544	0.0513	0.0432
2011.04.06	0.0568	0.0594	0.0567	0.0525	0.0440
2011.07.07	0.0592	0.0616	0.0587	0.0541	0.0451
2012.06.08	0.0568	0.0594	0.0567	0.0525	0.0440
2012.07.06	0.0545	0.0566	0.0548	0.0510	0.0430
2014.11.12	0.0545	0.0530	0.0536	0.0484	0.0412
2015.03.01	0.0521	0.0508	0.0516	0.0467	0.0401
2015.05.11	0.0497	0.0485	0.0495	0.0451	0.0389
2015.06.28	0.0474	0.0463	0.0475	0.0434	0.0377
2015.08.26	0.0450	0.0440	0.0455	0.0417	0.0365
2015.10.24	0.0426	0.0417	0.0434	0.0399	0.0352

注:贴现率＝一般贷款利率[1＋(贴现期×一般贷款利率)]。

资料来源:根据《中国统计年鉴》相关数据整理而得。

附表 38　中国及 OECD 国家健康人力资本指数测算

健康人力资本指数	2000	2001	2002	2003	2004	2005	2006	2007	2008	2009	2010	2011	2012	2013	2014	2015	2016
澳大利亚	0.68	0.67	0.68	0.68	0.68	0.68	0.69	0.69	0.69	0.69	0.68	0.69	0.69	0.69	0.69	0.69	0.70
奥地利	0.74	0.75	0.74	0.74	0.76	0.76	0.76	0.77	0.77	0.77	0.78	0.78	0.78	0.78	0.79	0.80	0.80
比利时	0.71	0.71	0.71	0.71	0.72	0.73	0.72	0.73	0.74	0.75	0.76	0.73	0.73	0.74	0.76	0.77	0.77
加拿大	0.65	0.65	0.66	0.66	0.66	0.67	0.67	0.67	0.67	0.67	0.68	0.67	0.67	0.68	0.68	0.69	0.69
智利	0.55	0.55	0.55	0.54	0.54	0.54	0.55	0.56	0.56	0.56	0.56	0.56	0.57	0.57	0.57	0.58	0.58
捷克	0.64	0.64	0.64	0.63	0.64	0.64	0.65	0.66	0.67	0.67	0.68	0.67	0.67	0.67	0.68	0.69	0.69
丹麦	0.74	0.75	0.76	0.76	0.77	0.78	0.78	0.79	0.80	0.81	0.83	0.81	0.81	0.82	0.83	0.85	0.85
爱沙尼亚	0.64	0.64	0.66	0.68	0.69	0.71	0.75	0.78	0.80	0.79	0.82	0.82	0.83	0.86	0.89	0.90	0.93
芬兰	0.76	0.76	0.75	0.76	0.76	0.77	0.76	0.77	0.77	0.78	0.78	0.75	0.75	0.75	0.75	0.77	0.77
法国	0.73	0.73	0.73	0.73	0.74	0.74	0.73	0.74	0.74	0.75	0.76	0.74	0.74	0.75	0.76	0.77	0.77
德国	0.75	0.75	0.76	0.76	0.77	0.77	0.77	0.78	0.77	0.77	0.78	0.78	0.78	0.77	0.78	0.78	0.78
希腊	0.63	0.63	0.64	0.64	0.64	0.65	0.64	0.65	0.66	0.68	0.70	0.66	0.67	0.68	0.69	0.71	0.72
匈牙利	0.63	0.63	0.64	0.64	0.65	0.66	0.65	0.65	0.66	0.66	0.68	0.66	0.67	0.67	0.67	0.68	0.68
冰岛	0.74	0.77	0.78	0.77	0.82	0.84	0.85	0.86	0.87	0.86	0.83	0.84	0.84	0.87	0.89	0.92	0.96
爱尔兰	0.68	0.69	0.70	0.71	0.73	0.73	0.73	0.73	0.72	0.72	0.79	0.73	0.73	0.74	0.75	0.80	0.81
意大利	0.70	0.71	0.71	0.71	0.72	0.72	0.72	0.72	0.73	0.74	0.75	0.72	0.72	0.73	0.75	0.77	0.77
日本	0.68	0.69	0.69	0.69	0.70	0.71	0.70	0.71	0.72	0.73	0.77	0.73	0.74	0.75	0.76	0.78	0.75
韩国	0.55	0.56	0.56	0.57	0.57	0.58	0.58	0.59	0.60	0.61	0.63	0.61	0.61	0.62	0.64	0.67	0.67

（续表）

健康人力资本指数	2000	2001	2002	2003	2004	2005	2006	2007	2008	2009	2010	2011	2012	2013	2014	2015	2016
卢森堡	0.72	0.72	0.74	0.74	0.78	0.81	0.88	0.92	0.93	0.89	0.90	0.93	0.91	0.94	0.98	0.98	0.99
墨西哥	0.53	0.51	0.53	0.54	0.54	0.55	0.54	0.55	0.55	0.55	0.54	0.52	0.53	0.54	0.55	0.57	0.57
荷兰	0.68	0.69	0.69	0.69	0.70	0.71	0.71	0.71	0.71	0.71	0.70	0.72	0.72	0.71	0.71	0.71	0.70
新西兰	0.70	0.70	0.70	0.71	0.71	0.71	0.72	0.73	0.73	0.74	0.75	0.74	0.74	0.75	0.75	0.76	0.76
挪威	0.75	0.75	0.75	0.76	0.77	0.79	0.81	0.82	0.84	0.83	0.83	0.83	0.84	0.85	0.85	0.85	0.86
波兰	0.65	0.64	0.64	0.65	0.65	0.65	0.64	0.65	0.65	0.65	0.66	0.65	0.66	0.65	0.66	0.66	0.66
斯洛伐克	0.65	0.65	0.65	0.65	0.65	0.65	0.66	0.67	0.68	0.68	0.69	0.68	0.68	0.69	0.68	0.69	0.70
斯洛文尼亚	0.78	0.78	0.79	0.80	0.81	0.82	0.84	0.85	0.87	0.85	0.86	0.86	0.86	0.87	0.87	0.87	0.88
西班牙	0.64	0.64	0.64	0.65	0.65	0.66	0.66	0.66	0.67	0.68	0.70	0.67	0.67	0.68	0.69	0.71	0.71
瑞典	0.75	0.78	0.78	0.78	0.79	0.79	0.80	0.81	0.81	0.80	0.80	0.81	0.81	0.81	0.81	0.81	0.82
瑞士	0.69	0.70	0.70	0.70	0.72	0.73	0.73	0.75	0.75	0.75	0.75	0.75	0.76	0.76	0.77	0.77	0.78
英国	0.65	0.66	0.67	0.67	0.68	0.68	0.67	0.68	0.68	0.69	0.71	0.67	0.67	0.68	0.69	0.70	0.71
美国	0.87	0.87	0.88	0.88	0.89	0.90	0.88	0.90	0.88	0.86	0.88	0.85	0.86	0.87	0.87	0.89	0.90
中国	0.64	0.62	0.63	0.65	0.66	0.67	0.68	0.70	0.70	0.71	0.73	0.74	0.75	0.73	0.73	0.74	0.73

附表 39　中国及 OECD 国家健康人力资本差距变动趋势

	2000	2001	2002	2003	2004	2005	2006	2007	2008	2009	2010	2011	2012	2013	2014	2015	2016
澳大利亚	0.04	0.05	0.04	0.03	0.02	0.01	0.01	−0.01	−0.02	−0.02	−0.05	−0.05	−0.06	−0.04	−0.05	−0.04	−0.03
奥地利	0.11	0.12	0.11	0.10	0.10	0.09	0.09	0.07	0.07	0.06	0.06	0.04	0.03	0.06	0.06	0.06	0.07
比利时	0.07	0.09	0.08	0.07	0.07	0.06	0.04	0.03	0.03	0.03	0.04	−0.01	−0.02	0.02	0.02	0.04	0.05
加拿大	0.02	0.03	0.03	0.01	0.01	0.00	−0.01	−0.03	−0.04	−0.04	−0.05	−0.07	−0.08	−0.05	−0.05	−0.05	−0.04
智利	−0.09	−0.08	−0.08	−0.10	−0.12	−0.13	−0.12	−0.14	−0.14	−0.15	−0.17	−0.18	−0.19	−0.16	−0.16	−0.16	−0.15
捷克	0.01	0.02	0.01	−0.01	−0.02	−0.02	−0.03	−0.04	−0.03	−0.04	−0.05	−0.07	−0.08	−0.05	−0.05	−0.05	−0.04
丹麦	0.11	0.13	0.12	0.11	0.11	0.11	0.10	0.10	0.10	0.10	0.10	0.07	0.06	0.10	0.10	0.12	0.13
爱沙尼亚	0.00	0.02	0.03	0.03	0.03	0.04	0.07	0.09	0.10	0.08	0.09	0.08	0.08	0.14	0.15	0.16	0.20
芬兰	0.12	0.13	0.12	0.11	0.11	0.10	0.08	0.07	0.07	0.07	0.05	0.01	0.00	0.03	0.02	0.04	0.05
法国	0.09	0.11	0.10	0.08	0.08	0.07	0.05	0.04	0.04	0.04	0.04	0.00	−0.01	0.02	0.03	0.04	0.05
德国	0.11	0.13	0.13	0.11	0.11	0.11	0.09	0.08	0.07	0.06	0.05	0.04	0.02	0.05	0.05	0.04	0.06
希腊	−0.01	0.01	0.00	−0.01	−0.01	−0.02	−0.04	−0.05	−0.05	−0.03	−0.02	−0.08	−0.08	−0.05	−0.04	−0.02	−0.01
匈牙利	−0.01	0.01	0.01	0.00	−0.01	−0.01	−0.03	−0.04	−0.05	−0.05	−0.05	−0.08	−0.08	−0.05	−0.06	−0.06	−0.05
冰岛	0.10	0.14	0.15	0.13	0.16	0.17	0.17	0.17	0.17	0.15	0.11	0.10	0.09	0.14	0.15	0.19	0.23
爱尔兰	0.05	0.07	0.07	0.07	0.07	0.07	0.05	0.03	0.02	0.01	0.07	−0.01	−0.02	0.01	0.02	0.07	0.08
意大利	0.07	0.09	0.08	0.06	0.06	0.05	0.04	0.03	0.03	0.03	0.02	−0.02	−0.03	0.01	0.02	0.03	0.04
日本	0.04	0.06	0.06	0.05	0.04	0.04	0.02	0.01	0.02	0.02	0.04	−0.01	−0.01	0.03	0.03	0.05	0.02
韩国	−0.08	−0.07	−0.07	−0.08	−0.09	−0.09	−0.10	−0.11	−0.11	−0.10	−0.10	−0.13	−0.14	−0.10	−0.10	−0.07	−0.06

（续表）

	2000	2001	2002	2003	2004	2005	2006	2007	2008	2009	2010	2011	2012	2013	2014	2015	2016
卢森堡	0.08	0.09	0.11	0.10	0.12	0.14	0.20	0.22	0.23	0.17	0.18	0.19	0.16	0.22	0.25	0.25	0.26
墨西哥	-0.11	-0.11	-0.10	-0.11	-0.11	-0.12	-0.14	-0.15	-0.16	-0.17	-0.18	-0.22	-0.23	-0.19	-0.18	-0.17	-0.16
荷兰	0.05	0.07	0.06	0.05	0.04	0.04	0.03	0.02	0.01	0.00	-0.02	-0.03	-0.04	-0.01	-0.02	-0.03	-0.02
新西兰	0.07	0.08	0.07	0.06	0.05	0.04	0.04	0.04	0.03	0.02	0.03	0.00	-0.01	0.03	0.02	0.02	0.03
挪威	0.11	0.13	0.12	0.11	0.11	0.12	0.13	0.12	0.13	0.11	0.10	0.09	0.09	0.12	0.12	0.12	0.13
波兰	0.01	0.02	0.01	0.00	-0.01	-0.02	-0.03	-0.05	-0.05	-0.06	-0.07	-0.09	-0.10	-0.07	-0.07	-0.08	-0.07
斯洛伐克	0.01	0.02	0.02	0.00	-0.01	-0.02	-0.01	-0.03	-0.02	-0.03	-0.04	-0.06	-0.08	-0.03	-0.05	-0.04	-0.03
斯洛文尼亚	0.14	0.16	0.16	0.15	0.15	0.15	0.16	0.16	0.16	0.14	0.13	0.12	0.11	0.14	0.14	0.14	0.16
西班牙	0.00	0.01	0.01	0.00	0.00	-0.01	-0.02	-0.03	-0.03	-0.03	-0.02	-0.07	-0.08	-0.04	-0.04	-0.03	-0.02
瑞典	0.16	0.16	0.15	0.14	0.13	0.12	0.12	0.11	0.11	0.09	0.08	0.07	0.06	0.09	0.08	0.08	0.09
瑞士	0.06	0.07	0.07	0.06	0.06	0.06	0.05	0.05	0.05	0.04	0.03	0.01	0.01	0.03	0.03	0.04	0.05
英国	0.02	0.04	0.03	0.02	0.02	0.01	0.00	-0.02	-0.02	-0.02	-0.01	-0.07	-0.08	-0.04	-0.05	-0.03	-0.02
美国	0.24	0.25	0.25	0.24	0.23	0.23	0.20	0.20	0.18	0.15	0.15	0.11	0.11	0.14	0.14	0.16	0.17

附表 40　中国与 OECD 国家健康人力资本差距变动趋势检验

	Coefficients	标准误差	t Stat	P-value	Lower 95%	Upper 95%	下限 95.0%	上限 95.0%	R Square
澳大利亚	-0.00679***	0.00077	-8.82085	0.00000	-0.00844	-0.00515	-0.00844	-0.00515	0.83838
奥地利	-0.00426***	0.00077	-5.51810	0.00006	-0.00591	-0.00262	-0.00591	-0.00262	0.66996
比利时	-0.00424***	0.00099	-4.27786	0.00066	-0.00636	-0.00213	-0.00636	-0.00213	0.54955
加拿大	-0.00580***	0.00084	-6.89120	0.00001	-0.00760	-0.00401	-0.00760	-0.00401	0.75996
智利	-0.00570***	0.00082	-6.96635	0.00000	-0.00744	-0.00396	-0.00744	-0.00396	0.76389
捷克	-0.00453***	0.00081	-5.55933	0.00005	-0.00627	-0.00279	-0.00627	-0.00279	0.67325
丹麦	-0.00131	0.00088	-1.48169	0.15912	-0.00319	0.00057	-0.00319	0.00057	0.12767
爱沙尼亚	0.01031***	0.00096	10.72553	0.00000	0.00826	0.01236	0.00826	0.01236	0.88465
芬兰	-0.00746***	0.00090	-8.26509	0.00000	-0.00938	-0.00554	-0.00938	-0.00554	0.81995
法国	-0.00538***	0.00100	-5.35751	0.00008	-0.00752	-0.00324	-0.00752	-0.00324	0.65677
德国	-0.00625**	0.00071	-8.77405	0.00000	-0.00777	-0.00473	-0.00777	-0.00473	0.83693
希腊	-0.00282***	0.00117	-2.40744	0.02939	-0.00532	-0.00032	-0.00532	-0.00032	0.27870
匈牙利	-0.00490***	0.00076	-6.43446	0.00001	-0.00652	-0.00327	-0.00652	-0.00327	0.73405
冰岛	0.00203	0.00174	1.16754	0.26122	-0.00168	0.00574	-0.00168	0.00574	0.08331
爱尔兰	-0.00226	0.00152	-1.48690	0.15776	-0.00550	0.00098	-0.00550	0.00098	0.12846
意大利	-0.00450***	0.00112	-4.00318	0.00115	-0.00690	-0.00210	-0.00690	-0.00210	0.51653
日本	-0.00215**	0.00087	-2.45927	0.02655	-0.00401	-0.00029	-0.00401	-0.00029	0.28734
韩国	-0.00114	0.00106	-1.07295	0.30025	-0.00339	0.00112	-0.00339	0.00112	0.07128

（续表）

	$Coefficients$	标准误差	$t\ Stat$	$P\text{-}value$	$Lower\ 95\%$	$Upper\ 95\%$	下限 95.0%	上限 95.0%	$R\ Square$
卢森堡	0.01028***	0.00146	7.06202	0.00000	0.00718	0.01338	0.00718	0.01338	0.76878
墨西哥	−0.00610***	0.00118	−5.15620	0.00012	−0.00863	−0.00358	−0.00863	−0.00358	0.63931
荷兰	−0.00657***	0.00063	−10.42844	0.00000	−0.00791	−0.00522	−0.00791	−0.00522	0.87879
新西兰	−0.00397***	0.00071	−5.58711	0.00005	−0.00549	−0.00246	−0.00549	−0.00246	0.67544
挪威	−0.00032	0.00066	−0.48132	0.63724	−0.00174	0.00110	−0.00174	0.00110	0.01521
波兰	−0.00684***	0.00077	−8.86462	0.00000	−0.00848	−0.00519	−0.00848	−0.00519	0.83971
斯洛伐克	−0.00434***	0.00079	−5.47664	0.00006	−0.00603	−0.00265	−0.00603	−0.00265	0.66662
斯洛文尼亚	−0.00133*	0.00072	−1.85525	0.08332	−0.00286	0.00020	−0.00286	0.00020	0.18664
西班牙	−0.00363***	0.00092	−3.96200	0.00125	−0.00558	−0.00168	−0.00558	−0.00168	0.51136
瑞典	−0.00571***	0.00069	−8.23434	0.00000	−0.00718	−0.00423	−0.00718	−0.00423	0.81885
瑞士	−0.00252***	0.00069	−3.63401	0.00245	−0.00400	−0.00104	−0.00400	−0.00104	0.46820
英国	−0.00551***	0.00099	−5.58303	0.00005	−0.00761	−0.00340	−0.00761	−0.00340	0.67511
美国	−0.00794***	0.00127	−6.23439	0.00002	−0.01066	−0.00523	−0.01066	−0.00523	0.72154

注：***表示在1%的显著性水平上显著；**表示在5%的显著性水平上显著；*表示在10%的显著性水平上显著。

附表 41　健康人力资本的投入指标

编号	投入指标	权重
X1	平均睡眠时间	0.3567
X2	每千人口执业医师	0.1105
X3	体育投入	0.092
X4	环境污染治理投资占 GDP 比重	0.0688
X5	全国卫生总费用	0.0641
X6	健康意识	0.0409
X7	旅游人数	0.0395
X8	城市生活垃圾清运量	0.0309
X9	普通高等学校专任教师数	0.0279
X10	每千人床位数	0.0208

附表 42　健康人力资本的产出指标

编号	产出指标	权重
Y1	精神病发病率	0.1572
Y2	期望寿命	0.15
Y3	慢性病患病指数	0.15
Y4	中国信用小康指数	0.0737
Y5	36 至 55 岁从业人员比例	0.0617
Y6	经常参加锻炼次数	0.0566
Y7	孕产妇死亡率	0.0454
Y8	自杀率	0.0393
Y9	人均受教育年限	0.0339
Y10	工作满意度指数	0.0332

注：* 由于其中受教育年限在投入产出中均排序在前 10 位，此处主要作为产出指标，投入指标中将其删除。

附表 43　模型预测结果

模型摘要			
模型	R	R 方	调整后 R 方	标准估算的误差
1	.839[a]	.703	.697	.0375786

（续表）

a. 预测变量：（常量），*ecost*，*doctor*，*lifestyle*，*environment*，*hcost*，*Nutritional*

系数ᵃ

模型		未标准化系数		标准化系数	*t*	显著性
		B	标准误差	Beta		
1	（常量）	.543	.017		32.808	.000
	hcost	.023	.001	.758	16.182	.000
	doctor	.035	.004	.415	8.747	.000
	lifestyle	−.009	.001	−.305	−8.118	.000
	Nutritional	.000	.000	−.167	−2.948	.003
	environment	−.009	.003	−.112	−2.855	.005
	ecost	.008	.002	.115	3.165	.002

a. 因变量：*hpc*

附表 44　　解释的总方差

成分	初始特征值			提取平方和载入		
	合计	方差的 %	累积 %	合计	方差的 %	累积 %
1	3.592	89.801	89.801	3.592	89.801	89.801
2	0.399	9.979	99.780			
3	0.008	0.199	99.979			
4	0.001	0.021	100.000			

提取方法：主成分分析。

附表 45　　成分矩阵 a

每万农业人口乡镇卫生院床位数（张）	0.893
每万人拥有农村卫生技术人员数（人）	0.983
每万人拥有农村执业（助理）医师数（人）	0.922
每万人拥有农村注册护士数（人）	0.988

提取方法：主成分分析。

附表 46　平稳性检验结果

变量	*LLC*	*Breitung*	*IPS*	*Fisher-ADF*	*Fisher-PP*	结论
healthyhuman	-1.87665	3.24002	0.47548	56.6687	46.1753	$I(0)$
Dhealthyhuman	***-7.49332	1.97696	***-3.79381	***137.49	***178.987	$I(1)$
income	***-3.79271	10.8072	5.10689	14.0512	35.855	$I(0)$
Dincome	***-13.3474	***-11.1099	***-7.83907	***159.67	***235.515	$I(1)$
income^2	8.68875	16.7385	16.3817	2.33811	1.94194	$I(0)$
Dincome^2	***-11.7202	***-4.32286	***-6.52988	***137.93	***159.271	$I(1)$
medicalpf	-0.56339	10.2834	7.74388	8.03273	7.92967	$I(0)$
Dmedicalpf	***-13.206	***-2.43839	***-9.31039	***183.112	***199.819	$I(1)$
healthconsume	4.22343	11.9	10.8054	13.9124	6.39197	$I(0)$
Dhealthconsume	***-10.844	2.5037	***-8.43373	***183.224	***289.66	$I(1)$
eduyear	***-6.35537	***-4.29206	***-3.32632	***89.2294	***86.0945	$I(0)$
oldratio	***-4.45411	***-2.0599	***-2.7417	***87.7774	**75.2873	$I(0)$

附表 47　**Correlated Random Effects-Hausman 检验**

Test cross-section random effects			
Test Summary	*Chi-Sq. Statistic*	*Chi-Sq. d.f.*	*Prob.*
Cross-section random	11.390011	6	0.0770

附表 48　面板回归估计结果

变量	系数	标准误	T 统计量	P 值
C	-0.165843	0.041210	-4.024309	0.0001
Dincome	$4.86E-05$	$1.56E-05$	3.107646	0.0020
Dincome^2	$-3.86E-09$	$8.19E-10$	-4.716631	0.0000
Dhealthconsume	-0.000269	$6.10E-05$	-4.406596	0.0000
Dmedicalpf	0.000312	0.000126	2.467146	0.0140
eduyear	0.024491	0.005375	4.556427	0.0000
oldratio	0.005995	0.001430	4.191739	0.0000
固定效应(*Cross*)				
天津—C	0.044267			

（续表）

变量	系数	标准误	T统计量	P值
河北—C	−0.024380			
陕西—C	−0.029169			
内蒙古—C	0.013560			
辽宁—C	−0.041580			
吉林—C	0.002885			
黑龙江—C	0.000936			
江苏—C	0.003421			
浙江—C	0.032608			
安徽—C	−0.037897			
福建—C	0.008044			
江西—C	−0.023182			
山东—C	0.001736			
河南—C	−0.032342			
湖北—C	0.017079			
湖南—C	−0.021217			
广东—C	−0.020641			
广西—C	−0.010000			
海南—C	−0.027372			
四川—C	−0.005855			
重庆—C	−0.018652			
贵州—C	−0.000636			
云南—C	0.033131			
西藏—C	0.054499			
山西—C	−0.003032			
甘肃—C	−0.002056			
青海—C	0.032727			
宁夏—C	0.002875			
新疆—C	0.050051			
	Effects Specification			

（续表）

变量	系数	标准误	T 统计量	P 值
固定效应（虚拟变量）				
加权统计				
R-squared	0.299904	Mean dependent var		0.167844
Adjusted R-squared	0.244289	S.D. dependent var		0.102506
S.E. of regression	0.068883	Sum squared resid		2.030828
F-statistic	5.392503	Durbin-Watson stat		1.879276
Prob(F-statistic)	0.000000			
未加权统计				
R-squared	0.119626	Mean dependent var		0.101813
Sum squared resid	2.164405	Durbin-Watson stat		1.763221

附表 49　解释的总方差

成分	初始特征值			提取平方和载入		
	合计	方差的%	累积%	合计	方差的%	累积%
1	3.800	95.010	95.010	3.800	95.010	95.010
2	0.130	3.239	98.249			
3	0.067	1.668	99.916			
4	0.003	0.084	100.000			

提取方法：主成分分析。

附表 50　成分矩阵 a

	成份
	1
每万人拥有城市卫生技术人员数	0.992
每万人拥有城市执业医师数	0.970
每万人拥有城市注册护士数	0.978
城市每万人医疗机构床位数	0.958

提取方法：主成分。

a. 已提取了 1 个成分。

附表 51　单位根检验

	Levin，Lin & Chu t*	Breitung t-stat	Im，Pesaran and Shin W-stat	ADF-Fisher Chi-square	PP-Fisher Chi-square
oldratio	***−4.31882	***−2.00084	***−2.66145	***91.4898	72.956
Doldratio	***−14.4218	***−12.0765	***−10.7096	***212.229	***353.207
eduyear	−7.65525	−4.25825	−4.10318	105.61	114.037
income	−0.48455	11.5445	8.18791	24.1016	67.5618
Dincome	***−11.0228	0.38429	***−6.22541	***169.986	***239.625
healthconsuem	0.46196	3.75373	2.27113	53.2759	64.2452
Dhealthconsuem	***−15.99	***−5.56946	***−12.2379	***245.741	***351.7
rmiper	***−21.4995	6.31139	***−13.2397	***186.183	***243.927
medipf	−0.7546	10.3651	7.76193	8.76217	10.0938
Dmedipf	***−13.0203	***−2.14538	***−9.45381	***193.108	***208.249
Healthyhuman	***−3.10748	6.76637	***−3.36902	***116.906	***110.546
income²	12.4758	18.2384	21.9612	7.27199	9.15232
Dincome²	***−4.63852	6.52007	−0.16461	***97.3956	***126.517

附表 52　Hausman 检验

测试概述	Chi-Sq. Statistic	Chi-Sq. d.f.	Prob.
面板数据随机效应	131.823484	6	0.0000

附表 53　面板回归估计结果

变量	系数	标准误	T 统计量	P 值
C	−36.09186	1.043150	−34.59892	0.0000
Oldratio	0.117135	0.027599	4.244192	0.0000
Eduyear	1.674468	0.126385	13.24892	0.0000
Dincome²	4.76E−08	4.20E−09	11.32633	0.0000
Lnhealthconsuem	3.091385	0.197481	15.65412	0.0000
Dmedipf	0.005077	0.002016	2.518206	0.0122
北京—Dincome	−0.003089	0.000507	−6.089733	0.0000
天津—Dincome	−0.001990	0.000214	−9.321807	0.0000

（续表）

变量	系数	标准误	T 统计量	P 值
河北—Dincome	−0.002298	0.000914	−2.515140	0.0123
辽宁—Dincome	−0.002275	0.000503	−4.523637	0.0000
上海—Dincome	−0.001513	0.000547	−2.766218	0.0059
江苏—Dincome	−0.001882	0.000281	−6.705862	0.0000
浙江—Dincome	−0.001530	0.000469	−3.260955	0.0012
福建—Dincome	−0.001714	0.000340	−5.032324	0.0000
山东—Dincome	−0.002095	0.000315	−6.643547	0.0000
广东—Dincome	−0.002413	0.000346	−6.972841	0.0000
海南—Dincome	0.001099	0.000596	1.844935	0.0657
山西—Dincome	−0.000694	0.000377	−1.842347	0.0661
吉林—Dincome	−7.98E−05	0.001429	−0.055870	0.9555
黑龙江—Dincome	−0.001861	0.000293	−6.355623	0.0000
安徽—Dincome	−0.003110	0.000424	−7.338122	0.0000
江西—Dincome	−0.000165	0.000505	−0.327603	0.7434
河南—Dincome	0.001922	0.000843	2.280619	0.0231
湖北—Dincome	−0.000625	0.000333	−1.878466	0.0610
湖南—Dincome	0.000983	0.000451	2.179169	0.0299
内蒙古—Dincome	−0.000428	0.000427	−1.002408	0.3167
广西—Dincome	−5.30E−05	0.000403	−0.131496	0.8954
重庆—Dincome	−0.002643	0.000408	−6.484588	0.0000
四川—Dincome	−0.000551	0.000349	−1.578997	0.1151
贵州—Dincome	0.002336	0.000875	2.669241	0.0079
云南—Dincome	0.002085	0.000570	3.656777	0.0003
西藏—Dincome	0.000693	0.001092	0.634403	0.5262
陕西—Dincome	−0.000386	0.000287	−1.347023	0.1787
甘肃—Dincome	−0.001109	0.000332	−3.342563	0.0009
青海—Dincome	0.011514	0.002633	4.372934	0.0000
宁夏—Dincome	−0.000232	0.000606	−0.382866	0.7020
新疆—Dincome	0.003879	0.001176	3.298073	0.0011

（续表）

变量	系数	标准误	T 统计量	P 值
固定效应（$Cross$）				
北京—C	0.853829			
天津—C	-3.694303			
河北—C	3.742420			
辽宁—C	-0.374861			
上海—C	-3.924737			
江苏—C	-1.695020			
浙江—C	-1.393254			
福建—C	2.635282			
山东—C	-0.330078			
广东—C	1.688618			
海南—C	-1.648893			
山西—C	1.457489			
吉林—C	-1.985444			
黑龙江—C	0.471579			
安徽—C	1.198092			
江西—C	-0.074942			
河南—C	-2.296986			
湖北—C	-1.158524			
湖南—C	-1.769065			
内蒙古—C	0.137229			
广西—C	-1.586219			
重庆—C	-2.185852			
四川—C	-0.835464			
贵州—C	0.734308			
云南—C	0.441193			
西藏—C	11.63553			
陕西—C	-2.154202			
甘肃—C	0.099838			

（续表）

变量	系数	标准误	T 统计量	P 值
青海—C	0.825540			
宁夏—C	−0.303071			
新疆—C	1.489966			
	说明			
固定效应（虚拟变量）				
加权统计				
R-squared	0.971974	Mean dependent var		−0.299511
Adjusted R-squared	0.967663	S.D. dependent var		5.556351
S.E. of regression	0.991711	Sum squared resid		421.9177
F-statistic	225.4298	Durbin-Watson stat		1.380792
Prob(F-statistic)	0.000000			
未加权统计				
R-squared	0.934815	Mean dependent var		0.267798
Sum squared resid	448.9328	Durbin-Watson stat		1.371343

附表 54　方案层中要素对决策目标的排序权重

备选方案	权重
消费水平	0.1839
普通高等学校在校生数占比	0.1681
技术市场成交额	0.0969
第三产业增加值比重	0.0819
人均 GDP	0.0657
普通中等学校在校生数占比	0.0609
第二产业增加值比重	0.0374
卫生机构技术人员	0.0329
床位数	0.0329
固定资本投资总额	0.03
GDP 增长率	0.0278
人口自然增长率	0.0269

（续表）

备选方案	权重
专利申请受理量	0.025
小学在校生占比	0.0221
进出口总额	0.0162
个体从业人员占比	0.0162
私营企业从业人员占比	0.0162
实际利用外资	0.0162
电视人口覆盖率	0.0119
R&D经费支出	0.0107
第一产业增加值比重	0.0085
人口预期寿命	0.0054
报纸出版总印数	0.0042
公共图书馆与博物馆总数	0.0022

附表 55　第 1 个中间层中要素对决策目标的排序权重

中间层要素	权重
人力资本	0.5
经济增长	0.5

附表 56　第 2 个中间层中要素对决策目标的排序权重

中间层要素	权重
增长水平	0.3073
教育规模	0.2511
创新能力	0.1326
产业结构	0.1278
医疗保健	0.0657
市场化程度	0.0324
开放程度	0.0324
生活质量	0.0323
文化环境	0.0183

附表 57　健康人力资本　一致性比例：0.0000；
对"健康人力资本"的权重：1.0000；λmax：2.0000

健康人力资本	人力资本	经济增长	Wi
人力资本	1	1	0.5
经济增长	1	1	0.5

附表 58　人力资本　一致性比例：0.0679；
对"健康人力资本"的权重：1.0000；λmax：5.3041

人力资本	教育规模	创新能力	文化环境	生活质量	医疗保健	Wi
教育规模	1	3	7	7	5	0.5022
创新能力	0.3333	1	7	5	3	0.2651
文化环境	0.1429	0.1429	1	0.3333	0.2	0.0366
生活质量	0.1429	0.2	3	1	0.3333	0.0647
医疗保健	0.2	0.3333	5	3	1	0.1314

附表 59　经济增长　一致性比例：0.0527；
对"健康人力资本"的权重：0.0000；λmax：4.1408

经济增长	增长水平	开放程度	产业结构	市场化程度	Wi
增长水平	1	7	4	7	0.6147
开放程度	0.1429	1	0.2	1	0.0649
产业结构	0.25	5	1	5	0.2555
市场化程度	0.1429	1	0.2	1	0.0649

附表 60　教育规模　一致性比例：0.0068；
对"健康人力资本"的权重：0.5022；λmax：3.0070

教育规模	普通高等学校在校生数占比	普通中等学校在校生数占比	小学在校生占比	Wi
普通高等学校在校生数占比	1	3	7	0.6694
普通中等学校在校生数占比	0.3333	1	3	0.2426
小学在校生占比	0.1429	0.3333	1	0.0879

附表 61　创新能力　一致性比例：0.0624；
对"健康人力资本"的权重：0.2651；λmax：3.0649

创新能力	技术市场成交额	R&D 经费支出	专利申请受理量	W_i
技术市场成交额	1	7	5	0.7306
R&D 经费支出	0.1429	1	0.3333	0.081
专利申请受理量	0.2	3	1	0.1884

附表 62　文化环境　一致性比例：0.0036；
对"健康人力资本"的权重：0.0366；λmax：3.0037

文化环境	公共图书馆与博物馆总数	报纸出版总印数	电视人口覆盖率	W_i
公共图书馆与博物馆总数	1	0.5	0.2	0.122
报纸出版总印数	2	1	0.3333	0.2297
电视人口覆盖率	5	3	1	0.6483

附表 63　生活质量　一致性比例：0.0000；
对"健康人力资本"的权重：0.0647；λmax：2.0000

生活质量	人口自然增长率	人口预期寿命	W_i
人口自然增长率	1	5	0.8333
人口预期寿命	0.2	1	0.1667

附表 64　医疗保健　一致性比例：0.0000；
对"健康人力资本"的权重：0.1314；λmax：2.0000

医疗保健	卫生机构技术人员	床位数	W_i
卫生机构技术人员	1	1	0.5
床位数	1	1	0.5

附表 65　增长水平　一致性比例：0.0724；
对"健康人力资本"的权重：0.0000；λmax：4.1934

增长水平	人均 GDP	GDP 增长率	固定资本投资总额	消费水平	W_i
人均 GDP	1	3	3	0.2	0.2139
GDP 增长率	0.3333	1	1	0.2	0.0903

（续表）

增长水平	人均GDP	GDP增长率	固定资本投资总额	消费水平	Wi
固定资本投资总额	0.3333	1	1	0.25	0.0975
消费水平	5	5	4	1	0.5984

附表66　开放程度　一致性比例：0.0000；
对"健康人力资本"的权重：0.0000；λmax：2.0000

开放程度	进出口总额	实际利用外资	Wi
进出口总额	1	1	0.5
实际利用外资	1	1	0.5

附表67　产业结构　一致性比例：0.0961；
对"健康人力资本"的权重：0.0000；λmax：3.0999

产业结构	第一产业增加值比重	第三产业增加值比重	第二产业增加值比重	Wi
第一产业增加值比重	1	0.1429	0.1667	0.0668
第三产业增加值比重	7	1	3	0.6406
第二产业增加值比重	6	0.3333	1	0.2926

附表68　市场化程度　一致性比例：0.0000；
对"健康人力资本"的权重：0.0000；λmax：2.0000

市场化程度	私营企业从业人员占比	个体从业人员占比	Wi
私营企业从业人员占比	1	1	0.5
个体从业人员占比	1	1	0.5

附表69　健康公共服务相关政策

时间	政策	简要内容
2015年	《"互联网＋"行动指导意见》	依托互联网平台提供人工智能公共创新服务，加快人工智能核心技术突破，促进人工智能在智能家居、智能终端、机器人等领域的推广应用
2016年	《"健康中国2030"规划纲要》	旨在推进健康中国建设，提高人民健康水平

（续表）

时间	政策	简要内容
2017 年	《"十三五"卫生与健康科技创新专项规划》	进一步完善卫生与健康科技创新体系,提升我国卫生与健康科技创新能力,显著增强科技创新对提高公众健康水平和促进健康产业发展的支撑引领作用
2018 年	关于促进"互联网＋医疗健康"发展的意见	要加快医联体建设,发展"互联网＋医疗",让群众在家门口能享受优质医疗服务
2018 年	关于坚持以人民健康为中心推动医疗服务高质量发展的意见	将解决人民群众最关心、最直接、反映最突出的医疗健康问题作为出发点和落脚点,大力推进分级诊疗制度建设,全面加强县级医院能力建设以及持续提升医疗质量
2019 年	关于开展"互联网＋护理服务"试点工作的政策解读	依托互联网等信息技术,通过"线上申请、线下服务"的方式,由护士上门为群众提供护理服务
2019 年	国家卫生健康委办公厅关于开展社区医院建设试点工作的通知	以居民健康为中心以满足人民群众基本医疗卫生服务需求为出发点的原则,进一步提升群众对基层医疗卫生机构的信任度和获得感
2019 年	关于印发 2019 年深入落实进一步改善医疗服务行动计划重点工作方案的通知	科学建立预约诊疗制度、不断完善远程医疗制度、大力推动结果互认制度

附表 70　健康产业的主要领域

层级	行业类别	包含的领域
核心层	医疗产品	药品、医疗器械以及其他耗材
	医疗服务	综合医院、专科医院、牙科诊所、医疗旅游
	辅助医疗	中医理疗、康复调理、生殖护理、家用健康器材
中间层	康体养生	疗养基地、瑜伽、武术、中医养生、美容塑身等
	健康管理	个性化健康检测评估、健康咨询顾问、私人医生等
	健康食品	保健食品、功能性饮品、健康用品、有机农业等
基础层	健康环境	消杀产品、环保防疫、健康家居
	心理健康	心理健康咨询、灵修信仰等
	健康文化	健康产业展览展示平台、活动,健康教育、国学馆等
外围层	其他相关服务业	为上述相关行业服务的金融、科技、信息、物流等相关服务业

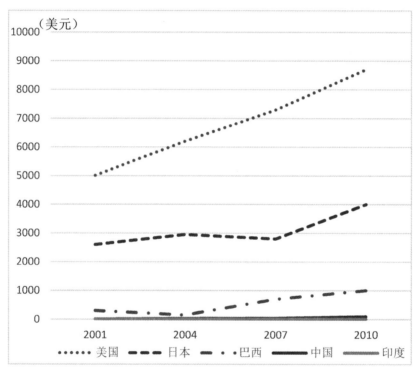

附图1　美国、日本、巴西、中国、印度人均医疗卫生支出比较

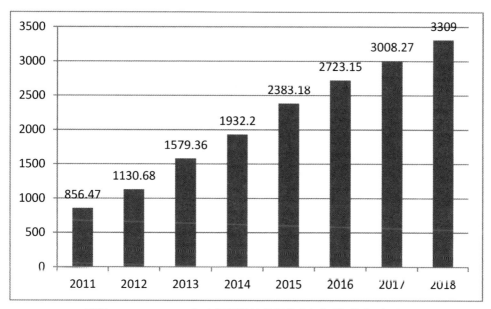

附图 2　2011—2018 年中国民保健品行业市场规模（单位：亿元）

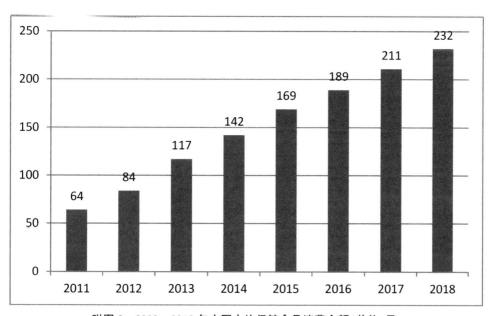

附图 3　2009—2018 年中国人均保健食品消费金额（单位：元）

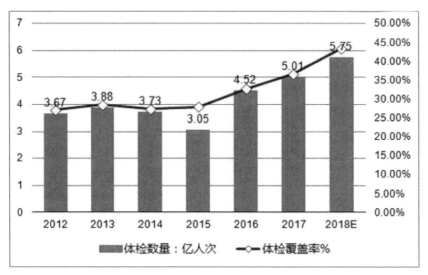

附图 4 　2012—2018 年中国健康体检人次数及覆盖率走势

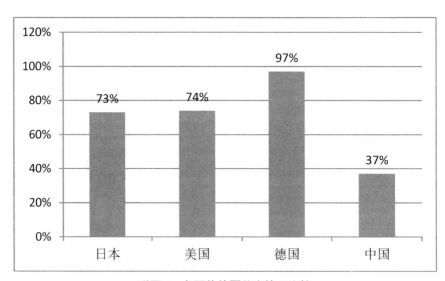

附图 5 　各国体检覆盖率情况比较

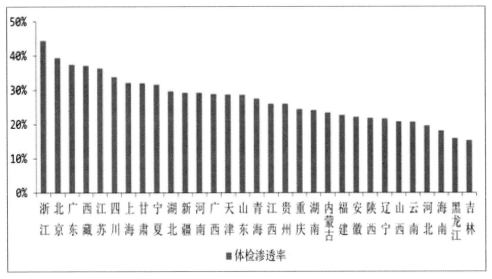

附图 6　2017 年各省份体检情况

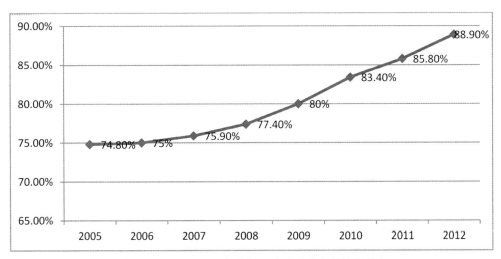

附图 7　2005—2012 年我国 7 岁以下儿童保健管理率

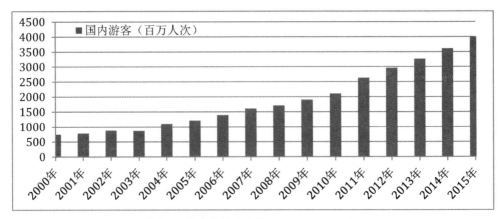

附图8　国内旅游人次情况（2000—2017 年）

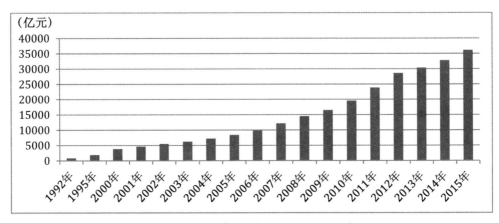

附图9　教育经费投入数据（1992—2015 年）

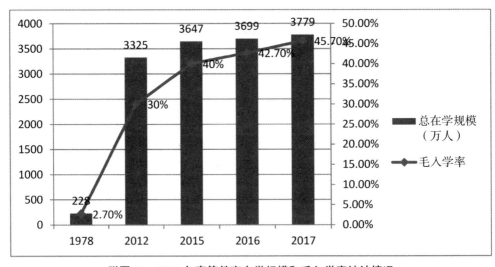

附图10　2017 年高等教育在学规模和毛入学率统计情况

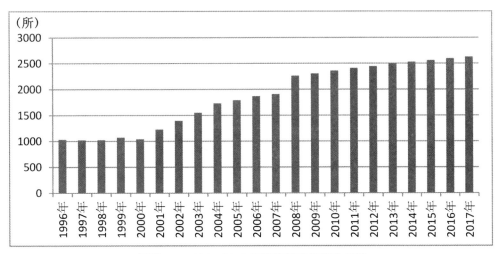

附图 11　1996—2017 年高等教育学校数规模

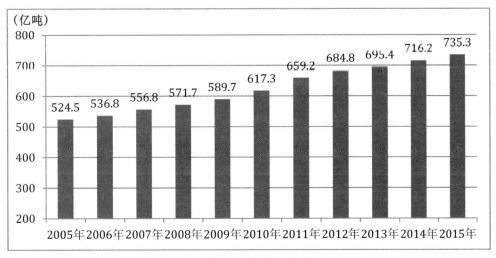

附图 12　全国废水排放总量

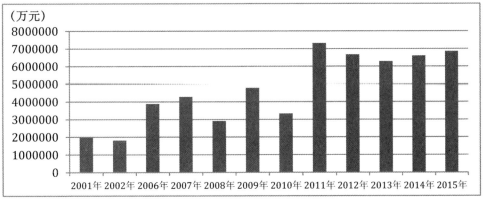

附图 13　工业废水治理设施运行费用

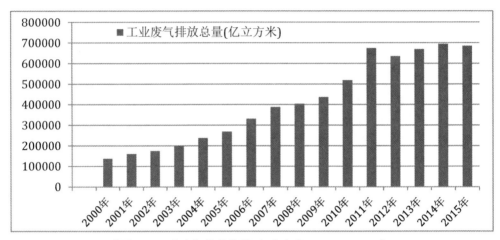

附图 14　工业废气排放总量(亿立方米)(2000—2015 年)

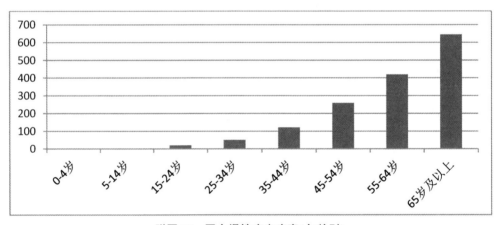

附图 15　国人慢性病患病率(年龄别)

数据来源:历年中国卫生统计年鉴

http://www.nhfpc.gov.cn/htmlfiles/zwgkzt/ptjnj/year2013/index2013.html

《中国居民营养与慢性病状况报告(2015 年)》

http://www.ncd.org.cn/Article/index/id/4605

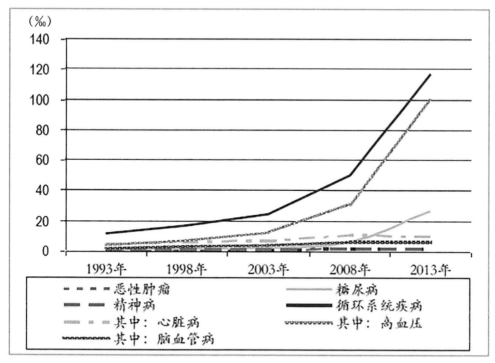

附图 16　1993—2013 年国人相关慢性病患病率趋势

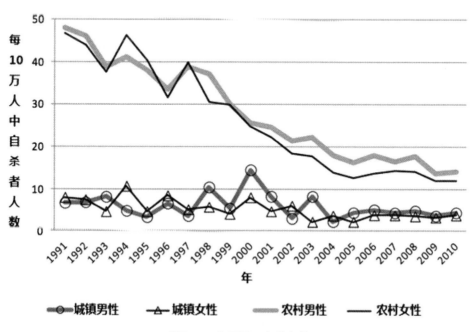

附图 17　我国居民自杀率状况

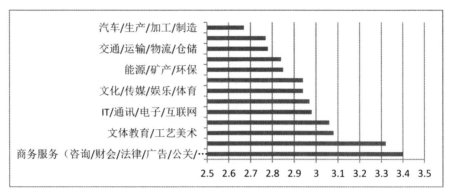

附图 18　2018 年不同行业白领工作满意度情况

注：指数越高代表信心越高

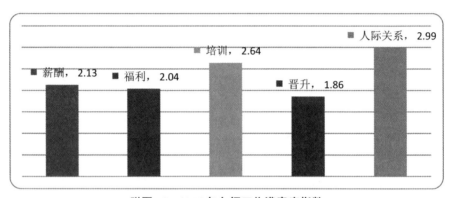

附图 19　2016 年白领工作满意度指数

注：指数越高代表满意度越高，满分为 5。

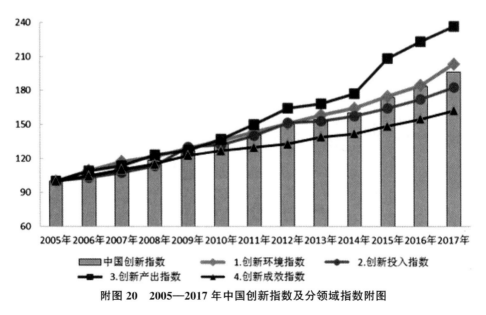

附图 20　2005—2017 年中国创新指数及分领域指数附图

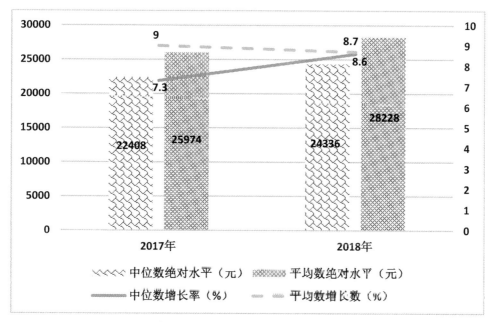

附图 21　2018 年居民人均可支配收入

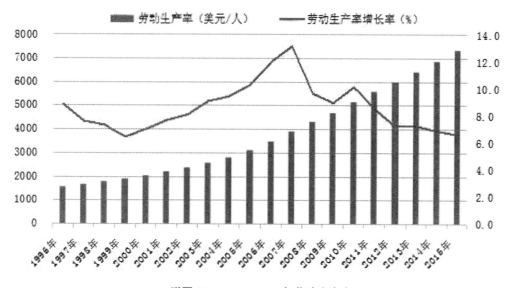

附图 22　1996—2016 年劳动生产率

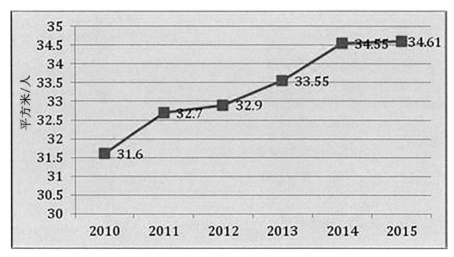

附图 23 2010—2015 年中国人均居住面积趋势

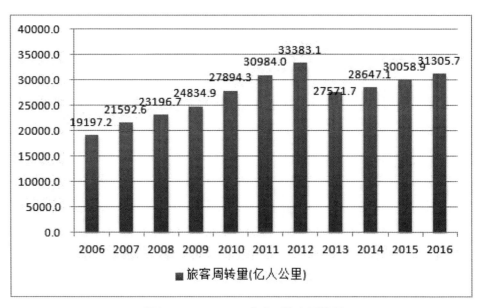

附图 24 2006—2016 年中国旅客周转量

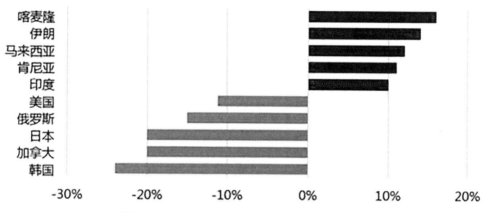

附图 25　2010—2015 年部分国家吸烟人口变化率

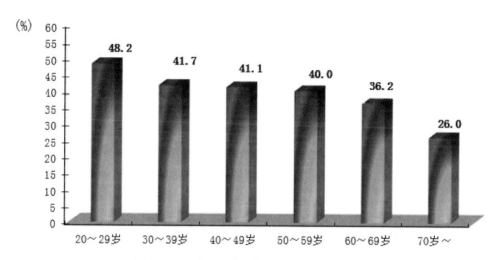

附图 26　20 岁以上人群参加体育锻炼人数比率

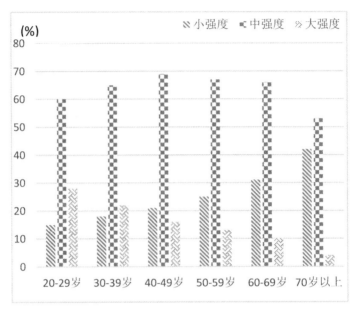

附图 27 不同年龄段人群(20 岁以上)锻炼强度

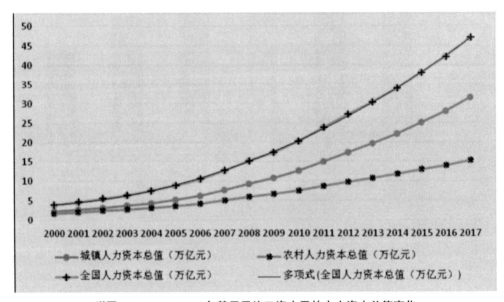

附图 28 2000—2017 年基于平均工资水平的人力资本总值变化

注:多项式回归的方程式是:$y=0.1259x^2+0.1308x+3.6858(R^2=0.9998)$

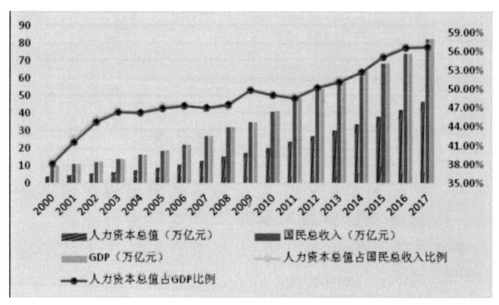

附图 29　人力资本总值占国民收入状况

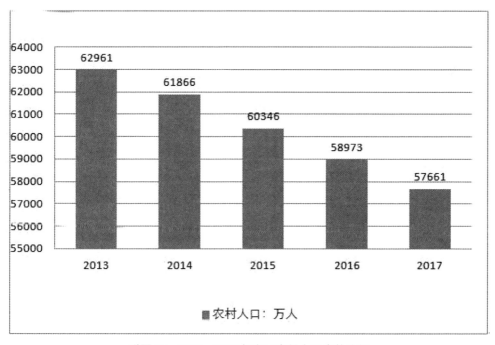

附图 30　2013—2017 年中国农村人口走势分析

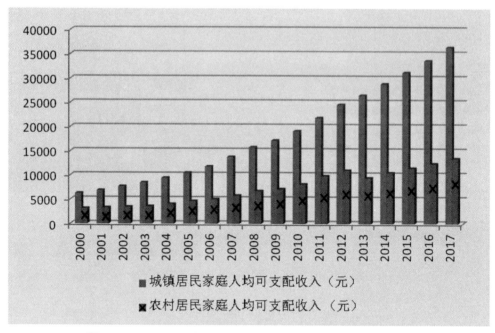

附图31　2000—2017年中国城镇和农村居民人均可支配收入走势

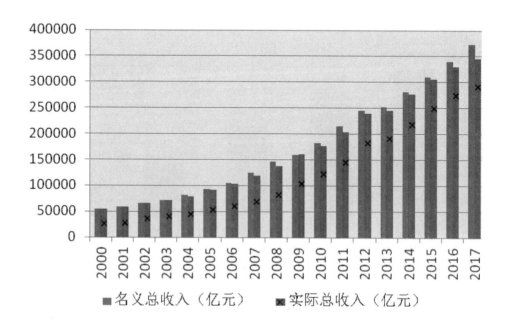

附图32　2000—2017年名义和实际总收入走势

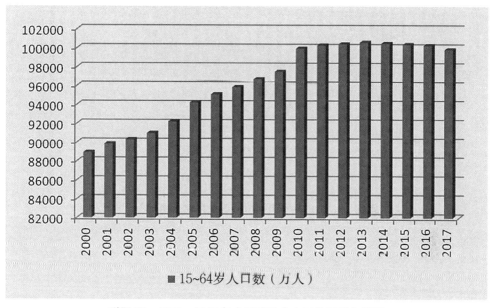

附图 33　2000—2017 年全国劳动力人口总量变化情况

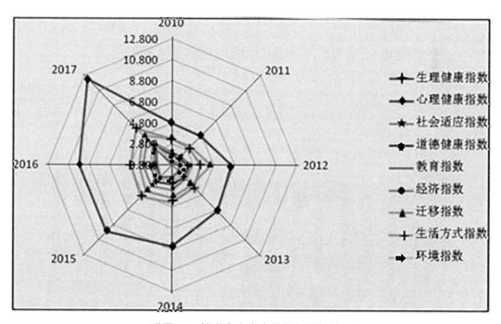

附图 34　健康人力资本各指标指数情况

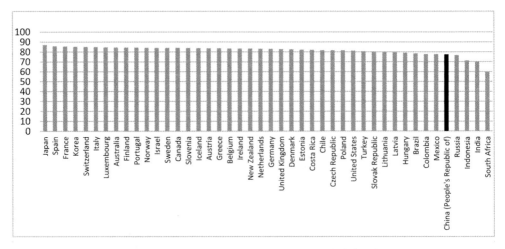

附图 35　2015 中国及 OECD 国家居民预期寿命比较

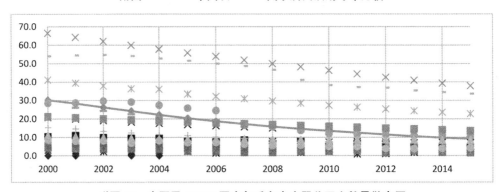

附图 36　中国及 OECD 国家每千名出生婴儿死亡数量散点图

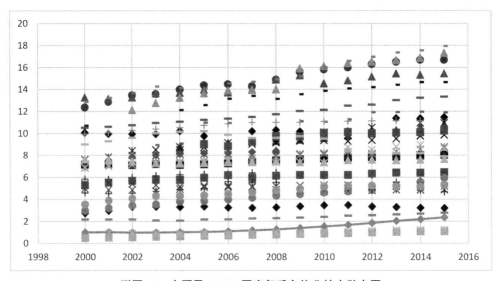

附图 37　中国及 OECD 国家每千名执业护士散点图

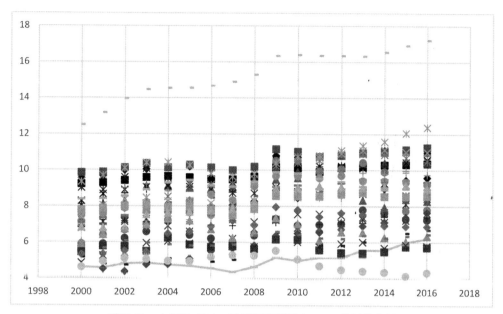

附图 38　中国及 OECD 国家医疗费用占 GDP 比例散点图

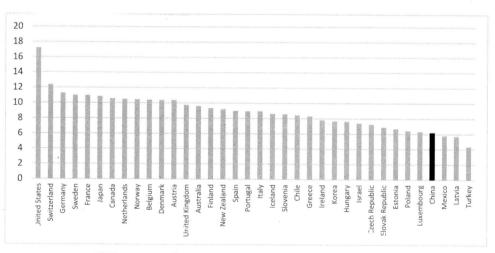

附图 39　2015 中国及 OECD 国家医疗费用占 GDP 比较（%）

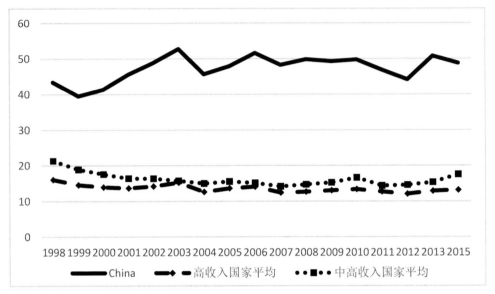

附图 40　中国及 OECD 国家 PM2.5 平均值变化趋势

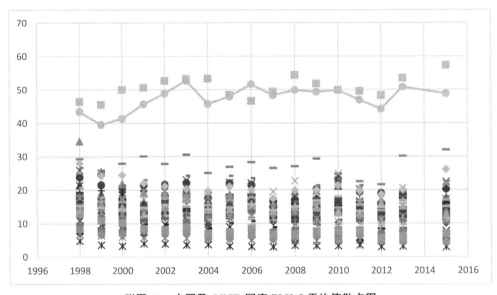

附图 41　中国及 OECD 国家 PM2.5 平均值散点图

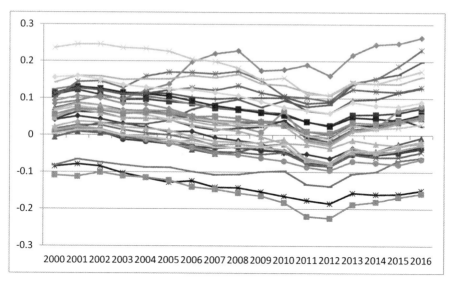

附图 42　中国与 OECD 国家健康人力资本差距的变动趋势

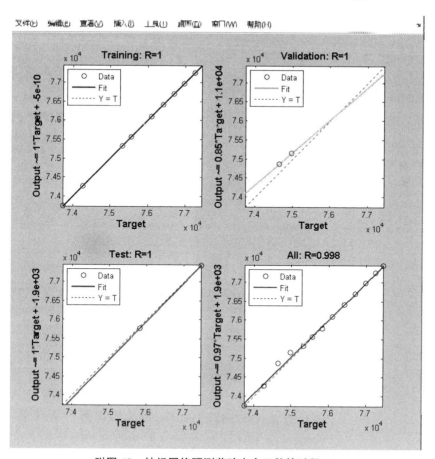

附图 43　神经网络预测劳动力人口数的过程(2)

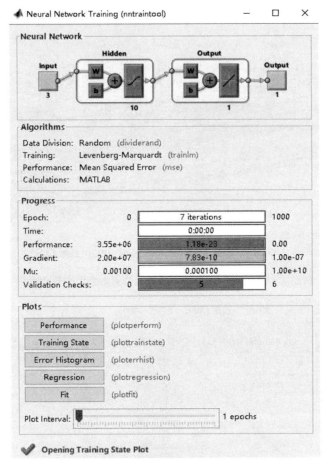

附图 44　神经网络预测健康人力资本的过程截图(1)

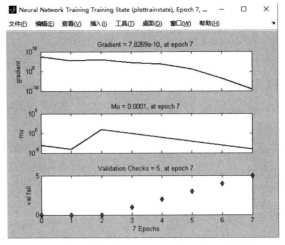

附图 45　神经网络预测健康人力资本的过程截图(2)

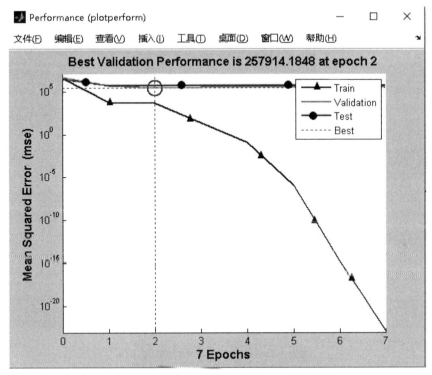

附图 46　神经网络预测健康人力资本的过程截图（3）

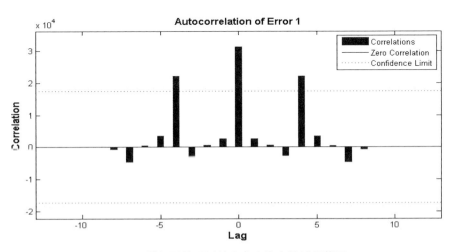

附图 47　神经网络预测健康人力资本的过程截图（4）

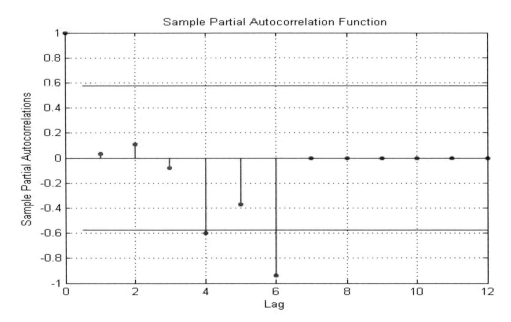

附图 48　神经网络预测健康人力资本的过程截图（5）

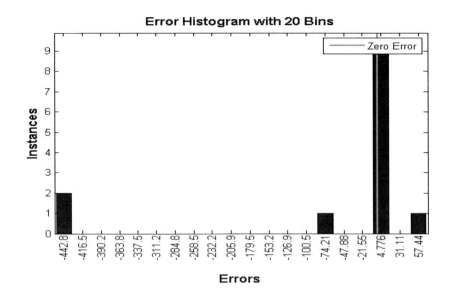

附图 49　神经网络预测健康人力资本的过程截图（6）

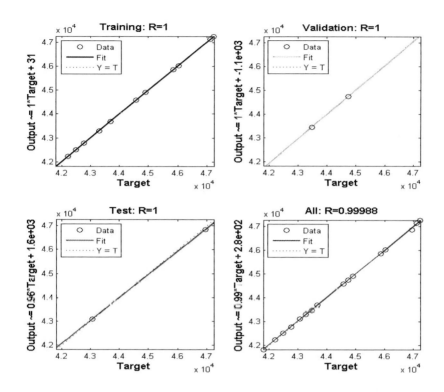

附图 50　神经网络预测健康人力资本的过程截图（7）

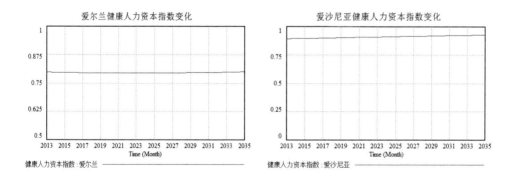

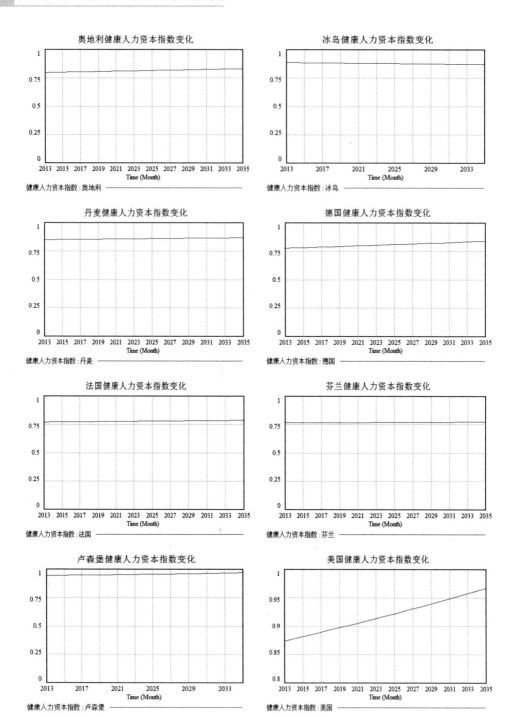

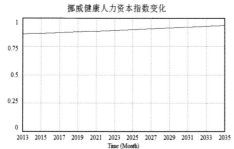

挪威健康人力资本指数变化

健康人力资本指数：挪威

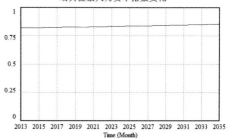

瑞典健康人力资本指数变化

健康人力资本指数：瑞典

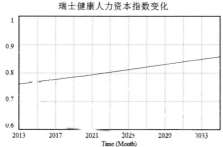

瑞士健康人力资本指数变化

健康人力资本指数：瑞士

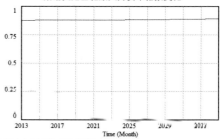

斯洛文尼亚健康人力资本指数变化

健康人力资本指数：斯洛文尼亚

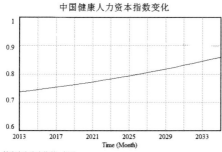

中国健康人力资本指数变化

健康人力资本指数：中国

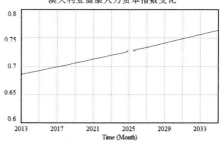

澳大利亚健康人力资本指数变化

健康人力资本指数：澳大利亚

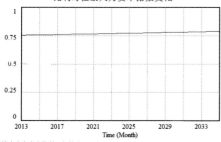

比利时健康人力资本指数变化

健康人力资本指数：比利时

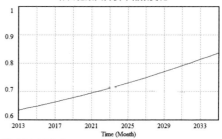

韩国健康人力资本指数变化

健康人力资本指数：韩国

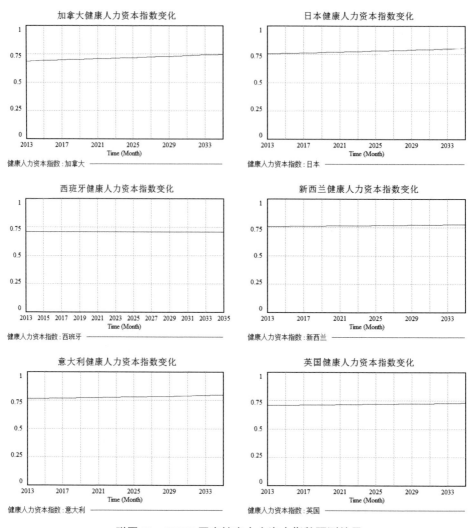

附图 51 OECD国家健康人力资本指数预测结果

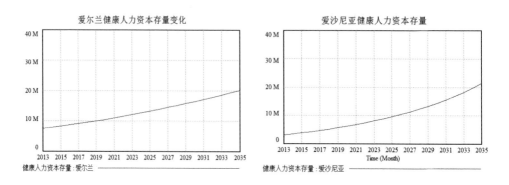

奥地利健康人力资本存量

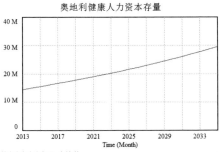

健康人力资本存量:奥地利

冰岛健康人力资本存量变化

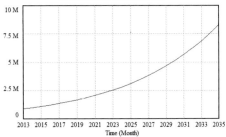

健康人力资本存量:冰岛

丹麦健康人力资本存量变化

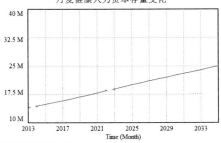

健康人力资本存量:丹麦

德国健康人力资本存量变化

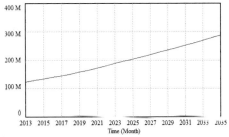

健康人力资本存量:德国

法国健康人力资本存量变化

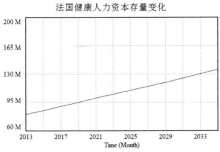

健康人力资本存量:法国

芬兰健康人力资本存量变化

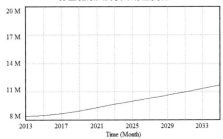

健康人力资本存量:芬兰

卢森堡健康人力资本存量变化

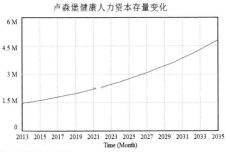

健康人力资本存量:卢森堡

美国健康人力资本存量变化

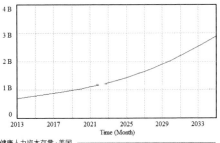

健康人力资本存量:美国

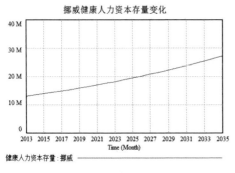

健康人力资本存量：挪威

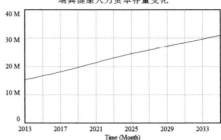

健康人力资本存量：瑞典

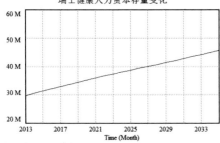

健康人力资本存量：瑞士

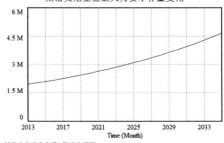

健康人力资本存量：斯洛文尼亚

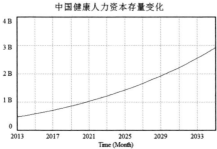

健康人力资本存量：中国

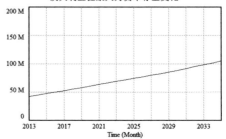

健康人力资本存量：澳大利亚

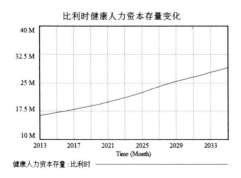

健康人力资本存量：比利时

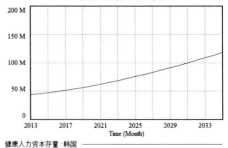

健康人力资本存量：韩国

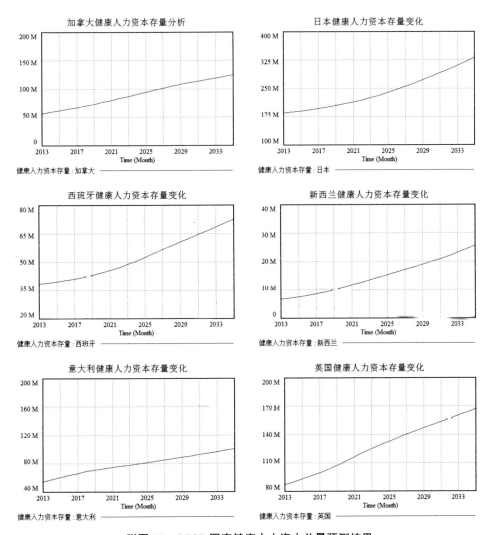

附图 52　OECD 国家健康人力资本总量预测结果

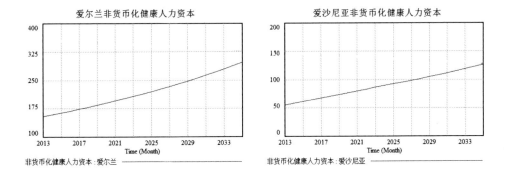

奥地利非货币化健康人力资本

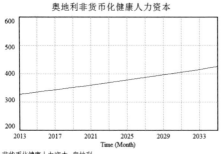

非货币化健康人力资本：奥地利

冰岛非货币化健康人力资本

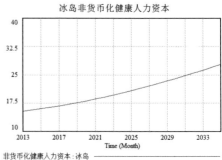

非货币化健康人力资本：冰岛

丹麦非货币化健康人力资本

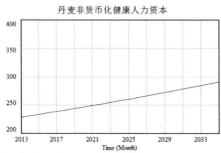

非货币化健康人力资本：丹麦

德国非货币化健康人力资本

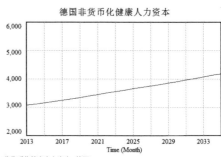

非货币化健康人力资本：德国

芬兰非货币化健康人力资本

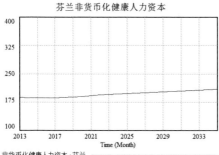

非货币化健康人力资本：芬兰

卢森堡非货币化健康人力资本

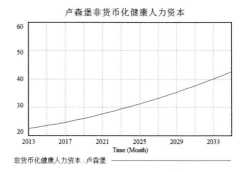

非货币化健康人力资本：卢森堡

法国非货币化健康人力资本

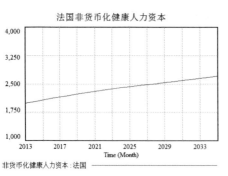

非货币化健康人力资本：法国

美国非货币化健康人力资本

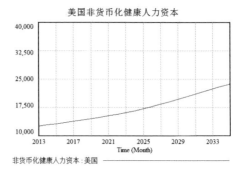

非货币化健康人力资本：美国

挪威非货币化健康人力资本

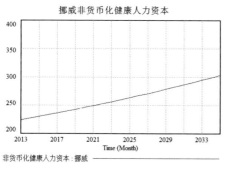

非货币化健康人力资本 : 挪威

瑞典非货币化健康人力资本

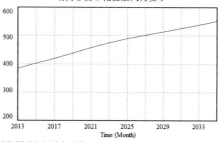

非货币化健康人力资本 : 瑞典

瑞士非货币化健康人力资本

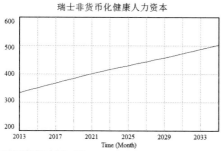

非货币化健康人力资本 : 瑞士

斯洛文尼亚非货币化健康人力资本

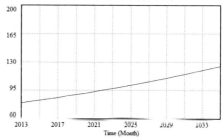

非货币化健康人力资本 : 斯洛文尼亚

中国非货币化健康人力资本

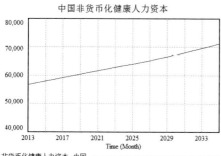

非货币化健康人力资本 : 中国

澳大利亚非货币化健康人力资本

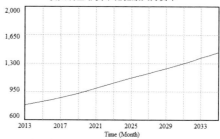

非货币化健康人力资本 : 澳大利亚

比利时非货币化健康人力资本

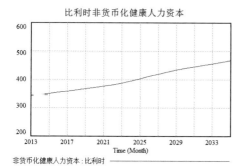

非货币化健康人力资本 : 比利时

韩国非货币化健康人力资本

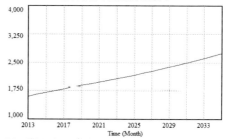

非货币化健康人力资本 : 韩国

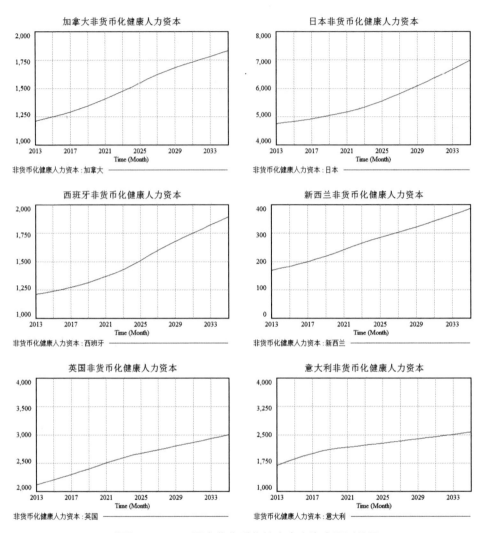

附图53   OECD国家非货币化健康人力资本预测结果

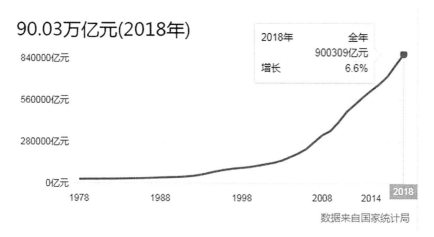

附图 54　1978—2018 年我国 GDP 总量

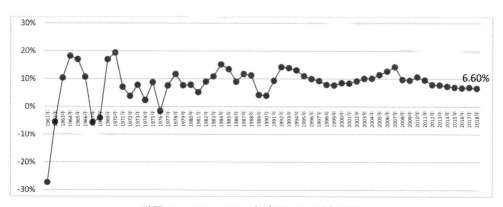

附图 55　1961—2018 年我国 GDP 增长速度

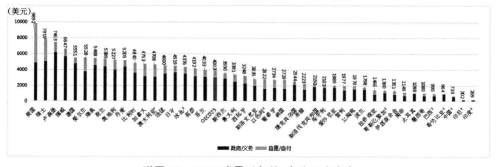

附图 56　2016(或最近年份)人均卫生支出

注:除非另有说明,支出不包括投资。

(1)澳洲的开支预算不包括福利(社会)服务的长者住宿照顾设施的所有开支。

(2)包括投资。

　　资料来源:经合组织《2017 年卫生统计》,世界卫生组织全球卫生支出数据库

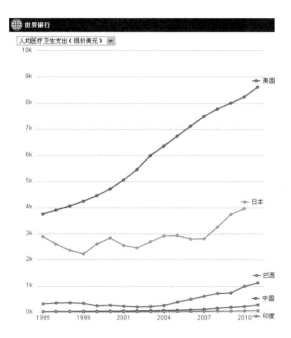

附图 57   美国、日本、巴西、中国、印度人均医疗卫生支出比较

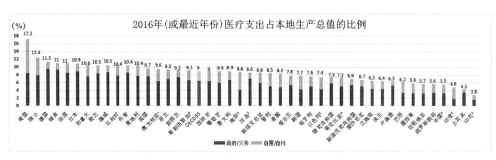

附图 58   OECD 国家健康支出占 GDP 比重

注:除非另有说明,支出不包括投资。

(1)澳洲的开支预算不包括福利(社会)服务的长者住宿照顾设施的所有开支。

(2)包括投资。

资料来源:经合组织《2017 年卫生统计》,世界卫生组织全球卫生支出数据库

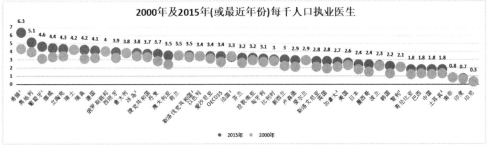

附图 59　OECD 国家每千人医生数

（1）数据指的是所有获得执业许可的医生，导致对执业医生数量的严重高估（例如，在葡萄牙约为 30%）。

（2）数据不仅包括为患者提供直接护理的医生，还包括在卫生部门工作的管理人员、教育工作者、研究人员等。

资料来源：经合组织《2017 年卫生统计》

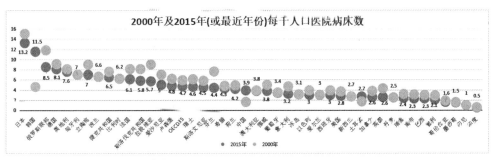

资料来源：经合组织《2017 年卫生统计》

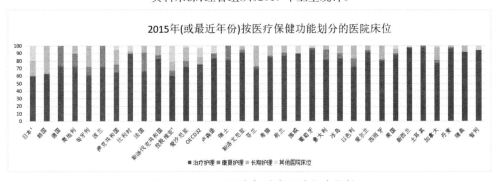

附图 60　OECD 国家每千人医院和床位数

注：各国按人均医院床位总数从高到低排列。在日本和拉脱维亚，精神病护理床位被报告为"其他床位"，而不是更具体的类别。

资料来源：经合组织《2017 年卫生统计》

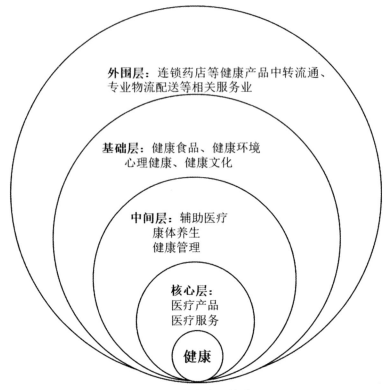

附图 61　健康产业的谱系

参考文献

[1] AGENOR.R. Health and infrastructure in a model of endogenous growth[J]. Journal of Macroeconomics，2008(4).

[2] ARBEX.M，MATTOS.E. Optimal paternalistic health and human capital subsidy[J]. Economics Letters，2019(5)

[3] A M N A B R M. Parental human capital and child health at birth in India[J]. Economics & Human Biology，2018(30).

[4] Ainhoa Urtasun，Imanol Nuñez. Healthy working days：the（positive）effect of work effort on occupational health from a human capital approach[J]. Social Science & Medicine，2018(202).

[5] ［美］奥利·阿申费尔特，［美］戴维·卡德.劳动经济学手册：第3C卷[M]. 宋湛，等译.北京：经济科学出版社，2011.

[6] ARROW KENNETH J. The economic implications of learning by doing[J]. Review of Economic Studies，1962(29).

[7] ASTERIOU.D，AGIOMIRGIANAKIS.G.M. Human capital and economic growth：time series evidence from greece[J]. Journal of Policy Modeling，2001，23(5).

[8] BARRO ROBERT.J. Health and economic growth[J]. Annual of Economics and Finance，2013，14(2).

[9] BARRO，ROBERT.J，GARY.S.BECKER.Fertility choice in a Model J of Economic Growth[J]..Econometrica，1989，57(2).

[10] BARRO ROBERT.J. Economic growth in a cross section of countries[J]. Quarterly Journal of Economics，1991，102(2).

[11] 包振鸣. 对五年制高职院校学校体育工作开展的几点思考[J]. 科技信息，2010(32).

[12] Becker.G.S，Murphy.K.M，TAMURA.R.F. Human capital，fertility，and economic growth[J]. Journal of Political Economy，1990，98(5).

[13] 贝克尔.人类行为的经济分析[M].上海:上海人民出版社,1995.

[14] BENHABIB. J, M. SPIEGEL. The role of human capital in economic development evidence from aggregate cross-country data[J]. Journal of Monetary Economics,1994,34(2).

[15] 边雅静.实物资本与物质资本的最佳比例研究[M].北京:中国经济出版社,2011.

[16] 查德·西维尔森.生产率的决定因素[A].吴敬琏.比较(第89辑)[C].北京:中信出版社,2017.

[17] 陈多长.土地税收理论发展:从威廉·配第到费尔德斯坦[J].哈尔滨工业大学学报(社会科学版),2002,4(3).

[18] 陈远.以城市化促进公共健康水平提高[N].中国人口报,2019-04-08.

[19] DELONG, J. BRADFORD, LAWRENCE, H. Summers. Equipment investment and economic growth[J]. Quarterly Journal of Economics,1991,106(2).

[20] Donald. S. KENKEl. Health behavior, health knowledge, and schooling[J]. The Journal of Political Economy,1991,99(2).

[21] 程晓.人力资本与人的发展[J].哲学研究,2017(2).

[22] 邓力源,唐代盛,余驰晨.我国农村居民健康人力资本对其非农就业收入影响的实证研究[J].人口学刊,2018,40(1).

[23] 董志华.人力资本与经济增长互动关系研究——基于中国人力资本指数的实证分析[J].宏观经济研究,2017(4).

[24] 杜本峰.健康—人力资本—经济效应[J].经济问题,2005(3).

[25] 范叙春,朱保华.预期寿命延长、年龄结构改变与我国居民储蓄率[J].人口研究,2012(4).

[26] 方亚,周焘.收入与健康人力资本关系的理论与实证研究[J].厦门大学学报(哲学社会科学版),2012(01).

[27] 封进,余央央.中国农村的收入差距与健康[J].经济研究,2007(01).

[28] 封岩,柴志宏.健康人力资本对经济增长的影响[J].经济与管理研究,2016(2).

[29] 付春光.亚当·斯密工资理论研究[J].人力资源管理,2012(12).

[30] 付一辉.人力资本概念研究[J].财会月刊,2007(7).

[31] 傅玲,白文飞.健康——不可忽视的人力资本投资[J].首都体育学院学报,2002(5).

[32] 高利平.山东省老年人口健康状况及影响因素研究[D].济南:山东大学,2011.

[33] 高梦滔,姚洋.健康风险冲击对农户收入的影响[J].经济研究,2005(12).

[34] 高梦滔.美国健康经济学研究的发展[J].经济学动态,2002(8).

[35] 龚颖异.国际比较视野下的中国人力资源竞争力研究[J].现代企业文化,

2015(14).

[36] 顾雪兰,刘诚洁.健康投资与健康经济增长的双重效应[J].上海财经大学学报,2017(6).

[37] 郭继强.人力资本投资的结构分析[J].经济学(季刊),2005(4).

[38] 国家卫生健康委员会.2018年我国卫生健康事业发展统计公报[EB].2019-5-24,http://www.nhc.gov.cn.

[39] 韩丹,杨士宝.关于"全民健身"纳入"全民健康生活方式"的思考[J].体育与科学,2008(1).

[40] 韩英.基于马克思经济学的人力资本理论批判[J].改革与战略,2018(3).

[41] 何晓波.营养摄入对城市健康人力资本的影响[J].产业经济评论,2018(5).

[42] 侯芳,廖楚晖.教育、健康和养老的人力资本效应实证研究[J].统计与决策,2017(5).

[43] 侯风云,张宏伟,孙国梁.人力资本理论研究需要关注的新领域——人力资本投资风险[J].北京行政学院学报,2003(3).

[44] 侯风云.论人力资本概念[J].山东大学学报(哲学社会科学版),2000(11).

[45] 胡昭霖.人力资本中健康与教育投资的比较分析[J].大学时代,2006(5).

[46] 黄翠珊,冀付军.国内外健康人力资本研究述评[J].现代商贸工业,2011(2).

[47] 黄洁萍.社会经济地位对人口健康的影响机制研究进展[J].北京理工大学学报(社会科学版),2014(6).

[48] 黄开斌.健康中国:大医改新思路[M].北京:红旗出版社,2017.

[49] 黄志邦.情志相胜疗法与积极心理治疗法的比较[J].中国中医药现代远程教育,2009,7(4).

[50] [美]加里·贝克尔.人力资本[M].陈耿宣,等译.北京:机械工业出版社,2016.

[51] 蒋承,赵晓军.中国老年照料的机会成本研究[J].管理世界,2009(10).

[52] 蒋萍,田成诗,尚红云.人口健康与中国长期经济增长关系的实证研究[J].中国人口科学,2008(5).

[53] IMANOI NUNEZ, MAITE PRIETO. The effect of human capital on occupational health and safety investment: an empirical analysis of Spanish firms[J]. Human Resource Management Journal,2019,29(2).

[54] 金刚.预期寿命对国民储蓄率的影响[M].北京:社会科学文献出版社,2016.

[55] 金刚,等.分段预期寿命对国民储蓄率的影响效应[J].中国人口科学,2015(3).

[56] JOHN STRAUSS, DUNCAN THOMAS. Health, nutrition and economic development[J]. Journal of Economic Literature, 1998(36).

[57] KIM JIM YONG. Eliminating poverty in the 21st century: the role of health and human capital[J]. JAMA,2018,320(14).

[58] LAVY V，STRAUSS J，THOMAS D，et al. Quality of health care，survival and health outcomes in ghana[J]. Journal of Health Economics，1996，15(3).

[59] KOKKO S，LIVENG A，TORP S. 20 years of health promotion research in the Nordic countries：health，wellbeing and physical activity［J］. Scandinavian Journal of Public Health,2018(46).

[60] LAW SH，MORADBEIGI MF. inancial development and oil resource abundance-growth relations：evidence from panel data[J]. Environmental Science and Pollution Research，2017,24(28).

[61] 李谷成,冯中朝,范丽霞.教育、健康与农民收入增长——来自转型期湖北省农村的证据[J].中国农村经济,2006(1).

[62] 李洁.从"规训"到"自觉"："治理术"转变视角下的社区卫生服务发展[J].湖北民族学院学报(哲学社会科学版),2017(6).

[63] 李玲.国民视觉健康报告[M].北京:北京大学出版社,2016.

[64] 李向前,黄莉.包含教育和健康人力资本的省域全要素生产率研究——基于SFA与DEA的比较分析[J].经济经纬,2016,33(05).

[65] 李小伟. 健康中国:学校体卫工作能有何作为[J].中国学校体育,2016(11).

[66] 李亚慧,刘华.健康人力资本研究文献综述[J].生产力研究,2009(5).

[67] 李娅,王希元.中国政府人力资本投资的增长效应与最优规模研究[J].云南财经大学学报,2016(5).

[68] 李振宇,张昭.教育对个体健康人力资本的影响——以义务教育法实施为工具变量[J].教育与经济,2017(3).

[69] 刘国恩,Willianm H.Dow,傅正鸿,JoneAkin.中国的健康人力资本与收入增长[J].经济学(季刊),2004(10).

[70] 刘凌晨,曾益.新农保覆盖对农户劳动供给的影响[J].农业技术经济,2016(06).

[71] 刘敏. 提升人力资本支撑创新发展战略[J]. 宏观经济管理,2016(1).

[72] 刘生龙,李军.健康、劳动参与中国农村老年贫困[J].中国农村经济,2012(01).

[73] 刘生龙. 预期寿命与中国家庭储蓄[J]. 经济研究,2012(8).

[74] 刘卓珺,于长革.公共投资的经济效应及其最优规模分析[J].经济科学,2006(1).

[75] 龙玉其.不同收入家庭医疗服务需求的比较分析——基于全国2557个不同收入家庭的调查[J].长春大学学报,2010(11).

[76] 逯进,周惠民.中国省域人力资本与经济增长耦合关系的实证分析[J].数量经济技术经济研究,2013,30(9).

[77] LUCAS. R. E. On the mechanics of economic development[J]. Journal of

Monetary Economics,1988,22(1).

[78] 吕娜,邹薇.健康人力资本投资与居民收入——基于私人和公共部门健康支出的实证分析 [J].中国地质大学学报(社会科学版),2015(1).

[79] 吕娜.健康人力资本与经济增长[D].武汉:武汉大学,2011.

[80] 吕娜.健康人力资本与经济增长研究文献综述[J].经济评论,2009(6).

[81] 吕娜.微观数据视角下健康人力资本的收入效应研究[J].商业经济研究,2015(9).

[82] 栾斌,杨俊.农村居民收入、健康支付结构与农村健康人力资本——中国省份面板数据的证据[J].农业技术经济,2015(2).

[83] 罗凯.健康人力资本与经济增长:中国分省数据证据[J].经济科学,2006(4).

[84] 罗鸣春,黄希庭,苏丹.儒家文化对当前中国心理健康服务实践的影响[J].心理科学进展,2010(5).

[85] 罗先智.也谈马克思的"人力资本"概念——兼与程承坪教授商榷[J].淮海工学院学报(人文社会科学版),2019(1).

[86] M.L. CROPPER. Health, investment in health, and occupational choice[J]. The Journal of Political Economy,1997,85(6).

[87] 马红莉.制度因素影响下人力资本的经济增长效应研究[D].成都:四川大学,2007.

[88] [英] 马歇尔.经济学原理:上卷[M]. 北京.商务印书馆,2011.

[89] 迈克尔·P.托达罗,斯蒂芬·C.史密斯.发展经济学[M].第九版.余向华,等译. 北京:机械工业出版社,2009.

[90] MANKIW, N. GREGORY, DAVID ROMER, DAVID. N. WELL. A contribution to the empirics of economic growth[J]. Quarterly Journal of Economics, 1992, 107(2).

[91] MAYER. U. F, SIMONETT. G. A numerical scheme for axisymmetric solutions of curvature-driven free boundary problems, with applications to the Willmore flow[J]. Interfaces & Free Boundaries, 2001, 4(1).

[92] MD NAZMUL AHSAN, RIDDHI MAHARAJ. Parental human capital and child health at birth in India[J]. Economics and Human Biology,2018(30).

[93] 明塞尔.人力资本研究[M]. 北京:中国经济出版社,2001.

[94] 穆俊武.最新健康概念[J].中国社会医学,1988(06).

[95] 宁先圣.论人力资本理论的演进及当代进展[J].社会科学辑刊, 2006(3).

[96] OSTERWALD-LENUM. M. A Note with quantiles of the asymptotic distribution of the maximum likelihood cointegration rank test statistics[J]. Oxford Bulletin of Economics and Statistics,1992, 54(3).

[97] 潘思思.健康人力资本对我国城乡居民收入的影响[D].杭州:浙江大学,2007.

[98] 潘志强,陈银娥.关于斯密与李嘉图劳动价值论的比较分析[J].经济评论,2006(1).

[99] PELINESCU. E. The impact of human capital on economic growth[J]. Procedia Economics and Finance,2015,22(20).

[100] PETTER LUNDBORG,MARTIN NORDIN,DAN OLOF ROOTH. The intergenerational transmission of human capital：the role of skills and health[J]. Journal of Population Economics,2018,31(4).

[101] 祁毓,卢洪友,张宁川.环境质量、健康人力资本与经济增长[J].财贸经济,2015(6).

[102] 齐晨旭. 中国梦的历史演进及当代价值[J].统计与管理,2015(1).

[103] 齐明珠.世界人口发展健康指数构建研究[J].人口与经济,2010(3).

[104] 乔桂康.健康人力资本与教育人力资本投资耦合关系研究[J]. 当代经济,2017(24).

[105] 卿涛.郭志刚.论人力资本管理与企业核心竞争力[J].经济体制改革,2003(6)

[106] 饶勋乾,成艾华.健康人力资本的区域差异比较[J].重庆工学院学报(社会科学版),2007(9).

[107] [日本]岛内宪夫.世界卫生组织关于"健康促进"的渥太华宪章[J].张龙曾,译.中国健康教育,1990(6).

[108] ROMER, PAUL, M. Increasing returns and long-run growth[J]. Journal of Political Economy, 1986,94(5).

[109] SCHULTZ.T.P. Assessing the productive benefits of nutrition and health：An integrated human capital approach[J]. Journal of Econometrics, 1997,77(1).

[110] 申丽萍, 王跃.大型国有企业的核心竞争力与企业的人力资本管理[J].经济师, 2004(11).

[111] World Bank. World development report 1993 ：investing in health, volumel[R].1993.

[112] 舒尔茨. 对人进行投资：人口质量经济学[M].北京：首都经济贸易大学出版社,2002.

[113] SOLOW. R. A. Contribution to the theory of economic growth[J]. Quarterly Journal of Economics, 1956,70(1).

[114] 孙百才,刘云鹏.中国地区间与性别间的教育公平测度：2002—2012 年——基于人口受教育年限的基尼系数分析[J].清华大学教育研究,2014(3).

[115] 孙祁祥,彭晓博.早期环境、健康不平等与健康人力资本代际传递效应述评[J].中国高校社会科学,2014(1).

[116] T. W. SWAN. Economic growth, capital accumulation. The Economic Record[J]. The Economic Society of Australia, 1956(32).

[117] SCHULTZ, PAUL. T. Health and schooling investments in Africa[J]. Journal of Economic Perspectives A Journal of the American Economic Association, 1999, 13(3).

[118] 唐继宏. 确立"知本主义"理念, 实施人才强企战略, 实现企业人力资源开发与管理的新突破[J]. 现代管理科学, 2005(4).

[119] 唐芸霞. 商业健康保险发展研究: 基于医疗保障制度背景[M]. 北京: 世界图书出版公司, 2011.

[120] UZAWA. H. Optimum technical change in an aggregative model of economic growth[J]. International Economic Review, 1965, 6(1).

[121] 万萍, 李红艳. 健康人力资本研究: 文献综述与对策建议[J]. 经济研究导刊, 2018(23).

[122] 王弟海, 龚六堂, 李宏毅. 健康人力资本、健康投资和经济增长——以中国跨省数据为例[J]. 管理世界, 2008(3).

[123] 王弟海, 龚六堂, 邹恒甫. 物质资本积累和健康人力资本投资: 两部门经济模型[J]. 中国工业经济, 2010(5).

[124] 王弟海. 健康人力资本、经济增长和贫困陷阱[J]. 经济研究, 2012(3).

[125] 王弟海. 健康人力资本能促进长期经济增长吗?[J]. 浙江社会科学, 2007(4).

[126] 王弟海. 健康在经济增长和经济发展中的作用——基于文献研究的视角[J]. 经济学动态, 2015(8).

[127] 王海杰. 西方人力资本理论的误区[J]. 政治经济学评论, 2006(6).

[128] 王惠, 林致诚. 福建省高校体育资源社会共享机制研究——基于供给侧改革的视角[J]. 体育科学研究, 2016 (04).

[129] 王建国. 中国居民健康对劳动参与的影响——基于多为健康指标的实证分析[J]. 北京科技大学学报, 2011(1).

[130] 王金营, 李竞博, 石贝贝, 曾序春. 医疗保障和人口健康状况对大城市劳动供给影响研究——以深圳市为例[J]. 人口与经济, 2014(4).

[131] 王晶, 土小万. 健康资本: 人力资本理论的新拓展[J]. 中国卫生经济, 2008(5).

[132] 王净. 试论文化与健康问题[J]. 中国卫生事业管理, 2006(12).

[133] 王韧, 马红旗. 健康人力资本、老龄化预期及其对储蓄增长的影响[J]. 当代财经, 2019(5).

[134] 王晓耕. 农村居民医疗保健消费水平分析和思考[J]. 中国农村卫生事业管理, 2005(6).

[135] 王新玉. 人力资本、经济增长与社会福利关系[J]. 首都经济贸易大学学报, 2017(4).

[136] 王学文.我国健康人力资本投资与经济增长关系研究[J].兰州商学院学报，2014(3).

[137] 王艳菊.健康人力资本与我国区域经济增长的关系研究 [D].昆明：云南大学，2015.

[138] 王一兵，张东辉.HT 模型在健康人力资本对个人收入影响种的应用研究[J].统计与信息论坛，2008(11).

[139] 王一兵，张东辉.中国健康人力资本对收入的影响分析——来自纵贯数据的证据[J].卫生经济研究，2007(12).

[140] 王翌秋，刘蕾.新型农村合作医疗保险、健康人力资本对农村居民劳动参与的影响[J].中国农村经济，2016(11).

[141] 王引，尹志超.健康人力资本积累与农民收入增长[J].中国农村经济，200(6).

[142] Weil D N. Accounting for the effect of health on economic growth[J]. Quarterly Journal of Economics，2001.

[143] 魏众.健康对非农就业及其工资决定的影响[J].经济研究，2004(2).

[144] 沃林斯基. 健康社会学[M].北京：社会科学文献出版社，1992.

[145] 伍中信，张荣武.人力资本观念变革与财务理论体系创新[J].财贸研究，2005(2).

[146] 夏振洲.深度贫困、健康人力资本与金融支持——以扶沟县为例[J].西南金融，2018(12).

[147] ［美］小罗伯特·E.卢卡斯.为什么资本不从富国流向穷国？——经济增长演讲集[M].郭冠清，译.北京：中国人民大学出版社，2016.

[148] 肖月.健康中国与宏观经济发展[N].中国人口报，2016 - 02 - 15.

[149] 徐敏娟.OECD 国家主要教育指标分析[J].当代教育科学，2011(1).

[150] 徐倩，谢勇.健康与教育：人力资本投资的比较研究[J].市场与人口分析，2004(1).

[151] 徐双明，钟茂初.环境政策与经济绩效——基于污染的健康效应视角[J].中国人口·资源与环境，2018(11).

[152] 徐颖科，刘海庆.我国农村居民健康影响因素实证分析——基于健康生产函数[J].山西财经大学学报，2011(1).

[153] 许金红.社会经济地位与健康的关系研究[D].深圳：深圳大学，2015.

[154] 许岩，曾国平，曹跃群.教育人力资本、健康人力资本、总量人力资本对经济增长机制的实证检验[J].统计与决策，2018 (7).

[155] 许岩，曾国平，曹跃群.中国人力资本与物质资本的匹配及其时空演变[J].当代经济科学，2017(3).

[156] 颜一.亚里士多德选集——政治学卷[M].北京：中国人民大学出版社，1999.

[157] 杨飞虎，伍琴.我国公共投资最优规模探析——经济长期持续均衡增长视角

[J].经济管理,2014(6).

[158] 杨建芳,恭六堂,张庆华.人力资本形成及其对经济增长的影响——一个包含教育和健康投入的内生增长模型及其检验[J].管理世界,2006(5).

[159] 杨利春.从"人口红利"到"健康红利"[N].中国人口报,2018-04-18.

[160] 杨明键.企业人力资本健康投资初探[J].湖北经济学院学报(人文社会科学版),2007(6).

[161] 姚先国,张海峰.教育、人力资本与地区经济差异[J].经济研究,2008(5).

[162] 勇素华.台湾地区全民健康保险制度研究[M].北京:九州出版社,2015.

[163] 余静文,苗艳青.健康人力资本与中国区域经济增长[J].武汉大学学报(哲学社会科学版),2019(5).

[164] 余长林.人力资本投资结构及其对经济增长的影响——基于扩展 MRW 模型的内生增长理论与实证研究[J].南方经济,2006(12).

[165] 余长林.人力资本投资结构与经济增长——基于包含教育资本—健康资本的内生增长模型理论研究[J].财经研究,2006(10).

[166] 曾晓进.健康内涵的文化学诠释[J].当代体育科技,2013(3).

[167] 张车伟.营养、健康与效率——来自中国贫困农村的证据[J].经济研究,2003(1).

[168] 张帆,仇军.健康社会学的研究前沿[J].北京体育大学学报,2015(8).

[169] 张芬,何艳.健康、教育与经济增长[J].经济评论,2011(4).

[170] 张芬,周浩,邹薇.公共健康支出、私人健康人力资本投资与经济增长:一个完全预见情况下的 OLG 模型[J].经济评论,2012(6).

[171] 张军,吴桂英,张吉鹏.中国省际物质资本存量估算:1952—2000[J].经济研究,2004(10).

[172] 张军,章元.对中国资本存量 K 的再估计[J].经济研究,2003(7).

[173] 张军.资本形成、投资效率与中国的经济增长实证研究[M].北京:清华大学出版社,2005.

[174] 张萌琦,周霞,周玉玺.农村健康、教育人力资本投资对农业经济增长的影响研究——来自山东的证据[J].新疆农垦经济,2018(9).

[175] 张铁民.论健康[J].中国健康教育,1992(12).

[176] 张霄.中国地方政府间人力资本投资竞争研究[M].北京:中国财政经济出版社,2015.

[177] 张晓健,程丽平,王润,吴香芝.我国学校体育场地对外开放政策分析[J].体育文化导刊,2013(5).

[178] 张秀武,刘成坤,赵昕东.人口年龄结构是否通过人力资本影响经济增长——基于中介效应的检验[J].中国软科学,2018(7).

[179] 张秀武,赵昕东.人口年龄结构、人力资本与经济增长[J].宏观经济研究,

2018(4).

[180] 张序.心理健康：人力资本新内涵[J].新资本,2006(1).

[181] 中共中央、国务院《健康中国 2030 规划纲要》[M/OL].[2016 - 12 - 30].
http://www.mohrss.gov.cn.

[182] 周靖,段丁强.社会经济地位与居民健康：解释框架及启示[J].湖北社会科
学,2013(12).

[183] 周坤.论人力资本的特征及其价值实现[J].中国科技论坛,1997(5).

[184] 周泽炯,马艳平.公共教育与健康人力资本对经济增长的影响研究[J].商业
经济与管理,2017(2).

[185] 朱广家.健康内涵初探[J].江苏卫生保健,2002(1).

[186] 朱俊生.从社区融资到全民健康保障[M].北京：中国劳动社会保障出版
社,2008.

索 引

后　记

　　本书是在本人主持的教育部重大课题攻关项目"中国健康人力资本的测量与预测研究"的最终成果基础上进一步修改而成。

　　教育部重大课题攻关项目研究历时 3 年多,在上海工程技术大学课题组全体同仁的共同努力下,高质量地完成了各项研究工作,获得了良好的研究成果。在本书出版之际,首先要感谢参与项目研究的课题组成员,他们为项目的研究做了大量工作,做出了重要贡献。在项目研究及本书撰写过程中,北京大学李玲教授、中国人民大学董克用教授、浙江大学米红教授、上海交通大学顾海英教授提出了许多宝贵的意见和建议,值此书稿出版之际表达我的诚挚感谢。上海交通大学出版社提文静编辑在本书的审阅和编辑过程中付出了辛勤劳动,也一并表达我的谢意。

　　本书是当代中国健康人力资本问题的研究成果,虽然本书已对中国健康人力资本进行了较为深入的系统研究,但是由于健康中国战略发展进程持续加快,近年中国人口结构演变致使健康人力资本发生了较大变化。此外 2020 年以来的新冠疫情全球蔓延,导致国内外经济社会发展面临诸多不确定性,中国健康人力资本的质量和水平提升面临严峻挑战。从更为宽广的视域看,健康人力资本的研究始终处于持续进行之中,面对现实的发展,我们的研究也将永无止境!

汪　泓

2022 年夏